PIERRE DE SÉGUR

LA JEUNESSE

DU

MARÉCHAL DE LUXEMBOURG

(1628-1668)

AVEC DEUX PORTRAITS EN HÉLIOGRAVURE

PARIS
CALMANN LÉVY, ÉDITEUR
3, RUE AUBER, 3

LA JEUNESSE

DU

MARÉCHAL DE LUXEMBOURG

DU MÊME AUTEUR

CALMANN LÉVY, ÉDITEUR

Format in-8°

LE ROYAUME DE LA RUE SAINT-HONORÉ *(Ouvrage couronné par l'Académie française)*. . . . . 1 vol.
LA DERNIÈRE DES CONDÉ. . . . . 1 —

PLON ET NOURRIT, ÉDITEURS

Format in-8°

LE MARÉCHAL DE SÉGUR *(Ouvrage couronné par l'Académie française)*. . . . . 1 vol.

Droits de reproduction et de traduction réservés pour tous pays,
y compris la Suède, la Norvège et la Hollande.

IMPRIMERIE CHAIX, RUE BERGÈRE, 20, PARIS. — 3610-2-10. — (Encre Lorilleux).

FRANÇOIS DE MONTMORENCY-BOUTTEVILLE
DUC DE LUXEMBOURG, MARÉCHAL DE FRANCE
1628-1695

LA JEUNESSE

DU

MARÉCHAL DE LUXEMBOURG

1628-1668

PAR

PIERRE DE SÉGUR

PARIS
CALMANN LÉVY, ÉDITEUR
3, RUE AUBER, 3

INTRODUCTION

Après la mort, comme au cours de leur vie, les hommes subissent la loi changeante et inégale de la Fortune. Certains, dont l'existence a coulé sans éclat, voient leur mémoire grandir, croître, se propager au delà de la tombe; la pierre qui recouvre leurs os est comme le piédestal où s'édifie leur gloire posthume. Pour d'autres au contraire, dont les triomphes bruyants ont longtemps provoqué les applaudissements de la foule, le silence se fait graduellement du jour qu'ils ont quitté la scène. La pièce finie et le rideau baissé, l'obscurité s'étend et le public s'écoule, oublieux du spectacle, indifférent à sa récente idole. Il semble que le monde, par une réaction singulière, cherche à se venger après coup de l'involontaire attention dont il n'a pas pu se défendre, que l'oubli du lendemain fasse payer au défunt les admirations de la veille.

De cette ingratitude de la postérité, François de Montmorency-Boutteville, maréchal duc de Luxembourg, offre un assez frappant exemple. Peu d'hommes, à son époque, ont aussi puissamment occupé l'opinion publique. Dans la dernière phase de sa vie, il fut sans doute, après le Roi, le personnage le plus en vue, le plus important de l'État. « L'éclat de ses campagnes, écrit son ennemi Saint-Simon, et son état brillant de général de l'armée la plus proche et la plus nombreuse lui avaient acquis un grand crédit. La Cour était presque devenue la sienne, par tout ce qui s'y rassemblait autour de lui ; et la ville, éblouie du tourbillon et de son accueil ouvert et populaire, lui était dévouée. Les personnages de tous états croyaient avoir à compter avec lui. Il avait captivé les troupes et les officiers généraux... » A toutes les faveurs du destin, il joint cette chance suprême de disparaître au bon moment, à l'apogée de sa carrière, après une série de campagnes où il ne compte que des victoires. Sa mort, le premier jour, est un deuil national.

Quelques semaines pourtant ont à peine passé sur sa tombe, qu'un voile d'indifférence couvre ce nom retentissant. Dans les *Mémoires*, dans les gazettes, dans les correspondances privées, rien ne rappelle plus le souvenir du vainqueur de Nerwinde. Dans les « coteries » qu'il fréquentait, dans le cercle de ses intimes, c'est à peine si, de loin en loin, il est parfois encore question de lui. « Comptez, madame, qu'on ne songe point ici qu'il y ait eu un M. de Luxembourg dans le monde », mande madame de Coulanges à la marquise de Sévigné. Cette espèce de dédain se poursuit à travers les siècles. Ses émules en gloire militaire, les grands capitaines de son temps, Catinat, Villars, Berwick, Fabert — sans parler des deux plus illustres, Turenne et le prince de Condé — ont trouvé des historiographes. Luxembourg, presque seul, reste jusqu'à présent comme enseveli dans l'ombre. Une brève notice du xviii° siècle — biographie moins que panégyrique — dans l'estimable ouvrage de Désormeaux sur *la Maison de Montmorency*, c'est le seul monument élevé à la mémoire de celui dont l'épée a, dans l'histoire de France, inscrit tant de dates éclatantes.

L'élève, l'ami du grand Condé, mérite mieux cependant que cette étude sommaire. En dehors même de ses exploits guerriers, c'est une curieuse figure que celle de « ce méchant bossu », qui fut, à la cour du Grand Roi, le plus délié des courtisans, le plus redouté des railleurs, esprit hardi, actif, entreprenant, perpétuellement lancé dans quelque inquiétante aventure, consolé par l'intrigue des loisirs de la paix, d'intelligence alerte et finement cultivée, ami des gens de lettres et, la veille d'une bataille, causant avec Racine du plan d'une tragédie nouvelle, nature singulièrement complexe, mélange déconcertant de vices et de vertus, de grandeur et de petitesses, d'héroïque dévouement et d'impitoyable égoïsme, toujours d'ailleurs de fière allure, et relevant par un air de hauteur ses moins excusables faiblesses.

Un caractère rempli de tels contrastes doit entraîner, ce semble, une destinée abondante en vicissitudes ; et peu d'hommes en effet ont, mieux que Luxembourg, successivement connu toutes les extrémités de la fortune : tour à tour condamné à mort pour rébellion contre le Roi, et peu après comblé par ce même Roi de faveurs et de grâces ; remplaçant presque coup sur coup Turenne

b

comme maréchal de France, Condé comme généralissime, et cinq années plus tard jeté à la Bastille avec une tourbe infâme d'escrocs et d'empoisonneurs ; sortant de ce procès diminué, compromis, suspect à ses meilleurs amis, voué, semble-t-il, à tout jamais à l'irrémédiable disgrâce, et remontant de là, par un subit essor, au sommet de la gloire humaine, pour succomber en pleine apothéose, parmi les regrets du royaume et la joie, plus flatteuse encore, de tous les ennemis de la France. N'est-ce point assez pour m'excuser d'avoir tenté, dans la mesure de mes forces, de faire revivre un personnage intéressant à tant de titres, et l'un des rares grands capitaines qui, jusqu'au bout d'une longue et laborieuse carrière, aient eu cette chance heureuse d'avoir ignoré la défaite ?

De cette vie tourmentée, l'étude que j'offre aujourd'hui au public ne racontera que la première période. Les origines de Luxembourg et les germes héréditaires déposés dans ses veines par la race dont il est issu, l'action exercée sur son âme par les hommes et les événements qui font cortège à sa jeunesse, l'éveil graduel de ses hautes facultés et les précoces exploits par où se révèle son génie, le rapide prestige de son nom, les faux pas aussi et les chutes qui, plus d'une fois dès cette époque, risquent d'arrêter sa carrière, son ascension enfin jusqu'au point décisif, où, sous les yeux du grand public, s'ouvrira devant lui le vaste théâtre du monde, où sa gloire désormais ne dépendra que de lui seul, de la façon dont il tiendra son rôle : c'est ce que j'ai voulu présenter au lecteur, dans les pages qui vont suivre.

INTRODUCTION. v

Lorsqu'il s'agit d'un personnage qui se trouve mêlé, à vingt ans, aux plus graves affaires de l'État, il est quelquefois malaisé de séparer, de manière rigoureuse, les faits particuliers de l'histoire générale. J'ai dû, en plus d'une occasion, pour éclairer la part qu'y prend le héros de ce livre, esquisser des tableaux d'ensemble, aborder le récit de grands événements historiques. Au moins me suis-je efforcé de le faire en employant des documents nouveaux, en n'insistant que sur les points laissés dans l'ombre par mes prédécesseurs. La période notamment des troubles de la Fronde est si diverse et si complexe, qu'après les plus savantes et les plus consciencieuses études, on trouve encore des points obscurs et des filons inexploités. Dans un champ aussi vaste, si diligente qu'ait été la moisson, il reste toujours à glaner.

A côté de celui dont la figure domine tout cet ouvrage, je n'ai pas voulu négliger celle qui, unie à lui par le plus étroit lien du sang, fut intimement mêlée à sa vie tout entière. Je parle de sa sœur, Isabelle de Boutteville, duchesse de Châtillon, plus tard duchesse de Mecklembourg-Schwerin, dont l'influence sur la politique de son temps fut, surtout sous la Fronde, si profonde et si mystérieuse. Le frère et la sœur, aussi bien, s'expliquent, se complètent l'un par l'autre, par leurs nombreux points de rapport et même par leurs rares dissemblances. Leurs destinées, d'un bout à l'autre, se déroulent presque côte à côte, quelquefois en conflit et plus souvent d'accord, en tout cas sans cesse en contact et sur le même terrain d'action. La nature même, du début à la fin, paraît s'être complu à réunir leurs existences ; nés à dix mois de distance, ils meurent à quinze jours d'intervalle, l'un et l'autre emportés par la même maladie. On ne sera donc pas surpris de voir, dans ce volume qui porte le nom de Luxembourg, quelques chapitres consacrés à la duchesse de Châtillon.

Des sources où j'ai puisé les éléments de ce travail, les principales sont les archives du Ministère des Affaires étrangères — où les papiers de Mazarin, malgré les publications faites, offrent encore en abondance les renseignements inédits — les archives de la Guerre, celles du château de Chantilly, de la ville de Dijon, les manuscrits de l'Arsenal et de la Bibliothèque nationale. Je dois aussi d'utiles et nombreux documents à ceux dont l'érudition généreuse est secourable aux travailleurs, à MM. Frédéric Masson, A. de Boislisle, G. Macon, qui me permettront de leur offrir ici le témoignage public de ma vive et cordiale gratitude. Je remercie également de leurs communications précieuses M. le comte de Guitaut, madame la comtesse de Dauvet ; les belles archives d'Époisses et de Châtillon-sur-Loing, si hospitalièrement ouvertes, ont contribué grandement à me faciliter la tâche.

LA JEUNESSE
DU
MARÉCHAL DE LUXEMBOURG
(1628-1668)

CHAPITRE PREMIER
(1627)

Les origines du héros de ce livre. — Son père, François de Montmorency-Boutteville, connu sous le nom de Boutteville-le-duelliste. — La folie des combats singuliers sous Louis XIII. — Portrait de Boutteville. — Ses premiers exploits. — Ses duels avec Pontgibault, Torigny et La Frète. — Arrêt de prise de corps décerné contre lui. — Il se réfugie à Bruxelles. — Son cousin, le comte Des Chapelles. — Querelle avec Beuvron. — Combat avec ce dernier sur la place Royale. — Mort de Bussy d'Amboise. — Fuite et arrestation de Boutteville et de Des Chapelles. — On les enferme à la Bastille. — Leur procès au Parlement. — Vaines tentatives auprès du Roi et du Cardinal. — Richelieu et le comte de Boutteville. — Interrogatoire des coupables et leur condamnation. — Lettres des deux condamnés. — Leur conversion religieuse. — Suprême démarche de madame de Boutteville. — L'exécution en place de Grève. — Résultat obtenu par ce châtiment exemplaire.

Si, lors de la naissance du héros de ce livre, on eut la fantaisie, comme la mode en durait encore, de consulter quelque astrologue pour connaître son sort futur, il est aisé d'imaginer ce que put être l'horoscope. Au rejeton tant désiré de la tige des Montmorency, un devin avisé ne dut pas manquer de prédire une destinée guerrière, une existence diverse et tourmentée. Car jamais, semble-t-il, héritier d'un grand nom ne fit son entrée en ce monde dans des circonstances à la fois plus belliqueuses et plus tragiques, parmi les clameurs de combat, le cliquetis sonore des épées, le bruit lugubre et sourd de l'échafaud qu'on dresse, des têtes qui roulent sous la hache de Justice. Aucune époque d'ailleurs, dans toute l'histoire de France, ne fut plus meurtrière que celle où commence ce récit; jamais peut-être il ne se fit pareille débauche de vies humaines. Dans les rares instants de répit que leur laisse le métier des armes, dans le court intervalle des guerres étrangères ou civiles, les sujets de Louis XIII — pour peu qu'ils aient une rapière au côté — n'ont d'autre occupation que de se battre entre eux. Au massacre des champs de bataille succède l'égorgement des combats singuliers.

Ce que fut cette folie des duels dans les premières années du règne, sans doute n'ai-je pas à le rappeler ici. « Nul gentilhomme, dit un ancien auteur, n'eût osé entrer dans le monde, sans avoir signalé sa valeur dans une de ces rencontres. » Chacun des adversaires amenant avec soi deux « seconds », qui prenaient part active à la lutte, il se livrait ainsi soir et matin, dans toute l'étendue du royaume, une série de batailles rangées, où s'épandait vainement le plus beau sang de France.

Contre ce « mal épidémique[1] », les remèdes violents, les édits vingt fois renouvelés qui punissaient de mort combattants et témoins, demeurèrent longtemps sans effet. Même il sembla, dans les premières années, que ces mesures sévères ne fissent qu'aiguillonner l'ardeur des jeunes gentilshommes, comme si les menaces de la loi eussent seulement, aux fêtes homicides, ajouté la saveur du fruit défendu, et que l'idée de jouer deux fois leur vie, en champ clos et en place de Grève, n'eût été qu'un ragoût de plus pour ces amoureux du danger. Louis XIII lui-même, si l'on en croit Tallemant, encourageait parfois sous main ce qu'il interdisait tout haut ; il disait volontiers, en signant les décrets préparés par le cardinal : « Je pense que tels et tels seront bien aises de mon édit des duels », désignant par leurs noms ceux qui ne passaient pas pour friands de la lame. « Il se raillait ainsi de ceux qui ne se battaient pas, en même temps qu'il faisait une déclaration contre ceux qui se battaient. » Vers l'an 1624, l'abus devint intolérable ; l'existence journalière, pour les gens de bon ton, ne fut plus qu'une mêlée continuelle. « La première nouvelle qu'on se demandait le matin, en se rencontrant par les rues, était : qui se battit hier ? — et dans l'après-dînée : savez-vous qui s'est battu ce matin[2] ? » On compta par centaines les victimes de cette mode cruelle, la fleur de la noblesse et l'espoir de nos armes.

Parmi cette folle jeunesse, le bretteur le plus acharné, le plus fougueux et le plus rude joûteur à la dague et

[1]. Désormeaux, *Histoire de la maison de Montmorency*.
[2]. Amelot de la Houssaye, *Mémoires*.

l'épée, le plus hardi contempteur des édits, était assurément François de Montmorency, comte de Boutteville, seigneur de Lusse et autres lieux, duquel naquit celui dont j'entreprends de raconter l'histoire. Avant de pénétrer dans le vif du sujet, il ne sera pas inutile de nous attarder un moment à cette rare et curieuse figure. Au récit des exploits du père, de sa fin intrépide, on verra quel sang coulait dans les veines de l'enfant qu'il laissa pour continuer sa race, de l'enfant qui, dans l'âge viril, sera le vainqueur de Fleurus, de Steinkerque et Nerwinde, le « tapissier de Notre-Dame », le continuateur de Condé.

Lui-même, au reste, François de Boutteville, avait de qui tenir, étant issu de ce Louis de Montmorency[1], qui, avec une poignée d'hommes, brisa, sous les murs de Senlis, les forces de la Ligue[2], mérita, par cent actions d'éclat, « d'entrer le premier dans Paris » aux côtés d'Henri IV[3], et mourut en 1614, vice-amiral de France, plus chargé de gloire que d'années. De son

1. Louis de Montmorency, comte de Boutteville (1564-1614), était le troisième fils de François de Montmorency, frère cadet du chef de sa maison, Pierre de Montmorency, baron de Fosseuse. Par la mort, sans descendance mâle, de son oncle et de ses deux frères, Louis de Montmorency devint à son tour le chef de la branche aînée.

2. « On lui doit le salut de Senlis, et à la défense de cette ville, la ruine de la Ligue », lit-on dans un mémoire adressé à Richelieu (Aff. étrangères, Fr. 787).

3. On raconte que, pendant cette entrée solennelle, rencontrant sur le quai du Louvre un nombreux parti d'Allemands hérétiques qui refusaient de crier : « Vive le Roi ! », Boutteville fondit sur eux avec les cavaliers d'escorte, en tua trente, jeta le reste à la Seine, et, cette exécution faite, rejoignit tranquillement le cortège.

mariage avec Charlotte-Catherine de Lusse, d'une ancienne famille de Navarre, Louis de Montmorency n'avait laissé qu'un fils, venu au monde en l'an 1600[1], qui reçut le nom de François. Il lui légua un patrimoine restreint, de fermes principes d'honneur et de droiture, de belles traditions d'héroïsme. Le jeune comte de Boutteville — ce fut le titre qu'il porta — ne répudia point l'héritage. Il avait déjà, tout enfant, accompagné son père dans ses dernières campagnes. A vingt ans, il prend part à la guerre contre les protestants, fait admirer, au siège de Saint-Jean-d'Angély, son précoce instinct du métier, monte à l'assaut de Ville-Bourbon et franchit la brèche presque seul, en tête des quelques braves qui courent derrière ses pas. Au siège de Montauban, en 1621, plutôt que de lâcher pied il saute avec un fourneau de mine, reste enseveli sous les décombres et ne s'en tire que par miracle : « On peut bien dire, écrit plus tard sa femme en son style énergique, qu'il y fut enterré avant que de mourir[2] ! » La guerre finie, il prend du service en Hollande, soutient avec Maurice de Nassau, contre les Espagnols, le siège célèbre de Bréda[3]. Quand, après dix mois de défense, la place se rend enfin, sur l'ordre exprès du Stathouder, il s'échappe hors des Pays-Bas, rejoint auprès de La

1. Il avait eu un autre fils, Henry de Précy, en faveur duquel il s'était démis de sa charge de vice-amiral de France, mais qui mourut jeune, à peu près en même temps que son père.
2. Lettre de la comtesse de Boutteville à Louis XIII. Mss. Fr. Bibl. nationale 20150.
3. 1624-1625. — Les Espagnols étaient commandés par Ambroise Spinola.

Rochelle le duc de Montmorency, son parent proche et son intime ami, participe sous ses ordres à la brillante expédition navale, que couronne la conquête des îles de Ré et d'Oléron ; volant partout où l'on échange des coups, fougueux, infatigable, d'une bravoure « merveilleuse », ajoutant chaque fois un rayon à la gloire de sa race, « la plus illustre en France après celle des Bourbons ».

Une belle gravure de l'époque nous a conservé ses traits. C'est un seigneur de fière mine, portant la longue moustache et la barbiche en pointe, les cheveux coupés sur le front et flottant longs sur les épaules, à la mode de son temps. Les yeux noirs et hardis, d'un éclat un peu sombre, la ligne accusée des sourcils, la courbe impérieuse du nez, le dessin ferme de la bouche, tout, dans cette physionomie d'homme de guerre, indique la décision, l'énergie calculée, l'ardeur contenue d'une âme créée pour l'action et la lutte. De médiocre stature, mais robuste, nerveux et bien pris dans sa taille, entretenant ses forces par un continuel exercice, il méprisait les aises et vivait durement, mettant une part de son orgueil à traiter en esclave ce corps rude, aux muscles d'acier. Du sang gascon que sa mère avait infusé dans ses veines, il tenait un esprit vif, souple et délié, prompt à la riposte, tourné à la raillerie, fertile en ressources, du reste, assure le Père Séguenot[1], « d'une trempe rare

---

1. Le Père Claude Séguenot, de l'Oratoire, auteur d'un livre sur *la Virginité* qui fut condamné en Sorbonne et valut à l'écrivain d'être mis à la Bastille, par l'ordre de Richelieu. Il a laissé une relation de la mort de Boutteville, qui fait partie des manuscrits de la bibliothèque de l'Arsenal.

et excellente ». Il entendait parfaitement, au surplus, « le point d'honneur selon les usages du siècle », ayant même là-dessus « des maximes fort délicates, et des vanités si raffinées, que peu de gens s'en fussent avisés ». Le même pieux narrateur constate avec chagrin que François de Boutteville professait assez publiquement « les principes des anciens philosophes », s'était fait sur toutes choses des « systèmes particuliers » qu'il maintenait fermement, et se fiait davantage aux suggestions de sa raison qu'aux « insinuations de la grâce », — de quoi l'on peut déduire qu'il était un peu mécréant.

Le cardinal, qui s'entendait en hommes, faisait cas de Boutteville, lui marquait de l'estime et de la sympathie. Le Roi, par contre, ne l'aimait guère, peut-être à cause de sa liaison étroite avec Gaston d'Orléans, soit plutôt par l'effet de cette méfiance collective dont Louis XIII enveloppait tous les membres d'une maison trop haute et puissante. Ajoutons, pour achever l'esquisse, qu'il avait épousé, en l'an 1617, Elisabeth-Angélique de Vienne[1], d'une vieille famille de robe ; il avait dix-sept ans, sa femme en avait dix[2]. Ce précoce ménage

---

1. Fille de Jehan de Vienne, président de la Chambre des Comptes, à Paris, et d'Elisabeth Dolu. Le contrat fut signé le 19 mars 1617. Voir l'appendice, page 485.

2. Disons toutefois que cette date de 1617 est celle des accordailles et du contrat. Le mariage religieux fut célébré deux ans plus tard ; on lit dans une note jointe au contrat : « Le mariage se fera le plus tôt que bonnement et commodément faire se pourra... après que la demoiselle future épouse aura atteint l'âge de douze ans accomplis, si Dieu et notre mère la Sainte Église s'y consentent et accordent. »

fut heureux : la jeune comtesse adorait son époux, qui, en retour, lui témoignait quelque tendresse, ne la trompait que discrètement, sans bruit et sans scandale. La naissance de deux filles, quelques années plus tard, toutes deux d'une beauté singulière, parut assurer un bonheur que devait brusquement détruire « l'appétit déréglé » de Boutteville pour les jeux sanglants de l'épée.

Cet « appétit » passait tout ce qu'on peut imaginer. Ce n'était pas seulement ce que, dans une lettre à Louis XIII, le duc de Montmorency nomme avec indulgence une chaleur de jeunesse, habituelle « maladie de ceux de son âge et de son humeur », mais une fureur, une obsession, presque une monomanie. « Il ne fallait point, dit Amelot de la Houssaye, avoir eu querelle avec Boutteville pour se battre avec lui. » Vantait-on par hasard le courage de quelque gentilhomme, « il s'en allait de ce pas le chercher » ; dès qu'il le rencontrait : « Monsieur, lui disait-il, on m'a assuré que vous étiez brave, il faut que nous nous battions ensemble ». Force était d'en passer par là, « sous peine d'essuyer ses insultes ». Non content d'exercer pour son compte ce « métier de gladiateur », il l'enseignait aux autres et formait des élèves. L'hôtel qu'il habitait était proche Saint-Eustache, dans une des dépendances de l'abbaye de Royaumont. Là, dans une vaste salle basse, on trouvait à toute heure, sur une table dressée, « du pain, du vin et des fleurets d'escrime ». C'était l'école des duels, le conseil de guerre des duellistes[1]. Une jeunesse turbu-

---

1. *Mémoires* d'Amelot de la Houssaye. — Mémoire secret adressé à Richelieu. Aff. étr. Fr. 787.

lente s'y réunissait chaque matin, discutant les beaux coups de la veille, arrangeant les « parties » du lendemain. Boutteville y professait, enseignait aux novices les secrets de son art, distribuait éloges ou critiques avec une autorité sans appel. Le commandeur de Valençay[1] — qui par la suite fut cardinal — lui donnait la réplique, et c'était une rivalité courtoise entre ces deux « braves à trois poils ». Malgré leur étroite amitié, ils faillirent bien se battre un jour, pour ce seul motif que Boutteville, dans un duel qu'il venait d'avoir, n'avait pas pris Valençay comme second. Pour terminer le différend, il fallut que Boutteville allât provoquer sur-le-champ le jeune marquis de Portes, autre escrimeur célèbre, et se fît assister, cette fois, du bouillant commandeur. Ce combat, « fait pour le plaisir », eut une issue tragique. Portes avait choisi comme second, pour l'opposer à Valençay, le comte de Cavoye, son ami, qu'il présenta sur le terrain : « Je vous amène ici, dit-il imprudemment, le meilleur élève de du Perche[2]; vous aurez donc chaussure à votre pied ». Valençay, dès le premier choc, traversa Cavoye d'outre en outre : « Mon cher ami, dit-il en le perçant, ce coup-là ne vient pas de du Perche, mais vous avouerez qu'il est bon ! »

Aucun de ses contemporains n'accuse pourtant Boutteville de soif de sang, de cruauté de cœur. Tous, au contraire, rendent, d'une voix unanime, le plus complet hommage à son « humanité », à son soin généreux d'épargner

1. Achille d'Estampes-Valençay, né en 1589, cardinal en 1643, mort en 1646.
2. Le plus fameux maître d'armes de ce temps.

autant que possible la vie de ses antagonistes. Le Père Séguenot admire qu'à vingt-quatre ans, ayant eu déjà dix-neuf duels, il n'ait encore tué de sa main « que deux de ceux auxquels il avait eu affaire », et le loue grandement de cette réserve. Le bon Père néglige d'ajouter que quatorze autres gentilshommes, « seconds » en ces rencontres, avaient succombé par son fait.

Tant d'audacieuses infractions à la loi demeurèrent longtemps impunies. Le grand nom de Montmorency, l'éclat de ses services, la force du préjugé public, retinrent jusqu'en 1624 le cours de la justice. Mais les choses se gâtèrent au renouvellement des édits, qui eut lieu l'année même où Richelieu entra dans le Conseil du Roi. Dès le lendemain de ce rappel, conçu en termes menaçants, Boutteville, le jour de Pâques, eut une affaire avec le comte de Pontgibault, cadet de la maison du Lude. La dispute éclata pour un motif futile ; ils résolurent de la vider sur l'heure. Comme ils n'avaient sur eux ni épées ni poignards, ils prirent dans une taverne des couteaux fraîchement aiguisés ; et les deux combattants envoyèrent leurs laquais quérir un « second » pour chacun. L'ami qui assista Boutteville fut le baron de Rabutin-Chantal, père de madame de Sévigné[1]. Il était à l'église — comme il convenait en ce saint jour — en train de « faire ses dévotions », quand le laquais le vint appeler. Il courut porte Saint-Antoine en habits du

---

1. Le second de Pontgibault fut le comte de Salles.

matin, « en petits souliers de velours », et se battit dans cette tenue, sans prendre le temps de changer [1].

Bien qu'il n'y ait point eu mort d'homme [2], cette rencontre fit grand tapage à raison de ses circonstances, et le choix de la date aggrava le scandale. Le Roi ordonna de sévir ; le parlement de Paris entama des poursuites contre les combattants, les décréta de prise de corps. Mais Boutteville, averti à temps, n'eut garde de se laisser faire. Il assembla deux cents amis, parents et serviteurs, tous armés jusqu'aux dents et prêts à le défendre contre les « gens de justice » ; puis, escorté de cette petite armée, il quitta Paris en plein jour, dans un carrosse à six chevaux, gagna les frontières de la Flandre, de là passa aux Pays-Bas, où il prit du service dans l'armée commandée par Maurice de Nassau. Il fut, quinze jours après, condamné par défaut avec ses trois complices [3]. L'arrêt du Parlement le déclarait « déchu des privilèges de noblesse, ignoble, roturier et infâme », le condamnait par contumace à être « pendu et étranglé à une potence croisée, en place de Grève, son corps mort porté à Montfaucon, ses maisons démolies et rasées, les arbres de ses propriétés coupés par le milieu, les troncs demeurant pour mémoire de son crime à perpétuité... [4] » Le « tableau » qui portait cette

---

1. *Histoire généalogique* de Dussy. — *Mercure de France* de 1624, etc., etc.

2. Pontgibault fut tué deux ans après par le comte de Chalais.

3. *Mercure de France* de 1624.

4. Il fut informé également contre les « deux cents personnes de qualité », qui avaient favorisé sa fuite.

sentence rigoureuse fut attaché sur un poteau, planté en place de Grève.

Toute platonique qu'elle fût, cette dernière peine demeura d'aillleurs sans effet. Dans la nuit qui suivit, « des laquais escortés par des gens à cheval » abattirent le poteau, emportèrent le placard. Puis le temps et l'oubli firent leur œuvre ordinaire. — Quand, l'an d'après, le siège de Bréda terminé, Boutteville s'en revient à Paris, la gloire nouvelle qu'il s'est acquise en cette guerre mémorable a chassé de tous les esprits jusqu'au souvenir de son péché.

La longanimité est même poussée si loin, qu'on ferme encore les yeux sur une nouvelle affaire qu'il a, dès son retour, avec le comte de Torigny [1].

Cette « partie », comme les précédentes, se lia sans querelle sérieuse, pour la curiosité de mesurer ses forces. En l'hôtellerie de la Galère, dans le faubourg Saint-Jacques, adversaires et témoins, la veille de la rencontre, soupèrent gaiement ensemble ; après quoi, ils couchèrent tous six « tout habillés dans une même chambre [2] ». Ils y devisèrent quelques heures, fort joyeusement d'abord, et de bonne amitié. L'entretien, qui, plus avant dans la nuit, s'engagea entre trois des futurs combattants, est parvenu jusqu'à nous ; il n'est pas sans saveur et porte bien l'empreinte du temps : « Pourquoi, dit tout à coup Boutteville, nous voulons nous couper la gorge, vu que

1. Jacques Goyon de Matignon, comte de Torigny, mestre de camp de la cavalerie légère. Le duel eut lieu le 25 mars 1626.
2. *Mercure de France* de 1626.

nous n'avons aucune dispute les uns contre les autres ? — C'est toi, Boutteville, répond La Frête, second de Torigny, c'est toi qui nous as brouillés, et qui troubles le repos de tous les gentilshommes de la Cour ! » — *Boutteville* : « Il n'y a rien encore de gâté, nous pouvons nous en aller. » — *Torigny* : « Non, nous sommes trop engagés pour nous retirer sans rien faire. » — *Boutteville* : « J'ai regret, Torigny, que je te tuerai demain sans sujet. » — *La Frête* : « N'attendons pas à demain, faisons allumer des flambeaux ; nos pages et nos laquais nous éclaireront à nous battre. » — *Boutteville* : « Je ne hasarderai jamais ma vie sur un flambeau, ni sur la main du page ou du laquais qui la tiendra... »

Là-dessus l'entretien s'échauffe, et cet essai d'accommodement n'a d'autre résultat, comme il se voit souvent, que de rendre « fort aigre » une querelle presque éteinte. Aux premières lueurs du jour, ils sortent de l'auberge, gagnent la place voisine, et « chacun prend son homme ». Boutteville reçoit de Torigny un coup d'épée en pleine poitrine ; la lame se brise sur une des côtes, et Boutteville, d'une riposte, jette son ennemi par terre ; puis il apppelle La Frête : « Allez vite, lui crie-t-il, faire prier Dieu à votre ami, car il est bien près de sa fin. — Ah ! mon ami, dit Torigny, mon épée s'est rompue... » A ces mots sa voix s'éteignit et « il rendit l'esprit [1] ». Un carrosse emporta le corps ; Boutteville, suivi de ses seconds, se retira quelque temps, pour la

---

1. *Mercure François*, 1626.

forme, en son château de Précy-sur-Oise, n'y fut point inquiété, et revint bientôt à Paris.

L'an d'après, nouveau duel, cette fois contre La Frête, qui fut le provocateur. Le combat eut lieu près Poissy, dans la forêt de Saint-Germain ; La Frête y fut blessé, l'écuyer de Boutteville[1] y fut tué sur la place. La patience de Louis XIII, quand il apprit l'histoire, parut cette fois être à son terme. Une lettre de sa main réveilla la nuit Bassompierre, lui enjoignit de prendre un gros de cavalerie, de courir en hâte à Précy, d'y arrêter Boutteville et de l'amener sous bonne garde à Paris. Bassompierre assembla trois compagnies de Suisses, investit le château et trouva la place vide [2]. Boutteville, inquiet des suites de cette affaire, avait poussé jusqu'à Bruxelles, où il avait pris domicile. Il emmenait avec soi un compagnon d'exil, François de Rosmadec, comte Des Chapelles, son cousin issu de germain[3] et son ami d'enfance, qui le suivait dans sa retraite et s'installait également à Bruxelles ; ces deux hommes, désormais, ne devaient plus se séparer. C'est une curieuse figure que

---

1. Le sieur de Buchoy. — Une lettre de Buisson, aumônier du prince de Longueville, adressée au sieur Maréchal, secrétaire dudit prince, et conservée aux archives de Neufchâtel, donne quelques détails sur ce duel : « Paris, 12 janvier 1627. — ... La Frête et Boutteville se sont battus. Le second de Boutteville, qui était son écuyer, le plus adroit homme de France, a été tué par le second de La Frête sur la place, et Boutteville désarmé, que La Frête étranglait sans son second... Le Roi a dit que La Frête le devait tuer, et qu'il servirait d'exemple... » (Arch. de Neufchâtel, P. 20, n° 14).

2. Voir les *Mémoires* de Bassompierre.

3. Sa mère était Françoise de Montmorency de Hallot, cousine germaine de Boutteville.

ce comte Des Chapelles, et fortement marquée de l'empreinte de son temps. Ame ardente et mystique, il professait une piété exaltée, était sujet à des extases, à des visions extraordinaires [1], se disait résolu à terminer ses jours sous la robe de chartreux [2]. En attendant le cloître, il vivait « comme un diable », croisait le fer à tout bout de champ, et, malgré son corps frêle, sa chétive apparence, était doué d'une souplesse et d'une science de l'épée, qui l'avaient plus d'une fois rendu redoutable à ses adversaires. Du même âge que Boutteville, élevé avec lui comme un frère, il l'admirait aveuglément, l'aimait d'une tendresse passionnée, lui servait de second dans la plupart de ses rencontres, et, quand il le crut en péril, courut s'offrir à lui pour partager son sort.

Le séjour à Bruxelles [3] débuta sous d'heureux auspices. L'infante archiduchesse [4], dont une des filles d'honneur était Montmorency, accueillit Boutteville avec joie ; elle le « caressa fort », et proposa ses bons offices en tout ce qui dépendrait d'elle. Elle n'eut guère longtemps à attendre pour mettre cette offre à effet. Au bout de peu de jours, elle sut par sa police que deux gentilshommes français, « en habits déguisés » et d'allures mystérieuses, venaient

1. Relation du Père Séguenot. Mss. de l'Arsenal.
2. Lettres de Des Chapelles. Ibid.
3. Pour tout le récit qui va suivre, j'ai combiné la relation détaillée du *Mercure François* de 1627, le manuscrit du Père Séguenot qui est à la bibliothèque de l'Arsenal, et divers autres documents dont on trouvera l'indication en note.
4. Isabelle-Claire-Eugénie, fille de Philippe II d'Espagne (1566-1633). Elle avait épousé, en 1599, Albert, archiduc d'Autriche, et se trouvait, en 1627, gouvernante des Pays-Bas espagnols.

d'arriver dans sa ville. Un courrier de Louis XIII l'informait en même temps que le jeune Guy d'Harcourt, marquis de Beuvron[1], très proche parent du comte de Torigny, ayant juré de venger ce dernier, était parti secrètement pour Bruxelles, avec son écuyer Buquet, dans l'intention de provoquer Boutteville. Le Roi priait sa tante[2] de s'opposer à toute rencontre, et de faire le possible pour accorder les deux seigneurs. Le bruit de cette nouvelle affaire s'était déjà répandu dans Paris, et de toutes parts accouraient à Bruxelles les professionnels de l'épée, avides d'être « de la partie » ou d'assister du moins à un si beau combat. L'archiduchesse, pour entrée de jeu, mit tout d'abord sous clé les deux cavaliers déguisés, qui n'étaient autres, on le devine, que Beuvron et Buquet. Elle les laissa d'ailleurs en leur hôtellerie, où elle se contenta de « leur donner des gardes ». Cette sage précaution prise, elle manda Boutteville à la Cour, lui fit promettre sur l'honneur que, quoi qu'il arrivât, jamais, en aucun cas, « il ne se battrait sur ses terres ».

Le serment obtenu, elle entreprit l'accommodement désiré par Louis XIII. Le marquis de Spinola eut mission d'inviter Boutteville — son récent adversaire lors du siège de Bréda — avec Des Chapelles et Beuvron, à un dîner en son hôtel. L'ambassadeur de France, le gouverneur de Luxembourg, et plusieurs gentilshommes français, espagnols et flamands, furent également conviés.

1. Né le 19 décembre 1601. Il était cousin germain de Torigny et parent éloigné de Boutteville.
2. L'Archiduchesse était tante d'Anne d'Autriche, femme de Louis XIII.

Là, devant cette noble et nombreuse assistance, eut lieu, par ordre de l'infante, une réconciliation solennelle[1]. Boutteville et Beuvron s'embrassèrent, se jurèrent l'un à l'autre « de ne plus parler de l'affaire, et de ne se point offenser désormais ». Ils se firent force politesses ; et rien, dans leur langage ou dans leur attitude, ne put faire suspecter la sincérité de l'accord. La cérémonie terminée, la compagnie se retira, fort édifiée de ce spectacle. Boutteville en allait faire autant, lorsque soudain Beuvron, marchant vivement vers Des Chapelles, dit à mi-voix d'un ton railleur : « Eh bien, Monsieur, ne joué-je pas bien mon jeu ? » Et, sur demande d'explications : « C'est reprit-il de même, que je ne mourrai point content que je n'aie vu Boutteville l'épée à la main. » Puis, s'adressant cette fois à Boutteville en personne, dans cette même salle où tous deux venaient de sceller le traité, « il lui fit le même compliment [2] ».

La tentation était trop forte pour l'âme orgueilleuse de Boutteville. Pris entre le respect de la parole donnée, qui s'opposait au duel dans les États de l'infante, et l'irrésistible désir de relever l'insulte, il se résolut sur-le-champ à s'éloigner des Pays-Bas. Toujours accompagné du fidèle Des Chapelles, il s'en fut à Nancy, à la cour du duc de Lorraine, d'où il fit savoir à Beuvron qu'il se tenait à sa disposition. Je passe sur les longs pourparlers qui remplirent les semaines suivantes, chacun des adversaires voulant que la rencontre eut lieu sur son domaine, Boutteville, par la raison qu'il ne pouvait rentrer en

1. Le 2 février 1627.
2. Désormeaux, *Histoire de la Maison de Montmorency*.

France, Beuvron, par ce motif, qu'étant « veillé de près », il lui était, affirmait-il, tout à fait impossible de faire un pas hors de Paris. Cette guerre de plume tenait la galerie en suspens, et les paris étaient ouverts sur le dénouement de l'affaire. La discussion, de jour en jour plus aigre, se prolongea deux mois. Le 1er mai, l'archiduchesse, à la prière de Boutteville, écrivit de sa main à Louis XIII. Elle se portait garante du sincère repentir, de la conversion du coupable, sollicitait avec instance des « lettres d'abolition » pour toutes les infractions passées. Le siège de La Rochelle, dont les préparatifs occupaient toute l'Europe, détermina Boutteville à tenter cette démarche : l'épée vaillante, trop fréquemment rougie du sang des serviteurs du Roi, brûlait de s'employer à une meilleure besogne. La décision royale rompit cette espérance ; Louis XIII, dans sa réponse, promettait à Boutteville « de n'être point exact à le faire rechercher », mais là se bornait sa clémence : la rentrée à Paris, la présence à la Cour aussi bien qu'à l'armée, restaient formellement interdites. Boutteville fut outré du refus : « Puisqu'il en est ainsi, s'écria-t-il audacieusement, j'irai me battre dans Paris, et sur la place Royale ! »

Ce n'était point une vaine bravade. Dans la nuit du 10 mai, deux cavaliers, enveloppés de manteaux, débarquèrent à Paris, arrivant de Lorraine : c'étaient, sous des habits et sous des noms d'emprunt, Boutteville et le comte Des Chapelles. Dès le lendemain matin, un message du premier en informa Beuvron ; et rendez-vous fut pris pour le soir, place Royale, afin d'y régler en commun les dispositions du combat. Beuvron, lorsque sonnèrent neuf heures de nuit, se rendit sur la place; il y trouva Boutteville, qui l'attendait déjà. Après quelques saluts : « Vous plaît-il, proposa Beuvron, que nous vidions le différent sur l'heure, sans mettre nos amis en peine? — Non, répliqua Boutteville, je veux que le soleil soit témoin de toutes mes actions. D'ailleurs, ajouta-t-il, j'ai pris un engagement avec deux de mes amis qui veulent être de la partie; si j'y manquais, j'aurais affaire à eux. » Et il nomma son ami Des Chapelles, ainsi que le comte de La Berthe. Beuvron, sans insister, promit d'amener aussi un couple de partenaires, et la rencontre fut convenue pour le lendemain mercredi, à trois heures de l'après-dînée, au lieu même où ils se parlaient. Au sortir de cet entretien, Beuvron s'en fut à Saint-Martin des Champs, chez Henri de Clermont-Gallerande, marquis de Bussy d'Amboise, son ami. Il le vit en son lit, pâle, défait, grelottant la fièvre, venant d'être saigné quatre fois en huit jours : « Voilà un malheur très grand! lui dit-il en l'apercevant; Boutteville est ici, je viens de lui parler. L'occasion que vous désiriez s'offre justement pour demain; mais l'affaire arrive en mauvaise saison, car, indisposé comme vous êtes, vous n'aurez point la force de combattre. — Pardonnez-moi, monsieur, reprit vivement Bussy; lorsque j'aurais la mort entre les dents, je veux être de cette partie! » Les choses ainsi réglées, Beuvron prévint en outre son écuyer Buquet, et la « partie » projetée se trouva au complet.

Le mercredi 12 mai, veille de l'Ascension, à deux

heures de relevée, les combattants, comme prélude à l'action, se réunirent en un lieu clos, non loin du couvent des Filles-Dieu, où, selon la coutume, un gentilhomme commis à cet effet les visita tous six « dans les chausses et sous la chemise », afin de s'assurer qu'aucun n'avait cotte de maille ou cuirasse. Puis ils montèrent dans un carrosse, et se firent mener place Royale; ils y furent au coup de trois heures. Là, ils retirèrent leurs pourpoints — ayant été convenu que l'on se battrait « en chemise » — et, s'espaçant sur une longue file, s'alignèrent deux par deux, tenant d'une main la dague et de l'autre l'épée. Boutteville faisait face à Beuvron, La Berthe à l'écuyer Buquet, Des Chapelles à Bussy d'Amboise. Il se fit un temps de silence, on donna le signal, et brusquement, sur tout le rang, la bataille s'engagea, furieuse. Boutteville et Beuvron s'étudièrent d'abord un moment, firent quelques passes savantes, tournèrent deux ou trois fois en cercle, lancèrent des « estocades », dont aucune n'eut de résultat; d'un même geste alors, ils jetèrent leurs épées, et, le poignard levé, se ruèrent l'un sur l'autre. Il y eut un instant d'effrayant corps à corps, et l'issue de la lutte parut tout d'abord incertaine; mais Boutteville, plus robuste, saisit de la main droite le poignet du marquis, le maintint immobile, et, de son autre main lui mit le poignard sous la gorge : « Ah! cousin[1], cria Beuvron, tu ne me voudrais pas tuer? — Non, répondit Boutteville, notre combat est gaillard, restons en-là. » Sur ces mots il baissa sa dague, et, « l'embrassant, il lui donna la vie ».

1. Boutteville et Beuvron étaient cousins éloignés.

Ensuite, laissant tomber son arme : « Allons, dit-il, séparer nos amis. » Ils y coururent tous deux, mais il n'était plus temps. Deux corps gisaient sanglants sur le pavé de la place. L'un d'eux était La Berthe, grièvement blessé par Buquet, et que ses gens portèrent, sur sa demande, à l'hôtel de Mayenne. Plus maltraité encore était Bussy d'Amboise : l'épée de Des Chapelles lui avait traversé la gorge, et il ne remuait plus, perdant son sang à flots par l'horrible blessure. Tous s'empressèrent autour de lui; on le déposa, avec mille précautions, chez M. de Maugiron, dont l'hôtel se trouvait tout contre, et l'on alla quérir un moine [1] au couvent voisin des Minimes. Quelques minutes s'écoulèrent dans l'angoisse : Bussy reprit ses sens, essaya vainement de parler, joignit les mains, leva les yeux au ciel; tout à coup ses traits se fixèrent, il expira doucement, sans agonie.

Quand tout fut consommé, on mit le mort en son carrosse, qui attendait aux abords de la place, et ses gens eurent mission de le ramener à son logis. Boutteville et Des Chapelles passèrent chez leur ami, le baron de Chantal, qui leur prêta des chevaux; ils se rendirent de là chez « le barbier Guillemin, où ils firent collation », ensuite à l'hôtel de Mayenne, afin d'y voir panser La Berthe [2]. Chemin faisant, ils rencontrèrent Beuvron : « Monsieur, lui demandèrent-ils, avez-vous affaire de nous? — Non, répondit-il, et adieu. » Tout aussitôt il monta en voiture, s'enfuit hors de Paris, et, suivi de Buquet, se dirigea vers

---

[1]. Ce fut le père Chaillou.
[2]. Il languit longtemps, mais finit par se rétablir.

la côte normande, d'où il se réfugia bientôt en Angleterre[1]. Boutteville et son second entrèrent à l'hôtel de Mayenne, et s'entretinrent avec La Berthe; ils y étaient encore, quand un de leurs amis fit irruption tout hors d'haleine : « Messieurs, sauvez-vous, le Roi est à Paris ! — Nous le savions avant que de nous battre », répartit tranquillement Boutteville. Ils sortirent pourtant peu après, et, montant à cheval, galopèrent sur la route de Meaux, dans le dessein de gagner la Lorraine. Ils coururent à franc étrier une partie de la nuit, et s'arrêtèrent enfin à Vitry-le-Brûlé, petite bourgade voisine de Vitry-le-François. Harassés de fatigue, se jugeant à l'abri de poursuites immédiates, ils demandèrent une chambre à l'hôtellerie de la Poste, « s'y couchèrent en même lit », et firent défense expresse qu'on vînt les réveiller avant le lendemain huit heures. Le laquais de Boutteville devait à ce moment lui porter « un habit de soie », car il n'avait pu dépouiller ses vêtements de combat. Ces instructions données, ils s'endormirent profondément.

Le Roi, pendant ce temps, mettait sur pied toute la police. Averti le jour même de l'insolent défi qui le bravait en face, il mandait sur-le-champ le grand prévôt de France[2], le lançait sur Précy avec tous les archers à cheval. Deux cents hommes des gardes du Roi, ainsi qu'une compagnie de Suisses, furent envoyés vers ce même lieu pour prêter main-forte aux archers. Le grand prévôt atteignit Précy dans la nuit; mais il eut beau

---

1. Il fut tué l'année d'après au siège de Casal (novembre 1628)
2. Le sieur de la Trousse.

fouiller le château et les environs; il n'y trouva personne, laissa une garnison, et revint à Paris conter au Roi son insuccès.

Le hasard, suivant l'habitude, servit mieux la justice que toute la science des policiers. La basse avidité d'une femme fut, en cette occurrence, l'instrument du destin. La présidente de Mesmes, mère de Bussy d'Amboise[1], « deux heures » après l'avis de la mort de son fils, se ressouvint fort à propos que le défunt possédait de grands biens en Champagne, bois, terres, vignes et châteaux. Craignant que sa belle-sœur, la comtesse de Vignory, — fort liée avec Bussy et présumée sa légataire — ne mît sans perdre temps la main sur l'héritage, madame de Mesmes, en femme prudente, expédia le soir même deux gentilshommes de sa maison, chargés de saisir ces domaines et de les garder en son nom. Ces zélés mandataires, en arrivant à Meaux, apprirent que « deux courriers galopaient devant eux sur la route », et, ne doutant point que ce fussent les gens de la comtesse de Vignory, redoublèrent de vitesse, « s'enquérant de porte en porte quels étaient ces deux hommes », que nul ne connaissait et qui paraissaient si pressés. Ils continuèrent cette chasse jusqu'à Vitry-le-Brûlé; là, un homme de la poste, en les tirant de leur méprise, les lança, sans y voir malice, sur une piste nouvelle. Par la description de cet homme, ils connurent avec certitude que les mystérieux fugitifs

---

1. Jeanne de Montluc-Balagny, en premières noces marquise de Bussy.

étaient Boutteville et Des Chapelles, et qu'ils passaient la nuit dans cette localité. Ils repartent sur l'heure, font diligence jusqu'à la ville voisine de Vitry-le-François, dont Bussy se trouvait être le gouverneur, arrachent à son sommeil le prévôt de la maréchaussée, le mettent au fait des événements, lui enjoignent au nom du Roi d'arrêter les rebelles, les meurtriers du Seigneur de l'endroit.

Le chef de la police assemble ses archers; un groupe nombreux d'habitants de la ville, artisans, bourgeois, gentilshommes, se joint à la maréchaussée, et toute la troupe, à l'aube du jour, débouche à Vitry-le-Brûlé. Boutteville et Des Chapelles, sans se douter de rien, y reposaient encore paisiblement. Le prévôt requiert l'hôtelier de lui montrer leur chambre, y pénètre d'un pas furtif, voit les épées au pied du lit, s'en empare avec prestesse et les place hors d'atteinte; puis, interpellant les dormeurs, il leur commande de se lever et de le suivre aussitôt. Des Chapelles, au premier moment, fit quelques façons pour se rendre, affirma au prévôt qu'il les prenait pour d'autres et qu'il aurait sujet de se repentir de l'erreur. Boutteville, plus ferme et plutôt résigné, interrompit ces dénégations vaines : « Allons, allons, dit-il froidement, il ne faut tant faire le doucet; nous en serons quittes pour le col. » Toute résistance tomba; ils s'habillèrent tous deux, gagnèrent à pied, environnés d'un imposant cortège, la prison de Vitry-le-François, où on les mit dans une même chambre. Après quoi, les gens de la ville postèrent trente hommes de garde autour de la prison, vingt à chaque porte des remparts, et dépêchèrent en hâte un courrier à Paris, pour rendre compte au Roi de leur précieuse capture.

Cet homme en arrivant trouva Louis XIII absent; il venait justement de partir pour Versailles, simple rendez-vous de chasse, où le Roi méditait dès lors de se faire construire un château[1]. Le cardinal était à la Sorbonne, et le messager y courut, assisté d'un des gentilshommes de la maison de Mesmes. Ils croisèrent sur la route Richelieu et son secrétaire, qui s'en retournaient en carrosse; le secrétaire, en les voyant ensemble, devina aussitôt ce qui s'était passé : « Boutteville est pris ! » s'écria-t-il. Le courrier s'approcha, délivra son message. Richelieu ne répondit rien; on remarqua seulement qu'il « haussait les épaules ». Il n'aimait point l'excès de zèle, et prévoyait sans doute quels embarras cette prise allait lui mettre sur les bras. Il envoya toutefois prévenir le Roi à Versailles. « Sa Majesté était déjà couchée et endormie; on l'éveilla pour lui dire la nouvelle. » L'ordre fut expédié à Vitry-le-François de bien garder les prisonniers, en attendant qu'il fût décidé de leur sort, et, s'ils étaient encore ensemble, de les séparer sans délai. On les trouva « jouant au piquet » de l'air le plus calme du monde. L'instant où ils se dirent adieu fut, au dire des témoins, « le premier où ils s'affligèrent »; quelque émotion parut dans leurs regards et dans leur voix.

---

[1]. La construction de Louis XIII constitue la partie centrale du château actuel.

Le bruit de l'événement, répandu dans Paris, y produisit une agitation vive. Les parents, les amis de Boutteville, la maison de Montmorency et toute sa puissante clientèle, se réunirent en grand mystère, discutèrent les moyens de soustraire les coupables à la rigueur des lois. Même le duc d'Orléans, le propre frère du Roi, fort lié, comme je l'ai dit, avec François de Boutteville, conçut un moment le dessein d'entraver par la force le cours de la justice[1]. Rassembler secrètement sur un point de la route un parti d'hommes armés, fondre sur le cortège qui ramènerait les captifs à Paris, mettre ceux-ci en liberté ou les conduire à la frontière: telle était l'entreprise qu'une indiscrétion fit échouer. Des mesures habilement combinées rendirent l'enlèvement impossible; de gros détachements de cavalerie, chevau-légers, mousquetaires et gendarmes, une infanterie nombreuse tirée des garnisons de Champagne, furent envoyés à Vitry-le-François, occupèrent fortement la ville et les faubourgs. Le marquis de Gordes commandait cette petite armée. Il avait permission, selon les circonstances, de « faire battre le tambour et sonner le tocsin par toutes les villes, bourgades et villages, assembler les communes, faire monter à cheval les prévôts des maréchaux du pays et des environs, faire lier pour le trajet Boutteville et Des Chapelles, les amener à son gré par coche ou par bateau ».

Ces instructions données et ces précautions prises, on les tira hors de leur geôle, et l'on se mit en route dans

---

1. Gramond, *Historiarum Galliæ*, etc, etc.

un ordre sévère. Cent cinquante mousquetaires tenaient la tête de la colonne; puis venait la lourde voiture qui renfermait les prisonniers; tous deux « proches l'un de l'autre, s'appuyaient au dos du carrosse »; un exempt des gardes était assis en face; des archers à cheval encadraient chaque portière. Derrière le véhicule chevauchait le marquis de Gordes, suivi du reste de la cavalerie et d'un grand nombre de soldats à pied. Une avant-garde éclairait le chemin et galopait devant l'escorte, avec mission de « reconnaître le logement du coucher, visiter les fenêtres », s'assurer qu'elles avaient « de bons barreaux de fer », et, faute de cette sûreté, « faire clouer les volets de bois ». On marchait tout le jour sans faire aucun arrêt; et, pendant le repos nocturne, plusieurs postes de sentinelles veillaient alentour des captifs. Comme ceux-ci paraissaient « paisibles », Gordes s'abstint de les faire lier; ils le remercièrent vivement de cette prévenance. Dans le but d'éviter tout mouvement populaire, on eut soin de n'entrer à Paris que de nuit. Le dernier jour de mai, à deux heures du matin, le cortège, encore renforcé, franchit la porte Saint-Antoine et s'achemina vers la Bastille. Quelques instants plus tard, le guichet de la citadelle laissait passer sans bruit les « criminels d'État ».

Le même jour, dans l'après-midi, le Roi manda au Louvre « Messieurs du Parlement » : il exposa les faits lui-même, fit connaître sa volonté que le procès fût mené rapidement, « sans discontinuation et toutes affaires cessantes », nomma séance tenante les commissaires chargés des enquêtes et informations. Les deux conseillers désignés[1] furent le lendemain à la Bastille, et procédèrent sur l'heure aux interrogatoires. Les choses se passèrent au début comme le jour de l'arrestation. Des Chapelles, s'obstinant contre toute évidence, s'entêta tout d'abord dans son puéril système, et « dénia tout » avec audace. Il ne connaissait point, dit-il, Bussy d'Amboise, n'avait jamais mis le pied place Royale, ignorait même où se trouvait cette place; les témoins produits contre lui agissaient par vengeance, ayant sans doute reçu « des coups de bâton de ses laquais ». Boutteville, à l'opposé, « avoua ingénuement » toutes les circonstances du combat, répondit aux questions des juges avec franchise et dignité, dédaignant d'invoquer les raisons qui eussent pu excuser ou atténuer sa faute. Ce qu'ayant appris Des Chapelles, « il eut honte de soi-même », et, dès le jour suivant, changea complètement d'attitude. Il se chargea lui-même pour décharger Boutteville, observa — ce qui était vrai — que son cousin n'avait pas provoqué Beuvron; que, si quelqu'un était coupable, c'était lui, Des Chapelles, qui avait « fait l'appel », avait poussé Boutteville à accepter la « partie » proposée, qui avait tué Bussy d'Amboise — et que lui seul, par conséquent, devait subir la peine de son péché. Bref il s'efforça d'en user « comme Pylade à l'égard d'Oreste », et conquit l'estime de ses juges par ce dévouement généreux et touchant autant qu'inutile.

Tandis que la Justice suivait la filière lente de ses

---

1. Les sieurs des Landes et Bouchet, conseillers de la Grand'-Chambre.

procédures habituelles, « témoignages et interrogats, confrontations et récolements », les parents de Boutteville se remuaient activement et cherchaient à sauver sa tête. Le 3 juin, jour de la Fête-Dieu, comme le Roi sortait de la messe, la comtesse de Boutteville se jeta à ses pieds, le supplia, « par tout ce que la religion a de plus sacré, d'épargner le sang de son époux ». Louis XIII passa sans tourner le visage, mais il s'adressa à mi-voix aux officiers qui l'escortaient : « La femme, dit-il, me fait pitié, mais je veux et dois conserver mon autorité [1]. » Puis il poursuivit son chemin.

A ce premier échec succèdent, dès le lendemain, de nouvelles tentatives. Monsieur, frère du Roi, les ducs d'Angoulême et de Ventadour, le duc de Montmorency, le prince de Condé, parent de Boutteville par sa femme [2], « tout ce qu'il y avait de plus grand en France », écrivent au Roi à tour de rôle des lettres chaleureuses, dont la plupart sont conservées. Elles s'accordent toutes en ce point d'imputer « l'erreur de Boutteville » à une noble « opinion de gloire », à l'antique

---

1. Henri IV avait publié contre les duels un édit fort sévère, dont le préambule contient cette phrase curieuse : « Nous faisons défenses très expresses à toutes personnes, et même à la Reine, notre très chère et aimée compagne, comme à tous les princes du sang, de nous faire aucune prière, requête ou supplication contraire à icelle, protestant et jurant par le Dieu vivant de n'accorder aucune grâce dérogeante à ladite présente ordonnance. » L'édit promulgué par Louis XIII, le 5 février 1626, renouvela cette prohibition, bien qu'en termes moins absolus. — Voir l'*Histoire des duels*, par Fougeroux de Campigneulles.

2. Charlotte de Montmorency, mère du Grand Condé.

« coutume du Royaume qui fait consister l'honneur en des actions périlleuses [1]. » C'est la thèse que soutient aussi la comtesse de Boutteville, dans la supplique qu'elle adresse à Louis XIII pour obtenir la grâce de son mari [2], « uniquement coupable, dit-elle, d'un crime né avec le courage de vos sujets, toléré par un temps immémorial et sans exemple de châtiment ». Elle conclut en ces termes, dont la curieuse hardiesse n'est pas dépourvue d'éloquence : « Si toutes ces considérations, Sire, ne sont pas assez fortes, pardonnez à l'excès d'une femme justement affligée, et d'une mère devenue muette par l'effort de sa douleur ; souffrez qu'elle vous représente que, depuis vos édits, combien, mais combien de personnes, et de toutes qualités, en ont-elles mal usé et se trouvent dans la contravention, lesquelles, Sire, par leur bonne fortune, l'assistance de leurs amis, ont évité la rigueur de votre justice ! Si le non-être de mon mari pouvait fermer le pas aux duels.., je crois que lui-même serait aise de servir de victime, et sa postérité tirerait gloire d'une telle perte. Mais les exemples passés vous assurent que l'avenir ne peut laisser votre noblesse sans ce moyen de se satisfaire, lequel, quoique répugnant au christianisme, est bien plus tolérable que les assassinats, dont jusqu'ici les combats ont empêché la pensée à ceux qui, sans l'espérance du duel, rechercheraient une vengeance plus criminelle... Conservez la vie à mon mari, en lui ôtant l'usage [3]. Ce sera

1. Lettre du prince de Condé à Louis XIII.
2. Mss. de la Bibl. nat. F. fr. 20150.
3. C'est-à-dire en commuant la peine capitale en celle de l'emprisonnement, comme elle l'a demandé plus haut.

affirmer la rigueur des lois, me donner aussi la vie, et obliger toute une race que j'ose dire, Sire, alliée à celle du Roi et de presque tous les souverains de l'Europe. »

Sans attendre l'effet de ces adjurations, la famille des coupables emploie, dans le même temps, d'autres moyens de préserver leur vie. Le 14 juin, madame de Boutteville, assistée de sa cousine la princesse de Condé, des duchesses d'Angoulême et de Montmorency, se rend au Parlement, et présente une requête pour récuser les juges. La requête est « mise à néant »; et l'on travaille alors à gagner ces mêmes juges que l'on refusait tout à l'heure. C'est auprès de chacun d'entre eux un siège, un assaut acharné, par prières, par promesses, par menaces déguisées; et cette « brigue » est si forte qu'elle inquiète Richelieu. Le garde des sceaux, par son ordre, se transporte au Palais, commande à tous les conseillers, parents, alliés, amis des accusés, de « sortir de ce lieu, comme n'y ayant que faire », va jusqu'à désigner tout haut quelques « suspects », et ne laisse poursuivre l'affaire que l'épuration accomplie.

Le coup ainsi manqué, on dresse d'autres batteries. L'évêque de Nantes, M. de Cospéan [1], qui visitait chaque jour les prisonniers à la Bastille, leur suggère

---

1. Philippe de Cospéan, né dans le Hainaut en 1568, mort près de Lisieux, le 8 mai 1646. Après avoir été valet au collège de Navarre, il devint successivement évêque d'Aire (1607), de Nantes (1621) et de Lisieux (1636). Il fut l'un des bons prédicateurs de son temps, et le premier, dit-on, à substituer dans ses sermons les citations de l'Écriture sainte et des Pères à celles d'Homère, de Cicéron et d'Ovide.

la pensée, leur fournit le moyen d'écrire au cardinal, de solliciter adroitement, en intéressant son orgueil, sa toute-puissante intervention ; l'évêque remet lui-même les lettres à Richelieu : « Qui donc, demande sévèrement celui-ci, leur a donné de quoi écrire? — C'est moi, Monsieur, qui le leur ai porté. » Le cardinal, sans répliquer, prit les lettres, les lut, les rendit à l'évêque : « Je ne puis en conscience, dit-il, intercéder pour eux, ayant travaillé moi-même à l'édit sur les duels. » Il ne fit point d'autre réponse.

Ce parti pris d'inflexible rigueur ne fut chez Richelieu que la mise à effet d'une haute pensée politique. Il ne s'y résigna qu'après hésitation, et presque à contre cœur. « J'avoue, dit-il lui-même dans son célèbre *Testament*, que mon esprit ne fut jamais plus combattu qu'en cette occasion... Mais les ruisseaux de sang qui ne pouvaient être arrêtés que par l'effusion du leur me donnèrent la force de résister à moi-même... et d'affermir Votre Majesté à faire exécuter pour l'utilité de son État ce qui était quasi contre le sens de tout le monde et contre mes sentiments particuliers. » Un document intéressant, conservé aux archives des Affaires étrangères [1], vient confirmer cette assertion. C'est un mémoire secret, rédigé sans nul doute sous l'inspiration du ministre, où sont développés les motifs qui militent pour ou contre une condamnation capitale. Les raisons de sévir ou d'user de clémence y sont indiquées tour à tour avec une impartialité, une logique remarquables. La jeunesse de Boutteville —

---

1. Fr. 787.

il avait vingt-sept ans à peine — la noblesse de son cœur, l'illustration de ses services, l'utilité de conserver au Roi une épée si vaillante, « que nul ne se peut offenser, si l'on dit qu'il n'en est point de meilleure au monde », sont particulièrement exposées avec force, presque avec émotion. La conclusion pourtant demeure impitoyable. L'intérêt supérieur de l'État exige un éclatant exemple ; plus haute est la tête du coupable, de plus loin se verra sa chute ; toutes les causes qui existent de l'estimer et de le plaindre ne peuvent servir, par conséquent, « qu'à faire condamner avec larmes celui dont on voudrait racheter la vie par son propre sang ». Dès lors, la décision du cardinal est prise, et, dans l'avis qu'il donne au Roi, il résume toute l'affaire en cette phrase saisissante : « Il est question de couper la gorge aux duels ou aux édits de Votre Majesté ! »

Louis XIII fut aisé à convaincre, et l'éloquence du cardinal n'eut pas à s'exercer longtemps. La bravade suprême de celui qui, « vingt-trois fois en cinq ans », avait enfreint ses défenses, blessait au vif la légitime fierté du Roi ; la désobéissance s'aggravait à ses yeux d'une offense personnelle. Sa religion et sa conscience étaient d'accord avec son ressentiment : « Je craindrais, écrit-il [1], d'attirer le juste courroux de Dieu sur ma tête, en violant les serments si exprès que j'ai faits en sa présence sur le fait des duels. » Il se représentait avec remords « tant de braves gentilshommes perdus pour leurs familles et ravis à l'État » par suite de sa longue

---

[1]. Lettre au duc de Montmorency. *Mercure François.*

indulgence, et partageait, au fond de l'âme, l'avis de son bouffon, qui lui disait un jour : « De Boutteville et du Roi, c'est Votre Majesté qui est le plus coupable. Boutteville n'a tué que le premier, et, en le laissant vivre, c'est Votre Majesté qui a tué les quinze autres ! »

De ces dispositions, nous avons vu l'effet dans l'accueil qu'il inflige aux prières et aux larmes de Madame de Boutteville ; et lorsqu'un peu plus tard les duchesses d'Angoulême, de Ventadour et de Montmorency vont le chercher au Louvre pour l'implorer une fois encore, il refuse de les voir, et charge Bassompierre de leur signifier ce congé. « Sire, elles sont mes parentes ! » objecte le maréchal. Le Roi, sans lui répondre, appelle le duc de Bellegarde, et « lui donne le même commandement ». Il ne s'émeut pas davantage de la lettre où Boutteville, plaidant lui-même sa cause, proteste de son repentir. Elle est cependant belle et fière, et digne d'un Montmorency[1] : « Votre Majesté me fera, s'il lui plaît, l'honneur de croire que j'ai tracé sur ce papier des repentirs légitimes et respectueux, plutôt que des soumissions honteuses et lâches, qu'une basse faim de vivre pourrait suggérer à ma plume. J'ai paru jusqu'ici plus prodigue que ménager de ma vie ; tant s'en faut que j'aie tâché de la conserver comme un présent que j'aurais reçu des miens. Ainsi, je ne vois pas avec quelle apparence on me pourrait reprocher la peur de perdre ce dont j'ai témoigné faire si peu de cas. Et certes, je ne recule pas à mourir, à raison que je prise davantage la vie que par le

1. Bibl. nat.

passé ; mais j'implore très humblement la pitié de V. M. pour ne mourir pas coupable... » Il réclame la faveur de servir dans la guerre qu'on prépare ; il est, dit-il, résolu d'y périr ; « la gloire d'un beau trépas » est la dernière et la seule grâce qu'il veuille tenir de la clémence du Roi.

Le lundi 21 juin, les « informations et enquêtes » étant parvenues à leur terme, le rapport lu à la Grand'Chambre par le conseiller Pinon, le « chevalier et capitaine du guet », porteur d'un ordre écrit du Roi, prit le chemin de la Bastille. Il y fut à la pointe du jour [1]. Le sieur du Tremblay, gouverneur, fit réveiller les prisonniers, et les mena jusqu'au carrosse qui les attendait dans la cour ; puis « il les embrassa, ils s'entre-dirent adieu », et on les mit dans la voiture avec deux des lieutenants du guet. Une compagnie d'archers, « la bourguignote en tête et la hallebarde au poing », les escorta jusqu'au Palais ; un long cordon de troupes faisait la haie sur leur passage. Quand ils mirent pied à terre, ils virent près de la porte un groupe de femmes en pleurs : c'étaient la comtesse de Boutteville, la princesse de Condé, et quelques autres dames des plus illustres maisons de France. Elles les regardèrent sans rien dire ; seule Madame la Princesse s'avança vers Boutteville : « Mon cousin, lui cria-t-elle, le Roi est miséricordieux ; ayez confiance en sa bonté ! » Il la salua profondément, et passa sans répondre. La princesse et les autres dames gagnèrent alors la chapelle du Palais, « y firent chanter la messe », et communièrent ensemble à l'intention des prisonniers. Le soleil d'un

1. Il était trois heures du matin.

beau jour d'été commençait à briller avec force ; il était cinq heures du matin.

Dès que Boutteville et Des Chapelles eurent franchi le seuil de la Conciergerie, on les isola l'un de l'autre, et on les fit garder à vue [1]. Le guichetier entra vers neuf heures, et vint appeler Boutteville pour le conduire au parlement. L'accusé le suivit avec le plus grand calme, fit, sur le pas de la porte, « une grande révérence à Messieurs », et fut très posément s'asseoir sur la « sellette » ; tous les gardes se retirèrent, le laissant libre, et seul avec les juges. Le président de Haqueville mena l'interrogatoire, qui dura « une bonne demi-heure ». Il porta non seulement sur la dernière rencontre, mais aussi sur les précédentes, depuis le rappel des édits. Boutteville, à toutes les questions, ne répondit jamais que par *oui* ou par *non*, « disant toujours la vérité », parlant lentement et d'une voix haute, sans trouble comme sans forfanterie. Quand ce fut terminé, il s'adressa aux juges et leur dit simplement : « Ma vie est chargée de crimes, mais ma mort

[1]. On lit sur le registre d'écrou de la Conciergerie du Palais : « Du lundi vingt-unième jour de juin MVIXXVII, François de Montmorency, comte de Lusse, seigneur de Boutteville, et François de Rochemadel (*sic*), comte Des Chapelles, amenés prisonniers du château de la Bastille, par maître Louis Testu, conseiller du Roy et chevalier du Guet de la ville de Paris, en vertu de l'ordre de Sa Majesté du XX du mois. Signé : *Louis* ; et plus bas : *de Beauclerc.* » En marge est écrit : « Lesdits sieurs de Montmorency et de Rochemadel condamnés à être décapités sur un échafaud qui sera planté en la place de Grève de ladite ville de Paris, par arrêt du XXIIe jour de juin MVIXXVII, prononcé par maître Pierre Caluye, et exécutés le lendemain, assistés de M. l'évêque de Nantes. Faut remarquer que l'adoration du Saint-Sacrement aux patients condamnés à mort n'a été instituée que ledit jour. »

effacera tout. » Puis il se leva, salua de nouveau, et sortit de la salle avec la même tranquillité.

Des Chapelles comparut ensuite, et tout se passa de même sorte. Au moment de se retirer, « il harangua les juges », prenant sur soi seul toute la faute, et suppliant le parlement de bien considérer, avant de rendre la sentence, « la maison, le mérite et l'action de son cousin de Boutteville [1] ». On les ramena chacun dans une salle différente, et le parlement s'assembla pour délibérer en secret. La discussion fut longue ; l'arrêt ne fut rendu qu'à une heure de l'après-dînée. Il déclarait Boutteville et Des Chapelles « criminels de lèse-majesté, pour avoir contrevenu aux édits sur les duels », et, pour réparation, les condamnait tous deux « à avoir la tête tranchée sur un échafaud, qui sera dressé en la place de Grève de cette ville de Paris [2] ». Il était toutefois ordonné que l'exécution du jugement serait différée au lendemain, de façon à laisser au Roi le temps d'exercer sa clémence. Louis XIII, quand on lui vint apporter cette invite [3], « fut fâché de cette surséance », et demanda d'un ton fort sec quelle était cette nouvelle coutume. Le cardinal fit paraître encore plus de mécontentement : « Le procédé du parle-

---

[1]. Désormeaux, *Hist. de la maison de Montmorency*.

[2]. Par un adoucissement à l'usage ordinaire, le parlement n'ordonna la confiscation que du tiers du bien des condamnés. La charge de bailli et gouverneur de Senlis, dont Boutteville jouissait depuis 1614, fut dévolue à Charles de Saint-Simon, père de l'auteur des Mémoires. De là, dit-on, l'origine de la longue inimitié des familles de Saint-Simon et de Montmorency-Boutteville.

[3]. Le marquis de Fourilles fut dépêché auprès du Roi pour lui faire connaître les termes de l'arrêt.

ment est insupportable, lit-on dans une note de sa main [1]... J'avoue qu'il mérite une touche ; reste à savoir comme il la faut donner. » Il eut même peine à tolérer que les termes de la sentence eussent été pitoyables envers Bussy d'Amboise, qui avait péri dans le duel : « Ils osèrent absoudre la mémoire du mort ! » s'écrie-t-il avec amertume.

Les condamnés, jusqu'au lendemain, furent dans l'ignorance de leur sort. Boutteville, au sortir de l'audience, avait d'abord paru « fort triste et affligé » ; mais voyant les heures s'écouler sans qu'on vînt lui rien dire, il conçut quelque espoir de voir commuer sa peine, et commença « de se réjouir un peu ». Il soupa de bon appétit, et passa sa soirée à regarder ses gardes jouer entre eux au piquet, « donnant même quelquefois son avis sur le jeu » ; si bien que le lieutenant du guet ne put s'empêcher de lui dire : « Je ne voudrais, monsieur, jouer au piquet contre vous, car vous êtes, j'imagine, un des bons joueurs de France. ». Il se mit au lit vers dix heures et dormit toute la nuit, jusqu'au lendemain huit heures, où on lui apporta des œufs. Mais le lieutenant du guet, « voyant qu'il n'avait point prié Dieu, les fit reporter en disant : « Monsieur ne veut pas encore manger, car il n'a pas prié Dieu. » Quelques moments après, on en rapporta d'autres, qu'il mangea de grand cœur, « sans penser qu'il dût mourir [2]. »

Qu'on n'induise point de ces derniers détails que

1. Aff. étr., tome 64.
2. Mercure François.

Boutteville, comme d'aucuns le crurent, voulait mourir
« en philosophe ». La relation du Père Séguenot abonde,
tout au contraire, en édifiants détails, et d'autres témoignages confirment sa véracité. Louis XIII, dont on connaît la scrupuleuse et rigide dévotion, en logeant les
deux gentilshommes « en son château de la Bastille »,
n'avait pas négligé le salut de leurs âmes. La première
chose qu'il fit, lorsqu'ils les tint sous clé, fut de leur
dépêcher un zélé religieux, le révérend Père de Gondrey,
« pour les disposer de son mieux aux événements qui
se devraient ensuivre ». Il lui adjoignit peu après
l'évêque de Nantes, M. de Cospéan, prélat charitable et
vertueux ; et tous deux, d'un commun accord, s'efforcèrent à cette pieuse besogne.

Leur succès fut rapide auprès de Des Chapelles. Le
Père Séguenot rapporte à son sujet des choses tout à fait
merveilleuses. Fort peu après son incarcération, il fut,
assure le manuscrit, « comme ravi en extase pendant
deux heures et demie », et, dans « ce ravissement », eut
la révélation que sa mort imminente aurait pour résultat « l'extinction des duels, du libertinage à la Cour, de
l'hérésie par toute la France ». Extase ou non, le fait
certain est qu'il parut bientôt « saintement résigné aux
volontés du Ciel », la conscience et l'esprit paisibles,
appelant même la mort de ses vœux comme le rachat
nécessaire de ses crimes. « La grâce, poursuit le narrateur, n'eût pas si prompt effet sur l'âme de Boutteville. »
Il écoutait avec patience exhortations et homélies ; mais
« il en tirait peu de fruit », et le courage qu'il faisait
voir semblait « orgueil du siècle » et « recherche de

gloire humaine », plutôt que chrétienne soumission aux décrets éternels. Il fut subitement « tout changé » six jours avant sa fin. La religion, en ces temps de foi vive, avait chez les âmes les plus rudes de ces brusques retours. Il se convertit d'un seul coup, et, se jetant dans la ferveur sans transition et d'un élan, y porta toute la fougue et — peut-on dire — l'excès de sa nature ardente. Dans son désir nouveau de « satisfaire à Dieu », il voulait « pour l'amour de lui accomplir quelque chose de grand », montrait pour les opprobres et pour « l'ignominie » la même passion qu'il témoignait jadis pour les applaudissements du monde. N'eût-il pas un moment l'idée, lui le plus brave des hommes, de feindre au pied de l'échafaud « la poltronnerie et la crainte de la mort », pour attirer sur soi le mépris de la foule ? Il fallut que l'évêque de Nantes le dissuadât de cette folie.

Mais cette exaltation mystique, fruit d'une longue inaction et de la solitude, tomba dès qu'il se vit aux prises avec la mort prochaine. Il reprit, en face du danger, cette maîtrise de soi-même et cette fermeté froide qui le rendaient, dans les combats, un si redoutable adversaire. Tel le trouva le guichetier du Palais quand, le mardi matin [1], au lendemain de l'arrêt, il s'en vint le chercher pour le mener à la chapelle. C'était la mort certaine, Boutteville le savait bien ; il ne montra pourtant « ni chagrin ni surprise », et suivit le geôlier d'un air aussi tranquille « que si l'on fût venu lui apporter sa grâce [2] ». Des Chapelles, à la même heure, fut

1. 22 juin.
2. Aff. étr. Fr. 787.

conduit en même lieu ; on les mit à genoux, on les fit découvrir, et le greffier lut tout au long la terrible sentence. Le guichetier, la lecture finie, s'approcha de Boutteville, et le pria de lui donner « une petite bague qu'il portait à son doigt ». Celui-ci l'ôta aussitôt et lui en fit présent ; mais, cet homme insistant pour obtenir aussi « ses gants, qui étaient beaux », il se mit en colère et les jeta par la fenêtre ; ce fut le seul instant où il se départit de son calme.

Les condamnés ensuite obtinrent un court répit, dont ils usèrent pour faire quelques lettres d'adieu. L'un et l'autre écrivirent à madame de Boutteville ; peut-être voudra-t-on lire ces lignes suprêmes, où le contraste de leurs deux natures s'accuse en traits bien fortement marqués. La lettre de Boutteville est ferme, positive, d'une âme qui se propose de rester impassible et qui craint la mollesse des attendrissements superflus. Voici ce billet [1] bref et d'une sécheresse voulue :

« Monsieur de Nantes vous dira, ma femme, de quelle sorte je vais mourir maintenant ; je m'assure que cela vous servira de consolation dans la perte que vous faites. Vous aviserez avec lui ce qui sera le meilleur pour le salut de mon âme, et prendrez le soin de payer ce que je dois dans le monde. Les prières que vous ferez faire pour le salut de mon âme me peuvent beaucoup servir ; mais le principal est de satisfaire à tous mes créanciers. Je ne veux pas vous dire davantage de paroles pour vous faire

1. *Mercure François.*

connaître que je vous aime, de peur que cela n'accroisse votre affliction. Mais je vous prie qu'elle prenne fin, afin que, ne me pouvant plus servir, au moins elle ne vous puisse nuire. »

Bien différente d'accent est la lettre de Des Chapelles[1]. Il console, encourage, fortifie en termes touchants celle qu'un coup affreux va frapper ; son courage résigné s'adoucit de tendresse et de mélancolie :

« Madame ma chère cousine, si vous aviez moins de vertu, je n'entreprendrais pas, dans un déplaisir extrême comme est le vôtre, de vous donner des consolations. Vous avez perdu tout ce que vous pouviez perdre ; mais la France perd avec vous. Il était jeune, mais il ne pouvait plus acquérir d'honneur dans le monde : qu'attendiez-vous autre chose de son courage, qu'une fin précipitée qui eut perdu le corps et l'âme ? Vous ne l'avez possédé que dans de continuels périls ; et Dieu, qui par miracle a toujours conservé sa vie, vous donne cette consolation puissante qu'il ne vous l'ôte que pour le prendre pour lui. Réjouissez-vous-en, madame, au moins si vous l'aimez comme j'en suis très assuré. Que votre déplaisir ne vous fasse pas abandonner vos enfants, qui ont besoin d'être élevés sous votre aile. Apprenez-leur, ce que vous avez si abondamment, de vivre dans le monde avec tant de vertu ; ne changez pas votre condition, si vous voulez être la plus estimée femme de votre siècle, comme monsieur votre mari l'était parmi les hommes. Chère

1. Mss. de l'Arsenal.

cousine, je vous fais part de la consolation que j'ai de lui faire compagnie, et vous recommande de tout mon cœur ma pauvre petite mère. Dieu la veuille bénir et vous consoler ! »

On retrouve une égale douceur dans les lignes ci-après[1] destinées à ses frères, écrites à la Bastille la veille du jour où on vint l'y chercher, et que l'on découvrit « sous la coiffe de son lit » :

« Mes chers frères, je supplierai M. de Boutteville d'avoir pour agréable que mon corps soit enterré avec le sien ; et pour mon cœur, je serai bien aise qu'il soit mis dans le tombeau de mes pères. Vous ferez faire un service pour moi aux Chartreux, où j'avais toujours résolu de finir mes jours ; je crois que c'eût été bientôt. — Je vous supplie de tout mon cœur de n'avoir aucun souvenir de tous ceux qui ont pu être cause de notre prise. Car Dieu ne nous pardonne qu'à condition que nous pardonnions, et moi je ne vous pardonnerai jamais si vous faites autrement. »

Dans cette même matinée, une dernière tentative fut faite auprès du Roi pour fléchir sa rigueur. La comtesse de Boutteville, entourée des parentes qui ne la quittaient pas dans cette cruelle épreuve, se rendit de bonne heure au Louvre. Le duc d'Angoulême obtint cette fois du Roi qu'il voulût bien les recevoir. Elles trouvèrent Louis XIII dans la chambre de la Reine et, aussitôt entrées, se jetèrent

---

1. Mss. de l'Arsenal.

à genoux, « et en pleurant crièrent : Miséricorde ! » Madame de Boutteville, grosse de trois mois, accablée de douleur, tomba sur le plancher privée de sentiment ; il fallut chercher un cordial pour qu'elle reprît ses sens. Louis XIII, durant cette scène, parut péniblement ému : « Leur perte m'est aussi sensible qu'à vous, dit-il d'un ton fort triste à la princesse de Condé, mais ma conscience me défend de pardonner. » Elles s'en allèrent désespérées. La princesse de Condé, voyant sa cousine hors d'état de soutenir des émotions nouvelles, l'emmena, dès qu'elles sortirent du Louvre, au château de Grosbois, qui était au duc d'Angoulême. Elles y restèrent ensemble jusqu'au samedi suivant.

Tout se préparait cependant pour le dernier acte du drame. L'exécuteur des hautes œuvres arriva vers midi ; les condamnés lui furent immédiatement livrés. Il leur lia les mains, les fit monter sur le jubé qui surplombait la chapelle du Palais, et les y laissa seuls avec l'évêque de Nantes et le Père de Gondrey, chargés de les assister jusqu'au moment fatal. Le capitaine du guet s'en fut pendant ce temps prendre les instructions du Roi. Dans les hautes régions du pouvoir, on n'était pas sans inquiétudes. La fermentation était grande parmi la jeune noblesse, indignée de voir deux des siens — et deux des plus illustres — livrés, pour un manquement que tous avaient commis, « à la plus infâme épée du royaume ». Il fut sérieusement proposé, dans leurs conciliabules, d'attaquer les archers aux abords de la place de Grève, et de profiter du désordre pour délivrer les condamnés. Il en fut même question trop haut, car les espions du cardinal eurent vent de ce qui se tramait, et les ordres donnés firent avorter tout le complot. Les troupes de la maison du Roi, sûres et fidèles entre toutes, occupèrent dans la matinée les avenues de la place ; puis « les chaînes furent tendues », et il fut fait défense d'y laisser circuler piétons ni cavaliers. Un régiment de gardes fut rangé en bataille aux quatre coins de la place. Tous les archers du guet devaient être sur pied pour accompagner le cortège. « Et si l'on vient à crier grâce, demanda à Louis XIII le capitaine du guet, comment devrai-je me comporter ? — Prenez et arrêtez tous ceux qui crieront grâce, et les emprisonnez ; et faites avec promptitude parachever l'exécution. » Le Roi lui commanda encore de rendre à leurs familles les têtes et corps des suppliciés, et de veiller avec grand soin « qu'on ne les dépouillât point de leurs habits ». Cinq heures du soir sonnèrent quand tout fut prêt pour la sanglante besogne.

Du Palais à la place de Grève, tout le trajet se fit au pas. Une compagnie des gardes précédait le cortège ; puis venait « la charrette », où les deux condamnés se tenaient côte à côte, les mains et les bras liés derrière le dos, comme c'était la coutume. L'évêque de Nantes, « avec trois hommes d'Église », était assis près d'eux, et priait en silence. De gros piquets d'archers, les uns ayant « la casaque et la carabine », d'autres « le corselet et la pique », entouraient la charrette, ou marchaient par derrière. Les rues étaient désertes, selon l'ordre du Roi ; mais aux fenêtres et sur les toits apparaissait une foule immense, muette, attentive et recueillie[1]. Les condamnés, tout le long du chemin, ne prononcèrent pas une parole : on remarqua même que Boutteville demeura constamment immobile et ne porta jamais les yeux sur ce qui se passait alentour. Il conserva cette attitude quand, à six heures et demie, la charrette s'arrêta à l'entrée de la place. Le spectacle était imposant : dix compagnies de Gardes, rangées dans un ordre parfait, bordaient le vaste carré d'une haie hérissée de piques ; l'échafaud se dressait au centre ; sur tout cet appareil planait « un tel silence, qu'on se fût entendu parler[2] ». L'exécuteur monta sur la charrette, détacha les bras de Boutteville, et lui coupa les cheveux par derrière. Le condamné, au cours de cette « toilette », porta en soupirant la main à sa moustache, « qui était belle et grande » — « Eh quoi ! mon fils, lui dit l'évêque, vous pensez donc encore au monde ? » Il ne répliqua rien, présenta ses mains au bourreau, qui s'apprêtait à les lier de nouveau. Comme celui-ci paraissait craindre quelque mouvement de violence : « Mon ami, lui dit le patient, tu me trouveras aussi doux qu'un agneau. » L'exécuteur pourtant ne se rassura point, et serra si rudement les cordes qu'il lui blessa les deux poignets[3].

L'ordre du Roi était que l'on commençât par Boutteville. On le tira de la charrette, et il marcha vers

1. *Récit véritable de l'exécution de Boutteville*. Bibliothèque nationale. Pièce.
2. *Récit véritable*, etc.
3. Relation du Père Séguenot.

l'échafaud. Là, il leva enfin les yeux, « regarda sans pâlir la face terrible de la mort[1] », et gravit lentement les degrés, escorté de l'évêque de Nantes. Les prêtres et les moines présents entonnèrent le *Salve*. Quand le chant eut cessé, l'évêque requit Boutteville d'adresser quelques mots au peuple ; « à quoi ayant répondu qu'il n'avait rien à dire » : — « Dites, répartit Monsieur de Nantes, ce que Dieu vous donnera et qui vous viendra en la bouche. » Il obéit, et dit en fort peu de paroles qu'il n'était rien de plus infâme que ce qu'il allait souffrir, et qu'il priait le monde « d'oublier sa vie, et de se souvenir seulement de sa mort ». On lui demanda ensuite s'il désirait avoir les yeux bandés ; il répondit que non, « ploya le genou, et tendit le col au coutelas ». L'exécuteur[2], « pour bien choisir son coup et ne le point manquer », fit mine de le frapper à deux ou trois reprises, approchant chaque fois son épée de la place qu'il voulait atteindre[3]. Boutteville vit ces mouvements, il sentit sur sa nuque la froideur de l'acier, sans tressaillir et « sans branler la tête ». Enfin le fer s'abattit, et, « d'un seul coup, d'une incroyable promptitude, trancha le chef d'avec le tronc[4] », qui roulèrent chacun d'un côté.

Des Chapelles, tout le temps de cette décollation, était resté dans la charrette ; le dos tourné à l'échafaud, il attendait son tour. Il entendit le choc sourd de l'épée, la chute de la tête sur le sol ; un cri lui échappa :

1. *Récit véritable*, etc.
2. Ce fut le nommé Guillaume, renommé pour son habileté.
3. Relation du Père Séguenot.
4. *Récit véritable*, etc.

« Ah! mon cousin est mort! » Alors l'évêque et lui « se mirent à prier Dieu ». Quand il monta sur l'échafaud, il vit sur la plate-forme le corps mutilé de Boutteville : « Je voudrais, dit-il au bourreau, qu'on eût couvert le corps de mon cousin. » L'exécuteur y jeta un manteau. Des Chapelles et l'évêque de Nantes demeurèrent un temps à genoux à côté du cadavre ; puis le premier se releva, dit adieu à l'évêque, et le reconduisit au bord de l'échafaud, « avec autant de gentillesse qu'il l'eût accompagné à la porte de son logis [1] ». Il revint avec le même calme vers l'exécuteur des hautes œuvres, remarqua que « le bloc » n'était pas bien placé, et le disposa de ses mains « dans une posture commode pour être frappé à propos ». Rouge encore du sang de Boutteville, la lame « descendit sur son col ».

Lorsque justice fut faite, on mit les corps tout habillés dans un carrosse de deuil, on les mena tous deux dans l'hôtel d'Angoulême, on les posa sur une même table à côté l'un de l'autre. « A chaque corps on remit sa tête » ; on alluma des cierges ; puis parents et amis défilèrent devant eux, en leur jetant de l'eau bénite. Le lendemain ils furent embaumés, et transportés dans une voiture au château de Montmorency. Selon le vœu de Des Chapelles, ils reposèrent ensemble dans le même caveau funéraire, et cette belle amitié parut triompher de la mort.

L'horreur d'un tel supplice, la compassion qu'excite cette fin prématurée, ne sauraient faire mettre en oubli,

---

1. Relation du Père Séguenot.

fût-ce par les âmes les plus sensibles, la nécessité de l'exemple, le bien fondé de la condamnation. Nul ne peut contester, à juger les faits de sang-froid, que la sentence fût juste et que Boutteville eût mérité la mort. Cette sévérité légitime, au temps où ces choses se passèrent, provoqua néanmoins la réprobation générale ; Richelieu, dans son *Testament*, le reconnaît avec bonne foi. Les idées qui régnaient alors ne permettaient guère qu'il en fût autrement : tout le crime de Boutteville, aux yeux de ses contemporains, ne fut qu' « un excès de courage [1] » ; ses plus mortels ennemis, en blâmant sa conduite, ne pouvaient s'empêcher de l'admirer tout bas ; et Richelieu lui-même, selon son expression, fut « sincèrement fâché d'avoir dû en venir à cette extrémité ». Il s'y crut, ajoute-t-il, « obligé en conscience, devant Dieu et devant les hommes, pour couper dans sa racine un mal invétéré [2] », et fit violence à son cœur pour obéir à la raison d'État.

Réussit-il dans son dessein? Le but cherché fut-il atteint? Sans crainte de se tromper, on peut dire hardiment que non. L'effroi jeté par un sanglant spectacle put faire illusion un moment ; les duels, pendant quelques années, furent moins fréquents, et surtout moins publics. Richelieu, cependant, n'était pas descendu dans la tombe, que la coutume reprit avec plus de fureur, plus d'acharnement que jamais. Moins de trente ans après l'exécution

[1]. Lettre de la comtesse de Boutteville à Louis XIII.

[2]. Lettre de condoléance au maréchal de Montmorency sur « l'accident arrivé à M. de Boutteville ». — 24 juin 1627. (Voir Appendice p. 488.)

4

de Boutteville, le maréchal de Gramont, dans une lettre datée de 1654, nous apprend que les duels, au cours des dix dernières années, avaient coûté la vie à neuf cent cinquante-quatre gentilshommes; les plus jeunes, les plus intrépides défenseurs de l'État. La décroissance de ce « fléau », la réduction d'un si criant abus aux proportions de l'usage légitime, ne furent qu'un des heureux effets de cet effort vers la justice, de ce progrès dans la pitié, de cet adoucissement graduel des mœurs, qui paraissent être — en dépit des retours passagers — une des lois de l'humanité. Pour transformer l'esprit public, et souvent même pour vaincre un simple préjugé, il faut une force plus puissante que la rigueur des lois et l'habileté des hommes d'État : la marche patiente du temps, l'ascension lente et obscure des idées.

CHAPITRE II

Naissance de François de Montmorency-Boutteville. — Le château de Précy-sur-Oise. — La succession du maréchal de Montmorency. — Enfance et première éducation de François et de ses sœurs. — L'intimité avec les Condé. — La société de Madame la Princesse. — Les « belles amies » du duc d'Enghien. — Influence de ce milieu sur François de Boutteville. — Sa précocité d'esprit. — Mariage de ses deux sœurs. — Marie-Louise, marquise de Valençay. — Isabelle de Boutteville. — Son intimité constante avec son frère. — Sa beauté. — Ses premières coquetteries. — Passion qu'elle inspire à Gaspard de Coligny. — Opposition des deux familles. — L'enlèvement. — Fureur du maréchal de Châtillon. — Intervention de Mazarin. — Réconciliation générale.

Après la catastrophe qui brisait à jamais tous ses rêves de bonheur, la comtesse de Boutteville, veuve à vingt ans, se retira d'abord, pour y cacher ses larmes, au château de Précy-sur-Oise. Elle y vécut six mois dans une profonde retraite, sans autre compagnie que celle de ses deux filles, Marie-Louise et Isabelle-Angélique, l'une âgée de deux ans, l'autre[1] de quelques mois à peine. L'attente, cruelle et douce, d'une maternité nouvelle

[1]. Isabelle était née à Paris le 8 mars 1627 (Arch. de Châtillon-sur-Loing). Je n'ai pu retrouver la date exacte de la naissance de l'aînée.

soutenait son courage et la rattachait à la vie. Quand elle approcha de son terme, elle revint à Paris, et reprit son logement dans cet hôtel de la place Saint-Eustache, où s'étaient écoulées ses plus heureuses années. C'est là qu'elle mit au monde, le 8 janvier 1628, un fils, qui reçut comme son père les prénoms de François-Henri. Ce tardif héritier du sang des Montmorency ne semblait guère promis à de brillantes destinées. Il était si fluet, débile et contrefait, qu' « on n'imagina point qu'il dût vivre trois jours ». Conçu pendant les tristesses de l'exil, porté par sa mère au milieu des angoisses, né au lendemain d'un deuil lamentable entre tous, il semblait qu'il portât sur ses chétives épaules le poids lourd de tant d'infortunes. Si frêle qu'il fût pourtant, le petit être était vivace. La résistance de ce maigre avorton « trompa ceux qui le virent »; et, malgré tous les pronostics, il sortit sain et sauf des périls redoutés de la première enfance. L'active vertu d'une sève singulièrement puissante préserva des hivers l'arbrisseau délicat germé sur un tombeau.

Sans doute autant que la nature, les soins assidus de sa mère firent vivre « le petit François ». Cette mère fut, il est vrai, l'un des grands modèles de son siècle[1]. Tous ses contemporains sont d'accord sur ce point, et Saint-Simon lui-même — peu suspect d'indulgence quand il s'agit de la famille de son plus constant adversaire — met de côté ses rancunes pour rendre à madame de Boutteville un hommage sans réserve : « elle avait,

---

[1]. Lettre de Coligny à Condé du 26 mars 1645. — Arch. de Chantilly.

écrit-il, de l'esprit, du mérite, une grosse vertu ». Ce portrait en une ligne vaut plus d'un long panégyrique. N'ayant, dit-il ailleurs, durant son court mariage, « paru que fort peu dans le monde [1] », elle s'en retira pour toujours du jour de son veuvage, dévoua sa vie à ses enfants, et particulièrement au plus jeune, au plus faible, au gage suprême de son amour détruit, au seul héritier d'un grand nom. Ne le quittant ni jour ni nuit, elle veilla tendrement sur ses premières années, qui furent difficiles et dangereuses. Son enfance, en effet, dit un contemporain, « fut accompagnée d'un si grand nombre de maladies », que c'est miracle qu'il s'en soit tiré. Elle le disputa vingt fois à la mort, sacrifia pour cette tâche sa jeunesse, sa beauté, le rang qu'elle tenait à la Cour, ne connut d'autres joies que les joies austères du devoir, ni d'autre récompense que le succès de tant de peines.

Dès les premières semaines qui suivirent la naissance de ce fils, elle s'avisa, non sans raison, que le séjour de la grande ville pourrait ne pas convenir à sa fragile constitution. Elle n'hésita pas à laisser, sans esprit de retour, son logis, sa famille, ses relations brillantes, et, seule avec ses trois enfants, chercha, dans une retraite agreste, un climat plus salubre, un air plus vivifiant. La première jeunesse de François, comme celle de ses deux sœurs, s'écoula donc à la campagne. « Je n'ai point été nourrie à Paris, j'ai quasi toujours demeuré aux champs », écrira plus tard la cadette, Isabelle de Montmorency [2].

[1]. Saint Simon. Additions au *Journal de Dangeau*.
[2]. Déposition de la duchesse de Châtillon dans le procès en canonisation de la mère Magdeleine de Saint-Joseph.

Ces « champs », à dire le vrai, étaient fort habitables, car il faut entendre par là le château de Précy-sur-Oise, propriété seigneuriale entrée dans la famille par le mariage de mademoiselle de Lusse avec Louis de Boutteville[1]. Sur la rive droite de l'Oise, dont l'eau claire et profonde coule avec une douceur endormie, au pied d'un rempart de collines qui sert d'abri contre le vent du nord, s'élève le village coquet qui porte encore ce nom de nos jours[2]. Tout alentour s'étendent des plaines fertiles, champs de blé ou vertes prairies, semées de bouquets d'arbres qui se relient, de proche en proche, aux masses épaisses et sombres de la forêt de Chantilly. L'air y est pur et tempéré ; la rivière et les bois y entretiennent, au plus fort de l'été, une sorte de fraîcheur. Là, dans les temps anciens, était une forteresse où, lors de la guerre de Cent Ans, les Anglais tenaient garnison ; le maréchal de Boussac, en l'an 1430, entreprit de les déloger, s'empara de la place par surprise et sans coup férir ; l'ennemi chassé, il fit raser la citadelle. Un château, peu après, fut construit au même lieu et sur les fondations de la vieille forteresse ; il abrita, pendant trois siècles, la famille de celui qui fait l'objet de cette étude.

Adossé au flanc des collines, le manoir avait vue sur l'Oise et dominait l'église, bel édifice gothique datant du xiiie siècle. Un parc de quelques arpents le séparait

[1]. La terre de Précy venait de Claude de Saint-Gelais, femme de Charles de Lusse et mère de Charlotte-Catherine, comtesse de Boutteville.

[2]. Le village de Précy est l'un des plus anciens de France ; on le trouve mentionné dans une charte de l'an 690.

des maisons du village, parc renommé pour l'âge, la magnificence de ses arbres. Un souterrain prenait naissance au pied même du château et se dirigeait vers Boran, assurant, en cas de siège, une retraite du côté des bois. De cet ensemble, demeuré sans changements jusqu'au cœur du XVIIIe siècle, il ne reste aujourd'hui qu'un nom et quelques vagues souvenirs. En l'an 1757, un incendie causa d'affreux ravages; la pioche des démolisseurs acheva l'œuvre des flammes. A peine discerne-t-on encore la configuration et l'enceinte du château, vaste rectangle de trois cents pieds de long sur deux cents pieds de profondeur, entouré de fossés profonds, jadis remplis d'eau vive, à présent recouverts d'une végétation luxuriante. Nulle trace d'architecture, sauf quelques soubassements, murs énormes en pierres de taille, au-dessus desquels s'érige une maison d'aspect tout moderne. Çà et là, dans les environs, sur des masures de paysans, sur des portes de fermes, de vieux débris sculptés, où se détachent en relief les armes des Montmorency, sont les seuls témoins du passé, évoquent brusquement la mémoire des puissants châtelains d'autrefois.

En cette noble demeure, l'existence était simple, le train de vie sans faste. Les grands biens des Montmorency étaient, depuis de longues années, l'apanage de la branche ducale. Dans la branche de Boutteville — quoique l'aînée de l'autre [1] — au début du XVIIe siècle

[1]. Cette aînesse semble bien établie par les arbres généalogiques. C'est toutefois une question sujette à controverse, et qui, dès le XVIIe siècle, était tenue pour incertaine.

la fortune était fort restreinte ; les amendes et confiscations que le parlement avait jointes, lors du procès récent, à la sentence de mort, avaient encore fait brèche à ce modeste patrimoine ; et la comtesse, avec ses trois enfants, avait peine à suffire à ses charges nombreuses. Pourtant, quelques années plus tard, il s'en fallut de peu qu'une avalanche de biens, fondant sur la tête de son fils, changeât la face des choses et fût tourner au profit de François le nouveau désastre des siens. Boutteville depuis cinq ans reposait dans sa tombe, quand, pour la seconde fois, la main du cardinal s'abattit lourdement sur les Montmorency. Le chef de la maison ducale, le maréchal et amiral de France, le vainqueur du combat de Ré, le héros de Veillane, ayant suivi dans sa révolte Gaston d'Orléans, frère du Roi, abandonné par cet allié dès le premier revers, se faisait prendre les armes à la main, à la tête d'une armée factieuse[1], et paraissait en accusé devant le parlement de Toulouse, comme naguère son cousin devant le parlement de Paris. Là ne s'arrêtait pas la triste ressemblance : un arrêt identique rencontrait chez le Roi une rigueur toute pareille ; efforts, démarches et prières se heurtaient derechef au dur airain de la raison d'État ; et dans la cour du Capitole, le 30 octobre 1632, la hache faisait rouler cette tête, haute et superbe entre toutes.

Peu de jours avant celui qui termina sa vie, le duc de Montmorency, du fond de sa geôle, à Lectoure, s'était souvenu du jeune enfant qui, survivant à tant de catas-

1. Bataille de Castelnaudary, 1er septembre 1632.

trophes, allait demeurer seul pour perpétuer sa race[1]. Un écrit de sa main désigna François de Boutteville comme héritier d'une large part de sa fortune et de ses seigneuries[2]. Mais le jugement du parlement mit ce legs à néant; la sentence capitale entraînait de plein droit la suppression du testament et la confiscation des biens, réunis de ce fait à la couronne de France. Louis XIII refusa cependant d'user de cette prérogative, et restitua la succession aux sœurs du condamné. Des trois lots qu'on en fit, le plus considérable échut à la cadette, la princesse de Condé, née Charlotte de Montmorency. Pour elle furent les châteaux et les grands apanages, Montrond, Écouen, Mello, Châteauroux, Pézenas, et, quelque temps après, la terre de Chantilly, dont le Roi tout d'abord s'était réservé la jouissance. De l'énorme héritage, madame de Boutteville et les siens ne recueillirent pas une parcelle. On peut affirmer néanmoins que, malgré ce mécompte, ils ne furent pas sans bénéfice : ils y gagnèrent une protection puissante, dont un avenir prochain montrera tout le prix.

J'ai dit, au précédent chapitre, quelle étroite amitié unissait de longue date à madame de Boutteville Madame la Princesse de Condé. Nous avons vu celle-ci, pendant le procès de Boutteville, assister sa parente avec une ardeur généreuse, l'appuyer dans toutes ses démarches, parcourir avec elle toutes les étapes de ce calvaire. Leur attachement mutuel, par un heureux et rare exemple,

---

[1]. De son mariage avec Marie-Félicie des Ursins, Henri II de Montmorency n'avait pas eu d'enfant.

[2]. *Mémoires pour servir à l'histoire du maréchal de Luxembourg.*

s'accrut précisément de ce qui, semblait-il, risquait de le détruire. La décision du Roi, dépouillant l'orphelin pour combler l'opulente princesse, n'eut d'autre effet que d'incliner davantage l'une vers l'autre ces âmes vraiment grandes et hautes. Chez l'une, aucun dépit, nul sentiment d'envie. Chez l'autre, une gratitude émue, et l'active volonté de réparer les torts de la Fortune aveugle. L'intimité, de ce moment, devient constante entre les deux familles. Le voisinage de résidences — Précy et Chantilly n'était qu'à deux lieues l'un de l'autre — facilite les rapports, multiplie les villégiatures. La princesse, d'année en année, trouve un plaisir plus vif à recueillir à son foyer les trois enfants de sa cousine. Elle s'accoutume à leur présence, les aime bientôt comme les siens propres, voit naître et croître en eux, avec un maternel orgueil, les dons précieux, les qualités brillantes.

C'est aux deux sœurs d'abord que vont ses sympathies. Nées à dix-huit mois de distance, elles se ressemblent de visage. La pureté de leur fin profil, « l'incarnat vermeil » de leur teint, l'éclat de leurs yeux noirs, les longues boucles soyeuses de leurs cheveux d'ébène, excitent l'admiration de tous ceux qui les voient, leur attirent des hommages dès le seuil de l'enfance. La première, Marie-Louise, est douce, sérieuse et grave; elle a l'humeur égale et les goûts sédentaires; elle aime avec passion les lettres et les arts, délaisse pour la lecture les plaisirs de son âge, et représente déjà, dans le petit monde qui l'entoure, la sagesse, la vertu, l'impeccable raison. Isabelle, la cadette, présente, à cet égard, le plus parfait contraste avec sa sœur aînée. Pétulante, hardie, attirée par tout ce qui brille, capricieuse et coquette, elle éblouit par ses saillies, amuse par sa verve caustique, séduit par ses flatteries et par sa grâce câline. Dans l'affection de sa noble parente, Isabelle, en se jouant, s'est fait une place à part; et de cette préférence, habilement cultivée et toujours grandissante, nous la verrons retirer par la suite les plus profitables effets.

D'une année plus jeune qu'Isabelle, François se rapproche de sa sœur par l'humeur, la tournure d'esprit. Même vivacité d'âme et même intelligence, même précoce ambition, même implacable orgueil, même propension à la raillerie, heureusement tempérée par le désir de plaire et par un tact adroit à discerner le ton qui convient à chacun. Il y faut joindre une volonté puissante, une persévérance énergique, une ardeur à s'instruire, une maîtrise de soi-même, qui, au dire d'un panégyriste, le font passer « pour une merveille » auprès de ses compagnons d'âge[1]. Il n'en faut pas moins, disons-le, pour racheter, au premier aspect, toute la disgrâce de son physique. Les tragiques circonstances de sa venue au monde, les maladies de sa première enfance, ont imprimé leur trace sur un corps malingre et chétif, aux bras trop longs, au buste dévié, qu'achève, dit Saint-Simon, de déparer « une bosse, médiocre par devant, mais très grosse et fort pointue par derrière, avec tout le reste de l'accompagnement ordinaire des bossus ». Même défec-

[1]. Oraison funèbre du maréchal de Luxembourg, prononcée à Ligny par dom Romain Benoist.

tuosité dans les traits du visage : en cet ovale étroit, resserré vers les tempes, ce menton avancé, ce nez long et busqué, ces sourcils broussailleux, on ne retrouve aucun vestige de la beauté légendaire de sa race. Toutefois, par un prodige « qui ne se peut comprendre de qui ne l'a pas vu [1] », cette figure « rebutante » n'a rien de déplaisant. « On s'y accoutume » aisément; ce qui étonnait tout d'abord, frappe bientôt, puis attire et retient le regard; et de toute cette difformité se dégage une étrange, mais indéniable séduction. La taille, encore que contrefaite, est souple, aisée, pleine de noblesse; les gestes sont vifs et gracieux; la bouche, irrégulière, est malicieuse et fine; les yeux, trop enfoncés, étincellent d'un feu surprenant : « il semblait, dit un contemporain, qu'on en vît partir des éclairs ! » En cet adolescent débile, « il n'est rien de bas que son âge [2] »; sous cette mince et fragile enveloppe se révèle une âme indomptable.

Sur son éducation et sur ses premiers maîtres, peu de renseignements sont venus jusqu'à nous. Sa santé délicate, l'obligation de le tenir hors du séjour des villes, éloignaient la pensée de l'envoyer sur les bancs du collège, comme il était d'usage pour les jeunes gentilshommes. Il fit donc ses humanités sous le toit maternel, avec un gouverneur dont le nom nous reste inconnu. On sait au moins, ce qui importe plus, que ces études furent fortes et sérieuses. « Vous qui avez tant appris, qui avez lu tous les bons livres », lui écrira plus tard Louvois.

---

1. Saint-Simon, *Mémoires*.
2. Oraison funèbre prononcée à Ligny — *Passim*.

Le compliment est mérité; et ses lettres font foi de la culture de son esprit. L'orthographe est presque correcte, chose rare parmi les grands seigneurs du temps; le style est vif, aisé, d'une ironie hautaine, qui sait, lorsqu'il le faut, se tempérer de flatterie et de grâce. Elles témoignent enfin d'une solide connaissance des classiques latins et français, qu'il cite fréquemment de mémoire, sans recherche et sans pédanterie, comme on évoque, au courant de la plume, le souvenir des choses familières.

Ce n'est pas là sans doute un médiocre avantage, et l'instruction pédagogique a de réelles vertus, dont Dieu me garde de médire. Elle exerce utilement le cerveau de l'enfant, détourne son esprit des pensées mauvaises ou frivoles, règle et développe ses facultés, et, pour l'âge du travail viril, lui forge un instrument puissant. Mais à côté de ces leçons, au-dessus de la science que l'on puise dans les livres, il est un autre enseignement, dont l'action, moins visible, est plus profonde encore. C'est l'insensible direction qu'on reçoit, sans y prendre garde, par les oreilles et par les yeux; la contagion lente et subtile qui résulte, à chaque heure du jour, des exemples et des propos de ceux qui vivent auprès de nous, des tableaux familiers auxquels s'accoutument nos regards, de l'atmosphère morale qui nous enveloppe et nous pénètre, et nous façonne à notre insu. Cette éducation quotidienne, dont la vivace empreinte ne s'efface jamais de notre âme, François en fut spécialement redevable à sa fréquentation dans l'hôtel de Condé. Après ses sœurs, et non moins fortement, il s'installe à son tour dans le cœur de Madame la Princesse. Il est l'espoir suprême du sang dont

elle-même est issue; ce seul titre eût suffi pour qu'elle
s'intéressât à lui. Mais elle l'aimera bientôt aussi pour
ses qualités propres, pour son prompt et brillant esprit,
sa vivace énergie, cette ardeur enflammée qu'il apporte
à toutes ses actions, la passion qui l'anime pour la gloire
de son nom. A Chantilly d'abord, puis à Saint-Maur et
à Mello, et plus tard enfin à Paris, partout où elle promène sa cour, elle attire « le petit François » et veut
l'avoir à ses côtés; elle l'adopte en quelque façon et ne
peut se passer de lui[1]. Il croît dans ce milieu unique,
où converge et se réunit tout ce qui constitue alors la
grandeur de la France.

Charlotte de Montmorency, femme d'Henri II, prince de
Condé, joignait au prestige de son rang des dons charmants, un rare mérite. De cette beauté célèbre qui faillit
un moment mettre l'Europe en feu, elle gardait, à qua-
rante-cinq ans, des traits nobles et réguliers que ne dé-
parait pas un léger embonpoint, un teint plein de fraîcheur,
des yeux d'un vif éclat, des dents qu'on comparait encore
à des « perles d'Orient[2] ». Telle nous la représente, au
château de Châtillon-sur-Loing, un beau portrait qui
date de cette époque. Elle est vêtue de noir avec simplicité; une coiffe unie, d'un aspect monastique, cache
presque entièrement ses cheveux; la physionomie est
bienveillante et douce; le sourire qui flotte sur ses lèvres
est fin sans méchanceté. Instruite et cultivée, elle goûtait

1. *Histoire de la maison de Montmorency*, par Désormeaux.
2. Vers composés à Mello en l'honneur de la Princesse, par mesdemoiselles de Rambouillet, de Boutteville, etc., le 1er novembre
1640 (Recueil Conrart, Mss. de l'Arsenal).

les choses de l'esprit, aimait à rassembler chez elle prosateurs et poètes, artistes, philosophes, tous les gens à talent qui rayonnaient nombreux à cette époque, riche floraison issue du sol français encore fumant du sang des guerres civiles, pléiade dont le renom glorieux inaugurait dès lors la splendeur du grand règne. Même en ses résidences d'été, et notamment à Chantilly, elle menait avec soi une petite cour choisie de lettrés et de beaux-esprits, Balzac, Voiture, Montreuil, Sarasin et leur suite, chargés d'amuser ses loisirs et de hausser le ton des causeries familières. Mais c'était surtout à Paris, dans le bel hôtel de Condé, qu'elle tenait ses États dans un cercle agrandi, et groupait sous son sceptre, « avec une dignité tempérée par la grâce », tout ce qu'on connaissait alors « de plus galant, de plus honnête et de plus relevé par la naissance et le mérite [1] ».

Ce magnifique hôtel, dont pas un pan de mur n'est demeuré debout, occupait le vaste emplacement où s'élève aujourd'hui le théâtre de l'Odéon [2]. L'héritage des Montmorency y avait fait passer des merveilles artistiques, tableaux, meubles et tapisseries. Dans les salons immenses, éclairés tous les soirs des feux de milliers de bougies, affluait chaque saison une compagnie réellement sans rivale. « Madame la Princesse, écrit le duc d'Aumale, y maintenait la grâce et la distinction; mademoiselle de Scudéry, madame de Sablé y apportaient l'esprit; Voiture et Balzac en étaient les orateurs; on y entendait

1. Lenet, *Mémoires*.
2. C'était l'ancien hôtel Gondy, donné par le Roi au prince de Condé en l'an 1610.

les vers de Chapelain et les premiers essais tragiques de Corneille ». A côté des célébrités de la plume, de la palette ou du ciseau, de la troupe galante des « précieuses » — ornement habituel de l'hôtel Rambouillet, qui prête complaisamment à ce salon rival les plus brillants joyaux de sa parure — accourt, comme fascinée par l'éclat du nom de Condé, une élite de jeunes gentilshommes, épris de gloire, amoureux de l'épée, compagnons de combat du héros de Rocroy. Parmi les assidus, sont les deux Coligny, Maurice et Gaspard, petits-fils de l'amiral et dignes de cette ascendance, tous deux « beaux comme le jour » et non moins braves que beaux; Guy de Laval, leur émule en courage, supérieur par l'intelligence; Nemours, chétif de taille, « rousseau de teint », marqué de la petite vérole, et, malgré ces défauts, séduisant à tel point, que pas une femme, lorsqu'il le veut, ne se soustrait à son empire; Jacques de Caussade, marquis de Saint-Mégrin, l'élégant officier des chevau-légers de la Reine, si jeune de caractère et d'humeur si facile, que la duchesse d'Enghien, âgée de quatorze ans et récemment mariée, l'associe quelquefois à ses amusements enfantins: « Qu'il est bon garçon! s'écrie-t-elle; qu'il joue bien avec les poupées [1] ! »

[1]. « Le cardinal, ajoute à ce sujet Tallemant des Réaux, donna à madame la duchesse d'Enghien une petite chambre où il y avait six poupées : une femme en couches, une nourrice quasi au naturel, un enfant, une garde, une sage-femme et la grand'maman. Mademoiselle de Rambouillet, mademoiselle de Boutteville et autres jouaient avec elles, déshabillaient et couchaient tous les jours les poupées; on les rhabillait le lendemain, on les faisait manger, on leur faisait prendre médecine... »

Car cette illustre société n'a rien de guindé ni d'austère. Au milieu des savants et des littérateurs, des cavaliers et gens de guerre, circule, gracieux et rieur, tout un essaim de « jeunes beautés », animant les propos, déridant les plus graves, essayant sur les cœurs « le pouvoir de leurs charmes », s'exerçant sans contrainte, sous les yeux indulgents de Madame la Princesse, aux jeux, innocents à demi, d'une coquetterie précoce. Ce sont les amies préférées, les compagnes inséparables de celle qui — fille digne de sa mère — les surpasse toutes par le charme et l'éclat, Anne Geneviève de Bourbon[1], « déesse » aux blonds cheveux, « à la lèvre incarnate », aux yeux brillants et doux, où se reflète l'ardeur d'une âme « tendre et superbe ». Celles qui lui font cortège méritent d'être citées; la plupart ont marqué dans l'histoire de leur temps. Voici, fragile et délicate, réservée et presque timide, Marie-Antoinette de Brienne[2], la moins jolie de toutes et la moins adulée, partant la plus heureuse dans la suite de sa vie; Julie d'Angennes[3], fille de madame de Rambouillet, accomplie en tous points, plus remarquable encore par l'esprit que par le visage, dévouée à ses amis, « sévère à ses amants », vertueuse d'ailleurs, même prude à l'occasion, bien que sachant, quand il le faut, faire plier ses principes devant ses intérêts; enfin Marthe de Fors du Vigean, fleur de candeur et de grâce virginale,

---

1. Anne-Geneviève de Bourbon-Condé, sœur du grand Condé, plus tard duchesse de Longueville (1619-1679).
2. Marie-Antoinette de Loménie de Brienne, mariée en 1642 au marquis de Gamaches, morte en 1684.
3. Née en 1627, mariée en 1645 au duc de Montausier.

belle de cette pure beauté qui s'ignore ou s'oublie, héroïne ingénue du plus touchant roman de son siècle, peut-être la seule femme que Condé ait vraiment aimée[1].

J'ai réservé, pour clore la liste, les sœurs du héros de ce livre — « les belles Boutteville » comme on les nomme — cousines d'Anne de Bourbon et ses amies intimes, si attrayantes toutes deux qu'à première vue l'admiration des hommes hésite entre elles et demeure indécise. Mais un commerce plus suivi met un terme à l'incertitude : par son intelligence déliée, par son habile audace, par son art merveilleux à varier ses moyens de plaire — tantôt souple et tantôt hautaine, tendre aujourd'hui, demain cruelle, toujours appropriée au temps, aux circonstances, au caractère de ceux qu'elle veut « enchaîner à son char » — Isabelle, la cadette, éclipse promptement son aînée. Insatiable d'hommages, elle ne dédaigne aucune conquête, encourage et raille tour à tour la troupe de ses adorateurs, et prélude ainsi sans mystère aux jeux dangereux qui rempliront sa vie. Nulle, parmi ses compagnes, n'inspire aussi souvent les muses de l'hôtel de Condé ; tous les rimeurs de la maison célèbrent les « appas » et déplorent les « rigueurs » de cette enfant de dix-sept ans. Je me contenterai de citer, parmi tant de pièces du même genre, le sonnet inédit[2] où le poète Charpy, comparant la fille à son père, rapproche ingénieusement les exploits

---

1. On sait que mademoiselle du Vigean, passionnément aimée du grand Condé, résista à cet amour, entra aux Carmélites en 1647, et y mourut en 1665.

2. Bibl. de l'Arsenal. Mss. 4115 — La pièce est datée de 1644.

de Boutteville des ravages exercés par les yeux d'Isabelle :

Que je vois de rapport de votre père à vous,
Divinité mortelle, adorable Sylvie !
Il tenait dans ses mains et la mort et la vie ;
Vos yeux se sont acquis les mêmes droits sur nous.

Mille vaillants héros éprouvèrent ses coups,
Et le Dieu de la guerre en fut touché d'envie.
De mille amants captifs votre beauté suivie
Fait que de vos attraits l'Amour même est jaloux.

Des rivières de sang coulèrent par ses armes ;
Vos rigueurs font couler des rivières de larmes.
Partout, comme vos yeux, il vainquit sans effort ;

Votre gloire pourtant est moindre que sa gloire.
Il savait mieux que vous user de la victoire ;
Car il donnait la vie et vous donnez la mort !

Condé, qui porte encore le nom de duc d'Enghien, est de toute cette jeunesse le héros et l'idole, le soleil sans rival autour duquel semblent graviter tous ces astres. Entre les « belles amies » et lui, c'est un échange constant de compliments et de flatteries, une petite guerre de taquineries aimables, un commerce galant de madrigaux en vers et de billets en prose. Lorsqu'une épidémie de petite vérole contraint à fuir à Liancourt [1]

Quatre nymphes plus vagabondes
Que celles des bois ni des ondes, [2]

[1]. Terre de la duchesse de Liancourt, à quelques lieues de Chantilly.
[2]. Lettre en vers adressée à mademoiselle du Vigean par mesdemoiselles de Bourbon, de Boutteville, de Brienne et de Rambouillet. — Bibl. de l'Arsenal, Mss Conrart. — Voir appendice page 489.

c'est-à-dire mesmoiselles de Bourbon, de Boutteville, de Brienne et de Rambouillet, le duc d'Enghien ne tarde guère à les rejoindre, honore successivement chacune de ses hommages et de ses préférences. Une familiarité plus grande s'établit, par le fait du séjour en commun, entre le glorieux capitaine et les compagnes de sa sœur. La manie de rimer le saisit à son tour, et comme, le jour de la Toussaint, elles s'oublient à l'église trop longtemps à son gré, il leur décoche cet épigramme :

> Donnez-en à garder à d'autres !
> Dites cent fois vos patenôtres.
> Et marmottez-en ce saint jour.
> Nous vous estimons trop habiles,
> Pour ouïr des propos d'amours,
> Vous quitteriez bientôt Vigiles !

Mais quand les événements grandissent, le ton enfle, s'élève et se hausse au lyrisme. Après chacune de ses victoires, le jeune triomphateur, parmi le monceau de dépêches d'où sort comme une fumée d'encens, trouve un paquet léger de billets charmants, enthousiastes, dont l'écriture, naïvement malhabile, évoque une claire vision de frais et souriants visages, aux yeux malicieux ou rêveurs, qui suivent de loin avec passion le progrès de sa gloire. C'est Madame la Princesse qui transmet elle-même à son fils cette gerbe de fleurs printanières, parfumées d'une joie juvénile : « Mon cher fils, lui mande-t-elle après la bataille de Rocroy [1], je m'assure que, lorsque vous verrez

---

[1] Arch. de Chantilly.

la suite de cette lettre, vous ne me serez pas peu obligée de l'avoir commencée, pour donner la facilité à toutes ces aimables personnes qui m'entourent de vous donner des marques de leur souvenir... » Les lettres qu'elle joint à la sienne sont signées Marthe du Vigean, Louise de Crussol, Julie d'Angennes, Isabelle de Montmorency-Boutteville. C'est celle-ci qui ferme la marche; la page qu'elle s'était réservée est, par malheur, en grande partie détruite; on n'en peut déchiffrer que les lignes finales : « Les autres dit-elle à Condé, ont écrit devant moi ; mais il faut en récompense qu'elles me cèdent la qualité de la plus respectueuse et affectionnée de vos très humbles et obéissantes servantes. Isabelle de Montmorency[1]. »

C'est dans une occasion semblable qu'apparaît pour la première fois, en cette correspondance, le nom de François de Boutteville. Nous l'avons laissé grandissant, tantôt sous l'égide de sa mère, tantôt, et plus assidument encore, sous l'aile, presque aussi douce et non moins maternelle, de Madame la Princesse. La société incomparable dont j'ai tenté de retracer l'esquisse fut celle où s'écoula la plus grande partie de sa jeunesse. L'impression faite sur un cerveau d'enfant par le prestige d'un tel spectacle, l'influence d'un milieu si rare sur cet esprit ouvert, sur cette âme pleine de feu, on se l'imagine aisément. Du prompt essor de son intelligence, nous possédons au reste un témoignage dans la lettre ci-contre, intéressante à plus d'un titre, dont j'ai trouvé l'original dans les archives de Chantilly. François s'adresse au

---

[1]. Arch. de Chantilly.

duc d'Enghien pour le complimenter du combat de Fribourg[1], où furent défait les Bavarois :

« Monseigneur, écrit-il, je sais combien Votre Altesse hait les louanges ; mais, quand Elle devrait me battre comme une armée bavaroise, je ne puis m'empêcher de lui dire que sa victoire est si illustre et si ample, qu'il y aurait de quoi suffisamment pour en couronner tous nos maréchaux de France et un million de princes — dont Dieu nous délivre ! — et qu'il en resterait encore assez pour en honorer un brave homme. La mort de madame de la Mark, par une infinité d'affaires qu'elle m'a laissées dans sa succession, m'a ôté l'honneur de vous suivre en Allemagne ; dont je ne me puis consoler que par celui de vous revoir à Paris, dont j'avoue à V. A. que j'ai une impatience extraordinaire, quoique je sois assuré qu'Elle a une légion d'*anges*[2] pour la garder. Je laisse aux personnes mieux informées que moi à lui mander des nouvelles. Tout ce que je sais est que mesdemoiselles de Rambouillet et de Boutteville prièrent hier Dieu avec tant de ferveur, qu'à peine les put-on retirer de l'extase !

» Je sais que Votre Altesse se souvient assez de ses serviteurs ; mais je la supplie très humblement encore de songer au marquis de Noirmoutiers[3] et, s'il est possible, qu'il se sente de votre victoire. Je supplie V. A. de me pardonner si je prends la liberté de l'entretenir si

---

1. 3-5 août 1644.

2. On donnait ce surnom aux « belles amies » dont j'ai parlé plus haut.

3. Louis de la Trémoïlle, marquis de Noirmoutiers (1612-1666).

longtemps ; je sais qu'Elle est assez bonne pour l'excuser, et que vous me ferez l'honneur de croire que je suis véritablement à vous, avec tout le respect, la passion et la fidélité à quoi est obligé celui qui est, Monseigneur, de V. A. le très humble serviteur. — MONTMORENCY. »

A part ce précieux document, où l'homme que sera Luxembourg — le courtisan habile, le « terrible railleur », l'amoureux fervent de la guerre — se révèle déjà chez l'enfant, on n'a que peu d'informations sur toute cette période de sa vie. Elle semble avoir été paisible et sans secousse. Des incidents qui en marquèrent le cours, le plus notable fut sans doute le mariage de ses sœurs, dont le double départ rompit, à un court intervalle, l'intimité du foyer familial. Ce fut d'abord, comme il convenait, Marie-Louise, la première en âge, la première également pour la sagesse et la vertu. La jeune fille avait tenu les promesses de l'adolescence. A la « beauté ordinaire des femmes de sa maison [1] » elle unissait, au dire de tous, les plus aimables qualités. Segrais l'a célébrée sous le nom d'*Aplanie* ; à travers l'apprêt du langage, habituel à son temps, on discerne aisément les véritables traits de cette simple et charmante figure : « ...Son cœur est encore plus noble que sa naissance. Elle est bonne, désintéressée, généreuse, pleine d'esprit et d'un esprit plein d'agrément ; il est vif, et juste en sa vivacité, amateur des choses naturellement dites. Son humeur est

---

[1]. Segrais, *Les Nouvelles françaises*, ou *les Divertissements de la Princesse Aurélie*.

douce, gaie, égale... Elle écrit spirituellement et sans peine. Elle aime les vers, elle en sait faire. Elle sait peindre en miniature et dessiner, et tout cela plus par son naturel que par étude ou application... Elle aime ses amis avec empressement, les cultive avec soin et en parle avec chaleur... »

Cette fille accomplie épousa, vers la fin de 1644, Dominique d'Estampes, marquis de Valençay, riche et de haute naissance. Elle en eut sept enfants, vécut auprès de lui en bonne intelligence, loin de Paris et de la Cour, en son château de Valençay, demeure vaste et « si magnifique » que mademoiselle de Montpensier, quand elle y fit séjour en 1653, crut voir, dit-elle, « une maison enchantée ». Mère tendre, épouse fidèle, modeste et dénuée d'ambition, elle borna ses désirs à couler ses jours dans la paix; aussi, dit Saint-Simon, ne fit-elle, « par elle ni par les siens, aucune figure dans le monde[1] ». L'Histoire n'a pas à s'occuper d'une si vertueuse personne, et son nom ne paraîtra guère dans toute la suite de ce récit.

Une fortune opposée attend sa sœur cadette. Au contraste de leurs natures correspond fidèlement celui de leurs deux destinées. Orgueilleuse, remuante, tourmentée, Isabelle se plaît, dirait-on, à vivre au milieu des orages, ne sort d'une aventure que pour se jeter dans une autre, promène superbement, parmi le labyrinthe des intrigues politiques et galantes de son temps, l'égoïsme

---

1. Elle mourut en août 1684. Le marquis de Valençay lui survécut de sept ans.

hautain d'une âme insatiable, dédaigneuse de scrupules, insensible au remords. Étroitement associée à toute l'existence de son frère, nous la verrons à ses côtés à chaque étape de sa carrière. Dans les grands événements auxquels il fut mêlé, elle eut, surtout en sa jeunesse, une part considérable ; et l'influence qu'elle exerça — parfois heureuse et plus souvent néfaste — ne saurait être méconnue. A défaut de réelle tendresse, dont le frère ni la sœur n'étaient guère susceptibles, il subsista toujours entre eux une familiarité cordiale, une intimité assidue, née de la parité d'esprit, des relations communes, des intérêts généralement semblables. Plus tard, quand les années s'accumulent sur sa tête, marié et père de cinq enfants, François semble, à vrai dire, ne faire que peu d'état de tout cet entourage ; sa femme, ses fils, sa mère elle même, malgré son dévouement constant, ne jouent point de rôle en sa vie. Dans les cas épineux, c'est sa sœur Isabelle qui l'assiste et qui le conseille ; on dirait qu'à elle seule elle constitue toute sa famille. Je me tiendrai donc excusé de parler d'elle avec quelque détail. Son mariage notamment fut l'un des épisodes curieux de cette époque : aux récits qu'en donnent les Mémoires, je joindrai ce que m'ont fourni les sources abondantes où j'ai pu librement puiser.

En 1645, Isabelle de Boutteville atteignait dix-huit ans. Sa beauté brune, dès lors pleinement épanouie, brillait de son plus vif éclat. Il est aisé, malgré les siècles écoulés, d'en restituer la triomphante image. Peu de femmes en effet ont été plus souvent et plus minutieusement dépeintes :

sa belle-sœur, madame de la Suze, Roger de Bussy-Rabutin, madame de Motteville, la Grande Mademoiselle, et tant d'autres, ont tour à tour sur elle exercé leurs pinceaux. Elle-même au reste a, dans cette riche galerie, cru devoir ajouter une esquisse de sa propre main. « Le peu de justice et de fidélité que je trouve dans le monde, écrit-elle, fait que je ne puis me remettre à personne pour faire mon portrait, de sorte que je veux moi-même vous le donner le plus au naturel qu'il me sera possible et dans la plus grande naïveté qui fut jamais [1] ». Elle tient scrupuleusement parole et, de toute sa personne nous donne une description, dont la hardiesse ne s'effarouche devant aucun détail. Ces documents, divers par l'origine, s'accordent dans l'ensemble, et ces traits ramassés fourniront un portrait ressemblant au modèle.

Représentons-nous donc, sur des épaules d'une harmonieuse rondeur, une tête petite et fière, un visage à l'ovale parfait, encadré des boucles épaisses d'une chevelure sombre, onduleuse et lustrée ; un front élevé, hautain ; un nez droit, aux ailes frémissantes ; sous l'arc délicat des sourcils, des yeux noirs, brillants, expressifs, au regard de velours, tantôt brûlant de volupté, tantôt alangui de tendresse ; le teint « ainsi qu'elle le voulait », et qu'à son ordinaire elle voulait blanc et rose, bien qu'il fût bistré par nature ; une bouche étroite, aux dents blanches et menues, et des lèvres vermeilles, d'où s'envolait « un rire charmant », allant jusqu'au fond

---

1. *Divers portraits* ou *Galerie de Mademoiselle*. — Voir le portrait de madame de Châtillon par elle-même à l'appendice, page 493.

des cœurs réveiller le désir[1]. La taille est souple et haute, et la démarche aisée. « Pour les bras et les mains, je ne m'en pique pas, » avoue-t-elle ; le pied est, en revanche, « le mieux tourné du monde », le reste à l'avenant. Si l'on joint à tant d'avantages ce que j'ai dit plus haut de son esprit « accord, flatteur, insinuant », on en croira Bussy, oubliant ses rancunes et s'écriant comme malgré soi : « Alors qu'elle voulait plaire, il n'était pas possible de se défendre de l'aimer ! »

Il semble que Condé ait, avant tous les autres, subi l'effet de ce charme perfide. De six années plus vieux que sa cousine, élevé près d'elle au foyer de sa mère, il reçut d'Isabelle — à l'âge heureux où le cœur parle sans qu'aucun froid calcul en altère la sincérité — cette impression d'adolescence qui rarement s'efface[2]. Mais ce roman naïf s'interrompit dès le premier chapitre. La mélancolie tendre de Marthe du Vigean fit oublier l'éclat fascinateur d'une altière et troublante beauté. Isabelle, d'autre part, ne tenta nul effort pour garder l'infidèle, et ne s'attarda point à des regrets stériles. Son esprit positif jugea la vanité d'une amourette légère et sans issue possible[3] ; elle orienta ses vues vers un but plus pratique ; la recherche d'un bon mariage fut le fondement solide où elle se proposa de bâtir sa fortune. Ainsi s'explique fort simplement, en cette période de leur jeunese, la conduite mutuelle de deux êtres que la vie, par la suite, devait si

---

[1]. Bussy-Rabutin, *Histoire amoureuse des Gaules*.
[2]. *Histoire des Princes de Condé*, par le duc d'Aumale.
[3]. Condé était marié, depuis l'âge de vingt ans, avec Claire-Clémence de Maillé-Brézé.

étroitement unir. Certains auteurs pourtant, notamment madame de Motteville, ont une version plus compliquée. Mademoiselle du Vigean, pour cacher au public ses propres sentiments et ceux du duc d'Enghien, aurait d'abord engagé ce dernier à s'occuper de sa cousine. Mais, la voyant si belle et comprenant le danger de ce jeu, Marthe, dit-on, en conçut de l'ombrage; elle enjoignit à son amant de rompre tout commerce avec cette inquiétante rivale, « leur défendit de se parler[1] », et fit paraître un tel chagrin, que Condé, pour calmer ses craintes, prit enfin le parti de marier Isabelle[2]. Quel que fût le secret mobile, le fait certain est que Condé fut le premier instruit de la passion de Coligny pour mademoiselle de Boutteville et le plus actif artisan des événements qui s'ensuivirent.

Gaspard de Coligny, que l'on nomma longtemps d'Andelot pour le distinguer de son frère, était le fils cadet du maréchal de Châtillon et d'Anne de Polignac, sa femme[3]. Descendant en droite ligne du fameux ami-

---

1. Madame de Motteville, *Mémoires*.

2. Un autre récit prétend encore que le père de Marthe du Vigean avait conçu le projet de faire épouser sa fille à Gaspard de Coligny, et que Condé, pour parer ce coup, s'empressa de favoriser les vues de son ami sur Isabelle de Boutteville.

3. Le maréchal de Châtillon avait eu quatre enfants : 1° Maurice de Coligny, tué en duel en 1644 par le duc de Guise; 2° Henriette (1618-1673) mariée en premières noces à Thomas Hamilton, comte de Hadington, puis à Gaspard de Champagne, comte de la Suze, dont elle se sépara en 1653; 3° Gaspard IV de Coligny, marquis d'Andelot puis duc de Châtillon, né à Châtillon-sur-Loing, le 9 mai 1620, tué à Charenton le 9 février 1649; 4° Anne, mariée en 1648 à Georges de Wirtemberg, prince de Montbéliard.

ral[1], le maréchal de Châtillon était alors, dit Tallemant des Réaux, de tout le parti huguenot le personnage le plus considérable : « En un rien il pouvait mettre quatre mille gentilshommes à cheval ». La grande ombre de son aïeul s'étendait encore sur sa tête et lui faisait une auréole. Passionné pour la guerre, il s'était distingué en différents combats, moins par sa science tactique que par sa bravoure intrépide, dont on citait des traits frappants. Comme il était fort corpulent, il ne se chargeait point, à l'instant d'une bataille, de casque, de cuirasse ni d'armes d'aucun genre, et se lançait, démuni de la sorte, au plus épais de la mêlée. Il eut, au siège d'Arras, son cheval tué entre ses jambes par un boulet de canon : « Ah ! fit-il avec dépit, que ces gens sont donc importuns ! J'avais là un bon cheval. » Au reste joueur, débauché, violent, la mine d'un grand seigneur avec l'âme d'un soudard, il avait dissipé le plus clair de son bien, et comptait, pour payer ses dettes, sur le mariage de ses enfants. Sa femme, « belle et vertueuse », passait son temps en oraisons ; constamment entourée de prédicants et de ministres, tandis qu'elle s'occupait à commenter la Bible, la direction de sa maison était livrée à l'aventure, et tout s'en allait à vau l'eau.

Des quatre enfants issus de leur mariage, Gaspard sans contredit donnait les plus grandes espérances. « Il avait, écrit Chavagnac[2], la taille admirable, le corps droit, le teint délicat et vif, les yeux grands, noirs et brillants, qui,

---

1. Gaspard de Coligny (1519-1572) amiral de France, assassiné à la Saint-Barthélemy.
2. *Mémoires*.

joints à un esprit doux dans la conversation, le rendaient le cavalier le plus accompli du royaume. » Non moins brave que son père, il avait par surcroît le coup d'œil, le sang-froid, les qualités de chef. Condé le regardait comme un de ses meilleurs lieutenants, et lui faisait avoir, à l'âge de vingt-trois ans, le grade de maréchal de camp. Autant que son mérite, ses bonnes fortunes et ses succès galants l'avaient mis tout jeune en vedette. Il fut, dit-on, l'initiateur et le premier amant de Ninon de Lenclos : de cette liaison, chantée par les poètes [1], date la réputation de cette célèbre fille. Quand ils rompirent, elle resta son amie, et contribua par ses conseils à lui faire abjurer, pour le catholicisme, la vieille religion de ses pères. Toutefois, à cette époque, un plus puissant motif inspirait ses actions : c'est en 1643 qu'il devint amoureux d'Isabelle de Boutteville, et c'est cette même année [2] qu'il se résolut à briser l'une des nombreuses barrières qui le séparaient de sa belle.

Cette passion en effet se heurtait à plus d'un obstacle. La comtesse de Boutteville, dès qu'elle en fut instruite, combattit vivement le projet. La différence de religion, dont s'effarouchait sa piété, la situation de cadet, qui pa-

---

1. C'est à Gaspard de Coligny que se réfèrent les jolis vers de Saint-Évremont dédiés à Ninon de Lenclos :

Ce beau garçon dont vous fûtes éprise,
    Mit dans vos mains son aimable franchise.
    Il était jeune, il n'avait point senti
    Ce que ressent un cœur assujéti,
    Et jeune aussi, vous ignoriez l'usage
    Des mouvements qu'excite un beau visage...

2. L'abjuration eut lieu en mai 1643 (Archives de Châtillon-sur-Loing.)

raissait devoir exclure les charges lucratives et les grands
apanages, telles furent les objections qu'elle opposa d'abord aux prétentions de Coligny, L'abjuration fut la première réponse; et peu de mois après, la mort imprévue
de Maurice, l'ainé de la famille, des suites d'un duel avec
le duc de Guise[1], en faisant de Gaspard le futur chef de
sa maison, ébranla les refus de cette mère avisée. Gaspard, dans une lettre à Condé, confie à son ami ce changement d'attitude : « Je connus, écrit-il, par les choses
qu'elle eut la bonté de me dire, qu'au cas qu'il lui fut fait
proposition de la part de mon père, elle n'aurait point
de répugnance à ma recherche[2]. » Isabelle, d'autre part,
se montre d'humeur favorable. La passion qu'elle inspire
à ce grand séducteur plait à coup sûr à son orgueil, et
peut-être même à son cœur. Sans doute aussi, dit sagement madame de Motteville, « comme ambitieuse et prudente, n'était-elle pas fâchée de trouver un parti tel
qu'était le comte de Coligny, trop grand seigneur par sa
naissance pour manquer d'avoir de grands établissements
à la Cour, soit par le duc d'Enghien, soit par lui-même. »

Mais, lorsque d'un côté tout semblait s'apaiser, éclatait
par ailleurs un violent orage. Le maréchal de Châtillon
avait, comme on a vu plus haut, toujours fait état de
ses fils pour réparer ses propres fautes et relever le train
de sa maison. Quand la mort de l'ainé concentra sur
une tête unique son espoir et son ambition, il fit choix
pour Gaspard de mademoiselle de la Force, « riche héri-

1. Le duel eut lieu le 12 décembre 1643. Maurice de Coligny
mourut des suites de sa blessure le 21 mai 1644.

2. Arch. de Chantilly.

tière et bonne huguenote », qui, plus que tout autre parti, lui parut propre à servir ses desseins. On juge de son dépit, lorsque ce fils rebelle fit connaître sa volonté[1] de n'épouser jamais qu'une fille, belle à coup sûr et d'illustre maison, mais sans dot aujourd'hui, sans fortune dans l'avenir. Il se contient cependant au début, se borne à objecter que « les affaires de leur maison ne seraient point accommodées par un tel mariage », et, pour gagner du temps, se résout à user de ruse. Il transmet à son fils des lettres de Hollande, signées du nom du prince d'Orange; ce dernier invite Coligny à faire campagne aux Pays-Bas, lui promettant en récompense un grade élevé dans son armée. Pressé d'obéir à cet ordre, menacé, s'il résiste, de ne plus recevoir des siens « un gueux d'écu », Coligny cède et part pour la Hollande. Il n'y est pas plutôt rendu qu'il découvre toute la « machine » : les lettres étaient fausses; le prince d'Orange n'a rien écrit et n'a rien à lui proposer; ses parents, comme il dit, l'ont honteusement et « vilainement dupé ». Si mécontent qu'il soit, il se résigne cependant à demeurer quelques mois en Hollande[2]; peut-être par cette soumission fléchira-t-il la rigueur pater-

1. « Il se flattait, écrit Coligny, d'obtenir mon retour à la religion réformée par l'appât d'un beau mariage, si bien qu'il m'obligea à mettre au jour la pensée que j'avais de m'embarquer dans la recherche de mademoiselle de Boutteville. » (Archives de Chantilly.)

2. « Je fais en ce lieu-ci, écrit Gaspard au duc d'Enghien le 16 juillet 1644, la plus rude pénitence du monde ; et si le désir et l'espérance que j'ai de revoir bientôt Votre Altesse ne modéraient un peu mes déplaisirs, par Dieu, je ne pourrais pas vivre quinze jours en l'état où je suis ! » (Arch. de Chantilly.)

nelle. Mais quand il parle enfin de retourner en France, le prince d'Orange — à qui dans l'intervalle on a fait la leçon — s'oppose à son départ, prétend le conserver avec lui tout l'hiver. Du coup la patience lui échappe ; le prince d'Orange porte la peine de son zèle indiscret : « Le bonhomme, écrit Coligny, m'en a voulu toucher quelques mots, mais je l'ai si bien *mandato far foutir*, que je ne pense pas qu'il lui arrive désormais de me dire chose pareille ! »

Gaspard s'esquive donc de Hollande, revient à Châtillon-sur-Loing. Ses sentiments n'ont pas changé ; il a revu, en traversant Paris, Isabelle de Boutteville ; ils ont une fois de plus échangé des serments. « Elle m'a dit, mande-t-il à Condé, qu'elle attendait l'arrivée de mon père avec impatience. » Mais le séjour de Châtillon voit commencer, pour « cet amant fidèle », une longue et dure épreuve. Tantôt ce sont d'amers reproches, des scènes de violence, qu'il ne saurait, dit-il, raconter « sans horreur », tantôt et plus souvent une persécution hypocrite, où la cupidité prend le masque du fanatisme, où « l'intérêt sacré du salut et de la religion[1] » sert à couvrir la brutale ambition et l'appétit des biens terrestres. Pour faire échec aux desseins de son fils, le maréchal de Châtillon va jusqu'à outrager la famille d'Isabelle. Il présente au parlement, sous quelque vain prétexte, un mémoire « injurieux pour des personnes de qui la vertu et la naissance ne devaient pas attendre une chose sem-

---

1. Après cet étalage de zèle pour le protestantisme, le maréchal de Châtillon finit par abjurer lui-même en 1646, trois ans après son fils. (Arch. de Châtillon-sur-Loing.)

blable[1] ». Et cette fois il atteint son but : la comtesse de Boutteville, outrée, retire son consentement, déclare très haut qu'une fille du sang des Montmorency n'a jamais épousé personne contre le gré de ses parents, et que le douteux avantage d'entrer dans une maison « aussi incommodée » ne vaut assurément ni soupir ni regret. Ainsi, dans les deux camps, l'opposition est désormais égale ; tout paraît rompu sans espoir.

Mais — madame de Motteville l'observe justement — si les pères et mères s'entendaient pour renoncer à ce mariage, les deux amants, de leur côté, étaient d'accord pour le parfaire. Ayant vainement tenté « toutes choses possibles » pour qu'on accédât à leurs vœux, ils se résolurent d'employer « le seul remède qui fût en leur pouvoir », et d'arracher par force ce qu'on leur déniait de bon gré. L'instigateur de ce projet fut, semble-t-il, le duc d'Enghien. En tout cas, averti, il y prêta les mains, fournit à Coligny l'argent[2] et les moyens d'action. Madame la Princesse, d'autre part, approuva fort l'idée, et promit son concours — une fois l'événement accompli — pour arranger les choses et pacifier les deux familles. On peut donc dire avec toute vérité, écrit un témoin de ces faits, que l'enlèvement d'Isabelle de Boutteville s'opéra « à la vue de tout l'hôtel Condé ».

Un soir de février de l'année 1645[3], madame de Valençay, tout nouvellement mariée, rentrait assez tard

1. Mémoire envoyé par Coligny à Condé. (Arch. de Chantilly.)
2. Il avança à Coligny « trois cents pistoles » pour les frais de l'entreprise. (Arch. de Chantilly.)
3. Aucun document n'indique la date précise. Les détails de

au logis ; elle menait sa sœur avec elle, et n'avait nul soupçon de ce qui l'attendait. Aussi fut-elle fort étonnée, en approchant de son hôtel, de voir une troupe de gens massés près de la porte. Elle n'eut pas le loisir d'y réfléchir longtemps, car ces hommes, armés jusqu'aux dents, l'entourèrent tout à coup, arrêtèrent sa voiture ; puis, ouvrant la portière, ils saisirent dans leurs bras mademoiselle de Boutteville, et la tirèrent hors du carrosse, non sans s'accompagner de quelques coups de feu, « plus par démonstration que par nécessité ». La résistance, en effet, fut légère : Isabelle, par convenance, « fit d'abord semblant de crier » ; après quoi, résignée, elle céda docilement à « la douce violence » exercée par ses ravisseurs. Quelques valets tentèrent un simulacre de défense, mais prirent bientôt la fuite devant des adversaires très supérieurs en nombre, courtois d'ailleurs autant que résolus. Seul le suisse de l'hôtel, accouru au bruit de la lutte, prit la chose au sérieux, et paya cette erreur, de sa vie.

Pendant cette espèce de combat, Isabelle retrouvait, à quelques pas plus loin, Gaspard de Coligny, qui l'attendait anxieux « dans un carrosse à six chevaux ». Elle y montait auprès de lui sans faire plus de façons ; tous deux, une fois hors de Paris, laissaient là leur voiture et montaient à cheval, afin d'aller plus vite. Ils arrivèrent, dans la nuit même, aux portes de Château-Thierry. Tout était prêt pour leur mariage ; ils y procédèrent au

l'enlèvement sont tirés des Mémoires de madame de Motteville et d'un manuscrit intitulé *Mémoires sur la Régence d'Anne d'Autriche*, qui se trouve à la Bibliothèque nationale. (F. fr. 10324.)

matin, dans la grande église de la ville, en présence « de la garnison et de tous les nobles d'alentour[1] », conviés en hâte à la cérémonie. Un notaire, également prié, marqua sur ses tablettes que tout s'était fait dans les règles. Puis les nouveaux époux, par mesure de prudence, se réfugièrent sans perdre temps dans la ville de Stenay, place forte « de toute sûreté », apanage du prince de Condé, qui la leur donna pour séjour[2] afin d'y voir venir les suites de l'aventure[3].

Tandis que « ces deux aimables personnes » se chargeaient, comme on vient de voir, d'assurer leur propre bonheur, une scène se passait à Paris, dont madame de Motteville a tracé le plaisant tableau. Elle eut lieu le soir même du rapt. L'horloge du Louvre avait sonné minuit ; la Reine, à moitié dévêtue, achevait de se coiffer de nuit, quand on annonce la princesse de Condé, insistant pour entrer sur l'heure. On introduit la visiteuse, que suit la

1. Lettre de Coligny à Condé (Arch. de Chantilly). — Par cette publicité, Coligny espérait, comme il dit « n'avaler point le déplaisir du clandestin, en cas que les choses demeurassent toujours dans l'aigreur ».

2. Il faudra, écrit Coligny, que je me fasse bourgeois de Stenay, que j'estime plus que citoyen romain ! »

3. Bussy-Rabutin, dans l'*Histoire amoureuse des Gaules*, prétend que Coligny, peu après son mariage, se vit pris d'un regret et d'un « chagrin épouvantables », et, plantant là sa femme, s'en fut gagner l'armée, tandis que son épouse se confinait dans un couvent. Une lettre de Coligny à Condé donne l'explication du fait : « Je ferai, dit-il, semblant de m'absenter, et on prendra témoins comme elle (Isabelle) aura déclaré sa volonté, étant en toute liberté et à son choix d'aller retrouver madame sa mère ». On voit que cette courte séparation n'eut d'autre motif que le désir de Coligny d'éviter que le mariage ne pût être annulé pour défaut de consentement.

comtesse de Boutteville, « tout échevelée, le collet déchiré, les habits à demi rompus », le visage inondé de pleurs, poussant des cris à fendre l'âme. « Madame, dit la princesse, voilà une pauvre femme qui vient vous demander justice contre M. de Coligny qui vient d'enlever sa fille ». Madame de Boutteville, à ces mots, se jette aux genoux de la Reine, redouble de sanglots, dénonce la violence horrible dont Isabelle est la victime. Madame de Valençay, entrée sur l'entrefaite, se joint à ces lamentations, et toutes les deux racontent l'histoire à leur manière, dépeignant Coligny comme « un voleur de grand chemin », ravisseur scélérat d'un trésor d'innocence.

Anne d'Autriche condescend d'abord à cette juste douleur, se répand en paroles les plus compatissantes et « les plus douces du monde » ; puis quittant les deux affligées, elle va vers Madame la Princesse : « Ma cousine, lui dit-elle tout bas, je pense que je ne dois pas me mettre en peine de punir le coupable. Il y a lieu de croire que mademoiselle de Boutteville serait fâchée qu'on troublât sa joie, et que sa mère, tout éplorée qu'elle est, ne voudrait pas qu'on lui ramenât M. de Coligny sans être son gendre ». La princesse, à ces mots, change de ton et de visage et, « se tournant vers la muraille » afin de cacher un sourire : « Au nom de Dieu, madame, lui répond-elle, ne me faites pas ici jouer un personnage ridicule. Mon méchant fils a fait cette affaire ; tout le monde est content ; et les larmes de cette pauvre femme, dont je n'oserais me moquer publiquement, me donnent une grande envie de rire en particulier. Ils ont fait tout ce tripotage sans moi ; et après cela il faut que j'en pâtisse et que, pour récompense de mes peines, je ne m'en puisse pas réjouir[1] ! »

Sur quoi la Reine et la princesse reviennent à madame de Boutteville, prêchent la patience et le pardon, promettent qu'avec le temps chacun aura satisfaction complète, et font si bien que Madame la Princesse ramène enfin sa parente au logis tout à fait calme et quasi consolée. Le dernier mot de ce vaudeville est dit par Anne d'Autriche, quand le comte de Brion[2], cousin d'Isabelle de Boutteville et notoirement amoureux d'elle, vient à son tour presser la Reine de faire courir ses gardes après le ravisseur : « Mon pauvre Brion, lui dit-elle, je vois bien que vous êtes le plus fâché de toute la compagnie ! Mais il n'y a remède et il s'y faut résoudre. Votre cousine serait sans doute bien fâchée de ce secours, et, comme bon parent, il vous faut condescendre à ses inclinations. »

L'orage toutefois ne s'apaise point si vite. Le maréchal de Châtillon, offensé du même coup dans son orgueil et dans ses intérêts, jette feu et flammes contre les fugitifs, prend le ciel et la terre à témoin du défi téméraire dont se trouve souffletée son autorité paternelle. Il dénonce tour à tour son fils à la Reine-mère, au parlement et aux juges ecclésiastiques, invoque, pour obtenir l'annulation de ce mariage, la clandestinité,

---

[1] *Mémoires* de madame de Motteville.
[2] François Christophe de Lévis, comte de Brion, plus tard duc d'Amville.

l'absence de consentement, le défaut d'âge de Coligny, que quelques semaines en effet séparent encore de sa majorité. Il obtient même l'envoi d'un *monitoire*, c'est-à-dire d'un décret ordonnant aux témoins d'un crime d'en rapporter les circonstances sous peine d'excommunication[1]. Bref il fait un tel bruit, que madame de Boutteville, réveillée par tout ce fracas, menace de son côté d'entamer des poursuites; que le public s'en mêle et fait des gorges chaudes aux dépens des parents bernés et des amoureux impatients; et que l'on vend sur le Pont-Neuf d'impertinents placards et de railleuses chansons, dont l'écho parvient à Stenay et met Gaspard de Coligny dans une furieuse colère. « On me mande, écrit-il, que les voleurs, les canailles et les ventadours ont juré sur leur honneur qu'ils ne me *lairraient* jamais en patience... J'espère que ces animaux forts en bouche et qui ont pris le mors aux dents souffriront qu'on leur mette de si bonnes gourmettes, qu'il ne leur arrivera plus une autre fois de faire les chevaux échappés[2] ! »

Heureusement pour sa cause, il ajoute à ces vaines menaces des armes d'une portée plus sûre. Un long mémoire adressé à Condé expose en fort bons termes les circonstances et les raisons de sa conduite, et met habilement en avant la question religieuse : « L'intérêt de la religion, dit-il d'un ton dévot, m'a contraint d'opposer

---

[1]. Coligny s'attendait d'ailleurs à ce déchaînement : « J'avais bien prévu, écrit-il, que mes père et mère useraient en ce rencontre de leurs bontés accoutumées à mon endroit ! » (Arch. de Chantilly).

[2]. Arch. de Chantilly.

aux desseins de mes parents une respectueuse résistance[1]. »
Ce langage, cette pieuse attitude, lui valent de puissants
auxiliaires. Le nonce d'abord, puis le Saint-Père lui-
même, s'intéressent à son sort. Le cardinal de Mazarin,
sous cette inspiration, écrit à Châtillon une lettre fort
pressante, où il donne le conseil d'accepter en patience
« une affaire où, à présent, il y a peu de remèdes, et s'il
y en avait, ils n'iraient que contre un fils si galant
homme et de si grand mérite ». Ainsi, débute l'épître ;
mais après cet exorde, il touche une corde plus sensible
en promettant « de tout son cœur », pour Châtillon et
pour Gaspard, les avantages les plus considérables que
« son peu de crédit » pourra obtenir de la Reine. Ces
hautes interventions et ces raisons solides devaient, comme
on s'en doute, emporter toutes les résistances. Gaspard
avait d'ailleurs, pendant cet intervalle, atteint le temps
de sa majorité, ce qui faisait tomber le plus fort argument de ses contradicteurs. Au mois de juin 1645,
Châtillon et sa femme firent publiquement connaître
qu'ils renonçaient à toute opposition, sous condition qu'on
procédât, à Paris et en leur présence, à une cérémonie
nouvelle ; et Madame la Princesse, chez qui se signa le
contrat, informa joyeusement Condé du dénouement de
cette affaire[2] : « Mon cher fils, je crois que vous serez bien

---

1. Une lettre intime qu'il adresse à Condé en lui envoyant ce
mémoire donne à penser sur la sincérité de ces sentiments édifiants :
« Vous y trouverez, lui dit-il, et dans le méchant style et dans la
dévotion, assez de quoi divertir Votre Altesse aux dépens de son
serviteur ». (Arch. de Chantilly).

2. Lettre du 19 juin 1645. — Arch. de Chantilly.

aise d'apprendre que le mariage de M. de Coligny a été confirmé avec toutes les formalités nécessaires. Monsieur votre père a bien voulu signer au contrat; nous y avons tous signé; j'ai été aussi au mariage, qui a été fait dans l'archevêché par M. l'archevêque de Paris... »

Tel fut le début romanesque d'Isabelle de Boutteville dans la vie conjugale, « pronostic assuré », dit un contemporain, des grandes agitations qui rempliront sa vie. Sa réputation au surplus n'en reçut nulle attteinte. On rit, on applaudit, personne ne censura. Les littérateurs à la mode, La Mesnardière dans un rondeau, Voiture dans une épître — trop vive pour les oreilles modernes — célébrèrent à l'envi l'aventure et son héroïne. La palme en ce tournoi revient au poète Sarasin, pour la jolie ballade[1] qui s'ouvre par cette strophe :

> Ce gentil joli jeu d'amours,
> Chacun le pratique à sa guise.
> Qui, par rondeaux et beaux discours,
> Chapeau de fleurs, gente cointise,
> Tournoi, bal, festin ou devise,
> Pense la belle captiver.
> Mais je pense, quoi qu'en en dise,
> Qu'il n'est rien tel que d'enlever...

L'heureuse entente du nouveau couple parut d'abord donner raison à ce poétique horoscope. Autant qu'elle en était capable, Isabelle, dans ces premiers temps, aima l'homme qui l'avait si vaillamment conquise. La mort du

1. Voir l'appendice page 494.

maréchal de Châtillon, qui survint quelques mois plus tard, le 4 janvier 1646, contribua puissamment à l'arrangement des affaires du ménage. La terre de Châtillon-sur-Loing, et le titre qui depuis peu s'y trouvait attaché, passèrent sur la tête de Gaspard[1]. Nous lui donnerons donc désormais ce nom de duc de Châtillon, sous lequel nous allons le retrouver bientôt, et qu'allait illustrer sa brillante et courte carrière. L'octroi de ce brevet ducal fut d'ailleurs tout ce qui resta des grandes promesses de Mazarin. Vainement le duc d'Enghien pressa le cardinal de tenir sa parole, et d'accorder à son ami la charge lucrative de colonel général des Suisses, que la mort de Bassompierre avait rendue vacante. Le ministre, en réponse, manda Gaspard au Louvre, lui fit, selon son expression, « un long galimatias de civilités », vagues et complimenteuses, et donna la place à Schomberg.

L'affection de Condé répara bientôt ce mécompte. Fidèle et agissante, elle ne se démentit jamais ; et l'attachement mutuel de ces rudes hommes de guerre revêt, dans leur correspondance, une expression vraiment touchante : « Vous savez comme je l'aime ! » écrit Condé à Mazarin. « Je me console, répond Gaspard, que mes affaires aillent aussi mal qu'à l'ordinaire, pourvu que vous aimiez un peu celui qui vous adore. »

1. Mazarin en effet, sur la demande du duc d'Enghien, renouvela pour le fils le brevet qu'il avait accordé au père le 18 août 1643. (Arch. de Châtillon-sur-Loing). — On assure que c'est à l'occasion de cette grâce, qui ajoutait un duc de plus à tous ceux qu'il avait créés, que Mazarin dit cette parole fameuse : « J'en ferai tant et tant, qu'il sera ridicule de l'être, et ridicule de ne l'être pas ! »

CHAPITRE III
1647-1649

La première jeunesse de Boutteville. — Son goût pour les plaisirs. — Ses bonnes fortunes : la marquise de Gouville, la présidente Lescalopier. — Condé l'enlève de Paris et le prend comme aide de camp. — Premières armes de Boutteville : la campagne de Catalogne, la campagne de Flandre. Action d'éclat à la bataille de Lens (1648). — Le retour de Boutteville à Paris. — Brillante fortune de sa sœur, la duchesse de Châtillon. — Débuts de la Fronde. — Caractère général de ce mouvement politique. — Première guerre civile : le siège de Paris. — Bataille de Charenton (1649). — Rôle qu'y joue Boutteville. — Mort du duc de Châtillon. — Paix de Rueil — Hostilité persistante entre les chefs des deux partis. — Les meneurs de la Fronde : Gondi, le duc de Beaufort. — Les *Petits-Maîtres* : Jarzé, le duc de Candale, Boutteville. — Expédition à Paris de Boutteville et de ses amis. — La bagarre du jardin Renard. — Démonstrations belliqueuses et dénouement pacifique. — Lettre de Boutteville à Condé. — Conséquences politiques de l'affaire du jardin Renard.

Dans les événements de famille dont on vient de lire le récit, Boutteville, encore adolescent, ne joue qu'un rôle de spectateur. Ce qu'on sait sur son compte, pendant cette phase de sa jeunesse, nous le montre emporté par la fougue des passions, grisé par l'ivresse des plaisirs, dispersant en mille aventures, avec l'insouciance de son âge, les ardeurs et les énergies d'un tempérament plein de feu. C'est la mode de son temps, l'exemple que lui donnent la plupart de ceux qui l'entourent. A l'aube encore obscure d'un règne d'où surgiront tant de grands hommes et d'œuvres immortelles, une sève chaude bouillonne dans les veines d'une génération vigoureuse. La barbarie récente des guerres de religion, la domination redoutable du cardinal de Richelieu, ont façonné des âmes robustes, bien trempées, mais violentes et rudes, éprises de grandeur et de force, dénuées de grâce et de douceur. Si le prestige naissant des écrivains et des lettrés, le rayonnant éclat de l'hôtel Rambouillet, ont déjà poli les esprits, épuré le langage, raffiné même jusqu'au subtil le ton de la bonne compagnie, ce progrès apparent s'arrête à la surface. Sous la trompeuse élégance des manières se cachent des mœurs grossières et dissolues. En des termes choisis s'expriment des sentiments brutaux. Le goût des basses débauches et des bruyantes orgies — les dés, le vin, les femmes, et les expéditions nocturnes par les carrefours épouvantés — occupe une grande part des loisirs que laissent aux plus illustres gentilshommes la guerre et les jeux de l'épée.

Boutteville renchérit en folies sur ses compagnons de jeunesse. La liste serait longue de ses méfaits et de ses équipées. On a conservé la mémoire de certaines de ses bonnes fortunes : ce sont des galanteries faciles et passagères ; l'amour y sert d'excuse à la fièvre des sens, divertissements d'un jour que le lendemain emporte, jouets rapidement brisés dans la main d'un

enfant. Une seule femme, semble-t-il, eut l'art, en cette
première saison, d'inspirer à ce libertin mieux qu'une
fantaisie éphémère, et fit battre un moment ce cœur
plus ardent que sensible. Ce femme fut, il est vrai, l'une
des plus charmantes de son temps, la marquise de
Gouville[1], « belle, aimable, de bon esprit, autant capable
que pas une de rendre un homme heureux, si elle voulait
l'aimer ; une des meilleures amies qui fût jamais[2] ».
Cette phrase que Bussy-Rabutin a fait graver au bas du
portrait de la dame — parmi tant de devises malicieuses
ou cruelles — en dit plus long sur ses attraits que bien
des flatteries de commande. Elle fréquentait assidument
la petite cour de Madame la Princesse ; c'est là qu'elle
rencontra Boutteville. Elle avait, comme lui, dix-huit
ans ; son mari était aux armées ; il l'avait confiée en
partant à la surveillance de sa mère, la comtesse de
Tourville, surveillance légère et commode, qui « voilait »,
sans y mettre obstacle, la poursuite des adorateurs.
Dans les rangs pressés de ceux-ci, Boutteville fut admis
à s'inscrire ; le grand nom de Montmorency, l'éclat de
son esprit, la séduction de ses manières, firent oublier les
torts de son physique. En même temps que Guitaut, que
Lorges et le duc de Candale, il afficha pour elle une vive
passion, qui, cette fois, n'était point feinte. Tous quatre,
dit-on, furent heureux, et « chacun se crut seul aimé[3] ».

---

1. Lucie de Cotentin de Tourville, mariée à Michel d'Argouge, marquis de Gouville.

2. Devise inscrite au bas du portrait de la marquise de Gouville, dans la galerie du château de Bussy-Rabutin.

3. Lenet, *Mémoires*.

Grâce à cette précieuse illusion, le caprice, quand il s'envola, laissa la place à l'amitié, qui se montra plus stable et ne se déroba jamais.

Sauf ce court épisode, les femmes qui traversent sa vie semblent n'y avoir laissé aucune trace. Ce sont, pour la plupart, de celles dont les exploits défraient la chronique scandaleuse, de celles dont la rapide conquête est, pour qui l'entreprend, sans peine aussi bien que sans gloire. Telle cette fameuse Lescalopier[1], épouse vite répudiée d'un grave président aux Enquêtes, si décriée au bout de sa carrière que Ninon de Lenclos se considère comme offensée d'être priée par elle au bal. Les cheveux blonds, la taille belle, le visage agréable — bien que légèrement « gâté » par la petite vérole[2] — la présidente, en sa jeunesse, eut pour galants les plus hauts personnages. François figura sur sa liste, mais la fâcha bientôt par ses façons trop cavalières. Comme elle avait un soir « les violons » chez elle, Boutteville, qu'elle honorait alors de ses bontés, se conduisit « avec tant d'insolence » qu'elle lui donna publiquement un soufflet. Il affecta d'en rire, et se vengea l'instant d'après sur le grand ami de la dame, le chevalier de Roquelaure, auquel, « par badinerie », il arracha tout à coup sa perruque, qu'il jeta parmi les danseurs. « Ce garçon est incorrigible, cria le chevalier; les soufflets ne le rendent point sage! » Ils échangèrent des coups de poing; on les sépara comme on put, et le prince de Conti accommoda l'affaire.

---

1. Elle était née Germain et fort riche.
2. Tallemant des Réaux, *Historiettes*.

Mais la liaison des deux amants prit fin sur ce vif incident[1].

Dans ces « dissipations » — dont on me dispensera de donner le détail — Boutteville, tout jeune encore et de santé chétive, risquait d'user sans fruit ses forces, son esprit, ses dons les plus précieux. L'amitié de Condé s'aperçut à temps du péril, et l'en arracha brusquement. Parmi tant de bienfaits dont Boutteville lui fut redevable, celui-ci fut sans doute le plus considérable. Le résultat fut décisif ; de ce jour data la carrière du futur vainqueur de Nerwinde.

L'événement se rattache à l'envoi de Condé dans le pays de Catalogne, dont la nouvelle se répandit en février 1647. La besogne imposée au prince était dure et ingrate : il fallait réparer les fautes et venger les échecs de ceux qui s'y étaient essayés avant lui. Triom-

1. — On cite encore une autre présidente, dont l'aventure avec Boutteville fit du bruit en ce temps. Elle s'appelait madame Tambonneau, sœur de la duchesse de Noailles, épouse d'un président des Comptes, grand ami du prince de Condé. La « petite présidente » — ainsi la nommait-on — était délicate et jolie, de taille menue, raffinée dans ses goûts au point que l'on disait qu'elle « vivait de rosée ». Boutteville en devint amoureux ; mais, « ne sachant comment s'y prendre », il chargea son beau-frère, le duc de Châtillon, de parler à sa place. Châtillon accepta d'être l'avocat de la cause, et la plaida si bien qu'il la gagna sur-le-champ pour son compte ; après quoi il compta toute l'histoire à Condé. Le Prince en fit des gorges-chaudes ; la présidente, « enragée » de colère, voulut que Roquelaure, son amant, allât provoquer Châtillon. Mais celui-ci ne fit qu'en rire : « Cette femme est folle, répondit-il ; à ce compte-là, il y en a plus de douze qui sont obligés à se battre comme moi ! » (*Historiettes* de Tallemant des Réaux.)

phante, grâce au grand capitaine, sur tous les champs de bataille de la Flandre et du Rhin, la France, depuis trois ans, avait vu fondre deux armées sous les murs des places espagnoles. Le comte d'Harcourt, battu à Lérida[1], était contraint de résigner un commandement trop lourd pour ses capacités. M. le Prince le remplaçait ; et le titre pompeux de « vice-roi de Catalogne » ne le consolait qu'à demi des perspectives trop justement prévues : les ennuis, les déboires probables d'une guerre de sièges et d'escarmouches, avec une armée affaiblie, dans un pays sauvage, hérissé de montagnes, parsemé de places fortes, peu propre aux grands coups foudroyants où se complaisait son génie. Il fallut pourtant obéir. Condé quitta Paris, le 24 mars au matin, pour rejoindre son nouveau poste. Dans la suite peu nombreuse qu'il prenait avec lui, parmi ses vieux compagnons d'armes, rompus aux fatigues du métier, Marchin, Gramont, Châtillon, La Moussaye, était un jeune garçon d'apparence délicate, qui comptait dix-neuf ans et en paraissait quinze. Cet aide de camp à mine de page était François de Boutteville, « enlevé » pour ainsi dire de force aux tendresses inquiètes de sa mère, et que le Prince menait en Catalogne, pour y faire sous ses yeux un rude apprentissage. Ce simple volontaire, « sans grade et sans titre officiel[2] », accompagna Condé dans toutes les phases de cette campagne, où le héros jusqu'alors victorieux connut, la première fois, l'amertume d'un revers. Avec lui, le 11 avril, il débar-

1. 7 novembre 1646.
1. Notice manuscrite sur le maréchal de Luxembourg. Bibl. nationale. Fonds Clér. 1192.

quait à Barcelone, dans le fracas assourdissant des acclamations populaires ; avec lui, moins d'un mois après, il campait sous les murs de cette illustre Lérida, que la défaite de deux armées françaises faisait passer pour une ville imprenable ; à ses côtés enfin, quelques semaines plus tard[1] — la levée du siège ordonnée pour éviter un désastre certain — il prenait part à cette retraite où le jeune général, sacrifiant noblement sa « gloire » au bien public, refusait la bataille offerte et sauvait au Roi son armée.

Si peu heureuse, observe Désormeaux[2], que fût l'expédition de Catalogne, Boutteville en tira des leçons singulièrement précieuses et profitables. La guerre de citadelles, telle qu'elle se pratiquait alors, était pour les novices la meilleure des écoles. Les canons encore peu nombreux, les bombes peu destructives, laissaient aux sièges des villes « une longueur raisonnable[3] ». Le travail patient des tranchées, les assauts répétés, et les sorties fréquentes, « signalaient l'art des assiégeants et le courage des assiégés ». Tout se passait, de part et d'autre, avec art et méthode. Dans cette lutte de détail, parmi ces manœuvres savantes et ces multiples escarmouches, les jeunes gens, ignorants du métier militaire, avaient l'occasion d'observer et le loisir d'apprendre. Ainsi en fut-il de Boutteville. Dès les premières opérations, le sang-froid, le coup d'œil et l'ardeur à s'instruire de son aide de camp volontaire frappèrent vivement Condé. Il mit bientôt son cousin à l'épreuve en de plus sérieuses occasions, notamment le

1. 18 juin 1647.
2. *Histoire de la maison de Montmorency.*
3. Hamilton, *Mémoires du chevalier de Gramont.*

jour d'une sortie que dirigea contre nos lignes don Gregorio Brito, le gouverneur de Lérida. Une de nos tranchées fut surprise; il s'agissait de la reprendre. Le duc de Châtillon eut ordre de le faire. Son jeune beau-frère fut désigné pour marcher avec lui et l'aider dans sa tâche; il s'en tira de telle manière que Condé, de ce jour, se prit pour lui, « non seulement d'amitié, mais d'une estime véritable[1] ». Il le lui prouva l'an d'après en se l'attachant de nouveau pour la campagne qui s'ouvrait en Flandre. Au siège d'Ypres[2] d'abord, puis dans les plaines de Lens, Bouttoville justifia la confiance de son chef. Même, lors de cette dernière affaire, son rôle, si court qu'il fut, vaut qu'on s'y arrête un instant. Pour la première fois, ce jour-là, la déesse des batailles en passant l'effleura de son aile. Il comprit cet appel et seconda sa destinée.

Cet épisode se place vers le début de la journée[3], au cours de l'audacieuse manœuvre où Condé se décide à jouer son va-tout. Résolu coûte que coûte à faire descendre l'ennemi des hauteurs qu'il occupe, pour le combattre dans la plaine, M. le Prince simule, à la lumière du jour, un mouvement de retraite, qui l'expose, en plein flanc, au feu d'une infanterie plus nombreuse que la sienne. Le duc de Châtillon commande, au centre de l'armée, ce qu'on nomme alors « la bataille », le corps chargé de l'offensive, composé par moitié d'hommes de pied et de cavaliers. Là sont, auprès des gendarmes du Roi, les fameux escadrons des chevau-légers de la garde,

1. Notice manuscrite sur le maréchal de Luxembourg. *Loc. cit.*
2. 19-29 mai 1648.
3. 20 août 1648.

troupe d'élite s'il en fut jamais, fière de n'avoir « jamais été battue », et qui s'honore du privilège de marcher la première au feu[1]. C'est dans ce brillant régiment que Boutteville, le matin de l'action, s'offre à servir comme volontaire. Il y reçut un chaleureux accueil. Même, dit un manuscrit du temps, les chevau-légers « ne voulurent point le souffrir dans les rangs, et les officiers le prièrent de se mettre avec eux en tête d'un escadron[2] », bien qu'il n'eût commission ni grade, Il accepta l'honneur, et, peu d'instants après, démontra qu'il en était digne.

Le premier engagement entre les deux armées eut lieu vers six heures du matin. Une demi-heure plus tard, la situation des nôtres est critique. Les gendarmes du Roi, vivement chargés, dans la marche en retraite, par la cavalerie de Lorraine — « la plus redoutable de l'Europe » — hésitent d'abord, puis se débandent et se renversent en désordre. Condé, qui se trouve à l'aile droite, accourt avec sa cavalerie légère ; mais la panique est contagieuse, et « ces mêmes escadrons qui lui avaient promis de ne le quitter point, et qui ne l'avaient jamais quitté, se trouvent capables de la peur qu'ils avaient accoutumé de donner aux autres[3] ». Sans attendre le choc, ils tournent bride et abandonnent le prince, qui reste à peu près seul, entouré de quelques fidèles, sans espoir de salut que la vitesse de son cheval. Boutteville, par un hasard heureux, est proche de cet endroit et voit ce qui se passe. Son âme

---

1. Notice manuscrite. *Loc. cit.*
2. Ibidem.
3. Récit de la bataille de Lens dans le *Grand Cyrus*, de mademoiselle de Scudéry.

novice s'éclaire de cette inspiration subite, qui, par la suite, en des cas plus ardus, sera le trait marquant de son génie de capitaine. Sans une seconde d'hésitation, il va vers les chevau-légers, leur montre le danger pressant, rallie autour de soi une centaine des plus braves, se met de lui-même à leur tête, et charge les Lorrains qui poursuivaient Condé. Ceux-ci, surpris, s'arrêtent, font face au nouvel assaillant. Des renforts arrivent à Boutteville ; la cavalerie lorraine se disperse à son tour ; et Condé, enfin hors d'atteinte[1], a le loisir de préparer le retour foudroyant qui déterminera la victoire.

La récompense de cette action d'éclat ne se fit point attendre ; nul chef, à l'égal de Condé, n'eut le souci de faire valoir ceux dont il prisait les services. Trois jours après la bataille, il écrivait à Mazarin, et demandait en faveur de Boutteville le régiment qu'allait quitter Bussy ; « Si vous voulez le lui faire avoir, disait-il, je réponds qu'il le fera bon, et m'y engage en mon particulier[2]. » A peine rentré en France, la campagne terminée, il présentait lui-même son cousin à la Reine, en le comblant d'éloges, qui, d'une telle bouche, étaient sans prix[3].

Après ces deux années de guerre, c'est un nouveau Boutteville que revoient, avec une heureuse surprise, les parents, les amis qui l'attendent au logis[4]. Ce n'est plus « le petit François », le pâle et frêle adolescent, le libertin

1. Son page, moins bien monté, fut blessé et pris.
2. « Touchant M. de Boutteville, lui répond Mazarin, on fera tout ce que vous me manderez. » — (Arch. de Chantilly).
3. *Mémoires pour servir à l'histoire du maréchal de Luxembourg.*
4. *Ibidem.*

précoce, au corps malingre, à l'âme frivole, coureur de ruelles et de tavernes. Le grand air et la vie des camps ont bruni son visage, élargi sa poitrine et développé ses muscles. Son esprit s'est mûri ; ses goûts se sont transformés. Le vieux sang guerrier de sa race se réveille et bout dans ses veines ; la gloire des armes est la maîtresse exclusive et jalouse dont l'image occupe sa pensée. Maréchal de camp à vingt ans, on compte désormais avec lui. Il a l'estime du cardinal et la confiance du grand Condé. Il est prêt pour jouer un rôle dans la grande partie qui s'annonce.

La fortune de sa sœur Isabelle, — maintenant duchesse de Châtillon, — a suivi pendant cette période une marche également ascendante. Son mariage régularisé, la paix faite avec sa famille, elle est retournée à la Cour. Sa victorieuse beauté, la séduction qui l'environne, l'ont vite placée au premier rang de celles qui, d'un sourire, enchaînent la liberté des hommes[1]. Elle n'use encore qu'avec réserve de ce dangereux pouvoir ; son esprit de conquête ne se traduit que par des coquetteries. Ses

---

1. Le recueil manuscrit de Conrart renferme une longue pièce de vers, datée de cette époque, où Segrais célèbre avec pompe les yeux de la duchesse de Châtillon :

> ..... C'est assez qu'un mortel ne s'en puisse défendre,
> Que les plus fiers vainqueurs soient contraints à se rendre,
> Qu'aucun en les voyant n'ait jamais évité
> La perte de sa vie ou de sa liberté,
> Et qu'enfin ses beautés, qui forcent tous obstacles,
> Produisent tous les jours tant de divins miracles.....
>
> (Mss. de l'Arsenal, 4115.)

adorateurs sont légion ; on ne lui cite aucun amant. Condé, qui seul peut-être aurait chance de succès, respecte en elle la femme de son meilleur ami[1]. Il fuit visiblement les occasions dangereuses, affecte d'occuper en des amourettes de passage un cœur que l'entrée au Carmel de Marthe du Vigean[2] a laissé sans emploi. A défaut du héros de Rocroy, tous les poursuivants d'Isabelle, si haut placés qu'ils soient, amusent sans l'émouvoir son âme égoïste et hautaine. Elle « entretient leur flamme », en se gardant de s'y brûler elle-même. Le prince de Galles[3], qui la rencontre à Fontainebleau, le duc de Nemours, « le cavalier le plus accompli de son temps », sont tour à tour victimes de ses refus et ne lui gardent point rancune.

Une ombre cependant ternit l'éclat de son triomphe. Rivalité de jolie femme ou méfiance politique, Anne d'Autriche ne l'aime guère, et toutes les grâces de la duchesse échouent devant cette froideur obstinée :

1. Mémoires de Lenet. — L'*Histoire véritable de la duchesse de Châtillon*, sorte de roman historique publié en 1699, prétend au contraire que Condé, à son retour de Catalogne, pressa vivement sa cousine de couronner ses feux, « disant qu'il n'avait point coutume, à la guerre comme en amour, de languir longtemps sans remporter la victoire »; à quoi la duchesse aurait répliqué « qu'il y avait des places plus fortes les unes que les autres, et qu'elle serait une *Lerida* pour lui ». Les documents les plus probants démentent ce récit, et constatent que l'amour de Condé ne se ralluma qu'après le veuvage d'Isabelle.

2. Marthe du Vigean entra au Carmel en 1647.

3. Il régna plus tard sous le nom de Charles II. « Il était assez grand, dit la Grande Mademoiselle, la tête belle, les cheveux noirs, le teint brun et passablement agréable de sa personne. »

« Madame de Châtillon, écrit la comtesse de Langeron [1] à la reine de Pologne, prétend toujours à la faveur de la Reine. Elle s'empresse fort pour cela, mais je crois qu'elle n'y sera jamais mieux ». Elle se console de cet échec par son succès auprès du Roi. Louis XIV, encore tout enfant, témoigne effectivement un vif penchant pour Isabelle, la « cajole » en public [2], et cette « flamme » innocente provoque les caquets de la Cour. Un couplet de chanson, composé par Benserade, se fredonne partout à l'oreille :

> Châtillon, gardez vos appas
> Pour une autre conquête.
> Si vous êtes prête,
> Le Roi ne l'est pas...

Une des filles d'honneur d'Anne d'Autriche, mademoiselle de Ségur, sur qui Benserade avait exercé sa malice, avertit la duchesse de ces méchants propos. Elle ne s'en émut guère [3], mais son époux en fut piqué; il alla trouver Benserade : « Mon petit ami, lui dit-il, s'il vous arrive jamais de parler de madame de Châtillon, je vous ferai rouer de coups ». La menace fit du bruit ; Benserade fut quelque temps sans oser se montrer ; et Scarron, qui ne l'aimait guère, date ainsi l'une de ses épîtres :

> L'an que le sieur de Benserade
> Fut menacé de bastonnade.

---

[1]. Lettre du 29 octobre 1648. — Arch. de Chantilly.
[2]. *Mémoires* de Brienne.
[3]. « Vraiment, M. de Benserade, se borna-t-elle à lui dire, je vous ai bien de l'obligation de faire comme cela des chansons sur moi ! » (*Historiettes* de Tallemant des Réaux.)

Cette humeur chatouilleuse du duc de Châtillon parut quelque peu surprenante. On y crut démêler plus d'orgueil que de jalousie; car sa grande passion pour sa femme était déjà bien refroidie. Mademoiselle de Guerchy, fille d'honneur de la Reine, fameuse pour sa beauté, son esprit médisant, ses galantes aventures[1], s'était depuis un temps emparé de son cœur. Entre Isabelle et « la Guerchy », une lutte de coquetterie existait de longue date. Les préférences du prince de Galles pour la première de ces rivales exaspéra l'envieuse hostilité de l'autre; lasse enfin d'infructueux efforts pour détourner à son profit les hommages du futur souverain, mademoiselle de Guerchy se vengea d'Isabelle en lui prenant son propre époux. Cette liaison s'étalait sans pudeur ni mystère; quand, peu de mois après, Châtillon fut frappé sur le champ de bataille, on vit qu'il portait à son bras la jarretière bleue de sa maîtresse.

Parmi ces futiles commérages et ces menues intrigues, habituelle distraction des Cours, un bouleversement grave ébranlait, sourdement encore, les assises mêmes de l'État. Il n'entre pas dans mon dessein de retracer ici, après tant d'écrivains illustres, l'histoire générale de la Fronde,

1. Mademoiselle de Guerchy, quelques années plus tard, périt d'une mort tragique. Maîtresse du duc de Vitry, elle eut recours à une sage-femme pour détruire le fruit de sa faute, et mourut des suites du traitement après une horrible agonie. Il s'ensuivit un procès criminel; le comte de Chavagnac, poursuivi comme complice, fut enfermé à la Bastille; la sage-femme, nommée Constantin, fut mise à la question, pendue et étranglée. C'est à l'occasion de ce drame que le poète Hénault fit le beau sonnet de l'*Avorton*.

d'étudier en détail les causes, le but, le caractère de cette convulsion violente qui faillit emporter la monarchie française. Cette étude, au surplus, est ingrate et ardue. Jamais bataille plus acharnée ne fut en même temps plus confuse. Parmi les narrateurs de cette longue rébellion, chacun, selon ses idées propres, y attache un sens différent. Les uns veulent y saluer l'aurore de la Révolution française ; d'autres, plus judicieux peut-être, y croient voir un réveil du système féodal. L'illogisme des faits, l'incohérence des principaux acteurs, justifient tour à tour ces interprétations contraires. On croit entendre par moments, dans le fracas de la mêlée, balbutier faiblement les formules essentielles des libertés publiques, les principes encore vagues de l'*habeas corpus* et de l'impôt consenti par le peuple. Mais les mêmes novateurs empruntent, l'instant d'après, toute la défroque du moyen âge, appellent à leur secours les vieilles armes du despotisme. Au fond, le vrai débat se circonscrit entre deux formes d'arbitraire: le pouvoir absolu et les privilèges de tout ordre. Les instigateurs du mouvement, les magistrats et les parlementaires, songent bien moins à l'État qu'à leurs prérogatives : « à l'esprit national, ils substituent l'esprit de corps[1]. » Les grands seigneurs, qui les secondent d'abord et les remplacent ensuite, n'écoutent que leurs rancunes ou que leurs appétits; les uns veulent de l'argent, les autres des honneurs ; ils passent d'un camp dans l'autre, selon les suggestions de l'orgueil ou de l'intérêt.

Le peuple, au-dessous d'eux, s'agite dans les ténèbres.

---

1. Feillet. — *La misère sous la Fronde*.

Ballotté au hasard par des courants contraires, il flotte d'une rive à l'autre, et sert successivement qui le nourrit ou qui le flatte. La tourbe obscure qu'il cache en ses bas-fonds profite, comme en tout temps, de la discorde et du chaos pour donner cours à ses instincts de pillage et de violence ; les « brigands » de l'Hôtel de Ville sont de la même famille que les massacreurs de Septembre. Enfin un élément, nouveau dans nos troubles civils, intervient activement, pour l'embrouiller encore, dans l'inextricable conflit : les femmes, qui, dans la Fronde, sont à la fois, dit justement Cousin, « les instruments et les mobiles », les actrices les plus intéressantes — les plus dangereuses aussi — des événements qui se déroulent. Tour à tour, pendant dix années, elles gouvernent, elles intriguent, elles disputent, elles combattent, apportant partout avec elles leur passion et leur illogisme. Guerrières ou négociatrices, elles ne s'effraient d'aucune besogne, ne reculent devant nul obstacle, conduisent de front — et mêlent souvent ensemble — la politique et les affaires de cœur, se divertissent des désordres publics comme d'un passe-temps incomparable et du plus excitant des jeux, absurdes et charmantes, héroïques et frivoles, — quelques-unes même sincères, et d'autant plus à craindre. Rien n'est égal à leur audace, si ce n'est parfois leur candeur. « Grand'mère, dira la petite Montausier à la marquise de Rambouillet, grand'mère, maintenant que je suis grande et que j'ai cinq ans, si nous parlions un peu des affaires de l'État! » C'est le mot de la fin de cette longue tragi-comédie.

L'origine première de la Fronde, comme celle de la

plupart des graves crises politiques, est la question d'argent. Le Trésor est à sec ; l'État a dévoré d'avance trois années de ses revenus ; pour atténuer le déficit, Mazarin propose un moyen : créer et vendre des charges nouvelles, « ce qui diminuera la valeur des anciennes [1] ». Les magistrats du parlement, atteints ainsi dans leur fortune privée, s'insurgent, et refusent d'enregistrer l'édit ; mais pour grandir et colorer leur cause, ils invoquent l'intérêt public ; et d'un conflit particulier naît, en quelques semaines, une querelle nationale. C'est dans les plaines de Flandre, où s'achève sa glorieuse campagne, que Condé reçoit la nouvelle des agitations de Paris, le brusque enlèvement, pendant le *Te Deum* chanté pour la victoire de Lens, des conseillers Blancmesnil et Broussel, fougueux adversaires de la Cour, la révolte du peuple, les barricades dressées dans les rues de la ville, la délivrance des magistrats captifs, la capitulation feinte du premier ministre, dissimulant des projets de revanche. La fermentation est au comble, quand M. le Prince, appelé par Mazarin, vient le rejoindre à Rueil, le 19 septembre 1648. Boutteville l'accompagne, et ne le quittera pas durant toute cette période ; c'est « dans le même carrosse » qu'ils ont quitté l'armée ; c'est ensemble également qu'ils arrivent à la Cour, pour mettre leurs épées au service de la Reine [2].

Les mois qui suivent le retour de Condé ne sont que pourparlers, entrevues, conférences, essais d'accommodement suivis de violentes ruptures. En octobre, l'accord est fait,

---

1. Duc d'Aumale, *Histoire des princes de Condé.*
2. Notice manuscrite sur le maréchal de Luxembourg. *Loc. cit.*

et le Roi rentre dans Paris. En décembre, tout recommence, tout est remis en question ; la discussion s'aigrit, et les esprits s'échauffent. Enfin, le 6 janvier 1649, Louis XIV et sa mère quittent furtivement le Louvre, se réfugient à Saint-Germain. Entre le parlement de Paris et la couronne de France, la lutte est désormais ouverte et déclarée; la force remplacera l'éloquence et la ruse. De Bourgogne et de Flandre, les régiments, mandés en hâte, arrivent sous les murs de Paris, bloquent étroitement toutes les avenues. Comme soixante ans plus tôt son aïeul Henri IV, le jeune Roi se prépare à assiéger sa capitale ; il réduira par la famine son parlement factieux et ses sujets rebelles.

L'exécution du plan est confiée à Condé; car le vainqueur de Lens, se séparant des siens, de son frère, le prince de Conti, de sa sœur, madame de Longueville, a pris hautement le parti de la Cour. Sous sa main vigoureuse, le blocus s'organise et l'étreinte se resserre ; tout se dispose en vue d'une prochaine offensive. Dès le 23 janvier, les deux armées ont pris contact; une sortie malheureuse instruit rudement les Parisiens du terrible adversaire que leur mauvaise fortune a placé en face d'eux. L'armée royale est pourtant peu nombreuse: six à sept mille hommes au plus la composent, mais tous vieux soldats exercés, confiants dans le jeune chef si souvent victorieux. Les troupes du parlement présentent un plus gros effectif. Aux premiers jours de février, vingt mille hommes de belle mine, bien armés, habillés de neuf, paradent sur la place Royale. A leur tête caracole une étincelante pléïade de généraux, le prince de Conti, La Boulaye, les ducs de Beaufort et de Bouillon—sans compter le coadjuteur, Paul de Gondi, plus habile à manier l'épée que la crosse de prélat, fier de ranger sous sa bannière sacrée un régiment de cavalerie. En dépit de ces apparences, les véritables hommes de guerre hochent toutefois la tête avec doute. Ces bataillons, ornés de noms sonores, sont composés pour la plupart de bourgeois et de commerçants, tous gens hier de mœurs paisibles, héros improvisés, plus belliqueux de propos que de cœur. Loret, qui les a vus à l'œuvre, en trace dans sa gazette rimée une amusante esquisse :

> Étant dans leurs familles,
> Avec leurs femmes et leurs filles,
> Ils ne disaient, parmi les pots,
> Que mots de guerre à tout propos :
> Bombarde, canon, couleuvrine,
> Demi-lune, rempart, courtine...
> Et d'autres tels mots triomphants,
> Qui faisaient peur à leurs enfants [1].

Le farouche milicien que nous dépeint Loret se souvient, dès qu'il marche au feu, des êtres chers qui l'attendent au logis ; l'attendrissement qu'il en ressent influe sur sa vaillance.

> Il est prudent et craint la touche.
> Outre qu'il n'aime pas la cartouche,

confesse un autre chroniqueur qui appartient pourtant au parti de la Fronde [2].

Le plus solide noyau de l'armée parisienne est formé

---

[1]. *La muse historique* de Loret.
[2]. *Les courriers de la Fronde*, de Saint-Julien.

des transfuges de l'armée « mazarine ». Ce sont des déserteurs des régiments de la Reine, de Villebois, de Beauvau, soldats pillards et peu disciplinés, mais aguerris, rompus à la fatigue, insoucieux, par la longue pratique, de la mitraille et du mousquet. On les a rassemblés dans un poste avancé, le seul point de toute la banlieue qui soit au pouvoir des Frondeurs, le bourg de Charenton, qui commande la jonction de la Seine et de la Marne. La position est essentielle : par là seulement arrivent aux Parisiens « les secours et les subsistances[1] » ; c'est l'unique voie qui reste ouverte au ravitaillement de la ville, et les défenseurs de Paris ne négligent aucun soin pour conserver ce précieux débouché. On protège les abords par des remparts de terre et par des palissades ; malgré le froid et la gelée, des milliers d'hommes chaque jour y travaillent sans relâche. Les ouvrages sont garnis d'une demi-douzaine de canons. Les « douze cents hommes de pied » qu'on y avait mis au début sont renforcés de quinze cents autres, sur le bruit d'une attaque prochaine[2]. Ces forces sont confiées à un chef éprouvé, Bertrand d'Ostoré de Clanleu, lieutenant-général de carrière, récemment disgracié pour « quelques malheurs à la guerre », et qu'une vive ardeur de vengeance anime contre le cardinal.

Pour les raisons qu'on vient de lire, c'est sur ce point que, dans le camp royal, on se résout à frapper le grand coup. L'entreprise, si elle réussit, offrira un double avantage : détruire l'élite des troupes frondeuses,

---

1. Lettre du Roi au duc de Lesdiguières. — Arch. de la Guerre.
2. *Ibidem.*

et couper les vivres aux rebelles. Châtillon, le premier, en proposa l'idée[1] ; Condé, sur son rapport, reconnut qu'il convenait de tenter l'aventure. C'est dire qu'on s'y détermina, « car ses avis étaient alors des ordres »[2].

Le dimanche 7 février, un grand convoi de bestiaux, traversant Charenton, pénétra dans Paris. On y comptait, dit la chronique de Saint-Julien,

> De moutons et bœufs plus de mille,
> Sans compter messieurs les pourceaux.

Le peuple accueillit ce « secours » avec une bruyante allégresse, car la crainte d'une disette hantait tous les esprits. Cette nouvelle, rapportée à Condé le soir même, fut ce qui le poussa sans doute à brusquer l'offensive. Dans la nuit qui suivit, les régiments se mirent en marche. Le prince, avec la cavalerie, garda les hauteurs de Conflans. L'infanterie, chargée de l'assaut, se concentra sans bruit dans le bois de Vincennes ; elle comprenait des détachements des régiments des gardes, de Persan, de Navarre, en tout environ trois mille hommes, sous la conduite du duc de Châtillon. En ménageant à son ami l'honneur de ce fait d'armes, Condé avait pour but de

---

1. Notice manuscrite sur le maréchal de Luxembourg. *Loc. cit.* — Il convient, pour être juste, de constater que c'était également l'idée de Mazarin. On lit dans un de ses carnets : « Prendre sans délai le poste de Charenton, et je serai d'avis de le garder, y établissant un quartier qui serait commandé par M. de Châtillon ou deux maréchaux de camp ; car assurément entrent toujours des vivres de ce côté, et par la rivière sur de petits bateaux, et par terre. » (Carnet XI).

2. Bussy-Rabutin, *Mémoires.*

faire avoir à son premier lieutenant le bâton de maréchal de France, que ses exploits à la bataille de Lens n'avaient encore pu lui valoir. Boutteville, à sa joie vive, obtint de suivre son beau-frère pour le seconder dans sa tâche. Maréchal de camp de la veille, il brûlait de se signaler ; Châtillon le mit à la tête d'une des colonnes marquées pour la première attaque.

L'espoir du duc de Châtillon était de surprendre l'ennemi, mais un hasard avertit les Frondeurs de l'expédition préparée. Un homme qui, vers dix heures du soir, s'en allait à Gonesse, « par chemins détournés, pour quérir une hottée de pain »,[1] vit défiler non loin de lui, en ordre et en silence, des bataillons nombreux qui se dirigeaient vers Paris. Il se jeta dans un fossé pour observer sans être vu, reconnut M. le Prince, escorté du gros de ses troupes et, dès que l'armée fut passée, retourna sur ses pas donner l'alarme dans la ville. La nouvelle répandue provoque aussitôt dans Paris une agitation violente. Le tambour bat dans tout le faubourg Saint-Antoine, invitant les gens du quartier à faire bonne garde aux entours de la porte. Des bataillons de volontaires, choisis, dit Saint-Julien, « dans la plus leste bourgeoisie[2] », se portèrent rapidement vers le lieu présumé du combat. Vingt mille

---

1. *Journal* de Dubuisson-Aubenay.
2. *Courriers de la Fronde*. Le même chroniqueur ajoute, après le récit de l'événement :

> Et pourtant, c'était la plus leste,
> Jugez donc par elle du reste !
> Et dès ce jour on connut bien
> Que la meilleure n'en vaut rien.

d'entre eux franchirent les barrières de la ville ; ils étaient douze mille encore lorsque l'on atteignit Picpus ; mais quand ils aperçurent au loin la lueur des mousquets et la cavalerie de Condé prête à leur barrer le passage, leur cœur faiblit dans leur poitrine. La plupart rentrèrent dans Paris ; les plus vaillants attendirent, l'arme au pied, l'issue de la bataille ; pas un ne fit mine de bouger pour porter secours à Clanleu et à sa « bande de déserteurs ».

Pendant cette démonstration vaine, l'armée royale pressait son mouvement offensif. L'aube pâle de cette journée d'hiver vit l'infanterie de Châtillon tout entière assemblée au pied du bourg de Charenton. Le soleil, enveloppé de brumes, jetait une lumière incertaine ; une neige épaisse couvrait le sol, rendant la marche difficile ; le froid était « extraordinaire »[1]. Châtillon disposa d'abord, sur une hauteur voisine du parc de Vincennes, les quelques pièces d'artillerie qu'il avait menées avec lui, et battit un quart d'heure durant le village et ses retranchements, causant d'assez sérieux dommages. Puis, formant ses troupes en colonnes, il fit donner l'assaut sur trois points à la fois. Semblable, écrit un témoin du combat, « à un torrent qui emporte tout », la charge s'abattit sur les remparts de terre, et balaya les défenseurs, qui s'enfuirent en désordre derrière les palissades ; une demi-heure à peine suffit pour ce premier succès[2]. Mais, cette ligne conquise, la plus rude et dangereuse besogne était encore à faire. A l'abri des hautes palissades qui le

---

[1]. *Journal* de Dubuisson-Aubenay. — *Mémoires* de Bussy-Rabutin, etc.

[2]. Note manuscrite... *Loc. cit.* — *Gazette de France* de 1649, etc.

protégeaient du mousquet, l'ennemi, remis de sa frayeur, semblait se préparer à une énergique résistance. L'instant était venu de l'effort décisif. Châtillon, pour forcer l'obstacle, choisit ses hommes les plus déterminés, pris la plupart dans les « enfants perdus » du régiment de Persan. Il indiqua pour les mener Boutteville, Coligny-Saligny, le comte de Chavagnac et quelques autres gentilshommes. Puis, quoi que pussent lui dire et représenter ses amis, il voulut se mettre lui-même à la tête de cette petite troupe, et désigna comme point d'attaque la rue qui conduisait au Prêcho[1]. Sous un feu des plus vifs, le détachement parvint au pied des palissades et, la hache à la fin, travailla vaillamment à frayer le passage. La sveltesse de Boutteville le servit en cette occurrence et contribua puissamment au succès. Deux pieux légèrement écartés attirent son attention ; il saisit la hache d'un des hommes, élargit un peu l'ouverture, se glisse dans l'étroit interstice et, le premier, pénètre dans la place. Quelques soldats suivent son exemple, ouvrent plus largement la brèche et font entrer les autres. Le détachement entier est promptement en deçà de la deuxième enceinte[2].

Alors commence une guerre de rues, sanglante, meurtrière entre toutes. A chaque carrefour, à chaque tournant, se dresse une barricade, qu'il faut enlever d'assaut. Les cinq premières sont facilement franchies ; mais, dans

1. Notice manuscrite... — *Mémoires* de Chavagnac. — *Lettres* de Guy Patin, etc.

2. *Mémoires pour servir à l'histoire du maréchal de Luxembourg.* — *Histoire de la maison de Montmorency*, par Désormeaux, etc.

une petite ruelle qui descend au pont sur la Seine, les « mazarins » se heurtent subitement à une vigoureuse résistance. Le gouverneur Clanleu y commande en personne ; il a groupé autour de lui ses plus hardis et ses plus vieux soldats ; au sommet de la barricade s'élève une forêt menaçante de « piques entrecroisées », devant laquelle s'arrête l'élan des troupes du Roi[1]. A cette hésitation succède brusquement la panique ; les premiers rangs « reculent et se renversent » ; ceux qui les suivent s'échappent par les rues adjacentes ; Châtillon et Boutteville, qui s'efforcent à les rallier, se trouvent tout à coup presque seuls, devant l'ennemi prêt à charger. Dans cette extrémité, il n'est plus qu'une ressource: la maison la plus proche offre une porte entr'ouverte ; ils s'y jettent et se barricadent. Les deux frères Chavagnac et le comte du Lausoy s'enferment avec eux ; Vardes, demeuré dans la rue, court chercher du renfort[2].

On n'eut pas longtemps à attendre. Le gros du régiment de Persan survint au pas de charge, « nettoya » rapidement la ruelle. En voyant venir ce secours, Châtillon et Boutteville, avec leurs compagnons, sortirent de leur refuge. Mais, au moment où ils ouvraient la porte, une mousquetade éclata tout près d'eux, atteignant en plein corps le duc de Châtillon. Ce fut, dit-on, un « bourgeois du village » qui, caché dans sa cave, hasarda cette traîtrise. Châtillon roula sur le sol ; on le releva tout sanglant ; on le hissa sur un cheval ; Chavagnac y

---

1. Notice manuscrite... — *Mémoires* de Chavagnac, de Bussy-Rabutin, etc.

2. *Ibidem.*

monta en croupe, le soutint dans ses bras, le conduisit au château de Vincennes, où le chirurgien d'Alancé déclara la blessure mortelle[1]. La disparition de leur chef, écrit Goulas en ses Mémoires, « piqua », loin de l'abattre, le courage des soldats. Entraînés par Boutteville et quelques autres officiers, ils « donnèrent désespérément » et achevèrent la victoire. Clanleu, rejoint et entouré, refusa d'accepter quartier : il aimait mieux, répondit-il, « périr les armes à la main que de porter sa tête sur l'échafaud ». On retrouva son corps traversé de vingt balles. La déroute des Frondeurs fut le signal d'une « grande tuerie » ; un millier de cadavres jonchèrent les rues de Charenton ; le pillage accordé aux troupes, en récompense de leur bravoure, dura jusqu'à la nuit tombante[2].

Après comme avant le combat, les milices parisiennes ne firent aucun mouvement pour contenir le vainqueur. Le soir venu, elles gagnèrent tranquillement leurs quartiers, « n'ayant perdu un homme ni brûlé une cartouche » ; et Bussy-Rabutin flétrit à bon droit cette couardise, quand il écrit ironiquement à la marquise de Sévigné : « Comme il n'y a point de péril à courre avec

1. La balle avait perforé la vessie et brisé l'épine dorsale. Suivant le récit de mademoiselle de Scudéry, Condé rencontra en chemin « quelques soldats et quelques capitaines », qui portaient le blessé au château. « Comme il le vit en cet état, et qu'il remarqua que ceux qui le soutenaient étaient trop faibles et l'incommodaient en le portant, quelque pressé qu'il fût, il aida de sa propre main à porter cet illustre ami jusqu'à une chambre basse, où il fut mis sur un lit. » (Le grand Cyrus.)

2. Mémoires de Bussy-Rabutin.

vos gens[1], il n'y a point d'honneur à gagner. Ils ne disputent pas assez la partie, nous n'y avons point de plaisir. Qu'ils se rendent ou qu'ils se battent bien[2] ! »

Charenton pris et la bataille gagnée, Boutteville courut au château de Vincennes, pour s'enquérir du duc de Châtillon. Tous deux ne s'étaient guère quittés au cours de ces dernières années ; à leur proche parenté s'ajoutait le lien plus puissant de la sympathie de natures et de la fraternité d'armes. En entrant dans la « chambre basse » où gisait le blessé, Boutteville trouva Condé, qui l'avait devancé. Installé au chevet de son plus cher ami, le prince paraissait « accablé », et cette douleur profonde est à l'éloge d'un cœur qu'on a souvent dépeint comme insensible. Lorsqu'il apprit, dit Guy Patin[3], l'arrêt sans appel des médecins, « il pensa s'en désespérer, se tirant les cheveux et faisant d'horribles imprécations ». Goulas, de son côté, rapporte qu'au premier moment Condé voulut quitter le commandement en chef, « sa douleur l'empêchant d'agir », et qu'il demeura quelque temps « comme perclus de corps et d'esprit ». Il refusa de s'éloigner, et passa toute la nuit sur une « méchante paillasse », dans une espèce de cabaret attenant à la porte du parc[4].

Cette nuit, pour le blessé, s'écoula au milieu des plus atroces souffrances. Vers le matin il parut calme, et réclama ceux qu'il aimait le plus, afin de leur faire ses

---

1. Madame de Sévigné était demeurée à Paris pendant le siège.
2. *Correspondance* de Bussy-Rabutin.
3. Lettre à Spon, du 20 février 1649.
4. *Journal* de Dubuisson-Aubenay.

adieux. Sa femme, mandée en toute hâte[1], était déjà au pied du lit ; Condé, Boutteville et quelques autres furent introduits près d'elle, et se tinrent debout en silence. S'adressant alors à Condé, Châtillon, en termes pressants, le conjura d'employer son pouvoir à faire cesser la guerre civile et rétablir la paix dans le royaume de France. Puis il lui parla d'Isabelle qui, lui dit-il, « était grosse de trois mois », et « si c'était un fils, le lui recommanda[2] ». Enfin, se tournant vers sa femme, « il demanda pardon à celle qu'il avait offensée, préférant d'autres chaînes aux siennes », et exprima son repentir en un langage « si obligeant » que, pendant cet instant au moins, toute la jalousie disparut « pour laisser place à la tendresse ». Quand sonnèrent dix heures du matin, Condé, voyant la fin prochaine, ne put soutenir ce spectacle, et sortit de la chambre[3]. Quelques minutes plus tard, un frisson prit le moribond, et le dernier des Coligny[4] exhala son souffle suprême.

1. La comtesse de Boutteville, restée dans Paris, ne put obtenir un sauf-conduit pour fermer les yeux à son gendre (*Journal* de Dubuisson-Aubenay).

2. *Lettres* de Guy-Patin. — *Mémoires* de madame de Motteville. — Chansonnier du dix-septième siècle.

3. « L'on a dit dans Paris, où on ne l'aimait guère, lit-on dans les Mémoires de Goulas, que le prince de Condé, se trouvant trop incommodé de cet excès de douleur, la noya le soir dans le vin, et se trouva bien de ce doux remède. » Guy Patin porte contre M. le Prince une accusation analogue : « Il savait si bien, écrit-il, qu'il était indigne d'un général d'armée de paraître triste et abattu que, le même jour, il fit débauche chez Villemontier, laissant aux femmes et aux particuliers les regrets et les larmes pour les amis qu'ils ont perdus. »

4. La duchesse de Châtillon accoucha, en juillet 1649, d'un fils qui mourut en bas âge, le 27 octobre 1657.

La nouvelle de cette mort causa dans les deux camps une sensation extraordinaire. Les Frondeurs y virent une revanche, et le dédommagement de leur défaite[1]. Dans tout le parti de la Cour, ce fut une affliction unanime et sincère. Anne d'Autriche et le cardinal honorèrent la mémoire du glorieux capitaine. L'inhumation, « par ordre exprès du Roi », eut lieu « à Saint-Denis et dans la plus grande pompe »; le prédicateur de la Reine prononça l'oraison funèbre. « Comme l'on mettait le corps en terre, le prince de Condé jeta quelques larmes[2] »; quels honneurs officiels égaleraient ce suprême hommage ? — « Tous les seigneurs le regrettent, mande Guy Patin à Spon, et toutes les dames crient si haut, que c'est pitié. Depuis ce temps, le Mazarin ne s'est plus montré, de peur d'être massacré par quelques-uns de ceux qui détestent la guerre. » S'il en faut croire le même auteur, les parents du mort s'associèrent au déchaînement public contre le cardinal : « Madame de Châ-

[1]. On lit dans une pièce de vers dédiée à Mazarin par un poète frondeur :

Il suffise que Charenton
Vous coûte le grand Châtillon.
Ni le combat ni la victoire
Ne sauraient vous donner de gloire,
Et je mets au rang des malheurs
Un bien qui vous tire des pleurs.

Dans le recueil des Mazarinades, dix-sept pièces poétiques sont consacrées à la mort du duc de Châtillon.

[2]. Registres de l'Hôtel de Ville pendant la Fronde. La cérémonie funèbre eut lieu le 20 février. Le corps fut déposé dans la cathédrale de Saint-Denis, « du côté de la sacristie d'en bas, proche un pilier qui répond vis-à-vis de la dernière chaire, vers l'autel ».

tillon et sa mère, madame de Boutteville, disent qu'elles le tueront et écorcheront, puisque les hommes ne s'en défont point. »

Isabelle, en tout cas, étala dans les premiers jours un chagrin si outré, qu'il en parut suspect. « Elle fit, dit madame de Motteville, toutes les façons que les dames qui s'aiment trop pour aimer beaucoup les autres ont accoutumé de faire en de telles occasions. Et comme il lui était déjà infidèle, et qu'elle croyait que son extrême beauté devait réparer le dégoût d'une jouissance légitime, on douta que sa douleur fût aussi grande que sa perte. » L'attitude de la veuve, dans les temps qui suivirent, ne put qu'augmenter ce soupçon. « On remarqua, dit la Grande Mademoiselle, que le jour qu'on l'alla consoler de la mort de son mari, elle était fort ajustée dans son lit, ce qui confirma que l'affliction n'était pas grande. » Si malveillants que soient ces commérages, les détails qu'on lira bientôt sur la duchesse de Chatillon disculpent ses contemporains de tout reproche de jugement téméraire.

Le succès, si chèrement payé, de l'entreprise de Charenton n'amena pas l'effet décisif qu'on était en droit d'en attendre. Paris récrimina contre ses généraux et railla la prudence de ses milices bourgeoises, mais tint bon devant la défaite et ne capitula point. Condé, faute de troupes suffisantes, dut même, peu après, donner l'ordre d'évacuer le poste conquis. Les vivres continuèrent d'arriver dans la ville, assez abondamment pour bannir toute crainte de famine; le sort des habitants resta facilement supportable. « Il n'y est mort personne de faim, pas même un mendiant, s'écrie triomphalement un des plus enragés Frondeurs[1]. Pas un homme n'y a été tué. Cinq mois durant, personne n'y a été pendu ni fouetté ! » Le siège, en de telles conditions, menaçait de s'éterniser. La Cour, déçue dans son premier espoir, voyait à cette désillusion s'ajouter de graves inquiétudes. Dans le courant de février, des frontières de Flandre et d'Allemagne se succèdent coup sur coup une série de mauvaises nouvelles : la trahison projetée par le maréchal de Rantzau[2], la défection imprévue de Turenne[3], les préparatifs de l'Espagne pour profiter de nos désordres et venger ses échecs récents. Aussi le mois de mars trouve-t-il la Cour et le parlement également las de leur querelle, également pressés d'en finir. Les conférences reprennent entre les deux partis. Menées avec rondeur, elles aboutissent avec rapidité ; et le traité de Rueil, signé le 12 mars 1649, conclut « l'accommodement », en remettant toutes choses au même point que six mois plus tôt.

Replâtrage provisoire plutôt que paix solide, ce traité bâclé vaille que vaille permet à Mazarin de porter ses regards vers les frontières du Nord, et de faire face au plus pressant péril ; mais la situation intérieure du royaume

---

1. *Lettres* de Guy Patin.

2. Le comte de Rantzau, maréchal de France (1609-1650), soupçonné d'avoir voulu livrer Dunkerque aux Espagnols, fut attiré en France dans une sorte de guet-apens, et enfermé à Vincennes, où il mourut peu après.

3. On sait que Turenne, après avoir vainement essayé d'entraîner son armée dans la cause du parlement, quitta brusquement ses troupes et se retira en Hollande, pour y attendre l'issue des événements.

demeure incertaine et troublée ; dans les esprits l'aigreur subsiste, et la défiance au fond des cœurs. La bête noire des Frondeurs, Mazarin, est toujours en place. Anne d'Autriche et le Roi persistent à bouder contre la capitale : tantôt à Saint-Germain et tantôt à Compiègne, la Cour tourne autour de Paris sans en franchir la porte ; et ce mauvais vouloir est pour les habitants un sujet perpétuel « de grief et de deuil [1] ».

Cette hostilité réciproque est d'ailleurs, comme toujours, activement entretenue par ceux dont l'ambition espère en tirer avantage. Deux hommes, à ce moment, se partagent la faveur du peuple et le mènent à leur gré ; leurs noms sont dans toutes les mémoires. L'un est Paul de Gondi, le coadjuteur de Paris [2], conspirateur de race, de vocation et de métier. Avec sa courte taille, sa tournure disgracieuse, sa face de dogue, aplatie et « camarde », c'est un chef de parti habile et redoutable, orateur éloquent, politique audacieux et profond dans ses vues. Dans les intrigues et les complots de cette époque funeste, il est le cerveau qui conçoit, l'esprit puissant qui prépare et dirige. François de Vendôme, duc de Beaufort, n'est que le bras qui exécute. Ce descendant de Henri IV [3]

1. L'eau, la terre et les cieux
    Offrent moins d'objets à nos yeux,
    Que je n'ai d'envie que la Reine
    Tôt à Paris le Roi ramène,

soupire, dans une curieuse complainte, un poète populaire.

2. Plus tard cardinal de Retz (1613-1679). Il avait été nommé en 1643 coadjuteur de son oncle, archevêque de Paris.

3. Son père, le duc de Vendôme, était fils d'Henri IV et de Gabrielle d'Estrées.

a hérité du Béarnais la fougue et la crânerie au feu, le don inné de plaire, et d'agir par son seul aspect sur l'imagination des foules. Ses défauts, comme ses qualités, sont de ceux qui séduisent les masses. Brouillon, borné, d'idées changeantes, « il pense, dit-on de lui, et parle comme le peuple[1] ». Quand, les matins d'émeute ou de bataille, sur son cheval blanchi d'écume, l'épée sonnant à son côté, ses cheveux blonds flottant au vent, il brûle le pavé de la ville, les hommes croient voir passer le dieu Mars en personne, les femmes le suivent longtemps avec des regards de tendresse. Lui prend-il fantaisie de se divertir à la paume, deux mille « commères des Halles » viennent assister à sa partie : « Jouez hardiment, M. de Beaufort, lui crie un jour l'une d'elles, vous ne manquerez pas d'argent... Nous vous avons apporté deux cents écus, et s'il vous en faut davantage, je suis prête à en retourner quérir autant[2] ». Un certain soir qu'il est malade pour avoir bu « trop de vin et de bière », le bruit se répand dans Paris que Mazarin l'a fait empoisonner ; une multitude immense envahit sa maison ; tous prétendent juger par leurs yeux de la santé de leur idole ; vingt mille hommes le conjurent de venir se loger aux Halles, où ses concitoyens lui feront un rempart. Autour de ces deux chefs s'agite une troupe nombreuse d'ambitieux et de mécontents, magistrats inquiets pour leurs sièges ou leurs prérogatives, grands seigneurs dont le cardinal a lésé l'intérêt ou rabattu l'orgueil, supportant avec impatience la prolongation de la trêve, prêts à exploiter tout prétexte pour rompre le traité et ressusciter la querelle.

1. *Mémoires* de Retz.
2. *Lettres* de Guy Patin.

Le parti de la Cour n'est guère plus sage que l'autre. Du moins compte-t-il également dans ses rangs bon nombre de têtes chaudes et de batailleurs acharnés. Ce sont, pour la plupart, les compagnons, les amis de Condé, ceux qu'on désigne alors d'un surnom qui a fait fortune, le groupe fameux des *Petits-Maîtres*, ainsi nommés, dit madame de Motteville, « parce qu'ils étaient à celui qui le paraissait être de tout le monde ». Quelle que soit la valeur de l'étymologie, le sens du mot, à cette époque, diffère du tout au tout de celui qu'il a de nos jours. Les Petits-Maîtres de la Fronde sont ces jeunes gentilshommes qui, lors des guerres récentes, ont escorté le prince dans ses plus rudes campagnes, à Fribourg et à Lens comme sous les murs de Lérida, ceux que l'on met de préférence aux postes les plus périlleux, qu'on charge à l'occasion des missions les plus difficiles, et qui prodiguent leur sang sur les champs de bataille avec un dévouement, une vaillance inlassables. Ils ont l'âme ferme et le corps endurci ; ils ne respirent à l'aise que dans le tumulte des camps, et se consolent dans la débauche du long ennui, du « dégoût » de la paix.

En cette saison de 1649, les plus en vue parmi les Petits-Maîtres sont Boutteville, La Moussaye, Toulongeon, les commandeurs de Jars et de Souvré, le marquis de Jarzé et le duc de Candale. Ces deux derniers, par le rôle qu'ils joueront dans les faits qui vont suivre, ont droit à mieux que cette simple mention. Jarzé[1], bon gen-

---

1. René du Plessis de la Roche-Picmer, marquis de Jarzé, tué en 1672 pour n'avoir pas répondu au *qui-vive?* d'une sentinelle française.

tilhomme d'Anjou, blessé glorieusement à Fribourg, d'une bravoure à l'épreuve, d'esprit alerte et « pétillant », bien fait de sa personne, gâte tant de qualités heureuses par une humeur brouillonne, fanfaronne et hâbleuse, un défaut de jugement qui le jette trop souvent en de fâcheuses aventures : bref, le plus séduisant et « le moins sage des hommes[1] ». Louis-Charles de Nogaret, duc de Candale[2], est, comme Beaufort, petit-fils d'Henri IV. Cousin germain du « roi des Halles », rival de ce dernier pour la longue chevelure blonde et pour la belle prestance, il le dépasse assurément en agrément et en mérite. « Chéri des dames et estimé des hommes », pourvu, malgré sa grande jeunesse, de cinq cent mille livres de rente, nul, écrit Chavagnac, « n'eût plus à se louer de la Fortune ». C'est par malheur « un expert débauché », coutumier des fêtes tapageuses et des rixes de cabaret. « Candale — mande le duc de Rohan à Condé[3] — s'est encore enivré deux fois, dont il est grand bruit. La première, il fut aux Comédiens, où il fit beaucoup de désordre et fit cesser la comédie. L'autre, il versa la boutique des collations du Cours ; et le petit garçon en faisait le lendemain des excuses, disant que, sauf révérence, c'est qu'il était saoul ».

Dans la troupe turbulente et querelleuse des Petits-Maîtres, Boutteville est le plus jeune et le plus intrépide, le plus fougueux dans les disputes, le plus prompt à pas-

1. *Mémoires* de madame de Motteville, de Montglat, etc., etc.
2. Fils du duc d'Épernon, né à Metz en 1627, mort à Lyon en 1658, sans avoir été marié.
3. Arch. de Chantilly.

ser de la parole aux actes. Depuis la mort du duc de Châtillon, Condé avait pris soin de s'attacher plus étroitement encore le beau-frère de l'ami dont il pleurait la perte. La notice manuscrite que j'ai déjà citée[1] nous montre M. le Prince « assignant à Boutteville un appartement dans son propre logis, afin qu'il fût toujours à point nommé auprès de lui », et l'associant, en dépit de son âge, à « ses affaires les plus secrètes ». L'ascendant d'un tel protecteur contint d'abord l'âme bouillante du jeune homme, le préserva de mainte folle équipée. Mais ce frein fit défaut aux premiers jours de juin. Le prince dut se rendre à Dijon, où l'appelaient les devoirs de son gouvernement de Bourgogne ; Boutteville se fixa à Compiègne, où résidait alors la Cour. Deux semaines ne s'écoulèrent point, qu'il se trouva mêlé, comme acteur en vedette, dans cette « méchante affaire », si puérile dans ses causes, si dangereuse par ses suites, que les récits du temps nomment « l'affaire du jardin Renard ». L'incident fit grand bruit ; rien au reste n'est, semble-t-il, plus caractéristique de cette étrange époque, que cette sotte querelle de taverne, cette « histoire de plats renversés[2] », qui met, quinze jours durant, la Cour et la ville en émoi, risque de rompre un traité solennel, de rallumer une guerre à peine éteinte[3]. Comment donner tort à Vineuil lorsque, au lendemain de la bagarre,

1. Notice sur le maréchal de Luxembourg. *Loc. cit.*
2. Lettre de Vineuil à Condé (Arch. de Chantilly).
3. *Mémoires inédits* du maréchal d'Estrées. (Bibl. nationale, Mss. fr. 16057).

il écrit au prince de Condé : « En vérité, monseigneur, tout est bien piètre quand vous n'y êtes pas ; n'y mette son argent qui ne voudra le perdre [1] ! »

Les *Mémoires inédits* du maréchal d'Estrées nous renseignent exactement sur l'origine de cette échauffourée. Le duc de Beaufort, y lit-on, avec toute la « cabale frondeuse », se répandait à tout propos en paroles insolentes sur le crédit qu'il avait à Paris, se vantait publiquement qu'il y commandait seul et qu' « aucune personne de la Cour n'y demeurerait sans son attache ». Ces discours, partout colportés, échauffèrent les oreilles des jeunes seigneurs du parti de la Reine, lesquels d'ailleurs « s'ennuyaient à Compiègne » et regrettaient les plaisirs de Paris. Cette « piquerie » s'aggravait d'une hostilité personnelle entre Jarzé et le duc de Beaufort, le duc ayant tenu « quelques propos bizarres » sur un duel récent du premier avec le marquis de La Boulaye [2]. Bref un certain nombre d'entre eux — dont Jarzé, le duc de Candale et autres fougueux « mazarins », — décidèrent un jour d'essayer « une petite course dans Paris », et de « faire connaître à Beaufort qu'ils ne craignaient ni lui ni sa cabale [3] ». Boutteville, ainsi qu'on pense, ne voulut point manquer d'être de la partie; nul ne montra plus de chaleur à faire adopter le projet. Leur résolution prise, ils furent trouver la Reine et lui découvrirent leur dessein. Elle ne les en dissuada point : « Mon Dieu, se borna-t-elle à

1. Arch. de Chantilly.
2. Aff. étrangères, Fr. 866.
3. *Mémoires inédits* du maréchal d'Estrées. *Loc. cit.*

dire, soyez tous bien sages, et vous ferez bien[1] ». Madame de Montbazon, grande amie des Frondeurs, qui était alors à Compiègne, eut vent de cette expédition, et elle en avertit Beaufort, afin qu'il fût en mesure d'y répondre. Gondi, mis au courant, salua la nouvelle avec joie : politique avisé, il y voyait un sûr moyen de raviver les passions assoupies, « de brouiller davantage les affaires, et de faire différer le retour du Roi à Paris[2] ». Ainsi les deux partis se préparaient à cette rencontre; dans l'état des esprits, une collision semblait inévitable.

La mode du temps imposait le champ clos où se réglerait cette querelle. Le jardin des Tuileries était alors le rendez-vous de toute la « galante compagnie ». Nul autre lieu, dans l'enceinte de la ville, n'en égalait l'attrait et la beauté. Du haut des longues terrasses, dont les arbres versaient une fraîcheur agréable, « on découvrait la Seine, les collines, les campagnes voisines[3] ». Des parterres de fleurs rares, des bosquets parfumés — « où les rossignols en été semblaient avoir choisi leur demeure » — et çà et là, dans l'étendue du parc, « des théâtres, des labyrinthes, des tapis d'herbe fraîche, » mariaient harmonieusement « les merveilles de la nature et les délices de l'art ». L'entrée en était interdite « aux laquais et à la canaille »; les « honnêtes gens », par contre, y affluaient dans les beaux jours d'été, gentilshommes

---

1. *Mémoires* de madame de Motteville.

2. *Mémoires inédits* du maréchal d'Estrées.

3. Critique agréable de Paris, par un Sicilien (*Arch. curieuses de l'histoire de France*, par Cimber et Danjou.)

en pourpoints de soie et de dentelles, fiers de leurs perruques blondes et des longues plumes de leurs chapeaux, belles dames parées « d'étoffes d'or et d'argent », étalant au soleil l'éclat de leurs pierreries, essayant chaque saison l'effet d'une mode nouvelle. En ce « jardin d'Armide », la partie la plus fréquentée était l'extrémité qui touchait à la Seine, où s'étend aujourd'hui la place de la Concorde. Un sieur Renard, jadis laquais de l'évêque de Beauvais, remarqué d'Anne d'Autriche pour « son art à faire les bouquets », avait obtenu de la Reine la concession de ce vaste terrain [1]. Il y construisit des maisons, y installa un restaurant, l'embellit de toutes les manières. La Reine y vint « faire collation »; les gens de qualité imitèrent cet auguste exemple, et « le jardin Renard » devint en peu de temps le lieu favori du beau monde. « On s'y divertissait, on y jouait, et souvent même on y tenait des conférences sur les affaires du temps [2]. » Beaufort et ses amis y menaient grand tapage : autour de ce chef populaire, gentilshommes et « bonnets carrés » se rassemblaient presque chaque soir ; le verbe haut, le feutre sur l'oreille, la main au pommeau de l'épée, ils arpentaient la « grande allée », dont ils tenaient toute la largeur, interpellant les promeneurs au passage, envoyant aux échos des discours insultants contre « le Mazarin ».

C'est là que Boutteville et les siens, le lendemain même du jour où ils débarquèrent à Paris, décidèrent de se

---

[1]. *Mémoires* de Guy Joly.
[2]. *Ibidem.*

rendre et d'affronter leurs adversaires. La rencontre, ce premier soir[1], s'effectua sans encombre. Les Frondeurs, par fortune, se trouvèrent peu nombreux ; voyant venir à eux une grosse troupe de gens résolus, armés et prêts à leur chercher querelle, ils se détournèrent de leur route et sortirent de la grande allée, prudemment et « sans souffler mot ». La bande des « mazarins », gonflée de ce succès, s'installa chez Renard comme en pays conquis, et but fortes rasades à la santé du cardinal. Ce fut le jour suivant l'événement de Paris ; Jarzé, tout bouffi de jactance, courut le matin « chez les dames » railler Beaufort et « sonner la fanfare », déterminé, répétait-il, à « voir l'épée du duc » et à « faire contre lui la moitié du chemin[2] ». L'émoi fut grand chez les Frondeurs ; le prestige du parti leur parut gravement menacé ; ils se réunirent chez Gondi, pour délibérer en commun sur la réponse à faire à ces provocations. La discussion fut chaude : Beaufort, enflammé de colère, n'avait qu'un objectif, venger un affront personnel et relever le défi de Jarzé. Le coadjuteur au contraire était d'avis d'agrandir la querelle, et de la transformer en « affaire de parti[3] ». Il conjura Beaufort de négliger Jarzé, « dont la naissance n'était point assez bonne pour croiser le fer avec lui », et proposa à ceux qui l'écoutaient de se porter en masse, le soir même, chez Renard — où les principaux « mazarins » devaient se trouver à souper — et de les contraindre par

---

1. 17 juin 1649.
2. Lettre de M. de Fontrailles du 18 juin 1649 (Aff. étr. Fr. 866).
3. *Mémoires* de Retz.

force à céder la place aux Frondeurs[1]. Cette résolution fut votée; l'on convint des moindres détails; mais l'emportement de Beaufort fit tourner, ainsi qu'on va voir, le drame en comédie.

Cette même soirée du 18 juin, les vainqueurs de la veille, au nombre d'une douzaine, se rendirent en effet dans le jardin Renard, pour « se réjouir et faire bonne chère, à deux pistoles par tête ». On y voyait, avec Boutteville, le duc de Candale, le marquis de Jarzé, le commandeur de Souvré et huit autres de leurs amis. Comme ils allaient se mettre à table, on remit en cachette un billet à Souvré : sa nièce, mademoiselle de Toussi, l'avertissait sous main du coup monté par les Frondeurs, et lui donnait avis de se retirer de la fête[2]. Le commandeur lut cette note à voix haute; la « compagnie » fut donc instruite qu'il se préparait quelque chose; mais ils ne voulurent rien changer à leur dessein, et résolurent unanimement de « faire bonne mine » à l'aventure[3].

On était au premier service, quand une foule envahit la terrasse du jardin. En tête marchait Beaufort, suivi de Brissac, de Gondi, du maréchal de la Mothe-Houdancourt, du comte de Fiesque, et d'environ cent vingt gentilshommes du parti, armés et d'allure provoquante. Des laquais et des pages, le pistolet en main, composaient

---

[1]. Lettre de M. de Fontrailles. *Loc. cit.* — *Mémoires inédits* du maréchal d'Estrées.

[2]. Mademoiselle de Toussi était renseignée par le maréchal de la Mothe, grand ami de Beaufort, qu'elle devait épouser sous peu.

[3]. *Mémoires inédits* du maréchal d'Estrées. — *Mémoires* de madame de Motteville. — Lettre de M. de Fontrailles. *Loc. cit.*

l'arrière-garde de cette petite armée. Beaufort, avec les premiers de l'escorte, s'avance lentement vers les soupeurs qui, s'efforçant à prendre un air tranquille, feignent « de ne penser à rien ». On se salue de part et d'autre avec civilité ; à cet échange de courtoisies succèdent quelques instants de pénible silence. Enfin Beaufort s'adressant à Candale : « N'avez-vous point, interroge-t-il, mandé les violons[1] ? » Et, sur une réponse négative, élevant soudain la voix : « C'est dommage — reprend-il, en désignant du doigt Jarzé et le commandeur de Souvré — car j'étais venu pour faire danser les deux grands coquins que voilà ! » Puis, s'excitant à ses propres paroles, il saisit la nappe par un coin, la tire à soi violemment, et renverse les mets dont elle était chargée. Une bagarre générale suit cette action brutale ; tous les convives se lèvent ; les Frondeurs les entourent d'un cercle menaçant ; les plats volent par-dessus la table ; Vineuil, encore assis, est « coiffé d'un potage » ; Jarzé reçoit, dit-on, quelques revers d'épée « sur les oreilles[2] ».

Boutteville, en cette mêlée confuse, fut un des seuls à garder bonne contenance. Il arracha son arme à l'un des pages et, sans souci du nombre, s'élança, l'épée haute, sur les plus proches des agresseurs. Candale imita cet exemple, et quelques coups furent échangés. Étant « deux

---

1. Le texte des paroles échangées varie un peu selon les divers récits, mais le sens reste le même. — Voir les *Mémoires* de madame de Motteville, de Retz, le *Journal* d'Olivier d'Ormesson, la lettre déjà citée de M. de Fontrailles, etc.

2. Lettre de Fontrailles. *Loc. cit.*

contre cent », leur perte était inévitable ; mais le duc de Beaufort, en cet instant critique, se ressouvint du sang qui coulait dans ses veines ; il se jeta au milieu des épées et sépara les combattants, affirmant à plusieurs reprises qu'il n'en voulait qu'au seul Jarzé et n'entendait d'aucune façon faire insulte à des gens dont il estimait le mérite[1]. Candale refusa ces excuses, mais rentra la lame au fourreau, et remit au lendemain la suite de cette affaire. Boutteville en fit autant, et tous se dispersèrent, les « mazarins » bouillants d'indignation et de rage, la plupart des Frondeurs peu glorieux de leur rôle, Gondi déçu et mécontent de la burlesque issue de ses machinations savantes. Le seul qui parut satisfait fut le duc de Beaufort. Convaincu d'avoir fait « une action héroïque », il s'éloigna la tête haute, et s'en fut coucher chez Prudhomme[2], afin, écrit l'un de ses partisans, « d'éteindre dans un bain la noble ardeur que sa vertu avait eu peine à contenir en la présence de ses ennemis[3] ».

Le scandale du jardin Renard fut su la nuit même à Compiègne, et suscita d'abord une incroyable effervescence. La Reine « fulmina de colère[4] », et écrivit au Chancelier « qu'il informât de cette affaire comme d'un assassinat ». Chacun donnait librement cours aux prévisions les plus sinistres. « Jamais, mande Vineuil à

---

1. *Mémoires pour servir à l'histoire du maréchal de Luxembourg.* — *Mémoires* de Retz, etc., etc.
2. Célèbre baigneur de ce temps.
3. Le *Branle-Mazarin*, pamphlet rédigé par un des tenants de la Fronde.
4. *Mémoires inédits* du maréchal d'Estrées. (*Loc. cit.*)

Condé[1], on n'a vu un plus grand *altibaxo* (sic) que celui de la Cour dans l'affaire Renard, laquelle ils ont prise durant sept jours pour un attentat à l'autorité royale, un second parti que l'on veut former dans l'État, et une Saint-Barthélemy de tous les bons serviteurs de la Reine, la crème des mazarins! » Les Frondeurs, d'autre part n'étaient. point rassurés. Au lendemain de la querelle, « trois maréchaux de France firent la patrouille dans les rues de Paris », en vue de prévenir le désordre. Beaufort, inquiet pour sa sécurité, se réfugia rue Quincampoix, « environné de peuple », et se fit « marguillier de la paroisse Saint-Nicolas-des-Champs[2] », bon moyen de flatter la piété naïve de la foule. Lorsqu'il sortait de sa retraite, c'était « en appareil de guerre », avec une suite d'amis qui tenaient des chevaux en mains, et portaient « quantité de pistolets et d'épées[3] ».

Ces démonstrations belliqueuses devaient faire redouter des conséquences sanglantes. Il n'en fut rien pourtant, et cette sotte aventure eut, contre toute attente, un dénouement tout pacifique. Rien n'est plus singulier que les longs pourparlers qui s'échangent, les semaines suivantes, entre les chefs des troupes ennemies. Candale envoie un cartel à Beaufort qui, en principe, accepte le défi. Mais le premier tient à se battre en dehors de Paris, « à cause,

1. Lettre du 29 juin 1649 (Arch. de Chantilly).
2. *Mémoires* de Montglat.
3. *Mémoires* de madame de Motteville. Le prince de Conti obtint que l'on cessât ces ridicules fanfaronnades : « Il a prié M. de Beaufort, écrit Lenet à Condé, de ne plus escadronner sur le Cours, ce qu'il lui a promis » (Arch. de Chantilly).

allègue-t-il spécieusement, que le peuple, idolâtrant Beaufort, comme il faisait, eût mis en pièces tous ceux qu'il eût trouvés l'épée à la main contre lui »[1]. Beaufort, pour des raisons contraires, refuse de se risquer « hors l'enclos des murailles » ; il ne tirera l'épée, déclare-t-il d'un ton péremptoire, que « sur le pavé du Roi », ou du moins « à l'abri de la couleuvrine des remparts »[2]. Nul des deux n'en prétend démordre, et la discussion s'éternise. Vainement Boutteville et Saint-Mégrin, altérés de vengeance, s'efforcent à « lier la partie », provoquent eux-mêmes successivement Beaufort et ses amis, veulent à tout prix se battre et « faire couler du sang ». Leur appel n'est pas entendu. Le temps, la réflexion ont fait, dans l'intervalle, leur œuvre à la cour de Compiègne. Anne d'Autriche, subitement calmée, s'interpose à présent et défend toute rencontre. Elle invoque les lois de l'Église et « le respect du christianisme »; la vraie raison est qu'elle redoute de déchaîner un conflit général, dont les suites sont grosses de menaces. Le duc d'Orléans, par son ordre, propose son arbitrage pour accommoder la querelle, mande à Villers-Cotterets les principaux acteurs, Beaufort, Candale, Boutteville, Jarzé et quelques autres[3], prêche l'apaisement et l'oubli des injures, fait signer à Beaufort une sorte d'amende honorable, où sont inscrits « les mots de repentir et de pardon ». Sur quoi chacun s'embrasse, et promet de ne plus reparler de l'affaire.

[1]. *Mémoires* de Monglat.
[2]. Lettre de Lenet à Condé (Arch. de Chantilly).
[3]. Cette entrevue eut lieu le 8 juillet. — *Mémoires* de madame de Motteville.

L'amertume et l'aigreur restent pourtant au fond des âmes[1]; et cette irritation perce, sous la raillerie, dans les lignes ci-jointes, que Boutteville peu après adresse à M. le Prince : « Jarzé, lui écrit-il[2], rend compte à Votre Altesse de tout ce qui s'est passé ici touchant notre affaire. Cela m'empêche de lui en parler, car la narration ne pourrait être qu'ennuyeuse, et toujours peu honorable pour nous. Je dirai seulement à V. A. que, si nous eussions tous été aussi braves que le *petit commandeur* (de Souvré), M. de Beaufort ne serait pas en vie à cette heure, car il n'y a jamais eu rien de pareil à la rage qu'il a !... Pourtant nous avons découvert depuis que le gars est un faux frère, et qu'il souhaite fort la paix. »

Cette « misérable affaire », comme l'appelle justement Fontrailles, eut des conséquences plus sérieuses que ces rancunes privées. Elle envenima sensiblement la réciproque inimitié de la Reine-mère et du duc de Beaufort. En vain les conseillères et les amies de ce dernier, les duchesses de Chevreuse et de Montbazon, s'employèrent-elles à rétablir l'entente. En vain sa propre mère, la du-

---

1. La véritable réconciliation n'eut lieu que neuf ans plus tard, en 1658, ainsi qu'il résulte de la correspondance de Bartet avec Mazarin : « 21 août 1658. — Nous avons raccommodé M. de Beaufort avec tous ses ennemis, excepté Jarzé. Quand je dis ennemis, je parle de ceux qu'il insulta chez Renard. Dès demain, nous devons tous dîner ensemble. C'est M. le commandeur de Souvré qui prépare pour cela un des plus magnifiques festins qui se soient encore vus. » Et huit jours après : « 28 août. — M. de Souvré régala M. de Beaufort, avec tous les messieurs réconciliés, aussi galamment qu'il se peut; et la santé de V. E. fut bue avec des marques extérieures de respect toutes particulières ». (Arch. des Aff. étr. Fr. 905).

2. Arch. de Chantilly.

chesse de Vendôme, le conjura-t-elle à mains jointes de paraître à Compiègne et d'accepter un entretien avec le cardinal. A ces avis, à ces supplications, il répondit par un refus brutal, « frappant des pieds, mordant et déchirant ses gants, et faisant plein d'autres grimaces qui témoignaient sa désobéissance[1] ». Le retour du Roi à Paris, qui trois semaines avant se négociait sous le manteau, fut ajourné du coup, par un commun accord ; et ce retard, mal vu du peuple, prolongea le malaise d'une situation fausse. L'impunité laissée à « la cabale frondeuse » contribua d'ailleurs puissamment à ruiner davantage, dans l'opinion des Parisiens, le prestige du pouvoir royal. Les grands seigneurs, de leur côté, si faiblement soutenus par ceux qu'ils prétendaient défendre, s'accoutumèrent de plus en plus à ne compter que sur eux-mêmes. De cette désaffection publique, du discrédit croissant de l'autorité monarchique, sortiront dans un temps prochain les luttes confuses et fratricides qui couvriront de ruines le vieux sol du royaume de France.

1. Gazette à la main, citée par Chéruel (*Histoire de France pendant la minorité de Louis XIV*). — Madame de Motteville donne d'autres détails sur la rancune qui, à la suite de cette affaire, subsista longtemps entre Anne d'Autriche et Beaufort : « la Reine, dit-elle, me fit l'honneur de me dire que celui-là (Beaufort) lui était plus en horreur que les autres... Le duc de Beaufort était de même, et, l'ayant rencontré dans des visites à Paris, je trouvai qu'il avait plus d'aigreur contre la Reine que ceux de ce parti qui n'avaient jamais été dans ses intérêts. »

CHAPITRE IV

1650

Condé ramène le Roi à Paris. — Sa toute-puissance à cette époque. — Imprudences qu'il commet bientôt : l'affaire Jarzé, la guerre des tabourets. — La Reine et Mazarin décident l'arrestation du Prince. — Tentatives de Boutteville pour délivrer Condé : l'émeute dans les rues, le projet d'enlèvement des nièces de Mazarin. — Échec de ces entreprises. — Boutteville part pour Précy. — Ses visites secrètes à Chantilly. — Tableau de cette résidence pendant cette période. — Rôle qu'y joue la duchesse de Châtillon. — Organisation de la rébellion. — Boutteville lève publiquement des gens de guerre. — Dispersion de la réunion de Chantilly. — La Princesse douairière et madame de Châtillon au Parlement. — Leur exil à Châtillon-sur-Loing. — Le château et ses hôtes. — Influence croissante d'Isabelle. — Ses efforts en faveur de la paix. — Boutteville rejoint Turenne à Stenay. — Alliance avec les Espagnols. — Débuts de la campagne. — Défaite d'Hocquincourt. — Pointe de Boutteville sur la Ferté-Milon. — Panique qui en résulte à Paris. — Translation des Princes à Marcoussis. — Boutteville rejoint Turenne à Fismes. — Son duel avec un capitaine. — Bataille de Réthel. — Boutteville blessé et pris. — Il est mis à Vincennes. — Vaines tentatives pour le détacher de Condé. — Conséquences imprévues de la défaite de Réthel.

A toutes les époques d'anarchie, quand le désordre est à son comble, la ferme volonté d'un homme apparaît comme l'unique remède ; chacun regarde autour de soi et cherche à découvrir un maître. C'est sous cet aspect de sauveur que Condé se présente à tous lorsque, au début d'août, revenu de Bourgogne, il rejoint la Cour à Compiègne et pose sa forte main sur la barre du navire en détresse. Le premier acte qu'il inspire répond aux espoirs qu'il fait naître. Par ses conseils et sur son insistance, Anne d'Autriche et le cardinal se décident à ramener Louis XIV à Paris. Dans ce retour tant désiré, l'opinion populaire croit voir le gage d'une ère nouvelle de paix et de repos. Le carrosse où Condé est assis près du Roi est salué par des cris d'unanime allégresse ; les acclamations vont au Roi, la gratitude publique est pour M. le Prince. Il est à ce moment l'arbitre des partis, le dominateur des factions. Jamais peut-être, avant cette heure, on n'a senti si clairement toute sa force.

Mais l'éclat même d'une telle puissance est, pour qui la possède, un danger permanent. L'ombre qu'il projette est trop vaste, elle couvre trop ceux qu'elle abrite. Il faudrait à Condé, pour faire pardonner ses services, des trésors d'habileté, des prodiges de souplesse et de diplomatie ; et ce ne sont pas là ses vertus familières. Merveilleux tacticien sur le champ de bataille, il est moins à son aise sur le terrain étroit des intrigues politiques. Sa hauteur, ses dédains, la brusquerie de ses manières, ses sorties impétueuses, servent trop bien la malveillance de ceux qui lui gardent rancune ou le poursuivent de leur envie. Un mois s'est à peine écoulé depuis la rentrée à Paris, que le prince, dans une scène publique, s'est mis à dos le cardinal, raillé, bafoué par lui d'une manière insultante[1]. La réconciliation qui intervient ensuite est « plus apparente que cordiale[2] »; et l'on peut croire que, de ce jour, Mazarin a juré de perdre son rival. Après l'affront fait au premier ministre, vient une offense personnelle à la Reine. Le plus compromettant des amis de Condé, le marquis de Jarzé, ce fat incorrigible, n'imagine-t-il pas un beau jour de prendre pour faiblesse de cœur la familière simplicité dont Anne d'Autriche est coutumière. Une audacieuse déclaration d'amour blesse au vif l'orgueil de la femme, qui chasse l'insolent de la Cour. Le bruit public est que Condé, pour imposer à la souveraine un « galant » de son choix, a provoqué cette entreprise. L'intention est douteuse; le fait certain est que M. le Prince proteste ouvertement contre la disgrâce du coupable, l'emmène sous son toit à Saint-Maur, et peu de jours après exige impérieusement son retour au Palais-Royal.

Enfin, pour achever la série, un incident, futile en apparence, vient aliéner au prince une bonne partie de la noblesse. Cette « guerre des tabourets », comme la nomment les Mémoires, fut allumée par madame de Longueville. Pour affirmer son crédit renaissant, la sœur du grand Condé s'avise, contre tous les usages, de faire avoir à deux de ses amies, la princesse de Marsillac[3] et la marquise de Pons[4], un « tabouret » en présence de la Reine, avec le

---

1. Le 14 septembre 1649. — Voir sur cet incident Chéruel, *Histoire de France pendant la minorité de Louis XIV*, tome III., pages 290 et suivantes.

2. Lettre de Claude de Saint-Simon à Chavigny (17 sept. 1649).

3. Andrée de Vivonne, morte en 1670.

4. Anne du Vigean, qui fut plus tard duchesse de Richelieu.

droit d'entrer dans la cour du Louvre en carrosse, privilège réservé aux seules princesses du sang. Condé, sur qui sa sœur avait alors grande influence, eut le tort d'appuyer cette requête insolite. La Reine et Mazarin, par crainte ou par calcul, cédèrent après une courte résistance. Ce fut dans la noblesse, quand ces « grâces » furent connues, une indignation générale. Les ducs et maréchaux de France réclamèrent d'une voix unanime, soit le même traitement pour leurs femmes, soit le retrait de ces faveurs; une assemblée convoquée à la hâte se prononça tout entière en ce sens. Des délégués furent envoyés à la Reine, au duc d'Orléans, au prince de Condé lui-même, qui les reçut avec hauteur. Boutteville s'était joint tout d'abord à cette députation ; mais le prince, en l'apercevant, le pria instamment, à titre de parent et d'ami personnel, de « se retirer du parti » et d'abandonner cette affaire. Il fallut bien se rendre à cet appel ; Montausier et Souvré suivirent la retraite de Boutteville[1]. Les négociations durèrent plusieurs semaines, sur un ton de plus en plus aigre. Condé, mal engagé, s'apercevait trop tard du piège où il s'était jeté : « Rien ne saurait mieux faire le jeu de Mazarin, écrit judicieusement l'ambassadeur Morosini[2]. Si Condé cède, il perd ses amis qu'il n'aura pas soutenus ; s'il persiste et lutte en leur faveur, toute la noblesse fulminera contre lui. » A la fin, le duc d'Orléans, suivant sa méthode ordinaire, passa d'un camp dans l'autre et déserta le parti des Condé. Anne d'Autriche fléchit à son

---

[1]. *Mémoires* de Madame de Motteville.
[2]. *Histoire de France pendant la minorité de Louis XIV*, par Chéruel.

tour; les tabourets furent révoqués[1]; tout ce qui subsista de cette mesquine querelle fut un grief nouveau de Condé et des siens contre la Reine et Mazarin, et la rancune de la noblesse à l'égard de M. le Prince.

Quel profit tire le cardinal d'une telle suite d'imprudences, c'est ce qu'on devine aisément.

Tandis que Condé s'affaiblit, son rival au contraire se fortifie par de secrètes alliances. Il se rapproche subrepticement des chefs de la « vieille Fronde ». Des entrevues nocturnes ont lieu, dans le Palais-Royal, entre le cardinal et le coadjuteur; tous les deux tombent d'accord que le prince est l'ennemi commun contre lequel, avant toute chose, il faut réunir ses efforts. Le 14 janvier de l'an 1650, l'entente se fait entre les conjurés; on signe une espèce de traité; le « coup » qu'on se propose est combiné dans les moindres détails; chacun s'engage à garder le silence, et tient religieusement parole. Tout est mûr pour l'exécution, sans que Condé soupçonne la trame qui s'ourdit contre lui.

« J'ai ouï dire à la Reine, lit-on dans les *Mémoires* de madame de Motteville, qu'étant un jour au conseil avec le duc d'Orléans et son ministre, elle et eux s'étaient écriés que ce serait un beau coup à faire que d'arrêter M. le Prince; qu'après y avoir bien pensé, la chose leur parut nécessaire et faisable; qu'ensuite, par les événements et le temps, elle leur avait paru facile; et qu'ils l'avaient enfin exécutée sans nulle peine. » Toute la

---

1. Le 10 octobre 1649. — Aff. étr. Fr. 125.

genèse d'un grand fait historique tient en ces simples lignes : d'un mot jeté négligemment, et presque échappé par hasard, germa la décision funeste qui fit couler un fleuve de sang. La scène du 18 janvier a été souvent racontée, je n'insisterai pas sur les détails connus : le guet-apens où tombe le prince, mandé le soir, sous un prétexte fallacieux, dans la salle du conseil; sa colère indignée à l'instant où Guitaut, capitaine des gardes de la Reine[1], l'aborde à brûle-pourpoint et le déclare son prisonnier; le carrosse qui, par les faubourgs, à la lueur rougeâtre des torches, emporte au galop vers Vincennes le vainqueur de Rocroy, avec son frère et son beau-frère, le prince de Conti et le duc de Longueville. L'arrestation et l'enlèvement se font sans bruit ni résistance. Quand sonnent neuf heures de nuit, le château de Vincennes ferme sur les trois princes l'épaisseur massive de ses portes.

Chez les serviteurs de Condé, la nouvelle se répand comme une traînée de poudre, plongeant les plus hardis dans la crainte ou dans la stupeur. Quelques-uns changent de camp sur l'heure et, le soir même de l'événement, courent au Palais-Royal grossir de leur servilité la troupe des courtisans[2]; d'autres, inquiets pour leur sûreté, cherchent leur salut dans la fuite et se réfugient en province. La duchesse de Longueville, menacée du sort de son frère, s'esquive subrepticement et prend la route

[1]. Cousin d'un autre Guitaut, qui fut l'ami intime et le premier gentilhomme de Condé.

[2]. *Histoire de la Maison de Montmorency*, par Désormeaux. — *Mémoires* de madame de Motteville.

de Rouen. Le duc d'Enghien, le jeune fils de Condé[1], n'est pas, malgré son âge, à l'abri du danger; la comtesse de Boutteville l'enlève de son hôtel au milieu de la nuit, et l'emmène à Précy-sur-Oise où, durant quelques jours, elle « le tient étroitement caché[2] ».

Seul des amis du prince, Boutteville semble, en cette heure de trouble, avoir conservé son sang-froid. Seul en tout cas il tenta quelque chose, et cette audacieuse aventure eut un moment chance de succès. Une sourde rumeur, en effet, dans cette même soirée du 18, courut les faubourgs de Paris. Les « petites gens » des quartiers populaires s'étaient émus de voir passer, au travers des rues endormies, ce carrosse aux panneaux fermés, qu'escortaient, la torche à la main, des mousquetaires et des gendarmes. Pour quel mystérieux criminel déployait-on cet appareil? Beaucoup murmuraient à voix basse le nom de « leur bon prince »[3], l'ennemi juré du Mazarin, le petit-fils de Henri IV : « Si c'était le duc de Beaufort?... » Boutteville conçut l'idée de mettre à profit cette méprise. Soulever le peuple des faubourgs, le pousser vers Vincennes, et délivrer Condé sous le nom de Beaufort; tel fut le plan qui lui vint à l'esprit et qu'il exécuta sur l'heure.

Il saute en selle, pique droit au faubourg Saint-Antoine, et parcourt « à toute bride » les principales rues du quartier, criant sur son passage d'une voix

1. Henri-Jules de Bourbon (1643-1709).
2. *Journal de Paris*, mss. Bibliothèque nationale, F. fr. 10276.
3. Madame de Motteville, *Mémoires*.

retentissante : « A la trahison! Aux armes! On arrête le duc de Beaufort![1] » La foule s'amasse à cet appel; partout des groupes se forment, la bouche pleine de menaces contre le cardinal; des « chaînes se tendent » dans les carrefours; les épées, les piques, les mousquets sortent de leurs cachettes; l'émeute gronde sourdement dans plusieurs quartiers de la ville, encore hésitante et contenue, prête à se déchaîner sur le premier signal. Même, sur la place Dauphine, le maréchal de l'Hôpital, reconnu par la populace, est vivement assailli, pourchassé par une meute hurlante, et n'échappe qu'à grand'peine aux coups qui commencent à pleuvoir[2].

La présence d'esprit de Gondi arrêta ce mouvement et détourna l'orage. Instruit de cette effervescence et du stratagème de Boutteville, il accourt au Palais-Royal, y trouve Beaufort, et, lui soufflant son rôle, le conjure instamment de « se montrer au peuple ». Tous deux montent à cheval et volent à toute vitesse vers les points les plus menacés. Quelques centaines de gentilshommes, tenant des flambeaux à la main, galopent derrière eux par la ville; et de dix heures du soir à deux heures du matin se poursuit sans relâche cette étrange chevauchée[3]. La bande, chemin faisant, harangue la multitude, explique aux bourgeois rassurés que le prisonnier de Vincennes n'est autre que Condé, l'ennemi déclaré du bon duc, « l'affameur » du siège de Paris, le « diable »

---

[1]. *Vie de Condé*, par Désormeaux. — *Mémoires* de Retz, etc.
[2]. *Journal* de Dubuisson-Aubenay. — *Mémoires* de Guy Joly, etc.
[3]. *Mémoires* de Guy Joly.

que chacun redoute[1] ; et cette révélation amène un revirement subit. Les clameurs de colère font place à des cris d'allégresse ; des « feux de joie » s'allument sur toutes les places publiques ; la disgrâce du héros tant de fois victorieux ne provoque que l'insulte et les quolibets de la foule. « On a dit, écrit Guy Patin, que, comme

---

[1]. Une pièce de vers, due à la plume d'un poète populaire, exprime naïvement les sentiments de la bourgeoisie parisienne :

> Dame Suzanne l'harengère
> Faisant la bonne ménagère,
> Criait çà et là dans Paris :
> « Voilà Beaufort que l'on a pris !
> Aux armes, bourgeois et bourgeoises ;
> Suivez-moi, Nicole et Françoise,
> Et, par saint Jean, pour le ravoir,
> Faut faire tout notre pouvoir ! »
> ..... Le bourgeois déjà s'alarmait,
> Et l'un et l'autre s'animait
> Pour une si belle entreprise ;
> Quand voici madame Denise,
> Toute échauffée en son harnois,
> Ne pouvant reprendre sa voix.
> Après avoir repris l'haleine :
> « Tout beau, ne criez pas si fort,
> Ce n'est pas le duc de Beaufort.
> C'est Condé, ce diable, qu'on mène,
> Ce dit-on, au bois de Vincennes.
> ..... Mais voici Beaufort qui s'avance
> Dessus son cheval, en cadence,
> Dont chacun se réjouit fort,
> Criant bien haut : « Vive Beaufort !
> Chacun accourt, chacun le presse,
> On le festoie, on le caresse...

(*Archives curieuses de l'Histoire de France*, publiées par Cimber et Danjou.)

il nous avait fait manger l'an passé du pain bis, il fallait en échange lui faire manger du pain de son ». La perspective d'un sort plus rigoureux ne trouble pas le vieux frondeur : « Il est à craindre, ajoute-t-il froidement, qu'il ne mange encore là dedans quelque chose de pis, comme pourrait être ce que Néron appelle dans Suétone *la viande des dieux*, savoir les champignons de l'empereur Claude[1] ! »

Son plan ainsi déjoué, Boutteville renonce à l'entreprise, mais n'abandonne point la partie. Il tourne bride et rentre dans Paris. Il est, à l'aube du jour, à l'hôtel de Condé : une centaine d'« officiers » du prince sont assemblés dans le jardin, impatients d'avoir des nouvelles, incertains du parti à prendre, sans direction, sans mot d'ordre, sans chef[2]. Dès que Boutteville paraît, tous vont à lui, l'entourent et lui demandent conseil. En son cerveau fertile, un nouveau projet a surgi, qu'il expose en paroles rapides. La seule ressource, leur dit-il, serait « d'enlever les nièces de Mazarin ».

On sait le rôle de ces jeunes filles dans l'histoire politique du temps : amenées de Rome en grand mystère, présentées à la Cour comme des princesses du sang, leur oncle les destine à servir sa fortune, à procurer à sa famille « de grandes alliances et de solides appuis ». Elles sont, en attendant, dans la main du premier ministre, pareilles à des atouts que tient un joueur habile, proposées tour à tour aux chefs des différents partis et

---

1. *Lettres* de Guy Patin.
2. *Mémoires* de Bussy-Rabutin.

retirées à la veille de conclure, et toujours gardées en réserve comme stimulant ou comme amorce. Boutteville, mieux que personne, sait l'emploi singulier qu'en fait le cardinal. Mazarin, quelques mois plutôt, l'a fait tâter sous main en vue d'obtenir son alliance, pensant par ce moyen faire sa cour à Condé. Le peu d'empressement du futur a d'ailleurs fait, dès le début, avorter la « combinaison [1] ».

Longtemps logées au Palais-Cardinal, les nièces avaient été conduites, en novembre 1649, au monastère du Val-de-Grâce, situé dans le faubourg Saint-Jacques. « La Reine, écrit Olivier d'Ormesson, leur fit l'honneur de les y aller voir le lendemain, pour leur faire entendre que ce changement s'était fait pour des raisons particulières, qu'elles sauraient quelque jour. »

Cet éloignement de la Cour donnait au dessin de Boutteville une chance sérieuse de réussite. Un groupe d'hommes résolus pouvait, expliqua-t-il, en ce quartier lointain, avant que le « guet » arrivât, assaillir le couvent, enlever les « fameuses nièces » et les entraîner hors Paris. On les mènerait « en diligence à quelqu'une des places fortes » restées au pouvoir de Condé ; on les y tiendrait comme otages, afin d'obtenir en échange la liberté du prince ou tout au moins « sa vie ». [2] Boutteville achevait de développer ce plan, approuvé par toute l'assistance, quand un message survint qui, brusquement, mit fin à sa harangue. L'astuce de Mazarin, passé maître en fait de

1. *Journal de Paris*. Mss. de la Bibl. nat. F. fr. 16.057.
2. *Mémoires* de Bussy-Rabutin, de Tavannes, etc.

rouerie, avait éventé le complot et d'avance déjoué « la machine ». — « Nous sûmes, écrit Bussy, que le cardinal, ayant bien vu qu'on pouvait prendre ce parti-là, avait envoyé quérir ses nièces dans le temps qu'on arrêtait les princes. » Un de ses hommes de confiance, Longo Ondedei, vint dans la nuit les prendre au Val-de-Grâce ; quelques instants plus tard, elles étaient au Palais-Royal, où nul coup de main ne pouvait les atteindre. Quand cette nouvelle fut sue à l'hôtel de Condé, la confusion se mit dans l'assemblée ; chacun ouvrit un avis différent : sur nul point l'on ne put s'entendre, et l'on « s'en retourna chez soi sans rien résoudre[1] ».

Le grand nombre des assistants quitta la capitale et se répandit en province, avec l'espoir d'y soulever l'opinion pour la cause de Condé. Boutteville, trois jours encore, demeura dans Paris ; n'ayant pu délivrer le prince, il voulait au moins le venger. A défaut du coadjuteur, que sa robe mettait hors d'atteinte, il se rabattit sur Beaufort et lui fit tenir un cartel. Mais le duc déclina toute idée de rencontre ; non qu'il manquât de cœur — car, certainement, dit madame de Motteville, il était brave et avait quelque chose de grand dans l'âme — mais sur l'avis de ses amis, et pour ne point réduire à « des querelles particulières » un conflit politique et une question d'État[2]. Enfin, le 24 janvier, las d'efforts inutiles, Boutteville franchit les

[1]. *Mémoires* de Bussy-Rabutin. — *Journal* de Dubuisson-Aubenay.

[2]. *Mémoires* de madame de Motteville.— *Vie de Condé*, par Désormeaux, etc.

barrières de la ville et s'en fut à Précy-sur-Oise. De cet endroit, presque chaque jour, il se rendait sans bruit au château de Chantilly, qui fut, pendant toute la période qui suit, le centre des nouvelles et le foyer de la révolte contre l'autorité du Roi. C'est là que va, pour un moment, se transporter notre récit.

Le lendemain de l'arrestation, la mère du grand Condé s'était enfuie vers cette demeure, où la rejoignirent peu après sa belle-fille, Claire-Clémence, son petit-fils, le duc d'Enghien, et quelques serviteurs fidèles. La princesse était abattue, mélancolique, et comme désemparée. Femme remarquable à tant de titres et grande dame accomplie, admirable ornement d'une cour noble et « galante », dans une ère de douceur et sous un ciel tranquille, la princesse douairière de Condé n'est point faite, à coup sûr, pour les crises et pour les orages. Défiante, irrésolue, « timide au dernier point »[1], elle s'effarouche au moindre obstacle, réclame successivement, sans se résoudre pour aucun, les conseils de ceux qui l'entourent, n'ayant au fond du cœur qu'un seul désir sincère : s'esquiver de la lutte et finir ses jours en repos. Ce qu'à défaut d'autre concours on voudrait au moins avoir d'elle, ce qu'on implore avec instances, c'est ce qui manque le plus pour entamer utilement une campagne, l'argent, ce ressort nécessaire de toute action politique ou guerrière. Elle possède à elle seule toute la fortune de la

---

1. Lenet, *Mémoires*.

famille ; elle seule, en attendant les levées tentées en province, peut « soutenir le parti » naissant par « quelque somme considérable ». C'est là précisément ce qu'elle répugne à faire, non par défaut de cœur ou par basse avarice, mais par la frayeur justifiée de sacrifier, pour une cause sans espoir, l'avenir de sa maison, le patrimoine de ses enfants. C'est parmi ces débats et ces incertitudes que survint un beau jour, dans cette petite cour divisée, une recrue qu'on n'attendait point, et dont la présence « changea tout ».

En son manoir de Châtillon-sur-Loing, où elle passait ses premiers temps de deuil, la veuve du duc de Châtillon apprit les événements qui bouleversaient la France. Presque aussitôt, elle montait en carrosse, et se dirigeait vers Paris. A son premier relai, elle rencontra Lenet[1], l'ami fidèle, le confident du grand Condé, l'homme dont le prince, dans un avenir prochain, fera le chef de son conseil et quelque chose comme son premier ministre. Elle l'invita à s'asseoir auprès d'elle, et tous deux firent route de conserve, s'entretenant des affaires et discutant des plans de délivrance[2]. La duchesse s'arrêta peu de jours à Paris, le temps de recueillir le détail des nouvelles et de prendre le vent de l'opinion publique. Cette enquête terminée, elle se rendit à Chantilly.

1. Pierre Lenet, d'abord procureur général au parlement de Dijon, puis conseiller d'État, intime ami de Condé et son agent principal pendant la Fronde.
2. *Mémoires* de Lenet.

Nul n'y était plus nécessaire, plus propre à relever les courages défaillants. A l'opposé de la princesse douairière, Isabelle de Montmorency montre du goût pour la bataille ; les difficultés, les périls, excitent son ingéniosité, fécondent son imagination ; plus le danger est grand, plus elle est fertile en ressources. « C'est la plus habile femme de France ! » s'écrie Lenet plein d'enthousiasme. Jamais ces qualités ne trouvèrent un meilleur emploi qu'en ce début de l'an 1650. Sous l'impulsion de son âme hardie, la cour de Chantilly s'éveille de sa torpeur. Chaque soir s'assemble dans sa chambre un mystérieux conseil, dont les principaux membres sont, avec la duchesse, la princesse douairière de Condé, la comtesse de Tourville, le conseiller Lenet. Là s'élaborent les graves résolutions, là se prépare la guerre civile. Une correspondance clandestine s'organise rapidement, d'un bout à l'autre de la France, avec Turenne qui commande à Stenay, avec la duchesse de Longueville qui l'y a récemment rejoint, avec les chefs du mouvement en Guyenne, enfin avec Condé lui-même, malgré la solide épaisseur des murs de sa prison. Les archives de la Guerre donnent sur ce dernier point des documents précis : depuis un mois déjà le prince était hors de Vincennes, quand le gouverneur du château découvrit, à sa grande surprise, le commerce constant entretenu par son prisonnier. Un « petit garçon », écrit-il, s'est vanté, après coup, d'avoir porté les lettres ; l'enquête a révélé qu'il n'avait pas menti ; mais on n'a jamais pu, en dépit des recherches, mettre la main sur les complices, et les intermédiaires sont restés introuvables. Tous les efforts de la police sont demeurés sans résultat[1].

Tandis que les meneurs se concertent entre eux pour établir un plan d'ensemble, les plus jeunes serviteurs du prince sont chargés d'embaucher des soldats pour l'armée. C'est le rôle qu'a choisi Boutteville; il convient bien à son activité. Dans les provinces du nord et de l'est de la France, il est le recruteur en chef. Nuit et jour il parcourt les villes et les campagnes, campant de préférence sur les terres de Madame la Princesse, levant des hommes, formant des escadrons, exerçant les novices au métier de la guerre. Les émissaires de Mazarin dénoncent constamment ses « pratiques », signalent tour à tour son passage sur tous les points de la région, un jour à Marienbourg, le lendemain à la Fère, deux jours plus tard « autour de Chantilly, avec quatre-vingts *maîtres*[2] », qu'il envoie rejoindre Turenne[3]. Ces enrôlements factieux, opérés presque ouvertement, et sous les yeux de la princesse douairière, sont le premier motif qu'on invoquera bientôt pour exiler de Chantilly la mère du grand Condé[4].

---

1. Arch. de la guerre, t. 118. — Les archives du château d'Époisses renferment une lettre autographe de Condé, parvenue à M. de Guitaut pendant la détention du prince à Vincennes. Cette correspondance secrète se continua lorsque Condé fut transféré au Havre. Une note de Mazarin, du 12 janvier 1651, se plaint que le prince écrive et reçoive continuellement des lettres, sans qu'on puisse découvrir comment. (Aff. étrangères. Fr. 874).

2. On appelait *maîtres* les soldats de cavalerie, sans doute parce que dans les anciennes armées, fort encombrées de bagages, les cavaliers avaient des serviteurs pour prendre soin de leurs chevaux.

3. Aff. étr. Fr. 873 — Bibl. nat. Mss fr. 10.0274.

4. Minute de lettre de Louis XIV du 2 mai 1650. — Aff. étr. Fr. 868.

A l'exemple de son frère, bien que par des moyens plus doux, madame de Châtillon travaille, pendant cette même saison, à grossir le parti rebelle, à lui gagner des adhérents. Pour cette besogne elle est incomparable ; son éloquence et sa beauté lui sont des armes triomphantes, auxquelles nul ne sait résister. Au lacet de ses coquetteries, elle prend ainsi maint gibier d'importance ; mais, dans cette chasse où elle excelle, la plus belle prise sans contredit est celle de M. de Nemours[1], l'un des plus grands seigneurs, des plus « accomplis cavaliers » de son temps, spirituel autant qu'intrépide, dont les deux camps se disputaient l'appui. De longue date épris d'Isabelle, par elle jusqu'alors rebuté, dès qu'il fut un ami utile, il se vit un amant heureux. Pour le prix d'un sourire il lui apporta son épée, et ne crut pas perdre à l'échange[2]. Ce fut pour la Cour un échec dont le dépit fut lent à s'effacer. Mazarin, plusieurs mois après, en parle encore avec une sensible amertume ; et quand, en septembre suivant, madame de Châtillon voulut faire séjour à Paris, il lui intima l'ordre de sortir de la ville, « sitôt qu'elle y fut arrivée[3] ».

Ces soins, ces soucis de tout genre, n'empêchaient

1. Charles-Amédée de Savoie, duc de Nemours, 1624-1652.
2. Nemours n'aimait pas Condé. Il fallut pour l'amener au parti du prince tout l'ascendant de la duchesse : « Elle me conta, écrit Lenet, que le duc de Nemours était résolu de servir les princes, quoiqu'il fût brouillé avec le prince de Condé, et qu'elle saurait le maintenir en cette volonté. Elle me le fit voir à Paris dès le soir même que nous y arrivâmes. »
3. Correspondance de Mazarin (Lettres des 23 septembre et 30 octobre 1650).

point d'ailleurs la douceur de la vie. Dans le château de Chantilly, la politique avait ses heures, qui ne faisaient pas tort au reste. La compagnie devint nombreuse ; le mois de mars surtout vit affluer une nuée d'amis, de zélés serviteurs des princes, dont l'annonce de la guerre avait relevé le courage. Un essaim de « jeunes dames » arriva sur leurs pas ; et Chantilly, malgré les tristesses du moment, prit peu à peu l'aspect des beaux jours d'autrefois. Lenet, qui s'y trouvait, a retracé de son séjour le plus agréable tableau. Il conte les promenades en carrosse par les larges allées ombreuses, les longues causeries d'après-dînée sur la plate-forme des terrasses, sur le fin tapis des pelouses. Il décrit avec complaisance le fringant escadron des « jeunes beautés » qui peuplent le château, les représente errant sur le bord des étangs, parmi les bosquets des parterres, tantôt seules et tantôt par troupes, ou plus souvent encore en tendre tête-à-tête, « selon leur humeur du moment » ; tandis que les plus sages ou les plus nonchalantes » chantent ou récitent des vers », lisent des romans « sur un balcon », ou dorment étendues sur l'herbe. Le soir venu, ce sont d'autres plaisirs, musique, énigmes, bout-rimés, jeux d'esprit ou jeux de hasard. Mais le passe-temps que tous préfèrent est de faire cercle autour de la princesse douairière, et d'écouter ses récits d'autrefois.

C'est un charme que de l'entendre. Belle encore et toujours enjouée, malgré ses cinquante-six années, indulgente pour elle-même comme elle l'est pour les autres, elle raconte ses « grandes aventures », la poursuite du roi Henri IV et les folles entreprises de ses plus illustres galants. Même, entraînée au fil de ses souvenirs, elle se laisse aller quelquefois à de singulières confidences, comme lorsqu'elle avoue son regret qu'un de ses vieux adorateurs, le cardinal Bentivoglio, n'eût pas, comme il eût pu, ceint la tiare de saint Pierre, afin qu'elle ait, dit-elle, le droit de se vanter « d'avoir eu des amants de toutes les conditions, des papes, des rois, des cardinaux, des princes, des maréchaux de France, et même de simples gentilshommes[1] ».

En ces occupations diverses, les journées coulaient comme des heures. L'image des captifs de Vincennes n'assombrissait point les esprits ; car on travaillait pour leur cause, et l'on ne doutait pas de leur prompte délivrance. Bref, conclut justement Lenet, « on n'a jamais vu un si beau lieu, dans une si belle saison, rempli de meilleure ni de plus aimable compagnie ! »

Ce répit dura peu ; il fallut bientôt déchanter. Il survint en avril des nouvelles inquiétantes. Les audacieuses « menées » qu'on vient de lire, les embauchages publics de troupes, toute cette conspiration ourdie presque au grand jour contre la sûreté de l'État, avaient fini par émouvoir la sérénité de la Cour. On apprit un jour au château que des troupes à cheval, des compagnies de gardes suisses, filaient vers Saint-Denis ; un gros détachement, disait-on, poussait une pointe vers Chantilly ; la place, d'une heure à l'autre, pouvait se trouver investie, les communications coupées avec les alliés de province. L'effroi fut grand devant cette perspective ; la résolution

---

1. *Mémoires* de madame de Motteville.

fut vite prise ; chacun se dispersa dans des directions opposées. Claire-Clémence et le duc d'Enghien s'échappèrent les premiers[1], gagnèrent d'abord Montrond, en Bourbonnais, puis établirent leurs quartiers à Bordeaux, d'où la jeune princesse dirigea toute l'insurrection de Guyenne. Boutteville prit un autre chemin. Il rassembla, en hommes et en chevaux, ce qu'il put trouver de valide, galopa prestement vers les frontières de l'est, et, malgré les obstacles, à travers des régions remplies de troupes royales, parut avec son escadron aux portes de Stenay, où l'attendait impatiemment Turenne.

Pour la princesse douairière et la duchesse de Châtillon, elles disparurent ensemble, et la police de Mazarin fut quelque temps sans retrouver leur trace. « Il est certain, mande Le Tellier au cardinal à la date du 21 avril[2], que madame la princesse douairière a été à Paris et qu'elle en est sortie. M. l'Archevêque fut aux Carmélites pour découvrir si elle y était. La supérieure l'assura qu'elle n'y serait point reçue. On ne sait ni le lieu où elle est à présent, ni la route qu'elle a tenue. »

Le chancelier était mal informé. La veille du jour où il traçait ces lignes, la princesse de Condé et la duchesse de Châtillon étaient, en grand secret, débarquées dans la capitale. Elles s'étaient jusque-là cachées à quelque distance de la ville, dans le logis du sieur Perrault, « intendant du prince de Condé », qui demeurait à Angerville, sur la route d'Orléans, à quatre lieues

---

1. Lire le récit de cette évasion dans l'*Histoire des princes de Condé*, par le duc d'Aumale, t, VI, pp. 8 et suiv.
2. Aff. étrangères. Fr. 871.

d'Étampes. Elles en partirent toutes deux dans la nuit du 22 ; un maître des requêtes, du nom de Garibal, leur prêta sa voiture et fit route avec elles ; l'abbé Roquette, juché sur le siège du carrosse, remplissait l'office de cocher. Elles franchirent sans encombre les portes de Paris et descendirent dans la maison du sieur Le Fèvre de Loubrière, « conseiller en la cour », sans éveiller aucun soupçon[1]. Elles s'y reposèrent une journée, puis le 24 avril[2], à quatre heures du matin, les deux femmes, assistées de la duchesse de Ventadour et du marquis de Saint-Simon, apparurent soudainement au Palais de Justice. Elles attendirent, « au parquet des huissiers », l'entrée des membres de la Cour. Dès que le parlement eut ouvert la séance, la princesse, avec sa compagne, présenta sa requête, courant « de chambre en chambre », demandant avec larmes « grâce et justice tout ensemble[3] », implorant en termes touchants sûreté pour sa personne et protection pour ses enfants, proposant, en échange de la liberté de ses fils, de se livrer elle-même en qualité d'otage, et de « se rendre prisonnière à la Conciergerie[4] ». Le parlement parut ému ; en attendant qu'il pût formuler sa réponse, il fit donner aux « suppliantes » un logement sûr dans l'enceinte du Palais ; ensuite, en l'absence de la Cour[5], il députa vers le duc d'Orléans,

1. Mémoires de Guy Joly.
2. Lettres de Servien et Le Tellier à Mazarin, du 25 avril 1650. Aff. étr. Fr. 871.
3. Mémoires de madame de Motteville.
4. Lettres de Le Tellier. Aff. étr. Fr. 871.
5. Le Roi et Anne d'Autriche étaient alors en Bourgogne.

pour lui demander son avis. Monsieur, sur cette nouvelle, courut au parlement, prit rang à la séance, et prononça une longue harangue. Dans ce discours, d'une éloquence habile, il combattit formellement la requête[1], accusa la princesse douairière d'encourager la rébellion, de pousser à la guerre civile, et, contre sa coutume, parut cette fois si résolu, que les Frondeurs les plus zélés n'osèrent point passer outre. Il ne fut pas délibéré ; on ne rédigea pas d'arrêt ; l'affaire, dit madame de Motteville, demeura « comme ensevelie ».

La princesse attendit trois jours. Après quoi, apprenant la rentrée de la Cour à Paris, elle se rendit à Bourg-la-Reine. C'est là que, le 2 mai, l'atteignit un ordre du Roi, l'exilant, avec sa belle-fille, de Paris et de Chantilly. « Nos amis et féaux, écrit Louis XIV à son peuple [2], nous vous faisons cette lettre, par l'avis de la Reine régente, notre très honorée dame et mère, pour vous faire savoir les raisons qui nous ont obligé d'envoyer l'ordre à nos cousines les princesses de Condé de s'en aller, avec leurs enfants, de Chantilly en quelque autre lieu de leurs maisons... Il n'y a point de menées ni de pratiques que l'on n'ait faites sous leur nom et par leurs ordres pour débaucher nos sujets de la fidélité qu'ils nous doivent, fomenter les rébellions et en exciter de nouvelles. On a vu faire des levées de gens de guerre publiquement à Boutteville, aux environs de Chantilly, contre notre service, donner rendez-vous à ses troupes à La Fère-en-

---

[1]. Remarques journalières de ce qui s'est passé dans Paris les années 1650-1651. Bibl. nat. Mss. fr. 10274.

[2]. Aff. étrangères. Fr. 868.

Tardenois, qui appartient à notre cousine la douairière, et prendre à tout moment d'elle ou des siens les assistances et les aides nécessaires pour se rendre en sûreté parmi les ennemis de notre État... » La suite du manifeste énumère une foule de griefs contre «les princesses de Condé » ; il se termine par l'injonction de se retirer en Berri, « pour leur ôter du moins la faculté, que leur donne le voisinage, de troubler par leurs cabales le repos de notre bonne ville de Paris ». Devant ce langage énergique, il ne restait qu'à obéir. Le seul adoucissement que put obtenir la princesse fut de se voir assigner comme asile la terre de Châtillon-sur-Loing [1], où la duchesse de Châtillon lui offrait l'hospitalité.

Hospitalité magnifique, digne vraiment de celle qui en était l'objet. De la demeure des Coligny, subsistent seulement aujourd'hui les soubassements et le donjon ; ces imposants vestiges suffisent à évoquer les splendeurs lointaines du passé. C'était, à l'origine, moins un château qu'une forteresse, dont l'énorme tour octogone [2] — construite, dit-on, au temps des Templiers — commandait les vallées du Loing et du Milleron, protégeait le bourg pittoresque qui semble blotti à ses pieds. L'amiral de Coligny, en 1562, restaura la partie logeable et l'augmenta d'une aile. C'est à lui que l'on doit la longue galerie vitrée aux arcades successives, sur laquelle à présent encore

---

1. Située dans l'ancien Gatinais, à vingt kilomètres environ de Montargis. — Voir *Revue du Gatinais*. Notice sur Châtillon-sur-Loing.

2. Haute de plus de cent pieds, avec des murs de dix pieds d'épaisseur.

repose tout l'édifice, galerie de cent douze mètres, remplie de citronniers, d'orangers chargés de fruits d'or, d'arbustes rares et de plantes exotiques, que la tiédeur égale de l'air fait croître et fleurir en tous temps, jardin féerique où le promeneur ne perçoit pas le changement des saisons. C'est lui qui fit aussi bâtir la salle, jadis célèbre, où les grands peintres de l'époque avaient retracé les exploits de ses plus illustres ancêtres. A ces merveilles de l'art répondait la beauté du site. Le parc, situé au nord et au levant, conserve de nos jours ses nobles proportions[1]; dans le massif sombre des bois s'ouvrent symétriquement de larges allées droites, inondées d'air et de lumière, offrant au pas des visiteurs la mollesse engageante d'un vaste tapis de verdure. Du côté de la ville s'étagent trois grandes terrasses, dominant à perte de vue les campagnes fertiles où serpente la rivière du Loing. Sur la plus haute de ces terrasses se trouve encore le puits, sculpté par Jean Goujon, que surmonte, les ailes éployées, l'aigle des Coligny, tenant un serpent dans ses serres. Non loin du puits est l'escalier de pierre par où l'on accède au château, et dont le grand Condé, d'après la tradition, cherchant refuge auprès de sa cousine, gravit une nuit les degrés à cheval.

Les hôtes de Châtillon, dans cet été de l'an 1650, n'étaient guère disposés à jouir de ces magnificences. La société brillante, naguère groupée à Chantilly, s'est dispersée au souffle de l'orage; un voile de deuil et de tris-

---

[1]. Le corps de l'amiral de Coligny, massacré à la Saint-Barthélemy, repose aujourd'hui encore dans un coin du parc. Une plaque de marbre, avec une inscription, en marque seule l'emplacement.

tesse assombrit l'âme de ceux qui sont restés ensemble. Autour de la princesse douairière est une cour restreinte de fidèles : l'abbé Roquette, qui fut plus tard évêque d'Autun, serviteur dévoué, sûr confident du prince ; le conseiller Lenet, actif, infatigable, toujours courant par les chemins, mais revenant sans cesse « prendre le vent » à Châtillon ; le petit abbé de Cambiac, gascon « souple, adroit et rampant.[1] », que Charlotte de Montmorency a pris comme confesseur, et qui doit à cette charge une espèce de crédit ; la comtesse de Bourgneuf, gouvernante des enfants de madame de Longueville, que l'on soupçonne d'être en cette réunion l'agent secret de cette princesse, chargée à l'occasion de veiller sur ses intérêts. Enfin, après le traité de Bordeaux, la jeune princesse de Condé, Claire-Clémence de Maillé-Brézé, vient avec ses enfants rejoindre sa belle-mère, parée de l'auréole de gloire que lui valent ses efforts heureux, l'énergie soudain révélée. Tout ce monde, au dire de Lenet, vit bien ensemble en apparence, mais se jalouse réciproquement et se déteste au fond du cœur.

Somme toute, parmi cette compagnie, une seule personne, la maîtresse du logis, porte son rôle avec aisance et tire profit des circonstances. Par ses services récents, par sa présence constante, par l'agrément de son commerce et la souplesse de son esprit, madame de Châtillon affermit son empire sur la princesse douairière, dirige ses sentiments et règne sur sa volonté[2]. Dans le conseil secret

1. *Mémoires* de Lenet.
2. La princesse douairière, dit Lenet, « ne voit que par ses yeux et ne parle que par sa bouche ».

où se décident les affaires du parti, Isabelle joue le rôle d'oracle ; sa voix est toujours écoutée et ses avis toujours suivis. Par elle passent la plupart des correspondances clandestines, ce qu'on appelle le « grand commerce », dont Viole et Nemours sont les deux agents principaux[1]. Le premier[2] est son parent proche, et de longue date l'a prise pour Égérie ; elle a la prétention de le gouverner à sa guise. L'autre est amoureux d'elle et ne sait rien lui refuser. Les « poulets » qui s'échangent entre ces trois personnes sont un mélange curieux de politique, de galanterie, de « douceurs et d'affaires d'État[3] ».

La duchesse jouit délicieusement de cet enchevêtrement d'intrigues ; elle en débrouille les fils croisés avec une adresse surprenante ; son ambition, sa coquetterie, sa curiosité même, tous ses instincts de femme, y trouvent semblablement leur compte. Aussi son cœur est-il gonflé d'une secrète allégresse. Dans les lettres de cette période que nous a conservées le recueil de Lenet[4], à travers les belles phrases sur le malheur des temps, les lamentations affectées sur sa mortelle fatigue et ses tracas sans nombre[5],

---

1. Lenet en fut longtemps tenu à l'écart par la jalousie de la duchesse de Châtillon. Il n'apprit qu'en décembre, par une indiscrétion de madame de Bourgneuf, la communication suivie que la princesse douairière et madame de Châtillon avaient entretenue avec Condé (*Mémoires* de Lenet).

2. Pierre Viole, président à la grand'chambre du Parlement, cousin par sa femme de la duchesse de Châtillon.

3. *Mémoires* de Lenet.

4. Bibl. nat. Mss. fr. 6703 et suiv.

5. Madame de Châtillon, en cette correspondance, insiste complaisamment sur les occupations multiples dont elle est, dit-elle, écrasée :

le triomphe perce à son insu, et comme l'exaltation de l'orgueil satisfait. A l'occasion, sans doute, elle étale sa « misère », sa frayeur « de devenir folle » ; il n'est pas de journée, dit-elle, « où elle ne verse un seau de larmes », et, si elle tenait l'homme qui lui vaut ces soucis, elle en ferait avec plaisir un « hachis bien menu ». Mais, aussitôt après, elle énumère avec fierté tous les travaux qui lui incombent, les « deux cents lettres » qu'elle écrit chaque jour, les messages qu'elle reçoit des plus hauts personnages et « quasiment de toute la France ». C'est sur un ton de reine qu'elle remercie de leurs services « les gens de son parti » et tous ceux « qui font leur devoir pour la cause de ses chers enfants ».

Cette disposition d'âme influe sur ses vues politiques. A l'ardeur belliqueuse d'antan a succédé doucement une humeur plus accommodante. Sans doute poursuit-elle le même but, la délivrance des princes ; mais par d'autres moyens que la fortune des armes, qui lui semble à présent trop sujette au hasard, qui risque, se dit-elle, « de lui faire perdre en un moment » les avantages qu'elle a si savamment conquis[1]. Une négociation dont elle tiendrait les fils, un traité pacifique dont elle serait l'intermédiaire, et qui procurerait du même coup aux uns la liberté, à

« Vous ne vous scandaliserez pas, écrit-elle à Lenet, si je ne vous écris point de ma main. Je suis si accablée qu'à peine puis-je me remuer ; et je suis obligée d'écrire de ma main à tant de personnes, qui ne trouveraient peut-être pas bon que je me soulageasse sur quelqu'un, qu'il faut que je me serve de l'amitié que vous avez pour moi, afin que vous vouliez bien que j'en use autrement avec vous. » (Papiers de Lenet, Bibl. nat. Mss. fr. 6704).

1. *Mémoires* de Lenet.

elle l'honneur d'y avoir contribué et le crédit qui en serait la suite, tel est le rêve qu'elle a conçu[1]. Elle travaille sans relâche à le réaliser. C'est vers ce but nouveau qu'elle oriente désormais l'esprit de la princesse douairière ; elle n'a guère de peine, semble-t-il, à faire prévaloir ses idées. Aussi quand, au lendemain de la reddition de Bordeaux, Lenet débarque à Châtillon, furieux de cet échec, ne rêvant que revanche, la tête pleine de projets pour transporter ailleurs le foyer de la guerre, il se heurte à une résistance qui le stupéfait et l'indigne. Vainement, pour obtenir de Madame la Princesse l'argent que réclame l'entreprise, cherche-t-il à séduire l'âme intéressée d'Isabelle, lui faisant entrevoir des « monts d'or dans la suite », pour peu qu'elle appuie sa requête. Vainement implore-t-il tout au moins la concession de la place de Montrond, qui appartient à la princesse, pour y reformer les débris de l'armée de Guyenne. Tous ses beaux raisonnements, appuyés par les lettres de madame de Longueville, échouent devant un refus obstiné. La princesse ne donnera ni l'argent ni la ville. « On rasera ma place, seul refuge de mes enfants, objecte-t-elle froidement, on m'emprisonnera et on confisquera mes biens, ce qui ruinera les princes sans leur servir de rien. Je conserve tout en observant la neutralité[2]. » En ces termes

---

[1]. Le duc de Nemours, pour des motifs différents mais également tirés de l'intérêt personnel, était lui aussi opposé à la guerre ; car il craignait avant tout d'être contraint à quitter Paris, « où il voyait avec facilité la duchesse (de Châtillon) pour qui il mourait d'amour. » (*Mémoires* de Lenet).

[2]. Notice sur la *duchesse de Châtillon*, par Filleul.

parle nettement, avec une fermeté dont elle n'a point coutume, la princesse douairière de Condé. « Madame de Châtillon, ajoute Lenet d'un ton amer, applaudit par mille minauderies à ce que la Princesse avait dit. »

Ainsi, dès cette époque, entre madame de Châtillon et madame de Longueville voit-on paraître, obscurément encore, cette divergence de vues, cette rivalité d'influence, qui, dans un temps prochain, éclateront au grand jour, ajoutant à tant de discordes une cause de division nouvelle. La grande âme généreuse de la sœur de Condé n'admet point les atermoiements et répugne aux demi-mesures. La tristesse des premiers revers et l'attente de ceux qu'elle prévoit n'abattent pas son courage, ne brisent pas sa fierté. Quoi qu'il arrive, écrit-elle à Lenet, « quel que soit le malheur du commencement de cette affaire, il faut la soutenir jusqu'au bout[1] ! » C'est dans ces sentiments qu'elle entretient Turenne, auprès duquel elle s'est depuis peu réfugiée. Le charme et la beauté de madame de Longueville furent-ils alors, en faveur de sa cause, les plus forts arguments? En se jetant dans le parti des princes, Turenne n'écouta-t-il que la voix de son cœur ? Le nier serait naïf, l'affirmer téméraire. Quel que fût son secret mobile, la lettre éloquente et hardie qu'il adresse à la Reine, au moment où il prend les armes, attribue sa conduite à des raisons plus hautes. Ce qui « l'oblige, dit-il[2], à hasarder sa fortune et sa vie

---

1. Lettre du 2 juillet 1650. Papiers de Lenet. Bibl. nat. *Loc. cit.*
2. *Lettres de Turenne*, publiées par Grimoard.

pour aider M. le Prince au recouvrement de sa liberté, » ce n'est pas uniquement l'amitié qu'il porte à Condé, ni les engagements qu'il a pris. « Le service du Roi et de la Reine » suffirait bien, proteste-t-il, « à le lui faire entreprendre »; car il est utile aux souverains que leurs plus dévoués serviteurs s'opposent courageusement « aux violences de leurs ministres », et leur donnent, par cette résistance, le temps de réfléchir et de « se reconnaître ».

C'est en écoutant ce langage, c'est par des raisonnements semblables — du moins l'a-t-il toujours affirmé par la suite[1] — que Boutteville, indocile aux conseils de sa sœur, suivit l'étendard de Turenne et se rallia hautement au parti de la guerre. La résolution était grave entre toutes. Il n'était plus question seulement de dissensions civiles, de révolte contre le Roi, mais de connivence sacrilège avec une nation étrangère. Turenne, avec ses six mille hommes, ne pouvait rien faire à lui seul. L'Espagnol offrit son concours; l'offre fut acceptée et l'alliance fut conclue, à contre-cœur sans doute, avec des restrictions, et dans l'unique objet de « travailler ensemble à la liberté de M. le Prince[2] ». Mais, malgré les sophismes — et l'excuse plus réelle des idées et des mœurs du temps — la trahison reste flagrante; elle entache à jamais la mémoire de Turenne. Celui pour qui elle fut commise en fut-il alors le complice? La chose paraît au moins douteuse: les docu-

---

1. *Histoire de la maison de Montmorency*, par Désormeaux.
2. *Mémoires* de Turenne.

ments les plus dignes de foi tendraient plutôt à disculper Condé. Quand, dans le donjon de Vincennes, un « messager secret » de Mazarin vient le prier d'écrire « à ceux qui commandent dans Stenay » qu'ils doivent « obéir au Roi et n'avoir aucune intelligence avec les ennemis de l'État[1] », il se méfie d'abord, répond évasivement que, tant qu'il sera prisonnier, une telle démarche ne servirait de rien, que ceux qui recevraient sa lettre « auraient sujet de croire qu'on l'avait fait écrire par force », et n'en tiendraient sans doute point compte. Puis, devant l'insistance, il s'échauffe et s'indigne, prend le messager à partie, déclare violemment qu'on a calomnié ses amis, qu'ils n'ont et n'auront point « intelligence avec les Espagnols », qu'ils ne sont certes pas « si lâches et infidèles » que d'employer de tels moyens[2] !

Si l'on en croit ces assurances, l'idée première du » secours espagnol » est donc uniquement imputable à » ceux qui commandent dans Stenay ». Cette petite citadelle, située sur les bords de la Meuse[3], est pendant cette période le quartier général de l'armée des rebelles. Turenne est généralissime ; sous lui est La Moussaye, gouverneur de la place. Boutteville, qui les rejoint aux derniers jours d'avril, trouve auprès des deux chefs un chaleureux accueil. Malgré sa grande jeunesse, — il avait vingt-deux ans à peine — il remplit les fonctions de lieutenant-général ; on le met peu de temps après à la

1. Lettres de Le Tellier à Mazarin. Aff. étr. Fr. 870.
2. *Ibidem.*
3. Non loin de Montmédy. — Stenay faisait partie de l'apanage de Condé.

tête de la cavalerie[1]. Il assiste aux conseils où se discutent les plans de campagne, discussions souvent orageuses, dans lesquelles Boutteville et Turenne ne sont pas tous les jours d'accord[2]. Le premier est élevé à l'école de Condé ; il est pour l'offensive et les décisions promptes. Le plan qu'il préconise est d'attaquer l'armée royale avant qu'elle ait eu des renforts, de pousser vivement sur Paris avec les troupes les plus légères, et de profiter du désordre pour enlever les princes de Vincennes et « finir la guerre d'un seul coup ». Ce programme audacieux eût eu des chances de réussir ; et le maréchal du Plessis affirme que « Dieu seul empêcha M. de Turenne de consentir à cette proposition ; car s'il eût pris ce parti, qui donc s'y pouvait opposer[3] ? »

Le vrai motif du refus de Turenne est moins sa prudence ordinaire que la résistance qu'il rencontre auprès des Espagnols. La lenteur proverbiale des chefs de cette armée — l'archiduc Léopold, le comte de Fuensaldaña — s'effarouche d'une telle entreprise ; leur paisible indolence craint les marches rapides et les desseins précipités. A cette répugnance instinctive, se joint certaine arrière-pensée, que révèlent sans détours les Mémoires inédits du maréchal d'Estrées[4]. Ces alliés circonspects, dit-il, « se défiaient de l'humeur française, si prompte à se brouiller et plus facile encore à se raccommoder ». Qui sait si Condé libéré ne fera pas bientôt sa paix avec la Cour,

---

[1]. Notice manuscrite sur le maréchal de Luxembourg. *Loc. cit.*
[2]. *La société française au XVIIe siècle*, par V. Cousin.
[3]. *Mémoires* du maréchal du Plessis-Praslin.
[4]. Bibl. nationale, Mss. fr. 16057.

si les partis réconciliés ne se tourneront pas contre l'étranger détesté, contre l'ennemi héréditaire? Les souvenirs encore chauds de Rocroy et de Lens paralysaient le zèle des Espagnols pour la cause de M. le Prince. Ils se sentaient « plus aises » dans le fond de leur âme de voir leur ancien adversaire dans les fers d'un cachot qu'à la tête d'une armée, et n'étaient guère pressés d'ouvrir au lion captif les portes de sa cage. Avec de telles dispositions, les pourparlers furent longs et laborieux. Plus de trois mois s'usèrent en délibérations; le mois d'août était commencé, quand Turenne, à bout de patience, ordonna la marche en avant.

Le succès au début fut facile et rapide; il s'en fallut de peu qu'il ne fût décisif. Laissant les Espagnols perdre leur temps au siège de la Capelle et s'attarder aux petites places de Flandre et de Thiérache, Turenne mit le cap sur Paris, et prit la route de Reims en suivant la vallée de l'Aisne. Ses troupes étaient restreintes : environ « quatre mille chevaux, quinze cents hommes de pied et deux pièces de canon » composaient tout leur effectif[1]. Mais, observe Hamilton, « de grands hommes, en ce temps-là, commandaient de petites armées, et ces petites armées faisaient de grandes choses[2] ». L'armée royale au reste était plus faible encore; ses cinq mille combattants étaient disséminés en plusieurs garnisons, à

1. Le Tellier à Mazarin. Aff. étr. Fr. 871. — Turenne, dans ses *Mémoires*, abaisse encore ce chiffre : « Trois mille chevaux, dit-il, et quinze cents mousquetaires. »
2. *Mémoires du chevalier de Gramont.*

Reims où était du Plessis, à Laon que défendait Villequier, à Soissons où d'Hocquincourt commandait huit cents chevaux et deux cents mousquetaires[1]. C'est vers ce dernier général que marcha brusquement Turenne. Hocquincourt, surpris de l'attaque, se porta sur les bords de l'Aisne, et fit mine au premier instant d'en disputer le passage. Mais sa résistance fut légère ; sur le point d'être enveloppé, il dut battre en retraite et, malgré sa célérité, perdit, sans avoir combattu, les trois quarts de ses troupes. Turenne victorieux accentua son mouvement et s'établit à Fismes[2], à quelques lieues de Reims.

Cette démonstration menaçante jeta la confusion chez les partisans de la Cour. Monsieur qui, en l'absence d'Anne d'Autriche et de Mazarin, exerçait à Paris l'autorité royale, en fut d'abord comme accablé. Contre cette agression il n'avait rien prévu : l'argent faisait défaut, les troupes étaient dispersées çà et là, d'ailleurs médiocres et peu sûres[3]. Les serviteurs et les amis des princes, mis au courant de l'approche de Turenne, s'agitaient sourdement, se disposaient à lui prêter la main. On signalait « d'étranges pratiques » au sein du parlement, et de nombreuses « cabales » aux abords de la capitale[4]. Nemours mandait à Bussy-Rabutin d'avancer « sans bruit sur Paris, avec toute sa noblesse », et de « se tenir prêt

---

1. Lettres de Châteauneuf et Le Tellier à Mazarin. — Aff. étr. Fr. 870.
2. 26 août 1650.
3. Lettres de Châteauneuf. — Aff. étr. Fr. 871.
4. Harangue du duc d'Orléans à « Messieurs de la Ville » (Archives curieuses de l'histoire de France, par Cimber et Danjou).

à monter à cheval », dès que sonnerait l'heure de l'action. Une lettre adressée par le Roi au maréchal de l'Hôpital trahit les graves appréhensions que le soupçon de ces divers complots inspirait alors à la Cour : « L'ennemi, dit Louis XIV[1], n'eût point osé entreprendre de s'avancer si fort, si de mauvais Français, ennemis de leur patrie, ne l'y eussent engagé, en lui donnant l'espérance qu'ils lui feraient trouver nombre de partisans dans madite ville de Paris ».

Dans la nuit du 26 août, le duc d'Orléans fit appeler le maréchal d'Estrées ; il lui commanda de partir sur-le-champ pour Soissons, de ramasser chemin faisant toutes les garnisons des places fortes, de s'entendre avec du Plessis pour organiser la défense et barrer la route de Paris. Le maréchal fit diligence, et sortit de la ville à quatre heures du matin. Il en était à quelques lieues à peine, lorsqu'il rencontra par les champs des bandes de fuyards éperdus, paysans poussant leur bétail et emportant leurs pauvres meubles, bourgeois, hobereaux et prêtres des paroisses chargeant sur des voitures leurs biens les plus précieux, tous courant vers la capitale, semant l'effroi sur leur passage, s'écriant que « tout est perdu », que l'ennemi est sur leurs talons[2].

La cause d'une telle panique — d'Estrées l'apprit quelques instants plus tard — était l'apparition soudaine de la cavalerie de Boutteville. A son jeune et hardi lieu-

1. Aff. étr. Fr. 872.
2. *Mémoires inédits* du maréchal d'Estrées. *Loc. cit.* — Rapport à Mazarin. Aff. étr. Fr. 871. — *Journal* de Dubuisson-Aubenay, etc.

tenant, Turenne avait confié le commandement de l'avant-garde ; nul rôle ne convenait mieux à cet esprit entreprenant, plein d'initiative et d'audace. Après la défaite d'Hocquincourt, ce fut lui qui donna la chasse aux escadrons mis en déroute. Il ne rencontra guère d'obstacle et continua sa route, poussant vivement sa pointe, avançant toujours vers Paris. Le 27 août au matin, à dix lieues de la capitale, la petite ville de la Ferté-Milon eut la surprise, à son réveil, de voir campés sur la grand'place trois cents hommes à cheval, qu'on reconnut à leurs propos pour être de l'armée rebelle. Encore une étape à franchir, et cette poignée de braves sera sous les murs de Vincennes. Déjà Boutteville, frémissant d'impatience, rêve de voir ses chevau-légers « attacher le pétard » aux portes du donjon, et tirer le prince de sa geôle, à la barbe du Mazarin ! Toutefois ce coup de main ne peut s'exécuter sans soutien ni sans ordre. Tandis que l'avant-garde se chargera d'enlever Condé, ne faut-il pas que le gros de l'armée garde la ligne de retraite et s'oppose au retour offensif de l'ennemi ? Boutteville dépêche donc vers Turenne, et, jusqu'au retour du courrier, s'installe avec ses hommes à la Ferté-Milon[1].

Pendant ce temps, d'Estrées, retourné sur ses pas, rentre à Paris en hâte, « pour dire ce qu'il a su par les chemins ». Aux abords de la ville, l'épouvante augmente d'heure en heure, ainsi que le tumulte. Une troupe de cavaliers royaux, servant d'escorte à un convoi, ajoutent

1. *Mémoires inédits* du maréchal d'Estrées. — *Mémoires* de Turenne. — *Gazette rimée*, de Loret. — *Histoire de France pendant la minorité de Louis XIV*, par Chéruel.

encore à l'effroi général, rapporte Dubuisson-Aubenay, « parce qu'ils ne disent point qui ils sont, et, volant comme s'ils étaient ennemis, font croire qu'ils le sont en effet ». Loret assure qu'au cours de cette journée, on vit passer aux barrières de Paris :

> Sept mil sept cent trente charrettes
> Pleines de coffres et paquets[1],

que leurs propriétaires venaient mettre en sûreté dans l'enceinte de la ville. « La caisse fut battue par les rues pour avertir chacun[2] » de ce qui se passait ; et « la capitale du royaume se montra aussi alarmée qu'ont accoutumé de l'être les petites bicoques des frontières[3] ».

Si le peuple était en émoi, la « rumeur » n'était pas moins grande parmi les politiques. Mais les factions étaient si divisées, que l'égoïsme et le calcul primaient chez la plupart le souci de la chose publique ; chacun, dit madame de Motteville, « était plus attentif à faire servir le désordre à ses desseins qu'à s'opposer à l'ennemi. » On en vit la preuve manifeste lors du conciliabule qui — l'après-midi même où l'on sut l'approche de Boutteville — se tint au Palais de Justice. Tous furent d'accord sur la nécessité urgente d'« ôter » les princes du château de Vin-

---

1. « J'étais, j'en jure par les Dieux,
    Un de ceux qui fuyaient le mieux, »

ajoute naïvement le gazetier *(Muse historique.)*

2. Rapports à Mazarin. — Aff. étr. Fr. 871.

3. *Lettres de Godeau* à mademoiselle de Scudéry.

connes[1], mais la querelle s'éleva sur le point de savoir où on les enverrait. Le vieux parti frondeur, Gondi et le duc de Beaufort, tenait ferme pour la Bastille ; ils prétendaient ainsi, écrit le maréchal d'Estrées, « les avoir sous la main » et tirer cet « atout » du jeu du cardinal. Les créatures de Mazarin, dont le porte-paroles était le garde des sceaux, M. de Châteauneuf, combattaient cette motion pour des motifs contraires, et proposaient le Havre avec acharnement. Le duc d'Orléans, indécis, ne savait que résoudre, donnait raison à chacun tour à tour. Cette discussion dura, de plus en plus ardente, « de quatre heures du soir à minuit ». Enfin, le marquis de Laigues, ami et confident de Madame de Chevreuse, émit l'idée de Marcoussis, forteresse solide et « logeable », située près de Limours[2], dans l'apanage de Gaston d'Orléans. Cette dernière circonstance fut du goût de Monsieur et détermina son avis. Marcoussis, mis aux voix, fut adopté par

1. Cette question avait déjà été agitée un mois auparavant : « Ce n'est pas, écrit Le Tellier à Mazarin le 20 juillet 1650, que S. A. R. (le duc d'Orléans) ne juge utile de transférer M. le Prince hors Vincennes pour faire cesser les cabales qui se forment pour sa liberté, et, en l'éloignant de Paris, ôter l'espérance à ses amis qu'il la puisse trouver par leurs soins. Mais Elle m'a dit que je savais qu'il faudrait avoir un ordre exprès de la Reine. J'estime qu'il sera bon que V. Em. me fasse l'honneur de me l'adresser pour s'en servir en cas de nécessité. Et comme, pour exécuter cette résolution, il faudra beaucoup d'appareil, soit pour les voitures, soit pour les escortes, ce qui ne se pourra faire sans éclat, on juge qu'il sera plus sûr de le faire hautement que de le vouloir cacher. » — Aff. étr. Fr. 871.

2. « Ce lieu, écrit Châteauneuf à Mazarin, a été choisi comme le plus sûr, y ayant deux rivières entre les ennemis et les princes ». (Lettre du 31 août 1650. — Aff. étr. Fr. 871.)

la majorité ; et, malgré « la douleur et la rage » des Frondeurs, l'ordre fut donné sur-le-champ.

Le lendemain matin, à neuf heures, on tira les princes de Vincennes ; on prit « d'autorité », pour transporter les prisonniers, le carrosse à six chevaux du sieur Bordier, intendant des finances[1] ; le lieutenant-général de Bar[2], avec « trois cent cinquante hommes de pied, vingt gendarmes de S. A. R. et vingt de ses gardes[3] », escorta la voiture ; et toute la troupe se dirigea vers le bac de Conflans. On n'était pas sans inquiétude sur l'issue de l'expédition, Gondi ayant, la veille au soir, averti le duc d'Orléans que, « s'il consentait à mener Condé ailleurs qu'à la Bastille, le peuple de Paris ferait des barricades[4] ». On redoutait aussi quelque entreprise des partisans des princes ; et jamais en effet, dit un agent de Mazarin, ils n'eussent eu « plus belle occasion » pour délivrer les trois captifs, en assaillant en rase campagne de Bar et sa faible escorte. Mais ces appréhensions furent vaines : la populace ne bougea pas, et se borna, pour toute démonstration, à se porter en foule au donjon de Vincennes, pour visiter le lieu qu'avait quitté Condé, « comme on va voir à Rome, dit pompeusement Godeau[5], les endroits où César passa autrefois en triomphe ». D'autre part, les amis des princes, prévenus trop tard et

---

1. *Journal* de Dubuisson-Aubenay.
2. Guy de Bar, 1605-1695. Il était déjà chargé de la surveillance des princes à Vincennes.
3. Lettre de M. de Bar à Mazarin. — Aff. étr. Fr. 872.
4. Châteauneuf à Mazarin. — Aff. étr. Fr. 871.
5. Lettres à mademoiselle de Scudéry.

pris au dépourvu, parurent comme « étourdis », et ne purent s'assembler en nombre suffisant. Le bac fut passé sans encombre à onze heures de la matinée; et les prisonniers, le soir même, furent enfermés à Marcoussis [1].

Turenne, en ses Mémoires, assure qu'avant d'avoir reçu cette nouvelle imprévue, il avait résolu, d'accord avec les Espagnols, de marcher sur Vincennes avec toute son armée, et d'appuyer ainsi de façon décisive la pointe menaçante de Boutteville. La « translation » des princes fit, dit-il, révoquer les ordres. L'avant-garde et son chef, rappelés de la Ferté-Milon, regagnèrent le quartier de Fismes, où le mois qui suivit s'écoula dans l'expectative. Malgré l'échec final de cette tentative audacieuse, la témérité de Boutteville ne laissa pas d'ailleurs d'être profitable à la cause. Elle rompit, dit le duc d'Aumale, « l'alliance éphémère du cardinal avec les amis de Retz et de Beaufort ». Ce désaccord, rapidement accentué, fut l'origine première de l'étrange volte-face qui amena, quelques mois plus tard, la libération de Condé.

Les inutiles semaines passées au camp de Fismes

[1]. Rapport à Mazarin. Aff. étr. Fr. 871. — Une lettre de Louis XIV au maréchal de l'Hôpital félicite les Parisiens de leur bonne conduite en cette circonstance : « Mon cousin, lui dit-il, ayant appris combien les habitants de ma bonne ville de Paris ont fait paraître d'affection, de fidélité, de constance, à l'approche des forces étrangères, j'ai voulu vous témoigner par cette lettre la satisfaction que j'en ai reçue, afin que, leur en donnant connaissance de ma part, vous leur donniez aussi de nouvelles assurances de ma bonne volonté et du souvenir que j'aurai toujours du bon devoir qu'ils m'ont rendu en cette occasion... » (Aff. étr. Fr. 872.)

furent une épreuve pour l'âme impatiente de Boutteville. L'incertitude des événements, la méfiance mutuelle des alliés, réduisaient l'armée de Turenne à une inaction douloureuse, coupée seulement par d'incessantes querelles entre les troupes des deux nations. « Tous les jours, écrit de la Fère Colbert à Le Tellier[1], les Espagnols et les Français sont aux prises ensemble, ceux-là appelant ceux-ci traîtres, dans une très grande défiance d'eux, et dans l'appréhension qu'ils ne les trahissent, s'il se présente quelque combat ; ce qui cause de fréquentes prises d'armes entre eux, et donne beaucoup d'incommodité aux chefs pour apaiser ces différends. » Cette discorde entre alliés, cette rivalité de races, s'aggravaient des maux habituels que produit une longue inertie : l'indiscipline et la maraude, dont les officiers mêmes donnaient souvent l'exemple. La répression de ces excès fut pour Boutteville l'occasion d'une affaire, que rapporte en détail la notice manuscrite dont j'ai plus d'une fois fait usage[2]. Un détachement du régiment de Duras, envoyé au fourrage du côté de la Fère, avait commis quelque dégât, et pillé notamment les terres de la princesse douairière. Celle-ci porta plainte à Boutteville, qui manda devers lui le chef du détachement, vieux capitaine blanchi dans le métier, et l'admonesta sévèrement. L'autre se défendit avec quelque arrogance, « gardant son chapeau sur la tête », et le prenant de haut avec ce chef de vingt-deux ans. Cette attitude, dit la notice,

1. Arch. de la guerre, t. 119.
2. Notice sur le maréchal de Luxembourg. — Bibl. nat. Mss. fr. 1192.

« déplut à M. de Boutteville, qui lui prit son chapeau et le jeta en bas ». Le vieux soldat s'en alla « fort outré » ; mais sa surprise fut grande quand, un instant après, le premier lieutenant de Turenne fit dire à l'obscur officier que, « s'il l'avait fâché, il était prêt à lui en faire raison ».

La rencontre eut lieu le lendemain. Tous deux se battirent à cheval, au pistolet et à l'épée. Les coups de feu qu'ils échangèrent n'eurent point de résultat ; ils dégainèrent alors et se chargèrent avec furie. Le capitaine manqua sa première estocade et ne traversa que la selle du cheval de son adversaire ; Boutteville, en ripostant, « lui mit son épée dans le bras », d'une si grande violence que la lame se rompit ; il ne garda dans la main qu'un tronçon. L'adversaire de Boutteville, le voyant presque désarmé, offrit alors « de lui donner la vie » ; mais celui-ci, levant son fer brisé : « Il m'en reste assez, cria-t-il, pous vous la disputer moi-même ! » Ils recommençaient le combat, quand le blessé chancela, « par suite de la douleur et du sang qu'il perdait », et faillit tomber de cheval. Boutteville le reçut dans ses bras, le fit panser en sa présence, lui promit pour l'avenir « son amitié avec sa protection ». L'occasion se présenta vite de mettre à effet sa promesse, car il eut fort à faire pour l'empêcher d'être cassé, Turenne étant peu satisfait de voir un simple capitaine croiser le fer, aux yeux de toute l'armée, « avec le commandant de la cavalerie ». L'histoire pourtant n'eut pas de suite, sinon, ajoute le chroniqueur, la popularité croissante qui, dans les rangs français et espagnols, s'attacha au nom de Boutteville.

Le séjour de l'armée à Fismes se prolongea jusqu'aux derniers jours de septembre. Alors seulement Turenne put, à force d'instances, décider ses alliés à se mettre en mouvement. Mais, contrairement à l'attente générale, au lieu de marcher sur Paris, on remonta du côté de la Meuse, et l'on reprit la guerre de places, si chère aux Espagnols. Une citadelle de minime importance, Mouzon, bien défendue par un gouverneur énergique, retint plus de trois semaines toutes les forces coalisées. Après quoi l'archiduc, comme épuisé par cet effort, fit retraite vers les Pays-Bas, remettant à Turenne une partie de ses troupes. Un mois encore s'écoula en manœuvres, en marches et en contre-marches, dont il est superflu de donner ici le détail, opérations d'ailleurs sans cesse gênées et ralenties par les pourparlers engagés pour la liberté de Condé. C'est la méthode où excelle Mazarin : tandis qu'il amuse le tapis par des propositions et des conciliabules, des négociations avouées ou clandestines, il rassemble sous main et organise ses forces, et prépare tout en vue de la lutte décisive. La translation des princes de Marcoussis au Havre, effectuée au mois de novembre[1], ôte à leurs partisans tout espoir de les délivrer par surprise ou par violence. Le traité de Bordeaux, en rendant disponibles les troupes retenues en Guyenne, permet de concentrer tous les efforts sur un même point ; les bataillons royaux filent doucement et sans bruit vers les plaines de Champagne. Une armée nombreuse et solide reçoit pour chef, quand vient décembre, un vieil homme

1. Ils arrivèrent au Havre le 26 novembre 1650.

de guerre éprouvé, le maréchal du Plessis-Praslin, qui jouit de la confiance entière du cardinal. Rien ne fait plus obstacle à l'action vigoureuse qui, d'un seul coup, terminera la campagne.

La rencontre des deux partis eut lieu sous les murs de Réthel. La ville était tombée, depuis le 16 août, « en la puissance des Espagnols ». Ils y avaient laissé une forte garnison, commandée par un gouverneur nommé Delli-Ponti, italien d'origine, homme dur « et fort méchant », dont une naïve chronique[1] nous a conservé les méfaits. Il encourageait ses soldats à « battre les bourgeois et prendre leurs habits »; il coupait les arbres fruitiers, abattait les chapelles, et faisait pendre sans merci ceux qui lui résistaient. La misère devint effroyable; il mourut dans ces quatre mois plus de quinze cents personnes; et « la pauvre ville de Réthel était en grande désolation ». Cet homme farouche montra moins de vaillance devant les troupes du Roi. Du Plessis vint, le 10 décembre, investir la place de Réthel. La ville était bien fortifiée, les approvisionnements nombreux, et le « château » passait pour imprenable. Le 14 décembre, les Français ouvrirent la tranchée, et firent mine, en même temps, d'attaquer un faubourg. A cette heure même le gouverneur « demanda à parlementer »; et le maréchal du Plessis, « qui n'espérait prendre le château qu'après être maître de la ville, fut bien surpris de ce que les articles qu'on lui présenta parlaient de rendre l'un et l'autre[2]. »

---

[1]. *Chronique des faits notables survenus en la ville de Réthel.*
[2]. *Mémoires du maréchal du Plessis-Praslin.*

Quand Turenne, accouru en hâte, parut, le soir de cette journée, en vue des murailles de Réthel, qu'il se flattait de secourir à temps, il trouva la ville prise, les canons des remparts dirigés contre lui, les troupes royales disposées en bataille, fières d'un premier succès, prêtes à soutenir le choc d'adversaires épuisés par une marche forcée.

Bien que les deux armées fussent sensiblement de même nombre[1], la partie n'était pas égale; et Turenne, peu soucieux de risquer la rencontre, profita de l'obscurité pour tenter de battre en retraite. Du Plessis, au contraire, sentant son avantage, se résolut à « chercher la bataille ». Mazarin, arrivé la veille au quartier général, « approuva fort cette décision »; et l'armée du Roi, par son ordre, se mit en marche au milieu de la nuit, pour joindre et attaquer Turenne. La saison était rude, le sol glissant et la gelée « cruelle »; mais les troupes, animées par la présence du cardinal, surmontèrent ces difficultés « gaiement et en grande diligence[2] ». Lorsque, vers dix heures du matin, le brouillard « se haussa » sous l'action du soleil, on découvrit, à portée de mousquet, « d'abord des jambes de chevaux, puis les chevaux eux-mêmes, et après les hommes dessus[3]. »

1. Environ douze mille hommes dans chaque camp. La cavalerie de Turenne était plus nombreuse, mais du Plessis disposait d'une infanterie bien supérieure.

2. *Mémoires* de du Plessis -- Napoléon Ier, dans son *Précis des guerres de Turenne*, reproche à Turenne de n'avoir fait, dans sa marche en retraite, que quatre lieues, alors qu'il pouvait, dit-il, en faire sept et éviter ainsi la bataille. Peut-être faut-il tenir compte de la fatigue de la journée précédente, et du mauvais temps qui retardait la marche.

3. *Mémoires* de Puységur.

C'était la cavalerie rebelle, rangée dans la plaine de Sommepy[1] pour arrêter l'élan de la poursuite, et si proche de de ses adversaires que les soldats des deux armées échangèrent injures et défis, comme les héros de l'Odyssée.

Les récits authentiques du combat de Réthel[2] le représentent comme une mêlée ardente et quelque peu confuse, où la tactique et la science de la guerre ont moins de part que le hasard et la vaillance des combattants. L'avantage au début fut pour l'armée que dirigeait Turenne. Sa cavalerie, massée tout entière à l'aile gauche, était forte et disciplinée ; elle s'enorgueillissait des fameux escadrons lorrains ; elle avait à sa tête Boutteville et le marquis de Duras, auxquels étaient adjoints MM. de Beauvau et de Montausier. Aux premiers coups de canon, cette masse imposante s'ébranla, s'avança en ligne serrée, « les têtes des chevaux les unes contre les autres », la pique haute et les pistolets dans les fontes, défense étant faite de tirer. La charge fut irrésistible et balaya tout devant elle ; les escadrons royaux, rompus et dispersés, laissèrent à découvert tout le parc d'artillerie, dont s'empara Boutteville[3]. Mais ce succès brillant fut de courte durée, car les choses, à l'aile droite, se passaient d'autre sorte. Une épaisse colonne d'infanterie, que commandait du Plessis en personne, parut sur les hauteurs voisines et descendit brusquement dans la plaine, dirigeant un feu violent sur

1. Du Plessis donne à cet endroit le nom de Somme-Suip.
2. *Lettres* de Turenne, *Mémoires* de du Plessis, de Puységur, etc.
3. Notice manuscrite sur le maréchal de Luxembourg. *Loc. cit.*
— Le comte du Plessis, fils du maréchal, fut tué dans cet engagement.

les régiments espagnols. Ceux-ci, surpris et effrayés, n'offrirent que peu de résistance. « Ils ôtèrent, écrit Puységur, la paille qu'ils avaient à leurs chapeaux, qui était la marque pour se reconnaître dans la mêlée du combat, et se mirent à fuir au plus vite. » Sans leur donner le temps de se remettre, du Plessis, en bon capitaine, transforma rapidement son ordre de bataille : il plaça l'infanterie au centre et la cavalerie sur les flancs, et toute cette ligne, d'un élan, se rabattit sur l'aile gauche de Turenne.

Ce mouvement décida du sort de la journée. Les escadrons lorrains reçurent d'abord le choc « avec beaucoup de fermeté » ; mais ils plièrent ensuite, accablés par le nombre, et ce fut bientôt la déroute. Boutteville, en ce désordre, montra son sang-froid habituel ; au prix d'efforts désespérés, il parvint à rallier quelques débris des escadrons rompus [1], les ramena deux fois à la charge. Il réussit, avec cette poignée d'hommes, à enfoncer le centre du régiment royal de la Fère, et tua lui-même d'un coup d'épée l'officier qui le commandait [2]. Mais d'autres régiments survinrent à la rescousse et enveloppèrent la petite troupe, qui s'échappa de tous côtés, abandonnant son chef. Une « balle de mousqueton » atteignit Boutteville à la cuisse ; il roula sur le sol, fut entouré et pris. Turenne, à quelques pas de là, fut sur le point de courir même fortune ; son cheval blessé s'abattit, il ne dut son salut qu'au dévouement de quelques-uns des soldats de sa garde [3].

1. Ils appartenaient aux régiments de Boutteville et de Duras.
2. Notice manuscr. *Loc. cit.*
3. Le bruit courut même un moment que Turenne était pris ou tué (Lettre de Mazarin du 15 décembre 1650.)

La dernière phase de la bataille ne fut dès lors, pour l'armée des rebelles, qu'une lamentable débandade. Les soldats affolés s'enfuyaient en jetant leurs armes; les troupes du Roi qui leur donnèrent la chasse en massacrèrent mille ou douze cents, puis « s'abstinrent d'en tuer davantage, étant pour la plupart Français et gens qu'ils connaissaient. » Ils ramassèrent en cette poursuite près de quatre mille prisonniers, dont plusieurs généraux et « tous les colonels [1] »; et Mazarin n'exagère que de peu lorsque, au lendemain de la victoire, il raille dans son carnet l'imprudente bravade de Turenne, promettant à l'avance de « donner quartier ès-frontières » à ses alliés d'Espagne et de Lorraine : « Il a tenu parole, écrit-il [2] avec ironie; les trois quarts de l'armée qu'il commande sont en quartier dans ce Royaume ! »

L'orgueil légitime du triomphe n'étouffa pas, chez le vainqueur, la voix de la pitié. Les blessés et les prisonniers reçurent au camp royal un traitement généreux. « J'ai fait partir hier au soir, mande Mazarin à Le Tellier, une grande voiture de pain, de vin, de linge et de médicaments, avec des chirurgiens, pour aller assister les soldats blessés; j'ai envoyé mes carrosses pour y mettre les personnes de condition, et quelque argent pour distribuer aux officiers. » Boutteville tout spécialement fut, de la part du cardinal, l'objet de flatteuses attentions. On le fit transporter à Reims, où sa mère eut la permission de

1. « Vous ne pouvez vous figurer, écrit Retz à cette nouvelle, la consternation du parti des Princes. Je n'eus toute la nuit chez moi que des pleureux et des désespérés. »
2. *Carnets* de Mazarin.

venir soigner sa blessure[1], d'ailleurs légère et peu dangereuse. Mazarin l'envoya panser par son propre médecin, et désigna pour le servir « des officiers de sa maison ». Il s'employa surtout — bienfait de plus grande conséquence — à atténuer les suites d'une rébellion flagrante et d'un crime de lèse-majesté. Plus d'un, parmi ses conseillers intimes, penchait vers la sévérité : « Il est parole, dit Châteauneuf, de faire quelque exemple des prisonniers français[2] » ; et Le Tellier ajoute, à quelques jours de là : « MM. Servien, de Lionne, M. le garde des sceaux et le maréchal de Villeroy[3] ont tous été d'avis de renvoyer M. de Boutteville au Parlement[4]. » Il ne s'agissait de rien moins que d'un crime capital : on put redouter un moment que la justice suivît son cours, et qu'un troisième Montmorency n'expiât sur l'échafaud sa révolte contre le Roi.

Mais cet appareil de terreur, ces rigueurs à la Richelieu ne conviennent guère à Mazarin. Une fois de plus ici, entre les deux ministres, éclate ouvertement le contraste des caractères, d'où naît la différence des méthodes politiques. Où l'un eût vu matière à châtiment, l'autre trouve un prétexte à négociation ; son astuce italienne prévoit aussitôt le profit qu'on peut tirer, pour le bien de la cause, de l'atout excellent qui lui

---

1. *Journal* de Dubuisson-Aubenay. — La cuisse était traversée en deux endroits, mais la plaie était franche et sans complications.
2. 19 décembre 1650. — Aff. étr. Fr. 872.
3. Nicolas de Neufville, duc de Villeroy, maréchal de France en 1656, ami intime de M. de Châteauneuf (1597-1685).
4. Lettre du 26 décembre. — Aff. étr. Fr. 872.

est tombé dans la main. « Quand le comte de Boutteville fut fait prisonnier, écrit un vieil historien de Condé[1], le cardinal Mazarin l'apprit avec beaucoup de joie, parce qu'il espérait que, sous prétexte de traiter avec la duchesse de Châtillon de la liberté de son frère, il pourrait la détacher des intérêts du prince de Condé, ainsi que le duc de Nemours, dont elle disposait absolument ». Le cardinal lui-même, en sa correspondance, découvre son jeu sans mystère : « Je crois, mande-t-il à Le Tellier[2], que la prison de M. de Boutteville, bien ménagée, nous peut donner beaucoup d'avantages à l'égard de madame de Châtillon, laquelle ayant beaucoup de part, comme vous savez, à toutes les intrigues qui se font à Paris, peut-être que la crainte du traitement que peut recevoir son frère l'obligera à tenir une conduite qui donne sujet de satisfaction à Leurs Majestés ». Aussi n'oppose-t-il nul obstacle aux sollicitations dont la Reine est l'objet de la part du duc d'Orléans. Sur les instances de ce dernier, des « lettres d'abolition » signées par Anne d'Autriche font grâce de

1. *Histoire de Condé*, par P. Coste. — Tavannes, dans ses *Mémoires*, écrit de son côté : « La prise du sieur de Boutteville n'était pas le moindre des avantages que Son Excellence se promettait du gain de la bataille, parce qu'elle lui donnait lieu de négocier avec madame de Châtillon, sous prétexte de traiter de la liberté de son frère, et que ce traité ne pouvait manquer de donner de nouvelles inquiétudes à ses ennemis, s'il pouvait une fois le conclure avec cette duchesse, que l'amour et la parenté engageaient dans les intérêts du prince, et qui y retenait encore M. de Nemours, dont elle disposait absolument comme sa maîtresse. »

2. Lettre du 16 décembre 1650. (*Correspondance générale de Mazarin*).

la vie à Boutteville[1], ordonnant pour toute peine de le retenir en prison. Aussitôt sa blessure guérie, on le conduit sous bonne escorte de Reims au château de Vincennes[2].

En ce sombre donjon — où flotte encore le souvenir de Condé — Boutteville, les premiers jours, est contraint de subir des assauts plus dangereux que ceux des champs de bataille. Des émissaires secrets, envoyés par le cardinal, assiègent habilement sa conscience, font miroiter devant ses yeux fortune, honneurs, « les plus belles espérances », pour peu qu'il veuille changer de camp et quitter le parti des princes[3]. C'était mal le connaître ; il fallut bien battre en retraite devant sa ferme volonté. En cette vie diverse, agitée, semée de fautes nombreuses, en cette âme dénuée de scrupules, dont l'intérêt est trop souvent la règle, on trouve en tous temps un point fixe, un sentiment constant que rien ne saurait ébranler : la tendre affection pour Condé, le dévouement à sa personne, la fidélité à sa cause. L'échec complet de toutes les tentatives irrita, dit-on, Mazarin ; et dès lors il soumit Boutteville à une captivité plus dure[4].

Repoussé par le frère, le cardinal eut-il rencontré

---

1. *Journal* de Dubuisson-Aubenay.

2. L'escorte qui conduisit Boutteville à Vincennes se composait d'un détachement des gendarmes de Vendôme et d'une demi-compagnie de chevau-légers, sous le commandement de M. de Montesson. (Notice manuscrite sur le maréchal de Luxembourg. *Loc. cit.*)

3. *Histoire de la maison de Montmorency*, par Désormeaux.

4. *Ibidem.*

chez la sœur une humeur plus accommodante? La conduite d'Isabelle en d'autres circonstances peut autoriser quelques doutes; mais le temps fit défaut pour mener à bien cette affaire, et les suites imprévues du combat de Réthel rendirent, quelques semaines plus tard, toutes les défections superflues.

— Qu'est-ce qu'il y aurait maintenant à faire? demande le cardinal à son confident Puységur [1], le surlendemain de la victoire.

— Monsieur, lui répond celui-ci, il y aurait une belle chose.

— Hé quoi?

— Ce serait d'aller trouver M. le Prince et de lui dire : « Monsieur, toutes les forces d'Espagne et les vôtres, et tous vos amis, n'ont pu empêcher que nous ayons gagné la bataille. Mais, bien loin de me servir de ce bel avantage, je viens ici, l'ayant fait agréer à la Reine, pour vous sortir de prison et vous ramener à la Cour; mais à condition que vous servirez bien le Roi et que vous serez de mes amis ».

Mazarin réfléchit un moment : « Cela ne peut pas se faire, répliqua-t-il enfin; la Reine est trop en colère contre M. le Prince à cause de l'affaire de Jarzé [2]. »

Du rude soldat et du fin diplomate, le premier, en cette occasion, se révéla le meilleur politique. Il fallut bientôt faire de force ce qu'on refusait de bon gré. L'événement justifia la phrase singulière de Lenet, lorsqu'il apprit à Châtillon la défaite complète de Turenne :

[1]. Le vicomte de Puységur, lieutenant général (1602-1682.)
[2]. *Mémoires* de Puységur.

« La duchesse, écrit-il, l'archevêque de Lens et moi, nous augurâmes fort bien de cette nouvelle, parce que nous savions l'état des choses qui se tramaient. » Paroles énigmatiques, que Bussy-Rabutin, présent à l'entretien, éclaire ainsi dans ses *Mémoires* : « La victoire de Réthel fut en réalité la cause de la liberté de M. le Prince, parce que la Fronde, voyant que le gain de cette bataille rendait Mazarin trop puissant, détacha le duc d'Orléans des intérêts de la Cour; et tous ensemble résolurent de faire sortir les princes de prison, et de chasser le cardinal. »

CHAPITRE V
1651-1653

Mort de la princesse douairière. — Son legs à madame de Châtillon. — Libération de Condé. — Son retour triomphal. — Boutteville sort de Vincennes. — Sa précoce réputation. — Son intimité croissante avec Condé. — La fuite à Saint-Maur. — Nouvelle rupture du prince et de la Cour. — Boutteville est nommé gouverneur de Bellegarde. — La guerre civile imminente. — Madame de Châtillon est seule à désirer la paix. — Sa liaison avec Condé. — Influence qu'elle possède sur lui. — Sa rivalité avec madame de Longueville. — Intrigues d'Isabelle pour amener « l'accommodement ». — Sa popularité à Paris. — Son ambassade à Saint-Germain. — Duplicité de Mazarin. — Rupture définitive des négociations. — Exil à Merlou de madame de Châtillon. — Son commerce galant avec l'abbé Foucquet. — Portrait de ce dernier. — Affaire de Ricous et Bertaut. — Rôle ambigu qu'y joue madame de Châtillon. — Elle échappe à la justice. — Sa disparition mystérieuse.

Les événements qu'on vient de lire, lorsque la nouvelle en parvint à Châtillon-sur-Loing, n'y trouvèrent plus en vie la princesse douairière de Condé. Que ce fussent les soucis, les émotions, les craintes, ou toute autre cause inconnue, sa santé, jadis florissante, parut gravement atteinte aux approches de l'automne. La fièvre la prit brusquement, avec une violence si grande que, dès l'abord, on la vit en danger. « Tout ce que je puis faire, écrit le 9 novembre madame de Châtillon, est de prier Dieu de nous la conserver ; et si cela est, c'est un vrai miracle[1] ! » Elle eut pourtant, dans la semaine suivante, « un moment de relâche » ; la fièvre disparut, ainsi que « tous les accidents fâcheux » ; un instant même, il fut question, avec la permission du Roi, de la conduire à Chantilly, dont l'air, assuraient les médecins, achèverait sa convalescence[2]. Mais une rechute survint, qui la fit retomber plus bas. Madame de Châtillon, en cette extrémité, manda Guénault, le médecin à la mode, « hardi joueur, écrit Guy Patin, et téméraire entrepreneur », grand prôneur de remèdes nouveaux, et notamment de l'antimoine, dont il racontait des merveilles. C'était, assurait-il, « un spécifique pour les grandes maladies, le vrai remède des princes. » La malade, par son ordre, en prit quatre doses en deux jours. « Plût à Dieu, s'écrie Guy Patin, que tous les princes qui nous font du mal en ce moment en eussent pris autant qu'elle ! » Le fait est que, de cet instant, elle parut perdue sans ressource[3].

Elle conserva d'ailleurs jusqu'à son heure dernière « l'esprit très sain et le jugement très bon[4] », et témoigna devant la mort de plus de détachement et de fermeté

1. Papiers de Lenet. Bibl. nat. *Loc. cit.*
2. Lettre de madame de Châtillon du 16 novembre 1650. *(Ibidem.)*
3. « Je pense, écrit Guy Patin au sujet de Guénault, que cet homme est enragé ou qu'il a le diable au corps.... Il se pique toujours de donner de ce poison (l'antimoine), et dit en se moquant : « Il n'est pas si mauvais qu'on le dit ; s'il n'est bon pour ceux qui en prennent, il est bon pour leurs héritiers. » *(Lettres à Spon.)*
4. *Mémoires* de Lenet.

d'âme qu'elle n'en avait montré dans le cours de sa vie. La veille du jour où elle entra en agonie, on lui dit qu'Anne d'Autriche n'était pas non plus bien portante, et donnait quelques inquiétudes ; elle fit, sur cette nouvelle, appeler l'abbé Roquette et lui dicta ces mots, qu'elle le chargea d'aller répéter à la Reine [1]: « Madame la Princesse m'a commandé de venir savoir l'état de Votre Majesté, et de lui dire, avec son dernier adieu, qu'elle la conjure en mourant, par les mérites du précieux sang de Jésus-Christ, d'avoir compassion de ses enfants et de vouloir bien faire réflexion sur leur innocence, et qu'elle meurt d'affliction d'avoir été la plus malheureuse mère du monde pendant la régence de Votre Majesté, pour laquelle elle a toujours eu un grand respect. » La Reine écouta ce message, et se contenta de répondre « qu'elle souhaitait sa guérison, et qu'elle contribuerait tout ce qu'elle pourrait pour sa consolation ».

La princesse, ce même jour, fit venir le fidèle Lenet, et l'entretint de ses affaires avec une grande lucidité, recommandant, sans oublier personne, ses amis et ses serviteurs, le priant spécialement « de rendre tous ses bons offices à la duchesse de Châtillon ». Ces choses réglées,

[1]. *Les dernières paroles et la mort de la Princesse douairière de Condé* (Bibl. Nat. Pièce) — Cf. les *Mémoires* de madame de Motteville — Une lettre de Le Tellier à Mazarin confirme ces détails : « Madame la princesse douairière, y lit-on, envoya hier un gentilhomme à la Reine pour l'assurer qu'elle mourait sa très humble servante, comme elle avait toujours été, et qu'elle la conjurait par les entrailles de J. C. (*sic*) de vouloir bien avoir pitié de ses enfants, et qu'elle ne désirait tenir leur liberté que de Sa Majesté seule... » (Lettre du 3 décembre 1650 — Aff. étr. Fr. 872).

elle s'occupa du salut de son âme. Gondrin, archevêque de Sens[1], présent à Châtillon, reçut sa confession et lui donna les sacrements. Après quoi, se tournant vers madame de Brienne, sa proche parente et son amie, elle lui tendit la main, et la chargea de ses adieux pour sa fille, madame de Longueville, qui guerroyait avec Turenne : « Mandez, dit-elle en terminant, mandez à cette pauvre misérable qui est à Stenay l'état où vous me voyez, et qu'elle apprenne à mourir[2]. » Elle demanda encore que son corps fût « porté et déposé, l'espace de vingt-quatre heures », dans l'église des jésuites de la rue Saint-Antoine, où se trouvait « le cœur de défunt monsieur son mari », et qu'il fût célébré « une messe durant que son corps y serait », pour rendre à la mémoire de son époux « cette dernière marque de son respect et de son affection[3] ». Une heure plus tard, des étouffements la prirent. Elle se souleva par un suprême effort, se mit sur son séant, et, voyant Lenet auprès d'elle, lui commanda de s'appuyer sur le chevet du lit et de « la tenir ferme » pendant ses dernières convulsions, désireuse qu'elle était de donner jusqu'au bout l'exemple de la bienséance. C'est « en cette posture » qu'expira, le 2 décembre 1650, dans la cinquante-septième année de son âge, Charlotte de Montmorency, princesse douairière de Condé[4].

1. Il était des amis de madame de Châtillon, et même, si l'on en croit Bussy, violemment amoureux d'elle.
2. *Mémoires* de madame de Motteville.
3. *Les dernières paroles et la mort...* Passim.
4. Son corps fut embaumé, placé dans un cercueil de plomb, et porté tout d'abord dans l'église de Châtillon, où il resta huit jours. Puis

La douleur d'Isabelle semble, en cette circonstance, avoir été sincère. Un contemporain la décrit comme « expirante de larmes ». Elle porta le deuil près d'un an, et, pendant de longs mois, ne reparut pas dans le monde. L'« assistance » et les soins qu'elle avait prodigués, dans les dernières années, à sa constante bienfaitrice ne restèrent pas d'ailleurs sans récompense. Au début de sa maladie, le dernier jour d'octobre, la princesse de Condé avait mandé chez elle, à deux heures du matin, le notaire de la ville de Châtillon-sur-Loing ; elle lui dicta un codicille [1], par lequel elle laissait à « sa chère et fidèle parente [2] » la jouissance pour sa vie durant du château de

on le conduisit à Paris, « dans un chariot tiré à six chevaux caparaçonnés de velours », suivi « d'une infinité de noblesse à cheval » et de deux carrosses où étaient « la dame de Châtillon, ses filles d'honneur et ses femmes ». (*Les dernières paroles et la mort*, etc., etc.). Le service solennel eut lieu aux Cordeliers : « Il y avait, écrit Godeau, plus de deux mille cierges à cette cérémonie. Le clergé et toutes les compagnies souveraines y étaient en corps. »

1. Elle avait fait son testament au mois d'août précédent. On trouvera à l'Appendice, page 496, le texte intégral du codicille.

2. *La Muse historique* de Loret. — Le gazetier s'exprime en ces termes sur le codicille de la princesse douairière :

> Madame la Princesse mère
> Fit un assez beau testament ;
> Et Châtillon, cette autre veuve,
> Belle et presque encor toute neuve
> Tant son teint est frais et joli,
> N'a pas été mise en oubli
> Dedans ce pieux codicille
> Que l'on fit en son domicile.
> En voici quelque échantillon :
> « Je donne à dame Châtillon,

Merlou[1], avec ses métairies, rapportant environ quinze mille livres de rente, plus en propriété une « boîte remplie de perles et pierreries », évaluées au bas mot à cinquante mille écus[2]. Condé, dans sa prison du Havre, fut informé de ces dispositions et les approuva sans réserve. La preuve en est dans le billet suivant, qu'on lit dans la correspondance secrète qu'il échangeait, sous le pseudonyme d'*Artamène*, avec le conseiller Lenet[3] : « Témoignez bien à nos amis, écrit Condé le 2 janvier 1651, notre reconnaissance, et surtout à *Brutus* (le président Violé) à qui nous devons tout. Dites-lui que j'ai donné ordre aux sieurs Ferrand et Lavocat d'ajuster les choses avec madame de Châtillon, en sorte qu'elle ait tout ce que Madame lui a donné, et que cela n'embarrasse pas notre accommodement de mon frère et de moi. Voyez-les même là-dessus, pour qu'elle puisse en être au plus tôt en posses-

> Ma chère et fidèle parente,
> Quinze mille livres de rente;
> Item en diamants, rubis,
> Point de Gênes, brillants habits,
> Émeraudes, turquoises, perles
> Grosses comme des œufs de merles,
> Et bijoux tant petits que grands
> Pour cent cinquante mille francs...

1. C'est le château qu'on appelle aujourd'hui Mello, dans l'Oise.
2. Ces bijoux, aux termes du codicille, devaient passer au jeune fils de la duchesse de Châtillon après la mort de sa mère, « à condition toutefois qu'il demeure toujours catholique et romain ». Au cas où, lors du décès de sa mère, « il se trouverait qu'il eût changé de religion », les perles et diamants reviendraient « à M. le comte de Boutteville, frère de madite dame duchesse de Châtillon ».
3. Papiers de Lenet. — Bibl. nat., *loc. cit.*

sion, et avec honneur. J'attends leur réponse pour écrire à ma femme de lui envoyer les pierreries ; et eux donneront ordre pour Merlou et les meubles. Assurez bien madame de Châtillon de notre service, et priez-la de nous vouloir écrire souvent ; ce nous sera une grande consolation. »

Madame de Châtillon, rendons-lui cette justice, mérite alors par sa conduite les bons procédés de Condé. Après la mort de la princesse douairière, elle redouble de zèle et d'efforts pour la cause. On la trouve constamment mêlée aux négociations multiples qui, depuis l'affaire de Réthel, prennent une activité nouvelle, et dont l'objectif principal est la délivrance de Condé, sa rentrée à la Cour. Elle a sa part de gloire dans le succès de cette campagne, pour laquelle s'associent tant de gens naguère divisés, Beaufort, Gondi, le duc d'Orléans, et celle qui mène toute l'entreprise, Anne de Gonzague, princesse palatine, toute dévouée à Condé, influente à la Cour, puissante auprès des chefs de la vieille Fronde[1]. Le 30 janvier 1651, entre tous les coalisés se signe un traité solennel, dont les points essentiels sont la libération des princes, le renvoi de Mazarin, le partage du pouvoir entre Condé et le duc d'Orléans. Quelques jours encore Anne d'Autriche essaie de continuer la lutte, se débat désespérément contre le cercle menaçant qui se resserre autour du trône ; mais il lui faut se rendre enfin devant l'évidence du danger ; l'ordre de mise en liberté est signé le 10 février ; trois jours après, Mazarin est au Havre,

---

[1]. Voir les détails de cette négociation dans l'*Histoire des princes de Condé*, par le duc d'Aumale.

ouvre lui-même aux prisonniers les portes de la citadelle, les conduit au carrosse qui les ramènera vers Paris.

Le cardinal, par cette tardive démarche, espéra-t-il donner le change aux princes et gagner leur reconnaissance? Cette naïveté ne lui ressemble guère. L'illusion, en tout cas, s'il en eut, dura peu. L'attitude, les propos de Condé et des siens, ne laissèrent aucun doute sur leurs dispositions futures. A peine hors de prison, lit-on dans un rapport conservé aux archives des Affaires étrangères [1], « parlant à ceux qui les venaient rencontrer, ils protestèrent hautement n'avoir d'obligation qu'à son Altesse Royale (le duc d'Orléans), ajoutant qu'ils eussent reçu ce bien de la main du diable, s'il leur eût offert, mais qu'ils savaient bien que le cardinal ne l'avait fait que dans la dernière extrémité ». Lorsqu'il vit la partie décidément perdue, Mazarin se montra beau joueur et passa la main de bonne grâce. Pour laisser le champ libre à ses victorieux adversaires, il prit, de son propre mouvement, le chemin de l'exil, et s'occupa, du fond de sa retraite, à préparer patiemment la revanche.

L'arrivée de Condé dans les murs de Paris eut quelque chose de triomphal. Plusieurs milliers de gentilshommes lui faisant cortège à cheval, de Saint-Denis aux barrières de la ville le chemin « bordé de carrosses, », des tables « dressées en plein vent pour boire à la santé des princes, » des tonneaux de bière et de vin défoncés dans les rues [2],

---

1. Note du 18 février 1651. — Aff. étr. Fr. 874.
2. Nouvelles envoyées à Mazarin. — Aff. étr. Fr. 874.

et, lorsque vint le soir, des feux de joie sur toutes les places publiques, parmi les clameurs répétées de : « Vivent le Roi et les princes, et point de Mazarin ! » : ainsi fut reçu l'homme qui, l'année précédente, avait suivi ce même parcours, captif, gardé à vue par quelques mousquetaires, sous les malédictions et les huées de la foule[1]. D'Anne d'Autriche, à coup sûr, on ne pouvait attendre un accueil aussi chaleureux ; elle fut pourtant courtoise, affable même en apparence. Lorsque Condé la vint saluer, la Reine était « dans son alcôve, étendue sur son lit[2] » ; elle lui adressa quelques mots, s'efforçant de paraître « à l'aise ». Au fond, dit la Grande Mademoiselle, « elle enrageait de voir toute la presse qui était dans sa chambre pour le voir arriver, et se plaignait sans cesse du chaud ; mais la cause lui était plus fâcheuse que le chaud lui-même. Elle affecta néanmoins de paraître gaie ». Le Roi suivit l'exemple de sa mère et « fit caresse » à son cousin, justifiant ainsi par avance le singulier éloge que, deux années plus tard, fera de lui le Père Paulin : « Le Roi croît tous les jours en sagesse et en dissimulation[3]. »

Condé, dans sa victoire, n'eut garde d'oublier les amis

---

[1]. Il y eut cependant du désordre en certains points de la ville : quelques dames, réputées pour être des amies des princes, et notamment madame de Châtillon, furent « bousculées, volées, menacées de toutes les façons » par des hommes que l'on prit pour « des agents du cardinal ». Le duc de Beaufort, à cette occasion, adressa un manifeste aux Parisiens pour les mettre en garde contre ces excitations. (*Avis important donné aux Parisiens par le duc de Beaufort*).

[2]. *Journal* de Dubuisson-Aubenay.

[3]. Lettre écrite à Mazarin par le Père Paulin, confesseur de Louis XIV enfant, en avril 1653 (Aff. étr. Fr. 892).

qui s'étaient sacrifiés pour sa cause. Dès le jour même de son retour, la première fois qu'il vit la Reine, dit un rapport à Mazarin, « il lui demanda la liberté de Boutteville et des autres prisonniers de la bataille, ce qui fut accordé de bonne grâce [1] ». L'ordre d'élargissement fut signé sur-le-champ; Boutteville, le lendemain matin, sortit du donjon de Vincennes et vint droit à Paris pour remercier le prince, « qui le reçut avec force ambrassade [2] ». Il reparut peu après à la Cour, où l'accueil qu'on lui fit acheva de le dédommager de ses récentes épreuves. Le bruit de ses prouesses dans la dernière campagne, le coup de main de la Ferté-Milon, sa blessure à Rethel, sa captivité même, avaient en sa faveur échauffé l'opinion. Son nom était sur toutes les lèvres; il goûta, dès ce temps, les premières douceurs de la gloire. Une pièce populaire de l'époque exalte, en termes emphatiques, le « pilier et la renaissance de la très illustre maison de Montmorency », compare lyriquement ses hauts faits à ceux de « ce vaillant Thésée, qui a jadis occis le sanglier qui ravageait les grains de Crémion, de même que ce héros a fait en faveur du royaume, en contribuant par ses exploits à la destruction de celui qui ravageait les finances et les peuples de France [3] ».

Témoignage plus flatteur encore, Turenne et Condé, en même temps, lui font des offres de service, se disputent l'avantage de l'attacher à leur personne. L'hésitation d'ailleurs n'était guère permise à Boutteville; son parent,

1. Aff. étr. Fr. 874.
2. *Journal* de Dubuisson-Aubenay.
3. *Apothéose de Madame de Longueville.* — Bib. nat. Pièce.

son ami, le protecteur de son enfance, avait sur lui des droits anciens, qu'il ne pouvait pas méconnaître. Une lettre brièvement courtoise informa Turenne de son choix : « Monseigneur, écrit-il, j'ai été si malheureux depuis ma prison et ma sortie, que je n'ai pu vous témoigner le déplaisir que j'ai de n'être plus auprès de vous. Je n'ai eu ma liberté que sur la parole, que M. le Prince a donnée pour moi, que je demeurerais auprès de lui. Je vous prie de me faire la grâce de croire qu'en quelque lieu que je sois, vous ne pourrez y avoir de serviteur plus acquis, et que je conserverai toute ma vie le ressentiment des bontés que vous m'avez fait l'honneur de me témoigner [1] ».

Boutteville reprend donc son logement dans l'hôtel du prince de Condé. Accrue par le malheur supporté en commun, l'intimité qui les unit est plus étroite encore, plus confiante que par le passé [2]. Jamais d'ailleurs, autant qu'en cette saison, il ne fut nécessaire au prince d'avoir à ses côtés des dévouements actifs, des fidélités éprouvées. Sans doute, à sa sortie du Havre, acclamé par le peuple, remis solennellement en possession de toutes ses charges [3], vainqueur pour un moment de la Reine humiliée et de Mazarin en exil, Condé semble au sommet de la gloire et de la puissance. Mais il sent, malgré l'apparence, le terrain miné sous ses pas. Des rancunes, des haines vigilantes surveillent toutes ses démarches, épient toutes ses paroles ; des intrigues mystérieuses s'ourdissent dans les ténèbres et l'enlacent d'un réseau serré. Le cardinal, « caché derrière

1. 15 février 1651. — *Lettres de Turenne*, publiées par Grimoard.
2. Notice manuscrite sur le maréchal de Luxembourg. *Loc. cit.*
3. Ordonnance du 25 février 1651.

la Reine », fomente de loin, aigrit toutes les querelles, profite de toutes les fautes, dresse des pièges invisibles où tombe trop souvent son rival. Trois mois ne sont pas écoulés depuis sa délivrance, qu'en regardant autour de soi, Condé se voit, sans éclat ni cause saisissable, « brouillé avec la Fronde sans être uni avec la Cour, insensiblement rejeté hors des deux grands partis en présence », isolé dans l'État, menacé, sérieusement cette fois, des plus terribles catastrophes, la prison perpétuelle ou même l'assassinat [1].

Une nuit, le 5 juillet, un billet anonyme [2] lui donne avis que les gardes françaises « s'assemblent en sourdine pour investir son hôtel [3] ». Des serviteurs, qu'il envoie aux nouvelles, croient apercevoir en effet, du côté du faubourg Saint-Germain, des mouvements insolites. Condé s'habille en hâte, « passe dans l'appartement de M. de Boutteville », auquel il commande de le suivre. Ils sortent tous deux de l'hôtel « par une porte de derrière », montent à cheval, assistés de quelques valets, gagnent sans bruit la route de Vaugirard. Ils n'y sont pas plutôt, qu'ils

1. *Madame de Longueville pendant la Fronde*, par V. Cousin. — Voir notamment pages 29-37.

2. D'après Chavagnac, le billet aurait été envoyé par M. de Ricous, gentilhomme du prince de Condé, qui, « allant voir sa femme une heure après minuit, trouva près des Boucheries une troupe de soldats du régiment des gardes, qui conduisaient du vin qu'ils avaient fait passer en fraude aux barrières, et s'imagina que c'étaient des gens commandés pour arrêter Condé. » (*Mémoires* de Chavagnac.)

3. Notice manuscrite. *Loc. cit.* — Pour le récit de cet incident, je suis la version que donne cette Notice inédite, et qui diffère un peu des détails qu'on trouve dans les *Mémoires*.

voient de loin venir à leur rencontre un gros détachement de gendarmes et de chevau-légers ; cette vue confirme leurs soupçons ; ils se jettent rapidement « dans un bois proche Montrouge » pour laisser défiler cette troupe; un laquais, du nom de Rochefort, court avertir les fidèles de Condé, leur annonce sa résolution de chercher un asile au château de Saint-Maur, situé à deux lieues de la ville et que sa position met à l'abri d'un coup de main. Les fugitifs y sont au point du jour. La sœur du prince, son frère, ses plus intimes amis, l'y rejoignent le matin même, s'y installent en nombre avec lui; et, soit hasard et fausse alerte, soit traquenard habilement tendu, entre Condé et la couronne la rupture désormais est ouvertement consommée.[1]

Les suites de cette affaire étaient trop faciles à prévoir. « C'est un triste préalable de guerre civile », répond Mathieu Molé, quand le prince de Conti essaye de justi-

1. On trouve aux archives des Affaires étrangères une lettre de Louis XIV aux maréchaux de France, datée du 7 juillet, deux jours après le départ du prince, où le Roi proteste en ces termes contre la conduite de son parent : « Cette lettre est pour vous faire savoir que mes cousins, les princes de Condé et de Conti, et ma cousine, la duchesse de Longueville, se sont retirés la nuit dernière à Saint-Maur-les-Fossés, qui est à mondit cousin le prince de Condé, sur quelques soupçons qui leur ont été donnés malicieusement pour les éloigner de moi ; qu'aussitôt que la chose est venue à la connaissance de la Reine, Madame et Mère, elle a envoyé vers eux mon cousin, le duc de Gramont, maréchal de France, pour les convier de revenir près de moi, avec assurance qu'ils recevront toujours tout le bon et favorable traitement qu'ils pourront désirer... Comme il est certain que leurs défiances n'ont aucun fondement, j'espère que cet événement n'aura aucune mauvaise suite... » (Aff. étr. Fr. 880).

fier le départ de son frère. Prédiction promptement justifiée ! Les mois qui suivent ne sont, de part et d'autre, employés qu'aux préparatifs d'une lutte maintenant inévitable. Le plus pressant souci du prince est de confier à des mains sûres le commandement des places dont il dispose encore. Il vient justement de laisser échapper le gouvernement de Bourgogne qui, depuis trente années, était dans sa maison. Un échange s'est conclu, le 15 mai précédent, avec le duc d'Épernon, gouverneur de Guyenne. D'Épernon prend la Bourgogne, cédant à Condé sa province. Toutefois, en renonçant à son vieil apanage, Condé n'a pas manqué de s'y réserver quelques places[1], le château de Dijon, et surtout la ville de Bellegarde[2], forteresse située sur la Saône, qui tire une réelle importance de sa situation stratégique. Cette petite citadelle sera, en cas de guerre, comme une épine au flanc de la Bourgogne, en même temps qu'une barrière ouverte aux « secours » étrangers qui pourraient venir de Lorraine. C'est à Boutteville qu'échoit le gouvernement de Bellegarde. Il prend sur l'heure possession de son poste ; à peine y est-il installé, qu'il en « triple la garnison » et fait travailler jour et nuit à remettre en état les ouvrages de défense[3]. C'est même un des griefs élevés contre Condé : lorsqu'à la fin d'août, M. le Prince, une dernière fois, paraît au parlement de Paris, on lui reproche vivement

---

1. Lettres de Condé aux échevins de Dijon (Arch. municipales de Dijon).
2. On nommait alors ainsi la ville de Seurre, récemment érigée en duché-pairie.
3. *Mémoires* de Millotet, publié par M. Muteau.

ces démonstrations belliqueuses. Il nie tout avec violence ; « sur quoi, dit Dubuisson-Aubenay, le premier-président a tiré un papier signé *François de Montmorency*, portant ordre aux villages et endroits d'alentour de Bellegarde d'envoyer des hommes de corvée pour travailler aux fortifications de la place. »

Quinze jours plus tard, le 9 septembre[1], Condé s'éloigne de Saint-Maur. Il s'arrête quelques jours en son château de Chantilly ; puis il prend la route du midi. Il retrouve à Montrond sa sœur, son frère, La Rochefoucauld, tous les partisans de la guerre. Leurs avis, leurs exhortations achèvent de dissiper les derniers doutes de sa conscience. Le sort en est jeté : l'épée illustre est tirée du fourreau, pour n'y rentrer que sept années plus tard, rougie, hélas ! de sang français.

Au début de cette crise funeste, une seule personne — une femme — dans l'entourage du prince, plaide encore la modération, cherche à faire prévaloir des conseils de sagesse. C'est la propre sœur de celui qui, le premier dit-on, commença les hostilités[2], c'est la duchesse de Châtillon. Tandis qu'emporté par sa fougue, son humeur batailleuse, son dévouement aveugle à la cause de Condé, Boutteville se jette à corps perdu dans une guerre criminelle, sans hésitation, sans scrupule, sans même éprouver, croirait-on, l'apparence d'un regret ni l'ombre d'un remords, Isabelle, au rebours, s'efforce de tout son

---

[1]. La majorité de Louis XIV avait été prononcée deux jours avant, dans le lit de justice du 7 septembre 1651.
[2]. Notice manuscrite sur le maréchal de Luxembourg. — *Loc. cit.*

pouvoir à retenir le prince sur la pente où il s'abandonne et, deux années durant, au plus fort de la lutte, au bruit furieux des mousquetades, travaille avec persévérance à « faire l'accommodement », à rétablir la paix. Quel que fût son secret mobile — intérêt, ambition, jalousie d'une autre influence — il faut lui savoir gré de cet effort constant, rendre hommage au but qu'elle poursuit ; l'œuvre qu'elle entreprend est, à n'en pas douter, profitable au bien du royaume. Le rôle, en cette période troublée, de la duchesse de Châtillon, brièvement indiqué par les historiens de la Fronde, n'est pas encore bien nettement éclairci ; je voudrais qu'il me fût permis, avec les documents que j'ai pu recueillir, de tenter à mon tour d'y apporter quelque lumière.

Dès le retour des princes et la délivrance de son frère, madame de Châtillon s'était retirée à Merlou, dans le charmant manoir légué par la princesse douairière. Pendant le court séjour que Condé fit à Chantilly avant de se rendre à Montrond, le proche voisinage des deux terres amena de fréquents tête-à-tête entre le prince et la duchesse. C'est probablement à cette date que remonte l'origine de la liaison qui s'établit entre eux. La vive passion de la première jeunesse, longtemps contenue et refoulée, éclate de nouveau brusquement dans l'âme bouillonnante de Condé. Rendue libre par le veuvage à l'âge où d'autres se marient, Isabelle de Montmorency a maintenant vingt-quatre ans à peine ; sa victorieuse beauté brille de toute sa splendeur ; sa coquetterie savante excelle à compléter l'œuvre de son visage ; la « galanterie » qu'on lui connaît avec le duc de

Nemours n'est pas pour arrêter un amant dont le cœur est moins pris que les sens. Il se déclara donc et il fut écouté — ce qui ne veut pas dire qu'il fût vraiment aimé.

Rien de plus incertain, de moins aisé à définir, que les sentiments d'Isabelle à l'égard du prince de Condé. Pendant de longues années, tour à tour elle le flatte, le provoque et le raille, feint de l'abandonner et lui revient sans cesse. Un jour, elle semble prête à se dévouer pour lui ; elle est sur le point, l'heure d'après, de le vendre et de le trahir. Malgré tant de contradictions, peut-être, après tout, donna-t-elle au compagnon de sa jeunesse toute l'amitié dont elle était capable, une amitié mêlée de quelque gratitude pour la confiance qu'il lui témoigne et les bienfaits dont il l'accable. « Je l'aime de tout mon cœur, écrit-elle une fois à Lenet, et il est si bien dans tout ce qui me regarde que j'en aurai une reconnaissance éternelle[1] ».

---

1. Papiers de Lenet. *Loc. cit.* — Dans les lettres que j'ai pu lire de madame de Châtillon à Condé, une seule fait allusion à la liaison qui les unit. Encore est-ce en des termes où la coquetterie perce bien plutôt que l'amour ; on en jugera par cet extrait : « Je vous jure, écrit la duchesse, que je me fais un effort furieux de ne point vous parler des choses sur lesquelles vous me paraissez la plus aimable créature du monde... et j'ai peur que je n'aille jusqu'au point où vous dites que

« De la même ardeur dont je brûle pour elle,
« Elle brûle pour moi. »

Adieu, mon cousin ; je pense que je suis folle, mais c'est parce que vous êtes très éloigné et que vous me faites pitié. Car sans cela je conserverais toujours mon bon sens et la gravité que Dieu m'a donnée ». (Lettre du 17 octobre 1655. Mss. de Gaignières. — Bibliothèque nationale).

Mais ce calme attachement est bien éloigné de l'amour. « De vingt amants qu'elle a favorisés dans sa vie, madame de Châtillon n'aima jamais que le seul duc de Nemours », affirme Bussy-Rabutin, qui, bien souvent injuste, est ici véridique. Encore cette passion même n'est-elle pas exempte de calcul et n'exclut-elle point les « tromperies ». Isabelle sait toujours, quand il est nécessaire, fléchir le sentiment devant l'utilité. Son cœur assurément la porte vers Nemours; mais son intérêt lui commande de ne pas repousser Condé, de l'associer même à son sort par un lien étroit et puissant, et, « gardant l'un pour ses plaisirs », d'employer l'autre à sa fortune.

Dans un temps où les « honnêtes gens » ne se piquent pas d'une morale scrupuleuse, c'est avec une admiration visible que les contemporains de la « belle duchesse », même les moins bienveillants, rapportent de quelle main légère elle « gouverne » à la fois Condé et le duc de Nemours — l'homme dont elle a besoin et celui qu'elle préfère — et, sans heurt, sans froissement, sans un instant d'oubli, sans exciter d'ombrage, conduit de front cette double intrigue. La Rochefoucauld, dans ses *Mémoires*, se vante de lui avoir, en cet art délicat, donné quelques leçons. Elle n'a besoin pourtant des conseils de personne, et son instinct de femme est plus sûr et subtil que la science des grands politiques. C'est avec un tact infini qu'elle use successivement, selon les circonstances, du mensonge et de la franchise, des aveux et des réticences, laissant croire à chacun que, si elle ménage son rival, c'est pour servir plus utilement sa cause, le persuadant ainsi qu'il est le vrai gagnant d'un marché dont l'autre est la dupe, et réussissant « ce beau tour » de faire approuver des deux parts un commerce « dont elle rend compte » et qui, partant, n'a plus rien de « suspect [1] ».

Condé, si pénétrant, ne vit jamais clair en ce jeu ; les avis répétés de ses plus chers amis ne lui ouvrirent jamais les yeux ; une fois sous le joug d'Isabelle, il ne parvint jamais à s'en affranchir entièrement. C'est l'une des belles revanches de l'astuce sur la force, et l'un des exemples frappants de l'ascendant qu'une femme artificieuse peut prendre et conserver sur un homme de génie. Il semble parfois cependant qu'un doute effleure l'âme de Condé. En plusieurs de ses lettres, à propos d'Isabelle il prononce le nom de Circé, l'enchanteresse perfide, funeste à ceux qu'ont enivrés ses philtres. Un jour même, assure-t-on, sur un léger soupçon, il s'avance menaçant vers elle, lui fait « une mine si méprisante », la fixe avec « de si terribles yeux », qu'elle manque de s'évanouir et qu'il lui faut « donner de l'eau [2] ». Mais c'est un éclair fugitif, et Circé rentre vite en grâce : un mot, une plainte, un regard tendre suffisent à ranimer le charme. Une belle peinture allégorique, que l'on peut admirer à Châtillon-sur-Loing [3], symbolise en traits saisissants cette fascination

[1]. *Mémoires* de la Rochefoucauld, de madame de Motteville. *Mémoires de M. de X... sur le* XVIIe *siècle* (collection Michaud et Poujoulat), etc., etc.

[2]. *Mémoires* de la Grande Mademoiselle. — La scène se passe au lendemain du combat de la porte Saint-Antoine, en juillet 1652.

[3]. M. Cousin a vu également ce portrait au château de Châtillon et en parle dans son *Étude sur madame de Longueville*.

d'Isabelle. Elle est représentée en grand habit de Cour, un rang de grosses perles au col, la taille droite et cambrée, dans une pose provocante; une de ses mains, qui pend négligemment, joue avec un collier de diamants et de perles : l'autre main se pose sur la tête d'un lion étendu à ses pieds, un lion à la face presque humaine, où brillent, à travers la crinière, des yeux aisés à reconnaître, les yeux flamboyants de Condé. La femme est merveilleusement belle ; son geste est assuré, calme, dominateur ; un sourire de triomphe erre sur ses lèvres entr'ouvertes ; tout l'ensemble respire l'orgueil avec la volupté.

Du pouvoir qu'elle exerce ainsi sur le héros de son siècle, madame de Châtillon — on le lui a justement reproché — songe avant tout, sans doute, à tirer profit pour son compte. Sa bonne chance a voulu pourtant que cet intérêt personnel se confondît pendant un temps avec l'intérêt de la France. L'heure où *Circé* s'efforce à dompter le lion de Rocroi est celle où il s'apprête à déchirer les flancs de sa patrie.

Peu de semaines après le départ de Condé, une déclaration solennelle, signée du jeune roi Louis XIV, avait publiquement dénoncé la conduite du prince et de ses adhérents. Les archives des Affaires étrangères nous en ont conservé le texte : « Il (Condé) a quitté Paris, écrit le Roi, où il a demeuré depuis son retour de Saint-Maur, sans nous avoir rendu aucun devoir, et s'est acheminé en notre province du Berri et de là en Guyenne, où il a suscité de nouvelles factions et menées... Il a envoyé en diverses provinces des commissions par lesquelles il a

ISABELLE-ANGÉLIQUE DE MONTMORENCY-BOUTTEVILLE
DUCHESSE DE CHÂTILLON
1627 - 1695

donné pouvoir de mettre sus des gens de guerre à pied ou à cheval... C'est pourquoi nous avons dit et déclaré nos dits cousins les princes de Condé et de Conti, et tous autres adhérents, désobéissants, rebelles et criminels de lèse-majesté, déchus de tous honneurs, charges et pensions, et mandons à tous maréchaux de France, gouverneurs, etc., de se saisir de leurs personnes, s'ils ne reconnaissent leur faute dans un mois après la publication des présentes[1]. » La dernière phrase du manifeste laissait une porte ouverte à la résipiscence ; Condé, loin d'entendre l'appel, s'enfonça plus avant dans la voie de la rébellion. Le 6 novembre 1651, un traité signé à Madrid consacrait cette alliance qu'il flétrissait naguère en termes indignés, l'alliance avec l'Espagne, alors notre ennemie acharnée, la puissance qui depuis un siècle n'avait eu qu'un seul but et qu'une seule politique : faire tomber nos frontières, des Pyrénées au Pays-Bas, ceindre le front de ses rois de la couronne de France.

Dans cette résolution fatale, une part considérable incombe à madame de Longueville. C'est son ardeur, son éloquence qui triomphèrent — et non sans peine — des hésitations de Condé. « Par l'audace de sa volonté, elle l'emporta, dit madame de Motteville, contre le plus grand capitaine que nous ayons eu de nos jours ». Cette raison seule, à défaut d'autre, eût suffi pour jeter madame de Châtillon dans un parti contraire. La lutte entre les deux cousines couvait depuis de longues années. Ce fut d'abord, dans leur première jeunesse, une ému-

---

[1]. Aff. étr. Fr. 880.

lation de beauté. L'une, de taille plus élevée, de plus grand air que sa rivale, forçait l'admiration par son allure superbe et la haute fierté de son âme; Isabelle, plus jolie[1], plus gracieuse et plus « enivrante », s'insinuait dans les cœurs par des chemins secrets, et s'y installait solidement comme dans une place conquise. Leur vague inimitié prit, dans l'automne de l'an 1651, une forme plus précise. Le duc de Nemours, à cette époque, suivit dans l'expédition de Guyenne Condé et madame de Longueville : cette dernière, alors liée avec La Rochefoucauld, oublia cet ancien amant pour un nouvel adorateur; au goût qu'elle eut pour le jeune duc s'ajouta le plaisir de le rendre infidèle, et cette galanterie affichée fut le bruit de Paris et l'événement du jour. Isabelle, en cette trahison, fit preuve d'une adresse supérieure. Sans dépit, sans esclandre et sans montre de jalousie, elle attendit son heure avec patience; Nemours, lorsqu'il revint, n'essuya ni scène ni reproche; elle s'efforça seulement à redoubler de charme[2]. Un moment lui suffit pour reprendre tout son empire. Puis, sa proie ressaisie, elle s'occupa de sa vengeance.

Cette vengeance, elle la veut éclatante et complète. La

---

[1]. On demandait un jour à la petite de Montausier, qui passait pour un prodige d'esprit et de jugement, laquelle elle préférait de madame de Longueville ou de madame de Châtillon, qu'elle appelait sa belle-mère : « Pour la vraie beauté, dit-elle sans hésiter, ma belle-mère est encore la plus belle. » (Historiettes de Tallemant des Réaux.)

[2]. La première fois qu'ils se revirent, après le retour de Nemours, fut à un bal au Luxembourg. « Madame de Châtillon, dit la Grande Mademoiselle, y parut ajustée au dernier point, et belle comme un ange ».

rupture publique de Nemours avec la duchesse de Longueville est loin d'apaiser sa rancune; elle prétend vaincre sa rivale sur un autre terrain que celui de l'amour, lui dérober la direction et la connaissance même des affaires du parti, détruire son influence sur l'esprit de Condé, et montrer « aux yeux de l'Europe[1] » qu'une seule femme est assez puissante pour disposer, au gré de son caprice, « de la destinée d'un héros ». Quelques semaines furent employées à se recruter des alliés. Le premier fut La Rochefoucauld : furieux d'avoir été trahi, il entra dans tous les desseins qui pouvaient nuire à sa volage maîtresse, et « promit tout ce qu'on voulut[2] ». Nemours, pour se faire pardonner, ne témoigna pas moins de zèle. Lenet, gagné par de brillantes promesses[3], se mit aussi de la partie, apportant comme appoint son savoir-faire diplomatique et la confiance du prince. Le but commun des conjurés est la cessation de la guerre, « l'accommodement » avec la Cour, préface presque assurée de la paix générale. Obtenir ce grand résultat sans le concours de madame de Longueville et presque à son insu, la tenir à l'écart de « la plus éclatante affaire » du temps, et tirer pour soi-même le principal profit d'une si glorieuse victoire, tel est l'objet particulier que poursuit Isabelle, et qu'elle semble un moment sur le point de réaliser.

1. *Vie de Condé*, par Désormeaux.
2. *Mémoires de madame de Motteville.* — *Mémoires de M. de X... sur le* xviie *siècle*, etc., etc.
3. *Lettres de la duchesse de Châtillon.* — *Papiers de Lenet. Loc. cit.*

Ce « complot » pacifique éclate au début du printemps, après le combat de Bléneau[1]. Condé, vainqueur des troupes royales, qu'il eût anéanties sans l'habile retraite de Turenne[2], abandonne son armée, et s'en vient à Paris cueillir le fruit de son succès. Il délaisse le champ de manœuvres, où il est sans égal, pour celui de la politique, dangereux aux hommes de guerre. Dans ce parti inopiné — dont les suites seront désastreuses — peut-être faut-il reconnaître l'inspiration secrète de la duchesse de Châtillon, chez laquelle, après la bataille, il loge à Châtillon-sur-Loing. En tout cas, elle le suit de fort près dans la capitale. Elle y arrive le 20 avril, avec une escorte brillante, bizarrement composée de troupes du prince mêlées aux troupes du Roi, pour la protéger en chemin contre les pillards des deux camps. « Outre ces braves gens d'armes », dit galamment le gazetier Loret,

> Dix mille amours, dix mille charmes,
> Dix mille attraits, dix mille appas,
> La suivaient aussi pas à pas.

Jamais son ascendant sur l'esprit de Condé ne fut plus établi que pendant ce séjour; jamais l'intimité ne parut entre eux plus étroite. C'est chez elle, la plupart du temps, qu'il donne ses « rendez-vous d'affaires »; c'est en sa

---

1. 7 avril 1652.
2. Après la délivrance de Condé, Turenne avait repris sa liberté d'action vis-à-vis de M. le Prince, alléguant que ses engagements envers lui finissaient avec la prison. Dans le conflit qui éclata ensuite, il se prononça pour la Cour, et reçut peu après le commandement d'une des armées du Roi.

présence que se tiennent les conférences et les « conseils de guerre[1] ». Négligeant toute prudence, le prince s'oublie souvent chez son amie jusqu'à une heure avancée de la nuit ; il n'y renonce qu'à contre-cœur, sur les instances des siens lui montrant le péril qu'il court à « sortir si tard par les rues[2] ». Tout ce mois et tout le suivant, le triomphe d'Isabelle est vraiment à son apogée. Sa séduction rayonne de la demeure des princes aux faubourgs populaires ; elle calme avec un mot les fureurs de la foule. Un jour que « la canaille » s'est amassée sur le Pont-Neuf, pour « houspiller » ceux qu'on suspecte de liaison avec Mazarin, quelques-uns de ceux-ci, mesdames de Rieux et d'Ornano, la douairière d'Elbeuf et le comte de Brancas, sont reconnus, poursuivis, maltraités ; leurs carrosses sont mis en morceaux, « leurs habits déchirés, leurs cheveux arrachés » ; on les entraîne vers la rivière avec des clameurs menaçantes[3]. Madame de Châtillon passe par bonheur en cet instant ; elle s'élance hors de sa voiture, conjure « ces coquins enragés » de relâcher les « mazarins ». Et les colères tombent à sa voix ; les prisonniers,

1. *Mémoires* de la Grande Mademoiselle.
2. *Lettres* de Marigny. — *Mémoires* de la Grande Mademoiselle.
3. Ces désordres étaient alors fréquents, et les auteurs du temps en ont laissé de nombreux récits. Un jour, rapporte Conrart, un homme du peuple s'élance à brûle-pourpoint vers le carrosse de la duchesse de Bouillon, prend « à pleines mains » le mouchoir qu'elle portait à son cou, et « lui serre la gorge en lui disant mille injures ». Elle se borna, sans s'émouvoir, à lui faire observer doucement « qu'elle avait la gorge si sèche qu'il ne ferait que s'y blesser », et le « cajola » si adroitement que, non seulement il la lâcha, mais se constitua son défenseur. Une autre fois, deux des filles d'honneur de la Reine, mesdemoiselles Gourdon et de Ségur, ont l'imprudence de

plus morts que vifs, sont remis sous sa protection ; elle les conduit vers son carrosse, et les ramène au logis sains et saufs[1].

Que Mazarin, récemment revenu d'exil et rentré à la Cour[2], ait conçu le désir de mettre cette force à profit pour agir sur les événements et incliner Condé vers la conciliation, la chose est naturelle et le fait est certain. « Plût à Dieu, écrit-il au marquis de Mortemart, que M. le prince et le cardinal puissent être une heure ensemble en la présence de madame de Châtillon, et je crois pouvoir répondre que tout serait accommodé avec satisfaction réciproque[3] ! » Certains historiens cependant vont plus loin dans leurs hypothèses, et présentent Isabelle comme un agent secret à la solde du cardinal, chargée d'abuser M. le Prince par des négociations illusoires et d'endormir sa vigilance, tandis qu'on prépare en secret l'écrasement de ses forces. Sauf quelques vagues insinuations dans les *Mémoires* de Mademoiselle, et une phrase plus précise du calomnieux roman de

---

se promener dans les faubourgs, du côté de la porte Saint-Victor. On met « leurs carrosses à sac », on pille « leurs hardes et bijoux »; elles se réfugient dans une maison voisine, où la canaille vient mettre le feu avec des bouchons de paille ; et elles ne purent échapper à la mort qu'en escaladant le mur des Bernadins, qui les protégèrent de la foule et les firent ramener saines et sauves (*Gazette* de Loret).

1. Journal de la Fronde, publié par la *Revue Rétrospective* — *Journal* de Dubuisson-Aubenay, etc., etc.

2. Le cardinal rentra en France, par Sedan, en décembre 1651, à la tête d'une petite armée. Il rejoignit la Cour à Poitiers le 29 janvier 1652, et reprit dès lors publiquement ses fonctions de premier ministre.

3. *Correspondance générale* de Mazarin.

Bussy-Rabutin, il n'existe aucune preuve certaine d'une si odieuse duplicité. Tous les documents authentiques — même s'ils émanent de gens qui, comme madame de Motteville, jugent la duchesse avec rigueur — la représentent, à l'opposé, comme désirant la paix avec sincérité et y travaillant de bonne foi. Assez d'autres griefs fondés, au cours ultérieur de sa vie, pèseront sur sa mémoire, pour qu'on lui laisse au moins ici le bénéfice du doute. « Je me sens obligée de vous dire — mande confidentiellement à Mazarin la vicomtesse de Puisieux [1] — que je vois les dispositions les meilleures du monde, et plus encore dans le fond des cœurs que l'on n'ose témoigner en apparence ». L'amère déception d'Isabelle, au lendemain de l'échec final, plaide également en sa faveur : « Je ne sais plus me réjouir de rien, écrira-t-elle à son allié Lenet, et je trouve en toutes choses mille sujets de chagrin ; surtout quand l'on n'en voit point la fin telle qu'on la souhaite, et qu'il peut arriver encore mille malheurs qui auraient été levés par un bon accord [2] ! »

Ces tentatives d'accord passent par des phases diverses. La fin d'avril et le début de mai sont remplis des pourparlers qui — par l'influence d'Isabelle, sous son inspiration directe — s'échangent entre le cardinal et le prince de Condé. Les intermédiaires désignés sont d'abord Chavigny, puis le comte de Gaucourt, chargés de transmettre à la Cour les offres et propositions du

---

1. Aff. étr. Fr. 882. — Madame de Puisieux était l'un des agents les plus zélés et les plus intelligents employés par Mazarin.
2. Lettre du 17 avril 1652. — Papiers de Lenet. *Loc. cit.*

prince, toujours jugées exorbitantes. C'est sous les yeux de la duchesse que se rédige un peu plus tard la fameuse *Instruction* que Gourville emporte avec lui pour traiter avec Mazarin. Toutes les « conditions » de Condé y sont énumérées, dans le plus minutieux détail. Chacun de ses amis, soit sous forme d'argent, soit sous forme de « grâces », devra, si la paix est signée, avoir d'importants avantages[1]. Madame de Châtillon, par une louable réserve, n'a pas inscrit son propre nom sur cette liste de récompenses. Mais elle ne s'est pas oubliée ; les papiers de Lenet nous révèlent le secret de ses prétentions ambitieuses : « La *rose* (madame de Châtillon), dit une lettre de Bourguignet, prétendait à entrer chez la Reine future, en s'accommodant avec la princesse palatine qui avait la charge de surintendante de la maison, ou avec la maréchale de Guébriant qui devait être dame d'honneur, du consentement de la Cour. » Au reste, pour tout dire, elle est payée d'avance, car c'est en ce même temps qu'elle reçoit de Condé la donation en toute propriété de cette jolie terre de Merlou, dont la princesse douairière lui avait laissé la jouissance. « J'ai ouï dire, écrit méchamment la Grande Mademoiselle, qu'il ne lui avait fait ce don que parce qu'il croyait que Merlou tomberait dans le partage du prince de Conti. Pour moi, je tiens qu'il aurait pu lui faire cette libéralité sans qu'on eût rien dit, parce qu'il est digne d'un grand prince de renchérir sur celle des autres. Mais cela arrive si peu aux Bourbons que,

---

[1]. Voir les *Mémoires* de La Rochefoucauld et la copie de l'*Instruction* qui y est annexée.

quand ils font des libéralités, on les impute toujours à mal ! »

Les conditions proposées par Condé, quel que fût le porte-paroles, Chavigny, Gaucourt ou Gourville, trouvèrent chaque fois chez Mazarin une intraitable opposition. « Les princes, explique plus tard le cardinal à M. de la Croizette[1], ont fait ici diverses propositions de paix. Ils se tiennent néanmoins fermes à prétendre des choses tout à fait extraordinaires, et beaucoup plus nuisible au Roi ou à l'État, si on les accordait, que la continuation de la guerre, quand même Sa Majesté n'y aurait pas de bons succès. C'est pourquoi on ne voit pas encore jour d'en bien espérer ». Après bien des débats, l'on n'aboutit à rien. C'est alors qu'Isabelle, agrandissant son rôle, voulut entrer officiellement en scène, et, des fonctions de conseiller, passer au rang d'ambassadeur. Condé, aveuglé par l'amour, la crut-il vraiment douée de talents supérieurs, et capable de réussir où avaient échoué tous les autres? Ou se dit-il qu'une jolie femme a des vertus diplomatiques plus efficaces que les finesses des vieux routiers de la carrière, et que certaines paroles ont meilleure chance d'être accueillies — fût-ce même par un prince de l'Église — quand elles sont proférées par des lèvres vermeilles? En tout cas, il est hors de doute qu'il investit la messagère de pouvoirs tellement étendus que Mazarin, naturellement défiant, refusa quelque temps d'y croire[2], et qu'Isabelle se rendit à la Cour munie, pour traiter les affaires, d'un blanc-seing dont personne n'avait encore eu la faveur.

[1]. Lettre du 12 juin 1652 — Aff. étr. Fr. 269.
[2]. *Vie de Condé*, par Désormeaux.

Cette extraordinaire ambassade se fit aux derniers jours de mai. La Reine et Louis XIV étaient à Saint-Germain ; madame de Châtillon y déploya une « pompe », un « éclat » merveilleux. Un sauf-conduit signé du cardinal, une escorte quasi royale, les honneurs militaires que l'on rend d'habitude aux envoyés des grandes puissances, attestaient publiquement son prestige personnel et l'importance de sa mission. « Il ne lui manquait, écrit Retz, qu'un rameau d'olivier à la main. Elle fut reçue et traitée effectivement comme Minerve aurait pu l'être ! » Anne d'Autriche et le Roi lui accordèrent une audience immédiate ; pendant près de trois heures, elle resta « enfermée avec Leurs Majestés seules ».[1] Cet accueil ne fut dépassé que par celui de Mazarin. Il la couvrit de louanges hyperboliques, et la combla, dit Désormeaux, « des promesses les plus magnifiques ». Elle s'en retourna, le lendemain, chargée de gloire et d'espérances[2]. Chacun, dans le premier moment, crut la paix vraiment assurée.

1. Journal de la Fronde, publié par la *Revue Rétrospective*.
2. La gazette de Loret exprime en ces termes les espérances du public :

> La duchesse de Châtillon,
> Dont le naturel vermillon
> Et les lis de son beau visage
> Au plus barbare personnage
> Pourraient inspirer de l'amour,
> Fait, dit-on, un voyage en Cour.
> Mon esprit, à toute aventure,
> Ose en tirer un bon augure,
> Et cela marque assurément
> Quelque grand accommodement
> Du Roi, de la Reine et des Princes,
> Pour le repos de nos provinces.

Le bon peuple s'en réjouissait, tandis que les fauteurs de troubles se désolaient au fond de l'âme et que Gondi, furieux, criait de son carrosse à un abbé de ses amis : « Nous sommes f... L'accommodement est fait, et sans nous [1] ! »

L'espoir des uns, la déception des autres, étaient également sans objet, l'événement le prouva bientôt. Fidèle au procédé qui lui a toujours réussi, le cardinal, cette fois encore, ne traite que pour gagner du temps. Il élude, atermoie, multiplie les phrases vagues, les protestations évasives; et, lorsqu'il lasse enfin la patience de son adversaire, il l'accuse de hauteur, dénonce sa mauvaise volonté. « Jamais, avance audacieusement son agent Le Tellier [2], jamais M. le Prince n'a voulu l'accommodement, jamais il n'a voulu prendre aucun tempérament. Il s'est contenté de se fâcher de ce qu'on lui refuse quelque chose. En un mot, il a toujours cherché dans ce qui a été proposé plutôt ce qui pourrait aider à rompre qu'à conclure le traité. » La justice de l'Histoire veut qu'on applique à Mazarin le reproche que ces derniers mots contiennent à l'adresse de Condé; et les lettres confidentielles de Le Tellier au cardinal, dont on trouve les minutes aux Affaires étrangères, reconnaissent sans détour que le but à poursuivre est d'engourdir le plus longtemps possible l'activité de M. le Prince, en ne se fiant qu'à « la puissance des armes » pour rétablir et imposer la paix[3]. Le succès, au surplus, récompense cette tactique. Tandis que le Prince, abusé, croyant sincèrement à l'accord, perd son temps en conciliabules,

---

1. *Mémoires* de Conrart.
2. Aff. étr. Fr. 885.
3. Voir notamment la lettre du 12 octobre 1652. Aff. étr. Fr. 885.

l'armée qu'il oublie en province, médiocrement conduite par des généraux de rencontre, se laisse affaiblir en détail. Turenne, maintenant passé au service de la Cour, profite de toutes les négligences, se fortifie de toutes les fautes, coupe peu à peu au gros des troupes rebelles les communications avec la capitale.

Devant l'imminence du péril, Condé, pour un instant, s'éveille de sa torpeur. La sanglante victoire qu'il remporte sous les murs de Paris, près de la porte Saint-Antoine[1], prouve qu'il n'a rien perdu de son génie de capitaine. Mais, au lendemain de la bataille, il se laisse prendre derechef aux pièges de Mazarin. « J'avais supplié Leurs Majestés, écrivait dès le 22 juin le cardinal à La Croizette[2], pour faciliter les choses, de trouver bon que je m'éloignasse pour quelques jours, comme il avait été proposé de la part des princes, afin d'avoir un prétexte de se dégager du parlement et de mettre les armes bas.» Cette feinte retraite se réalise quelques semaines plus tard; le cardinal quitte ostensiblement la Cour, sans cesser, malgré la distance, de diriger toutes les affaires; et cette concession apparente engage M. le Prince en de nouvelles démarches. On recommence à négocier. Isabelle, tenace dans ses vues, ne se décourage pas et reprend la partie[3]. « J'ai eu bien de la peine à obtenir ce

1. 2 juillet 1652.
2. Aff. étr. Fr. 269.
3. « Madame de Châtillon, écrit Mazarin le 18 juillet 1652, s'emploie fortement pour la paix; mais le cardinal est au désespoir de connaître que, de la façon qu'on la traite, elle ne se conclura jamais. » (Lettre à M. de Mortemart. *Correspondance générale*.)

que je désirais, écrit-elle à Lenet le 29 septembre 1652[1], mais enfin on me l'a accordé. Si nous sommes assez heureux de faire la paix, vous aurez satisfaction, mais je ne puis rien encore vous dire de certain. La chose se doit bientôt conclure ou rompre. »

Les pourparlers se traînent, avec ces alternatives monotones, jusqu'au début du mois d'octobre, où se produit une soudaine volte-face. Il n'est jeu si beau qui ne s'use à la longue, et le jour vint où la duchesse se lassa d'être dupe, et de porter sans cesse au prince des refus sans franchise ou des promesses sans résultat. Le cardinal, le 4 octobre, lui fit remettre une lettre à l'adresse de Condé, à laquelle était joint un mémoire détaillé[2]. Elle prit connaissance du paquet, et déclina nettement l'honneur de le transmettre. « On eut hier au soir, mande Le Tellier à Mazarin[3], la réponse de madame de Châtillon, qui porte qu'elle ne se voulait pas charger de faire savoir à M. le Prince ce qui est contenu dans cette lettre, et qu'on se pouvait adresser à d'autres, si on désire que S. A. en soit informée. » C'était la rupture déclarée, et Mazarin s'en montra dépité. « Il faudrait, écrit-il, que M. de Fabert prît la peine d'écrire à M. de Chavigny que madame de Châtillon, qui avait toujours tâché de porter l'esprit de M. le Prince à l'accommodement, était à présent bien changée, qu'elle était autant *catholique* (c'est-à-dire Espagnole), que Fuenseldagne, que je sais cela de très bon

---

1. Papiers de Lenet. — *Loc. cit.*
2. La lettre ni le mémoire ne se retrouvent aux archives des Affaires étrangères.
3. Lettre du 6 octobre. Aff. étr. Fr., 885.

lieu. — Je vous dirai dans la dernière confidence, écrit-il à un autre agent, que les Espagnols se tiennent aussi assurés de madame de Châtillon comme ils le sont de M. le Prince. Croyez qu'il n'y a rien de si vrai que ce que je vous dis. » Et s'adressant, à quelques jours de là, à son confident Ondedei : « Il conviendrait, dit-il, que Leurs Majestés n'eussent aucune indulgence pour certaines femmes qui ont fait un grand mal et qui continueront encore si on les laisse à Paris, comme madame de Châtillon[1]. »

Ce ne sont pas de vaines paroles ; l'exécution suit de près la menace. Condé, le 13 octobre, se décide à quitter Paris ; il se rend en Champagne, reprend le commandement effectif de l'armée. La guerre, si longtemps hésitante, va, sous ce chef incomparable, s'engager enfin pour de bon. Le Roi, huit jours après[2], fait dans sa capitale une entrée éclatante. Montant un cheval gris qu'il manie avec élégance, entouré d'un nombreux cortège portant des flambeaux et des torches, il suit, à la tombée du jour, la longue avenue du Cours-la-Reine, répondant aux acclamations avec une dignité précoce, « tenant son chapeau à la main aux endroits où il y avait le plus de dames, et partout faisant les choses de la meilleure grâce du monde[3]. » Les grands chefs de la Fronde, Beaufort, La Rochefoucauld, le président Violé, ont devancé l'ordre d'exil qui suit le triomphe de la Cour. Madame de Châtillon prévoit un traitement

1. Lettre d'octobre 1652. (*Corresp. gén.*)
2. 21 octobre 1652.
3. Lettres de Bartet à Mazarin. — Aff. étr. Fr. 885.

analogue : « On m'a dit hier, écrit-elle à Lenet, que l'on m'allait chasser et que, pour que cela ne fût point, il fallait que je visse la Reine[1]. » Elle se refuse à cette démarche et n'attend pas longtemps le châtiment de son audace : « On a envoyé l'ordre à madame de Châtillon de sortir de Paris, ce qu'elle a fait, » écrit le lendemain même Le Tellier au cardinal[2]. La lettre de cachet qui lui fut signifiée lui enjoignait de se rendre sur l'heure « en sa maison de Châtillon-sur-Loing » ; ce fut avec « une grande difficulté » qu'elle fit changer cette résidence pour celle du château de Merlou[3].

Jusqu'ici, comme on a pu voir, madame de Châtillon reste facilement défendable. C'est à dater de cette époque qu'il plane un doute sur sa conduite et que ses relations avec le parti de la Cour offrent parfois quelque chose de suspect. C'est qu'à ce moment entre en scène un personnage qui, six années durant, va jouer un grand rôle dans sa vie et que bientôt, au cours de ce récit, nous retrouverons en d'étranges circonstances. Il est nécessaire, à ce titre, de le présenter au lecteur. L'abbé Basile Foucquet[4], plus

1. Papiers de Lenet. — *Loc. cit.*
2. Mesdames de Montbazon, de Fiesque et de Fontenac furent exilées de même.
3. Lettre sans signature adressée à Lenet (Arch. de Chantilly). Le bruit courut faussement en décembre suivant que madame de Châtillon avait « fait son accommodement avec la Cour » (lettre de Marigny du 8 décembre 1652. Pap. de Lenet). En réalité, elle refusa l'amnistie et imita sur ce point la conduite de madame de Longueville, dont on trouvera à l'Appendice, page 498, une lettre inédite, exposant à Lenet les raisons de son refus.
4. Né, en 1612, d'une bonne famille de robe, originaire d'Anjou. Il fut enveloppé dans la disgrâce de son frère et mourut en 1680, à l'abbaye de Barbeau, dont il était commandataire.

âgé de trois ans que son célèbre frère, le surintendant des finances, avait été destiné de bonne heure à l'état ecclésiastique. Il n'eût de cette carrière que le profit sans charges, car il obtint des bénéfices et ne reçut jamais les ordres. Ambitieux, « agissant », à la fois énergique et souple, impénétrable dans ses vues, tenace en ses desseins, il dissimulait son audace sous une contenance timide, un air modeste et comme « honteux ». Au physique, il avait belle mine, avec des yeux d'un bleu vif, des cheveux châtain clair, un nez droit et bien fait, une physionomie spirituelle, une allure, un costume qui sentaient l'homme de Cour plutôt que l'homme d'Église. Mazarin, subtil connaisseur, comprit de quelle ressource lui serait un tel auxiliaire. Il l'attacha à son service sans fonction définie et sans titre officiel, ne l'employant d'abord qu'à de secrètes besognes. L'abbé justifia la confiance de son maître et sa faveur s'accrut promptement. Il fut, en peu d'années, l'homme à tout faire du cardinal, son âme damnée et son « Éminence grise », vrai ministre de la police, disposant à son gré des lettres de cachet, usant sans discrétion de ce dangereux pouvoir. Sa mystérieuse puissance devint vite légendaire. Certain jour que Gourville est en visite à la Bastille, il voit dans une des cours errer un lévrier : « Que fait-il là ? interroge-t-il. — Monsieur, réplique son interlocuteur, c'est qu'il a mordu le chien de l'abbé Foucquet [1]. »

---

1. *Mémoires de Gourville*. — *Mémoires sur Foucquet*, par Chéruel. — *Histoire amoureuse des Gaules*, etc., etc.

Ce redoutable politique a pourtant un point faible, inattendu chez un homme de cette trempe. Il est galant, sensible à l'influence des femmes ; la vanité — la « gloire », comme on disait alors — l'engage en certaines aventures ; l'amour s'en mêle ensuite, et trouble son lucide esprit. De ses conquêtes, la plus ancienne est celle de madame de Chevreuse, qui jette dès le début un certain lustre sur son nom. Cette liaison terminée, l'abbé se met en quête de quelque autre grande dame. Un hasard, fatal pour tous deux, fit que son choix tomba sur la duchesse de Châtillon. Il la vit pour la première fois en avril 1652. Les troupes de M. le Prince l'avaient arrêté près Corbeil ; on trouva dans ses poches une lettre écrite à Mazarin, qui fut jugée compromettante ; sur son refus d'explication, il fut envoyé à Paris, gardé un mois, prisonnier sur parole, à l'hôtel de Condé. Dans ce séjour forcé, il rencontra fréquemment Isabelle, vit son influence sur le prince, et se rapprocha d'elle, par calcul au début, par attrait dans la suite, et bientôt enfin par amour. Longtemps il brûlera « pour ses yeux » d'une passion violente, qu'elle encourage sans y céder. « Il s'est toujours plaint de ses cruautés, et ne s'est jamais vanté d'en avoir eu les dernières faveurs », dit la Grande Mademoiselle, témoin peu suspect d'indulgence. Elle s'amuse à faire la coquette, attise avec une science perfide la flamme de cet adorateur, et ne songe qu'à tirer de lui présents, honneurs, avantages de toutes sortes [1]. De son côté, le poli-

---

1. « Comme l'abbé Foucquet est frère du surintendant, écrit Mademoiselle, je crois qu'il lui a beaucoup fait faire d'affaires, et qu'ayant de l'argent elle a acheté des meubles et des bijoux. »

cier revient par intervalle à sa nature et à son rôle ; l'intrigant reparaît sous l'amoureux déçu ; il se venge cruellement des dédains de sa belle en l'employant — parfois à son insu — à desservir au profit de la Cour la cause de ses anciens amis. Le commerce de ces deux êtres n'est qu'une longue suite de « duperies réciproques » et de trahisons alternées.

Isabelle, dans les premiers temps, semble en cette triste lutte avoir conservé l'avantage. Bien qu'elle déplore ouvertement la faillite de l'accommodement, et qu'elle ait « une grande impatience de voir M. le Prince retiré des fâcheux engagements où il est[1], » elle reste au fond du cœur attachée à Condé et dévouée à ses intérêts. Ses lettres à Lenet en font foi : « On ne parle à la Cour, lui confie-t-elle avec chagrin[2], que de traiter M. le Prince dans la dernière rigueur, et particulièrement depuis qu'on a intercepté des lettres qu'il a écrites en Allemagne, où on dit qu'il y a des choses terribles contre la France, et la dernière liaison avec l'Espagne. Tout cela nous éloigne bien de l'espoir de la paix, ce qui m'afflige au dernier point ». Elle continue sous main à correspondre avec Condé. En avril 1653, il quitte même un jour son armée pour venir la voir à Merlou, escorté de « cinq cents chevaux », et Mazarin mande à Turenne « ce bel incident de roman[3] ». L'abbé Foucquet, pendant ce temps, s'imagine régner sans partage sur le cœur de la dame, se porte naïvement garant de « ses bonnes intentions ». Il va,

1. Servien à Mazarin, 4 décembre 1652. — Aff. étr. Fr. 886.
2. 4 janvier 1653. — Papiers de Lenet. — *Loc. cit.*
3. *Lettres de Turenne*, publiées par Grimoard.

pour lui complaire, jusqu'à désobéir aux injonctions de Mazarin, et se rend près d'elle en cachette, alors qu'on le croit à Paris [1]. Vainement le cardinal s'efforce à la désabuser, lui cite certains passages de la correspondance secrète du prince et d'Isabelle, « qui contiennent la déclaration d'une guerre immortelle contre le Mazarin [2] ». Sous le charme de « son Hélène », l'abbé ne démord pas de son aveugle parti-pris, et dédaigne aussi bien les avertissements du « patron » que les prières instantes et les conseils de ses amis [3]. Il faut, pour lui ouvrir les yeux, un incident tragique, sur lequel la lumière n'est point faite entièrement, et où le rôle de la duchesse apparaît trouble et mystérieux.

Dans les premiers jours de septembre de l'année 1653, l'abbé Foucquet informe Mazarin que des lettres inter-

1. Lettres de Le Tellier. — Aff. étr. Fr. 885.

2. Mazarin, à cette époque, était lui-même en correspondance directe avec madame de Châtillon ; mais, plus circonspect que l'abbé, il ne faisait guère fond sur ses protestations et ne s'engageait qu'avec réserve : « Ce sera votre conduite, madame, lui écrit-il le 28 juin 1653, qui réglera la mienne à votre égard, et s'il est vrai que vous soyez dans les mêmes sentiments que Leurs Majestés peuvent désirer, je vous rendrai tous les soins qui sont en mon pouvoir, etc., etc. » — (Aff. étr. Fr. 891).

3. « Diverses personnes ont écrit contre vous, lui mande l'un de ses amis en confidence ; on a même été jusqu'à dire que, quelque esprit qu'eût madame de Châtillon, ses yeux sont encore plus éloquents que sa bouche, et qu'il n'y a point de raisons qui ne cèdent à leur force. Enfin, ils concluaient que la passion que vous témoignez était une marque ou de peu de clairvoyance, ou d'opiniâtreté, ou de présomption. »

ceptées ont fait découvrir un complot contre la sûreté de l'État. On ne connaît encore que deux coupables : l'un est Christophe Bertaut, « grand maître des eaux et forêts de Bourgogne », qui, par ses relations, sa fortune, son activité, dispose en cette province d'une notable influence, qu'il met au service de Condé; il est d'ailleurs, depuis trois mois déjà, arrêté et mis au secret, sur une dénonciation vague. Son complice — et l'auteur des lettres qu'on a prises — est le sieur de Ricous, bon gentilhomme gascon, tout dévoué à M. le Prince, frère cadet d'un autre Ricous [1], dont la femme est dans la maison de la duchesse de Châtillon. Tous deux, dans le premier moment, sont seulement soupçonnés « d'intelligences secrètes » avec Condé et ses amis, et de certaines « menées pour exciter de nouveaux soulèvements [2] » ; on ne va pas plus loin dans les accusations. Ricous pendant un temps déjoua toutes les recherches ; on le savait caché dans quelque faubourg de Paris, et Foucquet assurait que, s'il tentait de s'échapper, ce serait pour se rendre au château de Merlou, près de sa protectrice, madame de Châtillon [3]. Quelques jours plus tard, en effet, cette prédiction se réalise. Sorti de Paris nuitamment, serré de

1. L'aîné des Ricous, donné en 1647 au prince de Condé par madame de Châtillon, resta toujours dans la maison du prince. Nous le retrouverons plus tard, à l'occasion du procès intenté en 1680 au maréchal de Luxembourg.
2. Lettre du Roi au garde des sceaux du 12 septembre 1653. — Arch. de la Guerre.
3. L'abbé Foucquet à Mazarin, lettre du 16 septembre 1653. — Aff. étr. Fr. 892.

près, traqué par la police, Ricous se fait prendre à Pierrefitte, sur la route de Merlou. On le dirige sur Saint-Magloire, et de là sur Vincennes, où il rejoint Bertaut. Le bruit public est qu'Isabelle, par peur ou par étourderie, a fourni à l'abbé Foucquet les indications nécessaires pour réussir dans cette capture. Rien n'est moins démontré que cet acte de trahison ; rien même n'est plus invraisemblable. Ricous, pourtant, n'en douta pas[1] ; la colère qu'il en ressentit et sa soif de vengeance faisant l'affaire de la justice, on ne négligea rien pour fortifier cette conviction.

L'instruction de l'affaire, sur l'ordre exprès du Roi, fut menée rapidement, avec « une sévérité exemplaire[2] ». Bertaut, au commencement, ayant refusé de répondre, on cessa de l'interroger, procédant envers lui « comme on en use envers un muet[3] ». Ricous se montra plus loquace. Il confessa d'abord avoir servi d'émissaire à Condé pour correspondre avec ses affidés, et notamment avec Boutteville, alors assiégé dans Bellegarde ; puis il passa à des aveux plus graves, parla de conférences secrètes qu'il avait eues avec Bertaut, au château de Merlou, en présence d'Isabelle, où l'on avait, prétendit-il, agité le projet d'assassiner le cardinal. Quelques semaines plus tard — d'après cette confession — lorsque Bertaut fut en pri-

---

1. Foucquet à Mazarin, lettre du 23 septembre 1653. — Aff. étr. Fr. 892.

2. Lettre du Roi au garde des sceaux. (Arch. de la guerre).

3. Note adressée à Mazarin (Aff. étr. Fr.). 892. — Bertaut fut confronté avec Ricous, qui l'accusa d'avoir eu le premier l'idée de l'assassinat.

son, madame de Châtillon serait clandestinement venue pour relancer Ricous, l'engageant en termes pressants à « poursuivre cette pointe » tout seul et sans complice, et promettant pour récompense « de lui faire donner tout l'argent qui serait nécessaire[1] ». Pour corser cette révélation, des lettres furent produites, que Bertaut jura être fausses, bien que les « maîtres à écrire » les eussent déclarées authentiques[2]. Rien d'ailleurs dans ce témoignage qui emporte la conviction. Le langage de Ricous, à travers le galimatias des procès-verbaux officiels, sue la haine, la rancune, l'envie de compromettre celle qu'il prend pour sa délatrice.

Un incident, se greffant sur le reste, vint encore compliquer l'affaire. On se souvient peut-être du « petit abbé de Cambiac », ce gascon intrigant et louche, jadis partisan de Condé, mais passé récemment dans les intérêts de la Cour. Les accusés le « chargèrent » fort ; il se défendit de son mieux, mit tout au compte de la duchesse, se répandit sur elle en propos injurieux et, pour se disculper, dénonça sans pudeur nombre de ses anciens amis. Madame de Châtillon fut outrée de cette attitude ; elle s'en plaignit à l'un de ses « galants », Georges Digby, comte de Bristol, Anglais au service de la France, qui commandait près de Pontoise un corps de troupes royales. Digby, pour plaire à la duchesse, usa d'un étrange procédé : il fit enlever Cambiac, sur la route de Pontoise, par un peloton de cavalerie, le con-

---

1. Interrogatoire annexé par Chéruel aux *Mémoires de Mademoiselle*, d'après le manuscrit conservé à l'Arsenal.
2. L'abbé Foucquet à Mazarin, octobre 1653. — Aff. étr. Fr. 891.

duisit prisonnier à Merlou, le remit aux mains d'Isabelle après l'avoir contraint « à demander pardon à ladite dame[1] ». Celle-ci, fort empêchée de cet excès de zèle, fit promptement relâcher Cambiac, qui s'en alla plein de fureur. Après quoi, soucieuse d'éviter les questionnaires et les perquisitions, elle contrefit habilement la malade, se tint au lit pendant quelques semaines, sema partout le bruit qu'elle était au plus mal, « d'une fièvre continue avec la petite vérole[2] ». L'abbé Foucquet lui-même fut la dupe de cette comédie.

Le procès des deux accusés fut conduit de façon barbare[3]. Ils furent, le 11 octobre, soumis à la question, « déshabillés et mis sur un tréteau »; on leur entonna des « pots d'eau » pour leur faire avouer leurs complices, sans d'ailleurs en rien tirer d'autre qu'au cours des interrogatoires. Ils persistèrent tous deux — Ricous plus nettement que Bertaut — à dénoncer comme les instigateurs du crime madame de Châtillon et l'abbé de Cambiac. Mais « ces pestes d'État », comme dit l'abbé Foucquet, refusèrent constamment, malgré les efforts des bourreaux,

---

1. L'abbé Foucquet à Mazarin. — Aff. étr. Fr. 892.

2. L'abbé Foucquet à Mazarin. *Loc. cit.* — *Gazette* de Loret, etc.

3. Condé, à cette même époque, venait justement de faire arrêter un nommé Lebrun, qui, pressé de questions, avait déclaré avoir reçu de l'abbé Foucquet des ouvertures pour assassiner M. le Prince. Foucquet nia le fait avec une violente indignation. Peut-être doit-on voir une pensée de revanche dans l'âpreté qu'il mit à faire condamner Ricous et Bertaut. En récompense de son zèle en cette circonstance, il fut fait chevalier de l'ordre du Saint-Esprit, et porta le cordon bleu, au grand scandale de toute la noblesse.

de mêler à l'affaire le grand nom de Condé[1]. Les misérables, au quatrième pot d'eau, « tombèrent en pâmoison » ; on les porta « tous nus sur un matelas auprès du feu », afin de les faire revenir ; puis la sentence fut prononcée sur l'heure. Déclarés criminels de lèse-majesté, l'arrêt les condamnait à « être rompus vifs sur un échafaud à cette fin dressé au haut de la rue Saint-Antoine, proche le château de la Bastille » ; l'exécution eut lieu dans la nuit même. « Tout s'est passé fort doucement, mande, de Paris, Foucquet à Mazarin[2] ; les criminels ont été étranglés avant que d'être roués ». Les lettres et papiers saisis furent soigneusement « brûlés par la main du bourreau », ce qui parut avec raison suspect, toute preuve du prétendu complot étant ainsi détruite.

La part réelle que prit madame de Châtillon à cette tragique et sombre affaire n'est donc pas nettement établie. « Sa gloire, dit madame de Motteville, en fut un peu flétrie » ; il en resta sur sa mémoire quelque chose comme une tache de sang. Breteuil, commissaire du procès, paraît l'avoir jugée coupable ; il demanda au cardinal la permission de procéder contre elle comme envers une complice du crime[3]. L'abbé Foucquet lui-même, dans le premier moment, fit mine de se montrer sévère, et laissa percer son dépit d'avoir été joué et trahi par celle qu'il croyait son alliée. « Je sais de bonne part, écrit-il, que

1. Procès-verbal de la question. — Lettres de l'abbé Foucquet à Mazarin. Aff. étr. Fr. 891.
2. Lettre de Foucquet, le futur surintendant des finances. — Aff. étr. Fr. 891.
3. Lettre du 12 octobre. — Aff. étr. Fr. 891.

tant que madame de Châtillon demeurera où elle est, il y aura toujours des intrigues secrètes entre elle et M. le Prince, lequel conserve des intelligences à sa maison, où est le rendez-vous et l'entrepôt de ceux qui vont et viennent vers M. le Prince, qui a auprès de lui un Ricous, frère de celui qui a été exécuté, dont la femme, écossaise qui se nomme Fullerton, est domestique de ladite dame et sert fort à tous leurs mystères ». Mais, la mauvaise humeur passée, l'amoureux s'humanise promptement, et plaide la cause de la duchesse auprès du cardinal, s'engageant pour l'avenir à la rendre plus sage.

Mazarin se laissa fléchir, « n'étant pas persuadé, dit-il, quelque chose qu'on ait déposée, qu'une personne si bien faite et qui possède de si belles qualités, soit capable de concevoir des pensées si exécrables[1] » ; et nonobstant que tout le monde fût d'avis de la « resserrer[2] », il se contenta d'exiger qu'elle s'éloignât, pour quelque temps, de Paris et des environs[3].

---

1. *Correspondance générale.*

2. C'est-à-dire de l'emprisonner.

3. La mansuétude de Mazarin en cette occasion lui valut les remontrances de certains de ses amis. On lit dans une note qui lui est adressée : « Comme l'on a su que madame de Châtillon et l'abbé de Cambiac ont été reçus à l'amnistie depuis l'emprisonnement de Beriaut et de ses complices, il se trouve que, nonobstant la punition exemplaire qui a été faite, plusieurs continuent, dans Paris et ailleurs dans le royaume, leurs secrètes correspondances avec M. le Prince et les siens, dans l'espérance qu'ils ont de se mettre à couvert, en prenant l'amnistie lorsqu'ils croiront être en danger d'être découverts..... » (Novembre 1653. — Aff. étr. Fr. 891.)

Heureuse d'être quitte à ce compte, madame de Châtillon ne se fit pas prier. Elle cessa du jour au lendemain le jeu de la petite vérole, et s'échappa hors de Merlou. Pendant les mois suivants, chacun perdit sa trace. Le cardinal la crut en Flandre, auprès du prince de Condé : « Le voyage de madame de Châtillon à Bruxelles ne sera pas de grande réputation pour elle, écrit-il à l'abbé Foucquet. Vous savez de quelle manière on en a usé à son égard, et je puis vous dire en vérité que ç'a été plutôt pour votre considération que pour aucun autre motif ». La Grande Mademoiselle croit savoir qu'elle chercha un refuge dans l'abbaye de Maubuisson. Tandis que Bussy-Rabutin prétend qu'elle demeura cachée en quelque logis parisien procuré par l'abbé Foucquet, tantôt vêtue en « cavalier » et tantôt sous l'habit d'un moine. Le seul fait indéniable est que, depuis cette aventure, elle est moins libre de ses actes, plus étroitement inféodée au mystérieux agent du cardinal, comme tenue en sa dépendance par quelque lien secret et redoutable. Après plusieurs mois de retraite, elle revint, sans être inquiétée, s'établir à Merlou. Sans l'y suivre pour le moment, nous retournerons à son frère, que nous avons laissé dans son gouvernement de Bellegarde, prêt à soutenir, les armes à la main, la cause du héros révolté.

CHAPITRE VI

1653

Boutteville gouverneur de Bellegarde. — État de la Bourgogne au début de la guerre civile. — Puissance qu'y conserve Condé. — Les *Frondeurs* et les *Albions*. — Situation difficile du duc d'Épernon, gouverneur de la province — Siège du château de Dijon. — Diversion tentée par Boutteville. — Moyens énergiques qu'il emploie pour réduire Bellegarde à l'obéissance et augmenter ses forces. — Courses de la garnison. — Désolation de la province de Bourgogne. — Longue impuissance du duc d'Épernon à s'opposer aux entreprises de Boutteville. — Appui que le duc reçoit de Millotet. — Lutte personnelle entre Millotet et Boutteville. — Le siège de Bellegarde est résolu. — Difficultés de la défense. — Investissement et premières attaques. — Résistance vigoureuse de Boutteville. — Révolte de la garnison, vivement réprimée par lui. — Impossibilité du secours de la place. — Épuisement des munitions. — Capitulation de Bellegarde. — Entrevue de Boutteville et de Millotet. — Boutteville et ses troupes rejoignent l'armée de Condé. — Allégresse générale en Bourgogne causée par la chute de Bellegarde.

Lorsqu'il confiait à François de Boutteville le gouvernement de Bellegarde, la pensée secrète de Condé était de mettre en des mains sûres la clé qui prochainement — si la Fortune se montrait favorable — lui rouvrirait la riche et belle province où son père et lui-même avaient été longtemps plus puissants que le Roi. Il ne sera pas superflu, pour éclairer ce qui va suivre, de porter un moment nos regards en arrière et de considérer l'état des partis en Bourgogne au début de la guerre civile. Le duché, pendant des années avait été le fief familial des Condé, administré et gouverné par eux avec une autorité sans appel. « Personne, dit Millotet[1], n'y avait été pourvu de bénéfices que par leur nomination ; tous les emplois de la noblesse n'étaient que dans leurs régiments, et tous les officiers des villes, maires, échevins, etc., n'étaient entrés dans ces honneurs populaires que par leur moyen. » Lorsque « l'échange » de 1651 fit passer au duc d'Épernon le gouvernement de Bourgogne, il rencontra de grandes difficultés pour lutter contre ces souvenirs. Un curieux mémoire de sa main, conservé aux archives des Affaires étrangères, confirme et accentue les dires de Millotet. « Défunt M. le Prince[2], y lit-on, avait cultivé ce pays comme son héritage, en avait pris ses conseillers, secrétaires et gens d'affaires, y avait ménagé tous les partis et pratiqué les hommes et les occasions avec tant de diligence que personne, en son temps, n'était entré en aucune charge ou dignité que par sa protection, qu'un seigneur ou gentilhomme du pays n'eût osé s'attacher directement au Roi, ni à un autre prince ou ministre, sans être exposé à sa persécution, et qu'on n'osait même pas prendre alliance et contracter mariage sans son approbation... M. le Prince son fils a continué ce

1. *Le Mémoire de Marc-Antoine Millotet*, publié par Ch. Muteau.
2. Henri II, père du grand Condé.

soin de tenir la Bourgogne en sa main par les mêmes moyens, et y a augmenté sa puissance par la réputation de son courage et de ses hauts desseins, qui remplissaient ses serviteurs de grandes espérances [1]. »

De fait, lorsque la Fronde éclate, la Bourgogne obéit aux inspirations de Condé et suit docilement son exemple. Elle se montre avec lui, au premier temps des troubles, attachée à la cause royale, et se prononce vivement contre le parlement de Paris. Sur la nouvelle que le Roi et sa mère ont dû quitter le Louvre et fuir à Saint-Germain [2], le parlement de Dijon ordonne des prières publiques; les spectacles sont suspendus en signe de deuil populaire; une députation de bourgeois se rend à Saint-Germain pour assurer le Roi « de la fidélité de sa bonne province ». Par contre, quand, l'année d'après, Condé se brouille avec la Cour, Tavannes, après l'arrestation, court en poste à Dijon et tient aux habitants des discours séditieux : « Quoi, messieurs, leur dit-il, vos boutiques ne sont pas fermées et M. le Prince est arrêté par Mazarin ! Souffrirez-vous qu'on le retienne, alors que Paris et toute la France le redemandent [3] ! » Cet appel et d'autres semblables secouent la torpeur du pays. Les magistrats, bien qu'en secret de cœur avec Condé, n'osent pas trop, il est vrai, se compromettre ouvertement ; mais toute la noblesse provinciale se déclare en faveur du prince ; les officiers des régiments refusent

---

[1]. Mémoire du duc d'Épernon adressé à Mazarin en octobre 1652. — Aff. étr. Fr. 885.
[2]. 6 janvier 1649.
[3]. Le Mémoire de Millotet.

pour la plupart de marcher contre lui ; à Beaune, ils se rassemblent à la taverne du Lion-d'Or, tirent du sang de leurs bras, le mêlent avec du vin, et « y trempent le bout de leurs épées, en faisant le serment de ne poser les armes que quand le prince serait en liberté[1] ».

Ce bel enthousiasme, avouons-le, après le premier feu n'est guère long à se refroidir. Le nouveau gouverneur envoyé par le cardinal pour remplacer le captif de Vincennes, César, duc de Vendôme, fils bâtard d'Henri IV, pacifie les esprits plus aisément qu'on n'eût pu s'y attendre. Par menaces ou promesses, il détache de la cause du prince quelques-uns des meneurs, non des moins influents, gagne le parlement par de flatteuses paroles, par « de menus présents » — notamment « des bottines fourrées de petit-gris[2] » — et fait rentrer dans le devoir plusieurs des régiments rebelles. Pour combattre la sédition, à Dijon même se forme un parti nombreux et puissant qui reconnaît pour chef Marc-Antoine Millotet, avocat général, homme actif, zélé, courageux, royaliste intraitable. Millotet, en quelques semaines, rallie autour de soi un groupe compact et résolu de fidèles serviteurs du Roi qui — par opposition à l'usage parisien — se nomment à Dijon les *Frondeurs*; tandis que les rebelles, les amis de Condé, sont flétris du terme d'*Albions*, « à cause, dit un vieux manuscrit[3], que les Anglais ont fait la guerre à leur roi et lui ont fait couper la tête. » Habilement dirigés, les Frondeurs sont bientôt les maîtres

1. *Le mémoire de Millotet.*
2. *Ibidem.*
3. Manuscr. de la bibl. de Dijon sur le siège de Bellegarde.

de Dijon, font dans toute la province de si rapides progrès, que Tavannes, le lieutenant du prince, est réduit à se renfermer dans les murs de Bellegarde[1], où Louis XIV encore enfant vient mettre le siège en personne et reçoit le baptême du feu.

Certains auteurs, brouillant les dates, ont écrit que Boutteville assistait à ce premier siège; l'erreur est manifeste, et nous savons qu'à cette époque il se trouvait à Chantilly, occupé à lever les troupes qu'il allait conduire à Turenne. La résistance d'ailleurs fut courte. Vainement Tavannes, avec ses deux mille hommes, multiplie les fanfaronnades, arbore sur les remparts un drapeau noir semé de têtes de mort, se pare de la devise : *vincere aut mori*. Après quinze jours d'investissement, il capitule ainsi que son armée; le marquis de Roncherolles, nommé par Mazarin, le remplace sans opposition dans le commandement de la ville; la Bourgogne tout entière reconnaît désormais l'autorité du Roi.

Les *Albions* cependant prennent bientôt une revanche, et c'est la délivrance des princes qui leur en fournit l'occasion. Pour célébrer l'heureuse nouvelle, ils font chanter dans l'église Saint-Étienne un *Te Deum*, dont, « fort insolemment », on a supprimé l'*exaudiat*, la prière usuelle pour le Roi. On enterre sous des immondices un mannequin qui présente les traits de Mazarin. Des bandes parcourent les faubourgs de Dijon, en « jetant des pierres aux Frondeurs, frappant du bâton sur leurs portes avec mille injures »; la fille du premier président

[1]. Mars 1650.

Bouchu se met « en tête d'une troupe de dames de condition », parées, aux couleurs de Condé, de rubans isabelle, qui s'en vont chantant par les rues :

« Je suis Isabelle, moi,
Je suis Isabelle »,

escortées par des violons[1].

Ce bruyant étalage et cette « joie séditieuse » ne sauraient effacer dans l'esprit de Condé la mémoire du passé récent ; il se plaint avec amertume de « la mauvaise conduite » d'une province qu'il croyait plus ferme et plus fidèle ; et « la rancune qu'il garde à la Bourgogne de ne l'avoir pas mieux soutenu » entre, dit-on, pour quelque chose dans l'échange avec d'Épernon[2]. Néanmoins, comme nous l'avons vu, en cédants a province, il prétend y garder un pied. Les places qu'il s'y réserve, le château de Dijon et la ville de Bellegarde, sont destinées à préparer, quand les événements s'y prêteront, le retour dans son patrimoine d'un vieil et précieux apanage ; et d'Épernon, en concluant l'affaire, ne s'y est point trompé : « M. le Prince s'est flatté, mande-t-il à Mazarin, de me laisser la province de Bourgogne comme un cheval nu, duquel il gardait le frein et la selle pour s'en servir à volonté[3] ».

La comparaison est exacte autant que pittoresque. Six semaines depuis l'échange ne sont pas écoulées, que le conflit éclate à propos d'un mince incident. Le 24 juin

1. Le mémoire de Millotet.
2. Correspondance manuscrite de la mairie de Dijon.
3. Mémoire à Mazarin — Aff. étr. Fr. 885.

1651, une lettre de Condé informe les échevins de Dijon qu'il a nommé le sieur Arnault au gouvernement du château. Refus péremptoire des échevins d'accepter cette nomination, contraire aux privilèges et usages de la ville, et vive irritation du prince, qui maintient sa résolution et enjoint à Arnault de demeurer ferme à son poste, sans se soucier ni des échevins ni des ordres du gouverneur[1]. Cinq mois de pourparlers n'amènent aucune entente. Arnault meurt dans cet intervalle, mais il est remplacé par son lieutenant La Planchette, qui maintient sur la citadelle le drapeau du prince de Condé. Tant et si bien que le duc d'Épernon se voit enfin contraint d'employer la force des armes, et d'assiéger, au cœur de sa ville-capitale, la forteresse rebelle à son autorité. Sommations ni menaces n'émurent aucunement La Planchette. Lorsqu'il se vit attaqué pour de bon, il braqua ses canons sur la ville qu'ils étaient destinés à défendre, tira sans hésiter sur les maisons et sur les habitants. Ce bombardement, à vrai dire, causa peu de ravage. Il ne fut tué, dit Millotet, « qu'une femme et un enfant ». Le siège du château de Dijon devint pour les bourgeois une manière de « divertissement » ; on allait aux tranchées comme on va au spectacle, « et l'on criait mille injures aux assiégés qui répondaient de même ». Ce jeu dura près d'une quinzaine.

La nouvelle du siège du château plongea Boutteville dans un grand embarras. Trop faible, avec les trois cents hommes qui composaient alors toute la garnison de Bel-

[1] Correspondance manuscrite de la mairie de Dijon.

legarde, pour marcher sur Dijon et attaquer de front les régiments du Roi, il essaya d'une diversion. A moins de deux lieues de Bellegarde, le château de Pagny-sur-Saône, occupé par les troupes royales, lui parut propre à ce dessein. Il l'assaillit au milieu de la nuit, surprit la garde en plein sommeil, massacra jusqu'au dernier homme, et s'empara sans coup férir des abords de la forteresse. Puis il somma le commandant[1] de se rendre à merci, ce que celui-ci fit sur l'heure, « sans brèche ni aucune faute d'hommes ni de munitions[2] ». Mais ce succès demeura sans lendemain. Le château de Dijon dut capituler ce jour même ; et, délivré de ce souci, d'Épernon envoya, pour reprendre Pagny, un de ses régiments, conduit par le marquis d'Uxelles. Devant ces forces supérieures, il fallut renoncer à garder sa conquête. Boutteville évacua le château[3], et revint à Bellegarde, emmenant un assez beau butin, canons, chevaux, bestiaux, « du blé pour quarante mille écus ». La petite place qu'il gouvernait se trouva, de ce jour, isolée dans toute la province, réduite à se maintenir sans aide et sans appui contre l'effort des troupes du Roi, dernière barrière ouverte aux communications avec la Franche-Comté.

Dans un rapport daté du 7 janvier 1640, que Condé adolescent adressait à son père sur « les villes du duché de Bourgogne », on peut lire les lignes suivantes : « Bel-

1. Nommé le sieur Taveau.
2. *La prise du château de Pagny.* — Bibl nat. Pièce. — *Mémoire de Millotet* etc.
3. Le 10 décembre 1631.

legarde — Ville frontière du duché de Bourgogne — Située au delà et sur le bord de la rivière de la Saône [1], dans une plaine. Elle peut fournir quatre cents habitants portant les armes. Un petit ruisseau venant de la campagne se jette dans la Saône proche du bastion M. — La vieille fortification est mal entendue [2]. » La ville ainsi décrite se trouve à sept lieues de Dijon. C'est celle qui, dans l'ancien Châlonnais, était connue du nom de Seurre, qu'elle a repris depuis et qu'elle porte actuellement. Érigée en duché en l'an 1619, au profit de Roger de Saint-Larry de Bellegarde — qui lui donna son nom — elle comptait au XVIIe siècle environ trois mille habitants [3]. Les fortifications, construites vers 1440 et dévastées trente ans plus tard, furent en grande partie relevées par les soins de François Ier, qui regardait cette place comme « une des clés de son royaume [4]. » Les ouvrages par lui restaurés comprenaient neuf bastions, de grands fossés, des palissades ; mais le bastion du côté de la Saône ne fut jamais achevé ; quand les eaux étaient basses, la ville, en cet endroit, était presque entièrement ouverte. Guy Patin, comme on voit, exagère quand il écrit : « On dit que ceux de Bellegarde sont si forts, qu'ils sont imprenables ! » Telle quelle pourtant, cette petite citadelle passait, au dire de Millotet, pour une des plus solides qui fussent alors en France. La devise de la ville était : « Seurre et loyale ».

Boutteville, en arrivant, avait trouvé la place « dénuée

[1]. Sur la rive gauche de la rivière.
[2]. Archives de Chantilly.
[3]. La famille de Bossuet était originaire de Seurre.
[4]. *Description du duché de Bourgogne*, par l'abbé de Courtépée.

de toutes les choses nécessaires pour un siège » : canons, mousquets, vivres et munitions, tout faisait également défaut. Il n'avait, pour toute garnison, que « trois compagnies franches, de cinquante hommes chacune, gens du pays qu'on appelle *Mortes-Payes*, qui la plupart n'avaient jamais été à la guerre [1] », d'ailleurs pillards et indisciplinés, et bien plus « filous » que soldats [2]. Mais les plus graves difficultés venaient des habitants eux-mêmes, fort mal intentionnés à l'égard des « gens de Condé ». Rien de plus justifié d'ailleurs que ce mauvais vouloir : ils se souvenaient du siège de l'année précédente, où la garnison de Tavannes les avait si fort maltraités. Tout, dans cette pauvre ville, affirme Millotet, avait été « brûlé, pillé, les femmes violentées, les lieux saints profanés ». De ces excès, en peu de temps, était née la révolte : la « mutinerie » des citoyens avait été l'une des causes principales de la prompte capitulation. Le premier souci de Boutteville fut de se prémunir contre un danger semblable, et le moyen qu'il employa fut simple autant qu'expéditif.

Certain dimanche que peuple et bourgeoisie se pressaient en foule à la messe, il fit prendre les armes à ses cent cinquante partisans, les amena « en sourdine » alentour de l'église, et braqua sur les portes les quelques

1. Notice manuscrite sur le maréchal de Luxembourg. Bibl. nat. Mss. fr. 1192.

2. « S'il y avait dans la province, dit le *Mémoire* de Millotet, quelque meurtrier ou prévenu de crime, ou quelqu'un qui se voulût venger de son ennemi, il se jetait dans Bellegarde. » On voit de quels tristes éléments se composait la troupe dont disposait Boutteville.

canons des remparts. Les fidèles, sortant de l'office, se virent tout à coup entourés de ce menaçant appareil, qui glaça d'effroi tous les cœurs. Alors, faisant ouvrir les rangs, Boutteville fit devant lui défiler en bon ordre « hommes, femmes, enfants, sans leur faire aucun tort », les dirigea hors l'enceinte des murailles ; puis, refermant sur eux ponts-levis, herses et barrières, il se débarrassa d'un coup d'une bonne moitié de la population. « C'est ainsi, conclut le récit qui nous a transmis ces détails[1], que M. le comte de Boutteville, avec trois compagnies, se rendit maître de Bellegarde ». Comme toute médaille a son revers, l'inconvénient de ce système fut que la ville manqua des rouages les plus indispensables. Les magistrats municipaux ne purent plus remplir leur office ; nombre de professions et d'industries utiles cessèrent d'être exercées faute de représentants. Une plainte des survivants constate qu'en 1653 il n'existait plus dans Bellegarde « un seul apothicaire, tous étant ou morts ou enfuis ».

Dès que, grâce à ce « stratagème », il eut les mains libres, Boutteville se mit en quête d'accroître son maigre effectif. Il se rendit en Franche-Comté, qui n'était qu'à deux lieues de là, et leva, non sans peine, deux compagnies nouvelles, de cent hommes environ chacune. Ces forces s'augmentèrent plus tard de deux compagnies suisses, « gens de métier », solides et expérimentés. Enfin, sur sa prière instante, Condé lui envoya, par le comte de la Suze, six compagnies de cavalerie, fort néces-

---

1. Notice manuscrite. *Loc. cit.*

saires pour faire des « courses » aux entours de la place. Au total il eut dans la main, au commencement de 1652, « de six à sept cents hommes de pied, et près de deux cents chevaux », ce qui, écrit le duc d'Épernon, « rend malaisé de se mettre à couvert dans le voisinage[1] ». Il avait sous ses ordres, pour commander ces troupes, quelques officiers vigoureux; les principaux s'appelaient Coligny, du Passage, Longe-Pierre et La Tour de Serville, ce dernier soldat de fortune, « plus brigand que guerrier », dont les farouches exploits semèrent bientôt l'effroi dans tout le voisinage.

Le difficile était de faire vivre ce monde. La caisse était à sec; et la ville épuisée — d'ailleurs presque déserte — n'offrait guère de ressource en vivres ou en argent. Condé, auquel on s'adressa d'abord, faisait la sourde oreille, étant lui même dans une grande pénurie. Mais cette disette et cet « abandonnement » n'effrayèrent point Boutteville; et « jamais homme, dit la notice[2], ne parut moins embarrassé » que ce jeune chef de vingt-trois ans. Ce qu'on lui refusait, il se résolut de le prendre; les échos du pays ne tardèrent pas à retentir de doléances et de lamentations.

L'une des premières victimes fut la douairière d'Elbeuf, qui possédait, pour son malheur, un beau château près de Bellegarde. Les cavaliers expédiés par Boutteville le prirent d'assaut un matin de décembre, mirent le manoir et les fermes à sac, et empilèrent dans leurs

---

1. Lettre au Roi du 21 février 1652. — Arch. de la guerre.
2. Notice manuscrite. *Loc. cit.*

chariots « pour trente mille écus de blé », quarante sacoches « pleines de finance », du vin à profusion, au total environ deux cent cinquante mille livres de butin, « sans compter les chevaux volés[1] ». Toutes les expéditions ne furent pas si fructueuses ; mais le nombre des prises suppléait à la qualité. Les archives de Dijon, les registres municipaux, relatent presque chaque jour, au cours de cette période, quelque déprédation nouvelle commise par les « gens de Bellegarde ». Ils étendent peu à peu le cercle de leurs entreprises, s'avancent avec audace jusqu'aux portes de Dijon, dont les paisibles citoyens tremblent derrière leurs murailles. Plus d'une fois même, au dire de Millotet, on vit dans les faubourgs et les rues de la capitale « les trompettes » des troupes de Boutteville, venant toucher le prix de la rançon des prisonniers.

Au rapt et au pillage s'ajoute fréquemment l'incendie. Le 23 mars 1652, les élus généraux des États de Bourgogne écrivent une lettre désolée : « Les ennemis, y lit-on[2], ont brûlé entièrement quatorze villages aux environs de Seurre, outre d'autres qu'ils ont brûlés depuis, ces boute-feux étant encore en campagne et continuant ces horribles dégâts..... Par ces incendies, ajoutent-ils, auxquels on n'apporte aucun empêchement, on peut juger dans quel état sera la province dans peu, joint à la grande disette et famine, qui fait que tous les villages seront abandonnés ou déserts ». Les élus croient

[1]. *Gazette* de Loret du 19 décembre 1651.
[2]. Lettre à M. de Bièvre, élu de la noblesse. — Arch. de Dijon.

savoir d'ailleurs que le gouverneur de Bellegarde n'agit si cruellement que « par ordre exprès de M. le Prince », qui lui a commandé « de brûler toute la province, s'il lui était possible ». Cette dernière assertion est sans aucun doute excessive, et l'on y doit voir l'intention d'exciter les gens du pays à se soulever en masse contre les soldats de Condé; mais les faits allégués sont vrais, et les témoins abondent pour les proclamer authentiques.

Loin de moi la pensée d'excuser ces excès. Boutteville, en y encourageant ses troupes, cède à ses instincts violents, à cette sorte de froide ivresse, à cette ardeur de destruction, qui, dix années plus tard, lors des guerres de Hollande, attacheront à son nom une sanglante et sombre légende. Mais il convient de reconnaître que cette méthode barbare, moins proche des procédés de la guerre régulière que des mœurs d'une bande de brigands, était à cette époque acceptée par l'usage. Les archives de la Guerre renferment par centaines les récits de faits analogues. A chaque instant, surtout dans le voisinage des frontières, on voit des « partis » à cheval, faire irruption dans une bourgade, prendre les vivres et l'argent, et s'enfuir avec leur butin. Dans le langage du temps, c'est ce qu'on appelle faire des « courses »; nul ne songe à s'en indigner. Pour échapper aux coups de main, les habitants n'ont qu'une ressource : c'est de composer à l'avance, de traiter avec l'ennemi, de payer une rançon dont le prix est souvent fixé par l'intendant de la province. Quand une localité, par faux-fuyant ou par misère, manque un jour à payer la contribution imposée, la destruction et l'incendie sont le châtiment du refus et servent d'exemple aux voisins. Telles sont, en plein xviie siècle, les pratiques courantes de la guerre. Ce qu'on put justement reprocher à Boutteville fut de pousser jusqu'aux dernières limites ce que son temps admettait comme un droit, et d'appliquer durement des lois impitoyables.

Le triste sort des Bourguignons fut d'ailleurs, dans ces deux années, aggravé par ceux-mêmes qui prétendaient les protéger. D'Épernon, irrité du ravitaillement de Bellegarde, voulut couper le mal en sa racine. Une ordonnance de janvier 1652[1] fit défense expresse à quiconque « de reconnaître les ordres de Boutteville, de lui fournir, ni contribuer en rien », défense faite « sous peine de la vie »; et les habitants des villages se virent dans cette alternative d'être pendus s'ils « contribuaient », brûlés s'ils ne contribuaient pas. La mesure, comme on pense, ne fut guère efficace; il fallut chercher autre chose. D'Épernon écrivit au Roi, demanda des renforts en vue d'établir le blocus[2]. Le secours qu'il reçut était insuffisant; il put seulement installer un « quartier » dans le bourg de Pouilly-sur-Saône. Un régiment de cavalerie et quinze compagnies d'infanterie[3], occupèrent cette localité, fort voisine de Bellegarde, construisirent un camp retranché et barrèrent la route de Dijon. Mais le campement des « gens du Roi » fut un nouveau fléau qui fit regretter l'autre. Les gémissements des villageois et les remontrances des États dénoncèrent bientôt à l'envi les

1. Arch. de Dijon.
2. Février 1652. — Arch. de la Guerre.
3. Régiments de Navarre et de Rangueil.

désordres, pilleries, méfaits de toute espèce de la garnison de Pouilly. Ils font quotidiennement, dit un document officiel, des « courses sur les grands chemins, détroussent et volent les passants, les manants et habitants des lieux où ils vont faire leurs entreprises [1]... » Ces désordres vinrent à tel point, qu'un règlement sévère dut interdire aux troupes cantonnées à Pouilly de quitter leurs quartiers « sans ordre exprès du gouverneur de la province », sous peine, à la plus légère infraction, d'être fusillés sans merci.

Le gouverneur du duché de Bourgogne était, il faut l'avouer, dans un singulier embarras. Les agressions multipliées d'un insaisissable adversaire exerçaient sa patience ; les doléances de ses administrés lui assourdissaient les oreilles ; son orgueil s'indignait de voir une « méchante place », défendue par une poignée d'hommes, tenir depuis bientôt deux ans le pouvoir royal en échec, désoler une vaste province, et le braver lui-même jusqu'en sa capitale. Faute de pouvoir agir par force, il tenta de parlementer ; il envoya plusieurs fois à Boutteville des propositions acceptables, lui promettant monts et merveilles s'il voulait reconnaître l'autorité du Roi ; les réponses qu'il reçut ne furent que refus et railleries [2]. D'Épernon, aux abois, se retourne alors vers la Cour ; il conjure Le Tellier de lui faire passer du renfort ; si on lui donne assez de troupes pour garder en même temps

---

1. Préambule de l'ordonnance du duc d'Épernon du 16 mai 1652. — Arch. de Dijon.
2. Notice manuscr. *Loc. cit.*

les deux rives de la Saône[1], il se fait fort, dit-il, de réduire aisément Bellegarde et de pacifier la Bourgogne[2]. Malgré ces assurances, le duc ne peut rien obtenir. Toute l'attention de Mazarin se concentre vers la Champagne ; Condé, allié aux Espagnols, menace à ce moment de marcher sur Paris ; et Turenne, pour y mettre obstacle, réclame avec raison tous les régiments disponibles. L'insistance du duc d'Épernon se heurte inexorablement contre une opiniâtre inertie ; et son irritation est telle qu'il se déclare un jour « prêt à se retirer », si on lui dénie le moyen d'éviter « les dégoûts et les déplaisirs » qu'il endure[3].

Peut-être eût-il pris ce parti s'il n'eût, dans son ingrate besogne, rencontré, par bonheur pour lui, un précieux auxiliaire. J'ai mentionné plus haut le nom de Millotet[4], le chef des « Frondeurs » bourguignons. Ce magistrat guerrier est une intéressante figure. Né à Dijon d'une vieille famille de robe, avocat général à l'âge de trente-deux ans, élu quinze ans plus tard « vicomte-mayeur »[5] de sa ville natale, sans doute eût-il seulement, en des temps plus paisibles, poursuivi sans éclat une carrière honorable. Les troubles de la Fronde le

---

1. Il essaya un moment, pour renforcer ses troupes, d'établir au delà de la Saône des postes de paysans armés ; mais Boutteville dirigea une sortie de ce côté, tua ou dispersa cette milice, ignorante de la guerre ; les villageois épouvantés refusèrent de continuer ce service. (Notice manuscr. *Loc. cit.*).

2. Arch. de la Guerre.

3. Lettre du 13 mars 1652. — Arch. de la Guerre.

4. Marc-Antoine Millotet, né le 1er mai 1603, mort en 1687.

5. C'est le titre que portait le maire de Dijon.

mirent brusquement en relief, le révélèrent aux autres et à lui-même. Ennemi personnel de Bouchu — le premier président du parlement de Dijon et le grand soutien de Condé — Millotet, dès le premier jour, se jette dans le parti contraire et prend en main la cause du Roi. Il porte en cette bataille l'ardeur vaillante d'un paladin, une activité sans relâche, la loyauté d'une conscience inflexible, et la constance d'une âme romaine. Sa fougueuse éloquence entraîne la multitude ; ses adversaires eux-mêmes l'ont nommé « le Tribun du peuple ». Riche et considéré, sa demeure ne désemplit guère. L'hôtel qu'il possède à Dijon, « où l'on entre par quatre rues », est le rendez-vous des « Frondeurs ». Il y reçoit parfois « plus de mille personnes en un jour [1] ».

Dans la lutte provinciale dont les péripéties se déroulent sous nos yeux, Millotet est sans contredit l'âme de la résistance au parti de Condé, et le plus dangereux adversaire qu'ait trouvé devant lui Bouttevillle. Entre le vieux robin et le jeune général, c'est une guerre acharnée et presque un débat personnel. Ils passent leur temps, pendant deux pleines années, à se défier de toutes manières à se jouer tous les « tours » que leur imagination enfante. Millotet entretient des espions dans Bellegarde ; dans l'entourage même de Boutteville il a certaines intelligences ; il sait l'itinéraire et le signalement des courriers que ce dernier expédie à Condé, pour rendre compte de sa conduite et recevoir les instructions du prince. Boutteville a le chagrin de voir à chaque instant ses émissaires

---

1. *Le Mémoire de Millotet*, publié par M. Muteau. Dijon.

surpris et ses lettres interceptées, son propre secrétaire [1] — bien que déguisé soigneusement — arrêté sur la route de Dôle, remis aux mains de Millotet. Aussi sa colère est-elle grande, et se venge-t-il du mieux qu'il peut. Ses cavaliers une nuit forcent à l'improviste les portes de Dijon, piquent au logis du maire, « font râfle » de tous ses chevaux. Le rêve serait de le prendre lui-même et de le garder « comme otage »; on surveille dans ce but ses allées et venues. Comme Millotet revient d'un voyage à Paris, neuf cavaliers, apostés par Boutteville, le guettent un soir au détour du chemin, le long d'un petit bois, à cinq lieues de Dijon [2]; c'est « par une espèce de miracle » qu'il échappe à cette embuscade [3].

Ces jeux ne sont que le prélude d'une partie plus sérieuse qui s'engage au printemps de 1653. Les circonstances, cette fois, semblent se prêter à l'action. La fin de la campagne de 1652 avait vu la retraite de l'armée espagnole devant les forces de Turenne; en mars suivant, Condé est à son tour contraint de passer la frontière; il transporte à Namur son quartier général; le territoire français est affranchi, pour le présent, de l'occupation étrangère. L'insurrection de Guyenne, dirigée par Conti et madame de Longueville, s'éteignait à la même époque. L'ordre se restaurait ainsi dans le nord et dans le midi.

1. Un sieur Rémond.
2. Au hameau de Pont-de-Pany.
3. Au moment de s'engager sur le pont qui traverse l'Ouche en cet endroit, deux paysans qu'il rencontra l'avertirent de la présence, dans le bois voisin, des cavaliers de Boutteville. Il n'eut que le temps de tourner bride, et de s'enfuir à toute vitesse.

D'Épernon et Millotet jugèrent avec sagesse que l'heure était venue de frapper un coup décisif, et d'étouffer, dans la région de l'est, le seul foyer actif où s'entretint encore la rébellion. Une conférence s'ouvrit, dans le courant de mars, avec les États de Bourgogne. D'Épernon fit un long discours, exposa la nécessité de réduire et prendre Bellegarde, « pour sauver la province d'une ruine totale et imminente » ; mais il fit connaître en même temps qu'il était impossible au Roi de payer seul « sur son épargne » les frais de l'entreprise, et conclut sa harangue en priant les États de lui fournir pour cet objet les ressources indispensables. La discussion fut orageuse ; d'Épernon, selon sa coutume, gâta sa cause par ses emportements, menaçant ses contradicteurs de « les jeter par les fenêtres », s'ils n'obtempéraient de bonne grâce. Sans se laisser intimider, les États résistèrent longtemps, contestèrent l'urgence de ce siège, alléguèrent, en termes touchants, la « misère profonde » du pays, qui ne se prêtait guère à des charges nouvelles. Il fallut pour les décider l'intervention de Millotet, son habile éloquence. Après un vif débat, il fit voter, dans cette première session, un emprunt de cent mille livres, qui fut, quinze jours plus tard, porté à six cent mille. Un autre vote accorda la levée de « trois mille pionniers valides », destinés aux travaux du siège, et de cinq cents hommes d'armes » portant la pique et le mousquet[1] ».

Ces subsides obtenus, d'Épernon s'adresse à la Cour, et cette fois il reçoit un accueil favorable. Le Roi daigne

1. Procès-verbaux des assemblées des États de Bourgogne. Arch. de Dijon.

approuver le projet du siège de Bellegarde: « Selon ce que vous demandez, dit-il, j'ai trouvé bon d'y employer quatre mille hommes de pied et mille chevaux ». On lui délivre en outre, sur les fonds du Trésor, une somme de cent soixante-dix mille livres ; trois lieutenants-généraux, non des moins réputés, sont désignés pour servir sous ses ordres : M. de Saint-Quentin et les marquis d'Uxelles et de Roncherolles. En ajoutant à ce renfort les troupes qu'il fit venir de toutes les garnisons de Bourgogne, d'Épernon disposa d'un effectif total de treize à quatorze mille hommes, chiffre important à cette époque. Il n'avait guère de diversion à craindre ; la place de Bellegarde, en effet, n'avait d'autre secours à espérer que de Lorraine, et le pacte de neutralité qui liait alors la France avec la Franche-Comté semblait fermer l'issue aux tentatives de délivrance[1]. Toutefois, avec Condé, quelque surprise était toujours possible, et d'Épernon crut sage de presser les opérations. Sa précipitation fut telle, qu'il arriva sous les murs de Bellegarde « sans mèche, sans poudre et sans boulets, bien qu'il eût mené du canon[2] ». Millotet, informé de cette étrange oubli, lui fit expédier de Dijon toutes les munitions nécessaires ; mais la mèche se trouva « en partie mangée par les teignes », et ce fut un nouveau retard. Le 3 mai seulement au matin, la place fut investie.

La position des assiégés était loin d'être rassurante. Réduite par deux années d'expéditions et d'escarmouches,

---

[1]. Lettres du duc d'Épernon au Roi. Arch. de la Guerre. — *Gazette de France* de 1653.

[2]. *Le mémoire de Millotet.* — *Loc. cit.*

la garnison se composait de six cent cinquante hommes à peine, dont une centaine de cavaliers[1]. Les vivres et les munitions étaient en médiocre abondance, ce qui peut sembler surprenant après tant de « courses » heureuses. Mais les soudards recrutés par Boutteville, étant pour la plupart pillards « et picoreurs », plus soucieux de remplir leurs poches que de garnir les magasins, avaient grand soin, chaque fois qu'il leur était possible, d'exiger en argent le montant des contributions, « à quoi, dit Millotet, ils trouvaient leur profit ». Une faible part du butin récolté passait, par cette méthode, aux approvisionnements ; en revanche, ajoute le *Mémoire*, « j'en connais qui payèrent leurs dettes de ce qu'ils avaient ainsi volé ! » A cette cause d'inquiétude se joignait, comme j'ai dit plus haut, l'inachèvement des fortifications, toute la zone de défense que bordait la rivière étant quasi ouverte et dépourvue d'ouvrages. Boutteville pourtant ne perdit pas courage. Il répandit parmi ses troupes le bruit qu'un prompt secours allait être envoyé, que M. le Prince, « avec quarante mille hommes », serait dans peu de jours sous les murs de Bellegarde, et disposa toutes choses pour une vigoureuse résistance.

Contrairement à l'usage constant, les hostilités commencèrent sans sommation aux assiégés ni avertissement préalable. La proposition en fut faite au conseil de l'armée du Roi, mais d'Épernon s'y opposa, prétextant que Boutteville, « comme sujet rebelle à son prince », était hors des lois ordinaires et qu'il ne lui fallait parler que

---

1. *Gazette de France* de 1653.

« par la seule bouche du canon [1] ». Sauf cette dérogation, tout se passa de part et d'autre dans l'ordre et selon la formule, les sièges, à cette époque, étant soumis au code d'un cérémonial invariable. Dix jours après l'investissement, en présence du duc d'Épernon, solennellement la tranchée fut ouverte [2] ; les assiégés tentèrent une sortie assez vive, qui fut finalement repoussée ; des plates-formes pour l'artillerie furent établies pendant la nuit par les pionniers des troupes royales, sur les hauteurs qui dominaient la ville et, le 16 au matin, dix pièces de canon en batterie ouvrirent le feu sur les remparts et sur le pont qui traversait la Saône, lequel s'écroula le jour même. Devant la vigueur de l'attaque, une certaine inquiétude parut de ce moment parmi les défenseurs. Quelques soldats « sautèrent les palissades » et passèrent dans le camp royal, où ils furent chaudement accueillis [3]. Il fallut que Boutteville, pour couper court à ces velléités, ordonnât d'évacuer les ouvrages avancés et concentrât ses troupes à l'abri des murailles. La joie, à cette nouvelle, fut grande dans le parti « frondeur ». L'ennemi, s'écrie ironiquement un poète-gazetier bourguignon,

> S'est retiré dedans la ville
> Comme escargot dans sa coquille [4].

1. *Relation du siège de Bellegarde.* — Bibl. nat. Pièce.
2. Le 14 mai 1653.
3. *Relation du siège,* etc. Loc. cit.
4. Relation en vers du siège de Bellegarde, adressée à un chanoine de Dijon (Bibl. de Dijon). Ce récit manuscrit, malgré son style souvent burlesque, est précieux pour l'histoire de cet épisode, en ce qu'il est écrit, au jour le jour, par un témoin présent au siège et qui raconte ce qu'il voit de ses yeux.

D'Épernon, plein d'ardeur, annonçait à la Cour que la prise de Bellegarde était dès lors « chose assurée » ; et M. de Roncherolles mandait à Le Tellier : « Nos travaux s'avancent toujours avec le même succès. Sans secours, ce sont gens perdus dans peu de temps[1] ! »

Ce pronostic, le jour suivant, fut près de se réaliser. Un détachement des troupes du Roi, du quartier du marquis d'Uxelles, parvint, par un coup de surprise, à s'emparer d'une importante redoute, en massacra les défenseurs et s'y retrancha solidement. Mais ce succès fut éphémère. Dans la nuit même[2], les assiégés, conduits par Boutteville en personne, firent « une sortie furieuse », reprirent, après un combat acharné, la position perdue la veille ; tous ceux qui s'y trouvèrent furent tués ou prisonniers ; les canons dont d'Uxelles venait de garnir la redoute furent encloués, mis hors d'usage. La perte fut sérieuse pour l'armée assiégeante, l'effet moral plus grand encore. Il fallut reconnaître, dit un témoin du temps, que « ceux du dedans se défendaient mieux que l'on n'avait d'abord pensé, et que ce siège serait plus difficile qu'on ne s'était imaginé[3] ». Rendu prudent par cet échec, d'Épernon renonça dès lors à tenter l'assaut de la place. Il fit resserrer le blocus et bombarda la ville. Bombes et boulets commencèrent à pleuvoir sur Bellegarde, causant de terribles ravages. Le monastère des Cordeliers, où s'était établi Boutteville, fut détruit et brûlé ; le gouverneur

---

1. Archives de la Guerre.
2. La nuit du 22 au 23 mai.
3. Journal de la Fronde, publié par la *Revue Rétrospective*.

eut peine à s'enfuir des décombres[1]. On craignit le même sort pour un couvent de religieuses, où le marquis d'Uxelles avait quelques parentes. Le marquis, inquiet sur leur compte, « fit donner une chamade » pour demander ses cousines à Boutteville. Mais les défenseurs de la ville, rapporte la *Gazette*, « faisant consister leur courage dans leur opiniâtreté, au lieu d'entendre la parole qui leur était portée par notre tambour, le chargèrent d'invectives, parmi lesquelles ils affectèrent de témoigner une fausse joie de l'approche d'un secours qu'ils se vantaient d'attendre, bien qu'ils n'en pussent aucunement espérer. Ce qui fut suivi de part et d'autre d'un feu extraordinaire[2] ».

Tout en faisant parade de cette belle assurance, Boutteville savait mieux que personne combien le danger était grave et la situation critique. L'idée lui vint de tenter une démarche auprès du parlement de Dôle ; il le pria d'intervenir pour faire élargir le blocus, menaçant en cas de refus, de la vengeance de M. le Prince. Le parlement répondit simplement qu'il entendait « ne rien connaître de ceux qui sont ennemis du Roi » et renvoya la lettre sans l'ouvrir[3]. Une dépêche pressante à Condé, pour réclamer un prompt secours, ne parvint pas à son destinataire ; le courrier[4] fut pris en chemin, par la délation d'un « coquin » qu'avait soudoyé Millotet. D'Épernon, ainsi renseigné, crut le moment venu d'entrer

---

[1]. Relation manuscrite en vers, etc. — *Loc. cit.*
[2]. *Gazette de France* de 1653.
[3]. Journal de la Fronde. *Loc. cit.*
[4]. Le sieur La Fontaine.

en négociations. Il fit proposer à Boutteville de le laisser sortir, lui et sa garnison, avec les honneurs de la guerre, n'exceptant que le sieur d'Alègre — lieutenant du Roi dans la place de Bellegarde, et passé aux rebelles — dont il voulait, dit-il, châtier la défection. Boutteville, aux premiers mots, rompit la conférence : ses hommes et lui, protesta-t-il, se feraient tuer jusqu'au dernier, plutôt que de livrer un seul de leurs frères d'armes. Pour mieux marquer sa décision, il fit commencer, ce même jour, derrière les bastions des remparts, une nouvelle ligne de défense, « afin de s'y ensevelir, après que les ouvrages extérieurs auraient été emportés d'assaut[1] ».

Les subsistances pourtant s'épuisaient rapidement. Quinze jours après l'investissement, on avait dû se rationner pour le pain et la poudre. Ces difficultés s'aggravaient du péril de la trahison. La garnison improvisée qui défendait Bellegarde — aventuriers ou mercenaires ramassés en hâte, au hasard, sans autre lien entre eux que le goût du pillage — n'inspirait à Boutteville qu'une médiocre confiance, étant, pour la plupart, de ceux qui appartiennent à qui les paie le mieux. Les quelques vieux soldats qu'avait ralliés le grand nom de Condé souffraient à la pensée de combattre contre leur Roi ; dans les rangs de leurs adversaires ils retrouvaient plus d'un compagnon d'armes. Enfin certains « faux déserteurs », agents secrets de Millotet, avaient pénétré dans la place, soufflant tout bas l'esprit d'indiscipline et de révolte. Le

---

1. *Histoire de la maison de Montmorency*, par Désormeaux. — Relation manuscrite en vers, etc., *loc. cit.*

major de la place se laissa gagner par ceux-ci. Il promit de livrer aux régiments du Roi la porte confiée à sa garde. Le jour, l'heure, l'endroit, tout fut convenu d'avance ; le plan était bien combiné et semblait devoir réussir. L'empressement du duc d'Épernon et la chance heureuse de Boutteville firent seuls échouer cette forfaiture.

Une fausse attaque, en effet, devait, à l'instant même de l'entreprise, détourner l'attention sur un point opposé. D'Épernon, par excès de zèle, engagea l'action avant l'heure. Boutteville, en y courant, croisa justement sur la route « celui qui devait, cette nuit même, livrer la porte avec sa compagnie ». Il lui donne l'ordre de le suivre ; l'autre, se croyant découvert, se trouble, hésite, cherche à se dérober, finalement refuse d'obéir ; tant et si bien que Boutteville irrité le fait saisir et jeter en prison. L'ennemi, sur l'entrefaite, s'avançait sans méfiance jusqu'à la porte désignée ; mais, loin de la trouver ouverte, une décharge de mousqueterie mit le désordre dans ses rangs. Le coup étant manqué, il fallut quitter la partie[1].

Un futile incident amena bientôt une autre alerte. Dans la nuit du 2 juin, on vit s'élever tout à coup un grand feu sur les hauteurs du Mont-Roland, du côté de la Franche-Comté. Le bruit se répand aussitôt dans la garnison de Bellegarde que c'est le signal de Condé, que le prince avec son armée arrive au secours de la ville. On y répond sur l'heure en allumant des flammes au haut du clocher de Saint-Georges ; le canon tonne sur les

---

[1]. *Histoire de la maison de Montmorency*, par Désormeaux.

remparts ; la joie et l'enthousiasme sont « extraordinaires ». Parmi les assiégeants l'émotion n'est pas moindre. Dans le camp réveillé, on s'agite et l'on court aux armes. D'Épernon caracole, l'épée nue, bouillonnant d'ardeur, « allant au combat comme au bal », harangue éloquemment ses troupes. L'une et l'autre armée se prépare à quelque événement décisif. Tout s'expliqua quand vint le jour : un exprès arriva de Dôle, portant plainte au duc d'Épernon qu'une bande de maraudeurs eût mis le feu dans un village, brûlé des meules et des maisons[1]. Les lueurs vues sur le Mont-Roland n'avaient pas une autre origine. Les assiégeants en firent des gorges chaudes. L'effet fut différent parmi les assiégés : leur déconvenue tourna vite en colère ; les affidés de Millotet achevèrent d'échauffer les esprits.

Le soir même de ce jour, une partie de la garnison abandonne brusquement son poste, se rassemble sur la place d'armes, exigeant avec des menaces « la chamade » et la reddition. Boutteville était à table quand cette sédition éclata. Il se lève aussitôt, et court droit à la place, suivi d'un seul sergent et de son aide de camp[2]. Les cris de « Vive le Roi ! » s'élèvent à son approche ; quelques-uns des plus exaltés l'entourent en brandissant leurs armes. Boutteville, sans s'émouvoir, tire froidement son épée.

1. Relation manuscrite de la Bibliothèque de Dijon.
2. Cet aide de camp était un gentilhomme du nom de Saint-Germain, qui fut toute sa vie attaché au service de Boutteville. Ce Saint-Germain a laissé des mémoires manuscrits, demeurés jusqu'à la Révolution dans la famille de Luxembourg et aujourd'hui disparus. Au xviiie siècle, Désormeaux en eut connaissance ; il en fait de fréquentes citations dans son *Histoire de la maison de Montmorency*.

marche au plus furieux des meneurs, lui passe l'arme au travers du corps, et le jette sans vie à ses pieds; puis il prend un autre au collet; « Pour toi, coquin, tu seras pendu! » lui crie-t-il [1]; et il le remet tout tremblant au sergent qui l'accompagnait [2]. Ce sang-froid, cette audace imposent à la foule en délire; au tumulte succède un morne et profond silence. Boutteville s'avance alors au milieu de la place, et, par ses raisonnements, par « ses flatteuses promesses », il achève de calmer ceux qu'il avait dominés d'abord. Au reste, leur dit-il, « s'il s'en trouve parmi vous qui veuillent se livrer à l'ennemi, qu'ils se séparent des autres; je vais leur faire ouvrir les portes de la ville [3] ». Bref, dit un témoin de la scène, il s'y prit avec tant d'adresse, que « les soldats, si découragés auparavant, ne savaient comment exprimer leur joie ». Ils « jetèrent leurs chapeaux en l'air », et l'escortèrent de leurs vivats jusqu'à son quartier général.

Les heures étaient pourtant comptées, et, quoi que l'on pût dire ou faire, la défense de Bellegarde touchait désormais à son terme. Le dernier jour de mai, le régiment de Bourgogne, pratiquant la mine et la sape, avait pu s'avancer, par un chemin couvert, sous un des bastions de la ville. Du côté de la Saône, le danger apparut plus grave et plus pressant encore. Le beau temps et la grande

---

1. Il le fit pendre en effet le jour même, ainsi qu'un autre des meneurs.
2. *Histoire de la maison de Montmorency*, par Désormeaux. — *Gazette de France* de 1653.
3. Mémoires de Saint-Germain, cités par Désormeaux.

sécheresse combattaient pour la cause royale; l'étiage du fleuve décroissait à vue d'œil. La nuit du 3 au 4 juin, les eaux étant tout à fait basses, les assiégeants, protégés du mousquet par la hauteur des berges, passent la rivière à gué, établissent un pont de fascines sur le large fossé, parviennent jusqu'au pied des remparts[1]. Le « mineur » y est attaché. Dans quelques heures au plus, la brèche sera ouverte et praticable ; l'ennemi sera dans l'enceinte de la place ; il ne restera de ressource que la guerre dans les rues[2]. La disette, d'autre part, se faisait cruellement sentir. La viande, le vin, manquaient depuis longtemps; le pain lui-même devenait rare ; et le plomb des mousquets était presque épuisé[3]. Aucun espoir de salut du dehors : une lettre de Condé venait d'arriver à Boutteville, exposant les motifs de cet abandon nécessaire[4]. La chute de la ville assiégée était donc imminente ; mais, la partie perdue, il restait à sauver l'honneur.

On avait le droit d'espérer que d'Épernon, sur ce terrain, se montrerait accommodant. Il avait promis à la Cour de réduire Bellegarde en quinze jours; plus d'un mois s'était écoulé sans qu'il eût tenu sa promesse. Toutes es lettres de Le Tellier lui rappelaient l'échéance, le pressaient d'en finir et de renvoyer au plus tôt les régiments prêtés pour cette besogne[5]. Avec un adversaire de la

1. Quand les eaux de la Saône étaient hautes, elles emplissaient les fossés de Bellegarde; mais elles se retiraient quand la rivière baissait et laissaient les fossés à sec.
2. *Le Mémoire* de Millotet. — *Gazette* de 1653, etc.
3. *Le Mémoire* de Millotet.
4. Journal de la Fronde, *loc. cit.*
5. Archives de la Guerre.

trempe de Boutteville, il fallait redouter un coup de désespoir; la sagesse commandait de ne pas le pousser à bout, et le sang des soldats du Roi méritait bien un sacrifice. Une « conférence » s'ouvrit, le 4 juin, à neuf heures de la matinée, entre Boutteville et le marquis de Roncherolles, muni par le duc d'Épernon des pouvoirs les plus étendus. Roncherolles, escorté d'un tambour, s'avança « jusqu'à cinquante pas » des murailles de la ville, et Boutteville fit vers lui le reste du chemin. Tous deux étaient liés de longue date, et l'abord fut courtois, j'allais dire chaleureux. Il se manifesta, dit-on, chez les spectateurs des deux camps, quelque surprise, même un peu de « scandale », à voir ces adversaires échanger « force révérences », puis « se baiser et rebaiser l'oreille », rire et causer comme des amis, se promener côte à côte, « bras dessus bras dessous l'aisselle [1] ». La conférence prit fin au bout d'une heure. On entendit Boutteville dire à haute voix en s'éloignant ; « Vous êtes homme de parole, et je vous remets en main mon honneur ! »

Les conditions convenues furent presque aussitôt publiées : elles étaient en effet honorables et douces. Boutteville devait, le 8 juin au matin, remettre la ville de Bellegarde à « S. A. le duc d'Épernon ». Il en sortirait le même jour, « avec toutes ses troupes, françaises et étrangères, armes, bagages et munitions », pour aller rejoindre Condé « par le chemin le plus court [2] ». Boutteville, de plus, stipula l'engagement qu'il n'y aurait vengeances ni

1. Relation manuscrite, etc., *loc. cit.*
2. *Gazette de France* de 1653.

représailles à l'encontre des habitants qui s'étaient compromis pour lui[1], et notamment envers « le sieur Arnoux », le curé de Bellegarde, son ami personnel, actif partisan de Condé[2]. Un armistice fut proclamé ; le feu cessa sur l'heure ; et les soldats des deux partis ne tardèrent point à quitter leurs quartiers pour s'approcher les uns des autres. La gazette poétique qui m'a fourni plus d'un détail trace de cette scène un tableau pittoresque : rebelles et royalistes, « Albions et Frondeurs », réconciliés en un clin d'œil, se mêlent en des groupes fraternels, boivent joyeusement, se portent des santés. Les assiégeants plaisantent les assiégés sur la maigreur de leurs échines, leurs joues caves et leurs « faces blêmes ». Ceux-ci, sans se fâcher, ripostent avec bonne humeur :

> A peine on dirait à nos trognes
> Qu'ayons fait la guerre en Bourgogne !

leur fait dire le naïf chroniqueur. Nous reverrons souvent, dans la suite des guerres de la Fronde, cette absence de rancune entre les combattants, cette facilité surprenante à se joindre, entre deux batailles, dans un commerce pacifique.

Les chefs donnaient d'ailleurs l'exemple. Millotet, dans son curieux *Mémoire*, nous a conservé le récit de l'entretien, cordial et presque enjoué, qu'il eut avec Boutteville

---

1. D'Epernon tint parole ; il écrivit une lettre pour interdire « toute poursuite » de ce chef contre les habitants de Bellegarde. (Lettre du 15 juillet 1653. — Arch. de Dijon.)

2. Ledit Arnoux, au reste, quitta Bellegarde avec la garnison, pour aller rejoindre Condé.

au lendemain de la reddition. Le fougueux magistrat, dès qu'il en apprend la nouvelle, monte à cheval, court vers le camp, franchit les portes de Bellegarde. A peine se trouve-t-il dans la place, qu'il rencontre Boutteville, escorté des marquis de Roncherolles et d'Uxelles. Ceux-ci le désignent du doigt et le nomment à leur compagnon ; Boutteville les quitte vivement et va vers Millotet, qui met aussitôt pied à terre. Les deux rivaux, pour la première fois en présence, se saluent courtoisement, se considèrent avec curiosité. Boutteville est le premier à prendre la parole : « Je vous assure, monsieur, dit-il, qu'il y a longtemps que je souhaitais de vous voir ! — Et moi, monsieur, lui répond Millotet, j'en avais plus d'appréhension que vous n'en aviez de désir. J'ai bien su par des prisonniers que vous avez souvent envoyé des partis pour m'emmener en bonne compagnie ; mais il est plus expédient pour moi que je vous vienne voir à présent, pour vous offrir mes très humbles services, que d'y avoir été conduit ». Sur quoi, Boutteville se met à rire : « Je vous assure, proteste-t-il, que vous y auriez été très bienvenu, et aussi bien traité que moi. Il est vrai que je vous aurais envoyé à M. le Prince, qui certainement vous aurait bien reçu ». Et Millotet reprend, d'un ton un peu plus grave : « Monsieur, je ne fais pas doute de votre courtoisie, et crois que Son Altesse ne m'eût pas mal traité, car il est si généreux et raisonnable, qu'il ne trouvera pas mauvais que j'aie bien servi le Roi ».

La causerie se poursuit un moment sur ce mode, demi-sérieux, demi-railleur. Au cours de l'entretien, Millotet propose à Boutteville de lui rendre des lettres de la duchesse de Châtillon, où celle-ci mandait à son frère « quelques nouvelles de sa maîtresse ». Il demande en retour qu'on lui fasse restituer certaines dépêches confidentielles, interceptées par les gens de Bellegarde. Mais Boutteville refuse le marché, alléguant « qu'il perdrait au change ». Il n'accepte pas davantage l'hospitalité généreuse que Millotet lui offre en sa maison de Dijon ; et tous deux se séparent enfin, fort contents l'un de l'autre et les meilleurs amis du monde [1].

Le 8 juin au matin, les troupes commandées par Boutteville sortirent, sur le coup de huit heures, des portes de Bellegarde, « tambour battant, trompettes et timbales sonnant, mèches allumées, balles en bouche, et de la munition pour chacun dix coups [2] ». Des réquisitions régulières leur assuraient la subsistance jusqu'aux frontières de la province ; une vingtaine de chariots, fournis par le duc d'Épernon, voituraient le bagage de Boutteville et des officiers ; un détachement de cavalerie royale veillait au service des étapes et protégeait la sûreté de la route. Le départ, en cet appareil, ressemblait moins à une retraite qu'à quelque parade militaire. Les soldats de Bellegarde marchèrent jusqu'à Stenay ; un corps de l'armée de Condé y tenait ses quartiers, et la jonction s'opéra sans encombre. Boutteville, de là, se rendit à Bruxelles, où se trouvait M. le Prince. L'accueil de Condé fut touchant ; il prit son cousin « dans ses bras », le serra sur son cœur, le remercia, « avec joie et tendresse », de ses

1. *Le Mémoire de Millotet.*
2. *Gazette de France* de 1653.

efforts tenaces et de sa longue défense, et le nomma sur l'heure au commandement de toute sa cavalerie, qui consistait en vingt-cinq escadrons [1].

Il songea peu après à corser ces honneurs d'une récompense plus lucrative, en donnant à Boutteville le gouvernement de Rocroi, qui valait une somme importante [2]; mais Persan et Duras, tous les deux plus anciens en grade, firent valoir leurs services et réclamèrent avec tant d'insistance, que le prince, pour y couper court, conserva pour lui-même et le titre et le revenu [3].

Après deux ans d'épreuves, la chute de la place de Bellegarde et l'espoir du repos causèrent, dans la province entière, une universelle allégresse. Les États, oubliant discussions et querelles, allouèrent à d'Épernon, pour prix de sa victoire, une « gratification » montant à trente mille livres [4]. Millotet se hâta de regagner Dijon, pour préparer au gouverneur « une agréable entrée ». Son voyage fut troublé par un contretemps imprévu : la nuit, en traversant les bois, il se vit assailli par des pillards des troupes royales. « Le cheval de mon valet y fut tué, écrit-il, et moi dépouillé même de ma chemise ». Plusieurs de ses amis furent traités de même sorte. En dépit de cet incident, la réception du duc fut pleine d'éclat et de magnificence. Millotet vint à sa rencontre, à deux

[1]. *Histoire de la maison de Montmorency*, par Désormeaux.
[2]. Les Espagnols, à qui appartenait cette place, avaient concédé au prince le droit d'en disposer à son gré.
[3]. *Mémoires* du prince de Tarente — *Lettres* de Guy Patin.
[4]. Archives de Dijon.

lieues de la capitale, « le hausse-col au pourpoint et les plumes à la tête », brillamment escorté de trois cents gentilshommes, et le harangua dans les formes. Puis, retournant à la porte Saint-Pierre, le « vicomte-mayeur » de Dijon prit la conduite de « six mille hommes armés », capitaines, soldats et bourgeois, « la pique en main, parés à l'avantage », offrit à d'Épernon « les armes de la ville », et le mena en pompe à l'église cathédrale, où fut chanté le *Te Deum*. Je passe sur les acclamations, les inscriptions en vers latins, les feux de joie et les arcs de verdure. Au théâtre, le soir, représentation solennelle : le sujet de la pièce, ingénieusement allégorique, était « le triomphe de l'Olympe sur la rébellion et les furies de l'Enfer ». Au moment de l'apothéose, une pièce d'artifice, par malheur, s'abattit sur un des décors; le théâtre prit feu, et fut brûlé de fond en comble [1].

L'épilogue du siège de Bellegarde fut le démantèlement de la place. Une ordonnance du Roi enjoignit aux États de faire raser les fortifications, « pour empêcher que les factieux ne s'en pussent jamais prévaloir contre le service de Sa Majesté [2] ». Comme on tardait à obéir, les malheureux habitants des villages furent racolés de force, envoyés à Bellegarde, contraints de travailler à la démolition, jusqu'à ce qu'il ne restât aucune trace des défenses. Ce fut d'ailleurs la fin des tribulations du pays. Sur les ruines des murailles détruites, on vit croître promptement « un fin gazon, des arbres verdoyants »;

1. *Description de la Bourgogne*, par Courtépée. — Le *Mémoire* de Millotet, etc.
2. Archives de la Guerre.

les fossés, desséchés et plantés en quinconce, devinrent « une promenade délicieuse »[1]. Par une transformation semblable, aussitôt délivrée du fléau de la guerre civile, la province de Bourgogne vit refleurir une ère nouvelle de calme, d'abondance et de prospérité.

1. *Description de la Bourgogne*, par Courtépée.

CHAPITRE VII
1654-1655

Impression produite par la défense de Bellegarde. — Réputation croissante de Boutteville. — Caractère violent de la lutte entre Condé et la Cour. — Bons rapports subsistant quand même entre les généraux adverses. — Préparatifs de la campagne de 1654. — Boutteville au pays de Liège. — Siège d'Arras. — Heureuse expédition de Boutteville pour ravitailler les assiégeants. — Levée du siège. — Campagne stérile de 1655. — Boutteville en mission auprès de Cromwell. — Autre affaire politique où il est engagé avec madame de Châtillon. — Faveur de cette dernière à la Cour de France. — Amitié que lui témoigne Mazarin. — Surprise du cardinal quand éclate l'affaire de Péronne. — Le maréchal d'Hocquincourt. — Lettre de madame de Châtillon à Condé. — Boutteville négocie à Péronne. — Arrivée du duc de Navailles. — La ville de Péronne aux enchères. — Intervention de la maréchale d'Hocquincourt. — Arrestation de madame de Châtillon. — L'abbé Foucquet geôlier d'Isabelle. — Fureur du maréchal d'Hocquincourt. — Il se résigne à rendre Péronne au Roi, et congédie Boutteville. — Mise en liberté de madame de Châtillon. — Elle se réconcilie avec la Cour sans se brouiller avec Condé.

On n'exagère rien en disant que toute la carrière militaire du « tapissier de Notre-Dame » date de la défense de Bellegarde. Seul, livré à lui-même, sans conseils ni contrôle, il y exerce, à vingt-trois ans, le commandement en chef. Les qualités qu'il y déploie sont celles qui, réunies, font les grands capitaines : l'initiative et le sang-froid, la résolution prompte et l'audace calculée, et — don plus rare encore — cette force mystérieuse, qui réside dans l'accent, le geste, le regard, et sous laquelle se ploie la volonté des hommes. M. le Prince ne s'y trompe pas, et reconnaît en lui son véritable élève et son meilleur lieutenant. Si sa jeunesse l'éloigne encore « du rang que lui assigne sa supériorité », Boutteville est désormais, dans l'esprit de Condé, l'homme des coups de main, des hardies entreprises, le chef brillant qu'on met à l'avant-garde[1]. Une si glorieuse confiance, une élévation si rapide ne peuvent manquer de provoquer des froissements et des jalousies; des vieux compagnons des grandes guerres, plus d'un murmure tout bas contre la préférence du prince, et l'accuse de partialité pour son parent et son ami d'enfance. On cite parmi ces mécontents le marquis de Persan, Coligny-Saligny[2], et surtout le comte de Marchin[3], le rude aventurier liégeois, fidèle et brave comme son épée, mais brutal, ombrageux, se voyant partout des rivaux[4]. Nul plus que ce dernier ne se montre jaloux

1. *Histoire des princes de la maison de Condé*, par le duc d'Aumale.

2. *Journal de Paris*. — Bibliothèque Nationale, Mss. fr. 10276.

3. Condé éprouvait pour Marchin une sincère amitié, mêlée de reconnaissance pour ses longs services. C'était d'ailleurs, dit le marquis de Chouppes, « un bon homme » et un auxiliaire utile sur le champ de bataille, mais « incapable d'un bon conseil, étant presque toujours pris de vin ».

4. La jalousie de Marchin était légendaire dans l'armée. Madame

des précoces lauriers de Boutteville et ne s'oppose plus aigrement au prompt essor de sa carrière. Il faut au prince une main souple et légère pour gouverner sans heurt ces amours-propres susceptibles, car, dans sa position présente, il ne peut se passer de tous ces dévouements. Et c'est un embarras de plus parmi les ennuis qui l'obsèdent.

Entre la Cour et M. le Prince, des événements nouveaux ont creusé, dans ces derniers temps, un fossé plus large et profond; l'hostilité qui les divise s'aigrit, s'envenime de jour en jour. A la lutte, au début molle et presque courtoise, succède une guerre implacable et farouche; de part et d'autre éclate une ardeur de vengeance. Le 27 mars 1654, le parlement de Paris, toutes chambres assemblées, rend, en présence du Roi, un arrêt rigoureux : Condé, atteint et convaincu des crimes de « félonie et de lèse-majesté », est déclaré solennellement « déchu du nom de Bourbon », ainsi que de ses dignités, honneurs et privilèges, condamné « à souffrir et recevoir la mort en la forme qu'il plaira à Sa Majesté[1]. » Un arrêt du même jour décrète d'information contre ses principaux complices : « Les comtes de Boutteville, y lit-on, de Fiesque, de Duras et de Saint-Hibal, seront pris au corps et amenés prisonniers en la Conciergerie du Palais,

de Châtillon y fait allusion quand elle écrit à Condé, à propos d'un message qu'elle avait fait remettre au prince par « un homme de Chavagnac » : « Comme il avait ordre de voir Marchin, j'appréhende, selon ce que Boutteville me mande qu'il en use avec vous, qu'il n'ait renvoyé l'homme sans vous le faire voir, afin de détourner son maître de vous aller trouver ». (Bibl. Nat. Mss. de Gaignières.)

1. *Gazette de France* de 1654.

pour être ouïs et interrogés sur le contenu desdites informations ». Cette « sommation », on le devine, reste sans résultat. Aussi, quelques semaines plus tard, sur la réquisition du procureur Foucquet, intervient une nouvelle sentence. Boutteville et ses trois compagnons y sont proclamés « contumaces [1] », complices des crimes imputés à Condé, et, « pour réparation, condamnés à avoir la tête tranchée sur un échafaud qui sera pour cet effet planté à la place de Grève, si pris et appréhendés peuvent être, sinon par effigie en un tableau qui sera attaché à une potence, en ladite place, par l'exécuteur de la Haute-Justice, tous leurs biens, meubles et immeubles acquis et confisqués au Roi, sur iceux préalablement pris la somme de 32 000 livres parisis d'amende, applicables au pain des prisonniers de la Conciergerie du Palais [2] ».

L'affichage de l'arrêt s'effectua le jour même, place de Grève, « à la nuit tombante ». M. le comte de Boutteville, dit un contemporain, « tint la première place sur cet infâme théâtre [3] ». Ce fut l'unique sanction d'une sentence demeurée forcément sans effet. Les condamnés, d'ailleurs, ne prirent point l'affaire au tragique. « J'ai vu l'arrêt de notre penderie, dont je ne me mets guère en peine », écrit gaillardement Condé. Il faut noter toutefois qu'à dater de ce jour, il s'exprime sur la Cour avec

---

[1]. Arch. des Aff. étrangères.

[2]. Ce fut l'abbé Foucquet qui fit parvenir à Mazarin le texte de la condamnation : « Votre Éminence, lui écrit-il, verra les conclusions de mon frère contre MM. de Boutteville, de Fiesque et autres. J'en envoie la copie ».

[3]. *Journal de Paris.* — Bibl. nat. Mss. fr. 10276.

une plus grande amertume, s'échappe parfois en menaces violentes. Les espions que le cardinal entretient dans son entourage rapportent des propos terribles : « Il ne parle, affirme l'un d'eux, que de détruire de fond en comble la capitale du royaume, et de faire dire un jour : voilà où Paris a été[1] ! »

Par un contraste singulier, cette haine politique s'allie, dans le commerce ordinaire de la vie, aux procédés les plus courtois, souvent même les plus amicaux. Les généraux, les grands seigneurs, en se faisant la guerre, conservent dans leurs relations un ton de bonne humeur et de camaraderie qu'expliquent les liens du sang ou le souvenir de leur intimité passée. L'histoire de cette époque en offre de curieux exemples. Au lendemain de la « surprise d'Étampes[2] », Turenne demande à Chavagnac, qui tient garnison dans la ville, de lui envoyer « du bon vin ». Chavagnac lui fait parvenir « un chargement de trois mulets » ; Turenne, en récompense, invite Chavagnac à dîner, et le quitte en lui promettant de venir, dans un mois, « l'assiéger dans les formes », ce qu'il fait au jour dit avec ponctualité[3]. De même, en août 1653, deux mois après sa sortie de Bellegarde, Boutteville, campant à douze lieues de l'armée royale, prend fantaisie de venir voir « ses amis du parti Mazarin ». Il est pourvu d'un sauf-conduit, reçoit au camp du Roi « toutes les civilités imaginables » ; on fait de

1. Aff. étr. Fr. 892.
2. Mai 1652.
3. *Mémoires* de Chavagnac.

part et d'autre assaut de politesses ; c'est une journée entière de liesse et de festins [1].

Condé lui-même cède à la contagion. Lorsque, en 1655, il rend des prisonniers au maréchal de Gramont, il accompagne cet envoi de la lettre la plus gracieuse : « Je suis si peu accoutumé à vous faire la guerre, écrit-il, que je ne puis me résoudre à commencer ; du moins, vous puis-je assurer que, si vous me la faites, j'en serai au désespoir. Car enfin, je ne veux ni ne dois être votre ennemi ; et — quelque persécution que j'aie, qui m'oblige à faire ce que je fais — je ne puis jamais être autre chose que le meilleur ami et le plus véritable serviteur que vous ayez au monde [2]. » Gramont réplique sur le même ton, en joignant à ses compliments quelques reproches discrets : « Rien ne m'est plus amer que de vous voir là où vous êtes ! » A dire le vrai, chez la plupart, la seule haine profonde est celle qu'inspire « le Mazarin », le « fourbe », l'étranger, favori de la Reine et « oppresseur du Roi ». Parmi ceux-là mêmes qui le servent — par frayeur, par calcul, par fidélité monarchique — beaucoup savent mal dissimuler leur malveillance et leur secret dédain. Après le combat de Bléneau, Hocquincourt, battu par Condé, se rencontre avec le vainqueur : « Ne sommes-nous pas bien malheureux, lui dit tout à coup M. le Prince, d'être obligés de nous couper la gorge pour un faquin qui n'en vaut pas la peine [3] ? » Hocquincourt sourit sans répondre, et tous deux s'embrassent de bon cœur.

[1]. *Journal de Paris*. — Bibl. nat. Mss. fr. 10275.
[2]. Lettre du 1er juillet 1655. — Aff. étr. Fr. 895.
[3]. *Souvenirs sur le règne de Louis XIV*, par D. de Cosnac.

Ces bons rapports entre adversaires ne nuisaient point à l'ardeur de la lutte. Les mêmes hommes qui, la veille, échangeaient de telles embrassades, étaient prêts le lendemain à se porter des coups acharnés. L'année 1654, où nous conduit notre récit, est une de celles où, des deux parts, se fit l'effort le plus considérable. La saison d'automne et d'hiver fut employée, dans l'un et l'autre camp, à « réparer » les troupes, grossir les effectifs, rassembler ses moyens, établir les plans de campagne. Boutteville commande dans le pays de Liège ; les « quartiers » dont il a la charge sont voisins de ceux des Lorrains, alliés aux Espagnols. Ses régiments sont la plupart français, avec mélange de quelques troupes wallonnes [1], auxquelles s'adjoint un

[1]. Une lettre de Condé à Lenet, du 28 janvier 1654, donne l'état suivant des troupes de Boutteville : « Il y a, dit-il, à loger :

Cavalerie	Infanterie
Condé.	Condé.
Marsini.	Persan.
Holac.	Platemberg.
Moreau.	Enghien.
Cimetière.	Frison.
Ravanel.	Dragons.
Boutteville.	Walsenoor.
Bodet.	Gie.
Marche.	Lamotte.
Marcoussis.	Irlandais.
Brémont.	Grognols.
La Compagnie du chevalier de Foix.	Westmest.
	Bosler.

« Voilà, ajoute le prince, l'état des troupes de M. de Boutteville ; je ne sais pas précisément ce qu'il y a de logements ; M. de Lorraine le saura. J'écris à Boutteville et lui enverrai demain le reste des troupes. »
(Papiers de Lenet. — Bibl. nationale. Mss. fr. 6718.)

peu plus tard un détachement de soldats irlandais. Ce dernier corps, quand il fut expédié en Flandre, fut annoncé comme important, et Condé, semble-t-il, fondait sur ce renfort de sérieuses espérances. Il en fallut bientôt rabattre : lorsque ces Irlandais arrivèrent à Bruxelles, le « régiment » promis ne comptait même pas trois cents hommes, dont « quarante-neuf petits garçons hors d'état de porter les armes [1] ». Le prince, passablement déçu, fit passer néanmoins « ce petit troupeau » à Boutteville, pour en tirer tel parti qu'il pourrait.

Ces mois consacrés au repos furent signalés par d'incessantes querelles. La proximité des Lorrains était une occasion perpétuelle de conflits. Leur souverain Charles IV, esprit inquiet, bizarre, allié toujours prêt à trahir, se montrait, pour les troupes françaises, le voisin le plus incommode ; ses réclamations incessantes impatientaient vivement Boutteville et M. le Prince. « J'envoie mes ordres à M. de Boutteville, mande Condé à Lenet [2], de ne prêter à M. de Lorraine aucune artillerie, ni de lui envoyer aucun des gens commandés, et de se loger le mieux qu'il pourra sans son assistance... » — « Si M. de Lorraine, menace-t-il le même jour, fait piller des lieux de mon district, je ferai faire de même sur le sien. » Même mauvaise volonté chez les gens du pays. Boutteville, le 22 février, demande avec instance quelques pièces d'artillerie pour « imposer » à la province ; Condé con-

1. Lettre du 10 janvier 1654. Papiers de Lenet. — Bibl. nationale, loc. cit.

2. Lettres du 8 février. — Ibidem.

jure Fuenseldaña d'obtempérer à cette requête dans le plus bref délai, « car il n'y a pas, écrit-il, un château dans tout le pays de Liège qui veuille ouvrir ses portes ni contribuer, si on sait que Boutteville n'a pas de canons. Faites cela au plus tôt, la chose est très importante[1] ». Il fallut même une fois réprimer par les armes la révolte de la province : « J'avise Votre Altesse, mande le duc de Lorraine à Condé, que M. le comte de Boutteville a rompu le général des Liégeois. Leur cavalerie est détruite et l'infanterie taillée en pièces. Ils se sont retirés à Lo...[2]. » Guy-Patin, dans ses lettres, parle aussi de cette sédition : « Nos gens, dit-il froidement, s'en sont rendus les maîtres et en ont bien tué, si bien que tout le pays en est désolé, car ils y vivent à discrétion et sans discrétion ». Au milieu de ces embarras, l'armée s'organise néanmoins. Condé, lorsque vient le printemps, a sous ses ordres, aux Pays-Bas, une masse de forces imposante. Chacun attend de lui quelque vaste entreprise.

Cette attente n'eût pas été longue, si le prince eût eu les mains libres. Mais il fallait compter avec la lenteur espagnole. L'archiduc Léopold et le comte de Fuenseldaña se perdaient dans « l'étude des plans », rêvaient, au lieu de tenter un grand coup, de « mugueter » sur la frontière quelques petites places fortifiées[3]. Turenne, par une brusque offensive, les réveilla de cet « assoupissement ». Il mit, le 19 juin, le siège devant Stenay, pos-

1. Papiers de Lenet, loc. cit.
2. Arch. de Chantilly.
3. Gazette de France de 1654.

session personnelle du prince, asile et centre du parti depuis l'origine de la Fronde. Condé, piqué au vif, ne put décider ses alliés à secourir la place, mais il les entraîna du moins dans une diversion audacieuse. L'Artois fut envahi ; la capitale de cette province, « l'un des boulevards de la France », fut investie le 3 juillet ; vingt-huit mille hommes, en quelques jours, furent assemblés autour des murailles de la ville.

Il n'entre pas dans mon dessein de conter en détail le siège et « la retraite d'Arras », que Condé déclarait, à la fin de sa vie, « sa plus belle action » militaire. Des écrivains plus compétents se sont chargés de cette histoire[1] ; je n'en veux retenir que ce qui concerne Boutteville. Je rappellerai seulement, pour éclairer ce qui va suivre, comment Turenne, laissant Fabert continuer le siège de Stenay, vint avec une armée, faible au début, mais rapidement accrue, se poster à Mouchy-le-Preux, au-dessus du camp espagnol, occupa peu de jours après les abords de Péronne, coupant aux assiégeants leurs débouchés et leurs avenues, interceptant tous leurs convois, et les tenant enfin prisonniers dans leurs lignes, bloqués sous les murailles de la place assiégée. Au commencement d'août, un mois après l'investissement, l'armée qui prétend prendre Arras est plus dénuée du nécessaire que la garnison de la place. Le pain de munition y vaut « plus de quatorze sols » ; le vin fait entièrement défaut ; les munitions menacent de s'épuiser[2].

1. Voir notamment l'*Histoire des princes de Condé*, par le duc d'Aumale, tome VI, p. 596 et suiv.
2. *Gazette de France* de 1654.

Les essais de ravitaillement échouent régulièrement, arrêtés au passage par la vigilance de Turenne. La mauvaise chance d'ailleurs s'en mêle. Un convoi de poudre à canon qui avait pu déjouer la surveillance des troupes françaises, au moment d'arriver aux lignes espagnoles, manque « par un étrange accident ». Chaque cavalier portait en croupe un sac de poudre ; la pipe d'un soldat ivre mit le feu à l'un de ces sacs ; tout le convoi sauta d'un bloc ; chevaux et cavaliers périrent tous au milieu des flammes [1]. La disette en vint à ce point vers le milieu d'août, que la question fut agitée, « malgré la honte de cette action », de renoncer au siège et de battre en retraite [2].

Avant de se résoudre à cette extrémité, on résolut pourtant de tenter un suprême effort. On avait eu l'avis, dans le camp espagnol, qu'un « immense convoi de secours » attendait, près de Saint-Omer, l'occasion de franchir les lignes de Turenne. Condé obtint de l'archiduc qu'une division de cavalerie allât au loin chercher fortune, et ramenât, si faire se pouvait, tout ou partie du « secours » en détresse. L'aventure était hasardeuse. Sortir des retranchements sous le feu de l'ennemi, passer au travers de ses postes, les forcer de nouveau, au moment du retour, avec l'embarras d'un convoi : à qui confier cette entreprise ? Condé n'hésita pas longtemps : « Si vous jugez à propos, écrit-il à Fuenseldaña [3], d'en-

[1]. *Mémoires* du duc d'York.
[2]. Lettre de Mazarin à Turenne du 1er septembre 1654. — Corresp. gén.
[3]. Arch. de Chantilly.

voyer les douze cents chevaux qu'on a résolu, c'est à M. de Boutteville à les mener. Je l'enverrai demain chez vous recevoir vos ordres. »

La nuit du 15 août, tout étant disposé, Boutteville se mit en marche. Le détachement qu'il commandait était de deux mille cavaliers ; le marquis de Duras, avec trois mille hommes d'infanterie, eut mission de rester en observation sur la route et de protéger la retraite, si la chose était nécessaire. La première partie du mouvement s'opéra d'ailleurs sans encombre. L'épaisse obscurité, la célérité de la course, dérobèrent à l'ennemi le passage de la cavalerie. Avant que l'éveil fût donné, Boutteville était à Saint-Omer. Il prit possession du convoi et le mena jusqu'à Saint-Pol, n'ayant perdu un homme, ni brûlé une amorce [1].

Là les choses se gâtèrent. Un hasard malheureux voulut que, ce même jour, le siège de Stenay terminé [2], les troupes françaises employées sous cette place s'en revinssent avec Hocquincourt renforcer l'armée de Turenne. Turenne s'en fut à leur rencontre ; chemin faisant, il sut par ses espions l'arrivée à Saint-Pol de Boutteville et de ses « chariots » ; il proposa à d'Hocquincourt de profiter de l'occasion pour obliquer du côté de Saint-Pol et pour enlever d'un coup l'escorte et le convoi. Hocquincourt trouva l'idée bonne, et les deux maréchaux galopèrent côte à côte, suivis d'un corps considérable. Ce fut « par suite d'un grand bonheur », comme écrit

---

[1]. *Histoire de la maison de Montmorency*, par Désormeaux.
[2]. La capitulation fut signée le 5 août.

Mazarin, que Boutteville s'échappa d'un si pressant danger. Ses éclaireurs le renseignèrent à temps ; il tourna bride sur l'heure, emmena cavaliers et chariots — ceux-ci au nombre d'un millier — et gagna la petite ville d'Aire, citadelle fortifiée à l'abri d'un coup de main[1].

« Deux heures à peine » après qu'il eût quitté Saint-Pol, Turenne et d'Hocquincourt y faisaient leur entrée. Quelques hommes laissés en arrière furent pris sans résistance ; Saint-Pol fut occupé, ainsi que le mont Saint-Éloi, vieille abbaye du voisinage, où les rebelles avait une garnison[2]. Avant de se séparer, les maréchaux prirent des mesures sévères pour empêcher Boutteville de « rentrer dans ses lignes ». De Saint-Omer jusqu'aux abords d'Arras, toutes les avenues furent étroitement gardées, et des postes de cavalerie disséminés de place en place[3].

Boutteville sut ces dispositions et résolut en conséquence de changer ses batteries. Trois jours durant, il « fit le mort », demeura sans bouger dans Aire. Puis il franchit la Lys et se rendit à Lille. Chacun le crut passé aux Pays-Bas, tandis qu'il s'occupait à transformer ses équipages. Les gros chariots, jugés trop encombrants, furent abandonnés par son ordre, et les « provisions » transportées dans de grands sacs de toile, qu'on attacha sur la croupe des chevaux. Les mouvements ainsi allégés, le détachement fila sans bruit vers Douai, pour s'y pro-

1. Correspondance de Mazarin.
2. *Histoire de Turenne*, par Ramsay.
3. Lettres de Mazarin. — *Gazette* de 1654. — *Histoire de la maison de Montmorency*, etc., etc.

curer en passant « de la poudre, de la mèche et des balles[1] ». Le 22 août, à l'entrée de la nuit, Boutteville reprit la direction d'Arras. Son retour au camp espagnol paraissait malaisé, d'aucuns disaient impraticable. Il devait, pour y arriver, franchir deux grands postes français, spécialement établis en vue de lui barrer la route, l'un de mille cavaliers et d'autant d'hommes de pied, confié au marquis d'Uxelles; l'autre, à une lieue plus loin, de mille chevaux et de cinq cents dragons, mis sous la direction du maréchal de la Ferté. Entre ces deux campements étaient des « corps de garde » qui se reliaient de proche en proche, fermant étroitement toute issue[2].

Comment, par quel prodige d'adresse et de rapidité, Boutteville put-il, sans être vu, traverser ce réseau serré, dépister tant de surveillants et se garer de tant d'embûches? Les documents ne font que rapporter le fait, sans appuyer sur le détail ni en narrer les circonstances. Le lieutenant d'un des petits postes fut accusé de négligence et sévèrement puni[3]. Quelques coups de fusils saluèrent seuls l'arrière-garde, et le convoi entier pénétra sans dommage dans le camp de Condé, où il fut accueilli par des cris d'allégresse. L'idée d'abandonner le siège fut de ce moment écartée, et les travaux d'approche prirent une activité nouvelle. De ce jour également, parmi les généraux français, la décision fut prise de ne pas s'at-

1. *Gazette* de 1654. — *Vie de Condé*, par P. Coste.
2. *Gazette de France*.
3. *Journal de Paris*. — Bibl. nat. Mss. fr. 10276.

tarder davantage au blocus, mais d'emporter d'assaut les lignes espagnoles[1]. En effet, le 24 août, le surlendemain du retour de Boutteville, Turenne attaquait les quartiers de l'archiduc et de Fuensaldaña, forçait les retranchements, mettait en pleine déroute Espagnols et Lorrains. Condé, avec le corps français, sauvait seul ses alliés d'une destruction complète[2]. En dépit de tous les efforts, il fallut renoncer au siège, abandonner artillerie et bagages, et se retirer sur Bouchain. On s'explique ainsi la boutade d'un partisan de Mazarin, se félicitant après coup de l'heureux résultat de l'expédition de Boutteville : « Sans ce succès, dit-il ironiquement, peut-être n'aurions-nous pas eu l'honneur de donner la chasse à tant de grands capitaines[3] ! »

L'affaiblissement causé par la défaite d'Arras, le redoublement de lenteur et de timidité que le souvenir de cet échec provoqua chez les Espagnols, paralysèrent presque entièrement la campagne suivante. L'année 1655 fut, au point de vue militaire, une de ces années vides, inutiles, infécondes, comme il s'en rencontre plus d'une en cette guerre longue et sans but. Nulle action importante, aucune opération d'ensemble, des manœuvres vaines et compliquées, le piétinement sur place, les mêmes petites « bicoques » éternellement prises et reprises, sans lutte sérieuse et sans nécessité : on me saura gré, je l'espère, d'épargner au lecteur ce fastidieux détail. Boutteville, en

---

[1]. *Gazette de France.*

[2]. Boutteville, dans cette marche en retraite, commandait l'arrière-garde de Condé.

[3]. *Journal de Paris.* — Bibl. nat. *Loc. cit.*

cette triste campagne, montra sa fougue, son audace ordinaires : « Chargé avec un camp volant, dit un témoin oculaire, de veiller au salut de la Capelle et des places de Flandre les plus exposées, il était jour et nuit à cheval, harcelant sans cesse l'ennemi, tombant sur ses fourrageurs et ses partis, quelquefois vainqueur, souvent repoussé, mais toujours actif et infatigable [1]. » Condé, dans sa correspondance, confirme cet éloge, rend plus d'une fois hommage à la vaillante ardeur, à l'initiative heureuse de son plus jeune lieutenant.

Il lui témoigna sa confiance en le chargeant à deux reprises, dans le cours de cette même année, de besognes bien différentes et tout spécialement délicates. La première fois, il l'expédie à Londres, en mission auprès de Cromwell [2]. Mazarin et Condé, depuis le début de la guerre, se disputaient l'appui du Protecteur ; chacun des deux partis entretenait des agents dans la capitale britannique, ayant spécialement pour mandat de nouer une alliance effective, les uns comme les autres « choyés », bercés de bonnes paroles et de belles espérances, tous également dupés et nourris de viande creuse. Boutteville, à dire le vrai, n'eut pas meilleur succès que ses prédécesseurs ; son voyage fut rapide, et non moins infructueux. Cet échec n'est pas pour surprendre : la partie, d'abord indécise, se dessinait depuis un temps en faveur de la France ; c'était là, pour Cromwell, l'argument sans réplique. Dès que la victoire

---

[1]. Mémoires de Saint-Germain, cités par Désormeaux. *Passim*.
[2]. Janvier 1655. — *Gazette* de Loret.

fut certaine, le Protecteur, sans hésiter, plaça sa main dans celle du cardinal [1].

Une seconde fois, neuf mois plus tard, nous retrouvons Boutteville faisant figure de diplomate et négociant au nom du prince, non plus sur une terre étrangère, mais avec un compatriote et sur le sol français. Cet épisode — assez oublié de nos jours, mais qui fit grand bruit en son temps — met, ce me semble, en vif relief un des aspects de cette époque troublée. On y prend sur le fait le retour d'esprit féodal qui hante alors les grands seigneurs, leur fait considérer les villes, les provinces qu'ils gouvernent comme un bien propre et personnel, dont ils peuvent trafiquer et user librement, au gré de leur caprice ou de leur intérêt. Rien ne démontre avec plus de clarté le discrédit où sept années de lutte avaient réduit l'autorité royale; et pour peu qu'on se représente l'impression que dut faire, sur l'âme d'un jeune roi de quinze ans, un si lamentable spectacle, on ne s'étonnera plus du constant effort de son règne pour substituer à l'anarchie la ferme volonté d'un maître.

Les documents de nos dépôts publics et ceux des archives de Bruxelles permettent de faire le jour sur cette curieuse intrigue, où nous verrons en scène, unis cette fois et travaillant ensemble, le frère à côté de la sœur, Boutteville et la duchesse de Châtillon.

Nous avons laissé cette dernière, après l'affaire de Ricous et Bertaut, plongée dans une demi-disgrâce,

[1]. Le premier traité avec la France fut signé le 24 octobre 1655; l'alliance complète fut conclue le 24 mars 1657.

n'ayant plus guère d'autre recours que l'appui de l'abbé Foucquet. Cette fâcheuse aventure semble l'avoir, un temps, dégoûtée de la politique. Au bout d'une année de retraite, elle obtint permission d'habiter à Paris, puis, peu après, de rentrer à la Cour. Elle reprend, dès qu'elle y paraît, toute la faveur perdue [1]. Un mois plus tard elle est de toutes les fêtes, éclipsant tout ce qui l'entoure du rayonnement de sa beauté, de la splendeur de ses parures. Ses plus jalouses rivales ne peuvent contester son triomphe. « Rien n'était plus pompeux que madame de Châtillon ! — dit la Grande Mademoiselle la première fois qu'elle la rencontre — elle avait un habit de taffetas aurore, tout brodé d'un cordonnet d'argent ; plus blanche et plus incarnate que je ne l'ai jamais vue ; plus de diamants aux oreilles, aux doigts, aux bras ; enfin dans une dernière magnificence ! » La Reine oublie ses vieilles rancunes, et l'accueille en public « avec de grandes démonstrations d'affection [2] ». Le Roi est plus gracieux encore ; même, dans ses empressements, les médisants veulent voir un ressouvenir « du premier feu qui l'enflamma », lorsqu'il témoignait tout enfant de l'attrait pour la « belle duchesse [3] ». Le cardinal enfin marivaude avec elle, lui prodigue dans ses lettres les flatteuses assurances et les tendres protestations : « Je reçois avec plaisir tout ce qui vient de vous, et n'ai perdu aucune occasion d'avoir de vos nouvelles... J'espère de vous

---

1. *Journal de Paris.* — Bibl. nat. *Loc. cit.* — *Gazette* de Loret, etc.
2. *Relations véritables des Pays-Bas.* Bibl. de Bruxelles.
3. *Gazette* de Loret.

revoir bientôt... Je ne perdrai jamais les occasions de vous faire paraître ma passion et mon respect pour vous[1]... » C'est comme on voit — du moins en apparence — une réconciliation complète avec le parti de la Cour.

Reconnaissons qu'à ce moment bien d'autres amis de Condé désarment avec elle, et que l'exemple vient de haut. C'est l'heure où le prince de Conti, le propre frère du vainqueur de Rocroi, vient, pour marquer sa soumission, de s'allier en mariage avec une nièce du cardinal[2]. La duchesse de Longueville elle-même, naguère si fière et si fougueuse, ne cherche qu'à rentrer en grâce. Du couvent de Moulins où elle a pris refuge, elle se répand en plaintes mélancoliques sur ses espoirs détruits, son existence brisée, accuse doucement le cardinal de la haïr et de la méconnaître. Une lettre d'elle adressée à Bartet — agent de Mazarin et son homme de confiance — traduit éloquemment ses tristesses et ses déceptions : « Ma fortune présente, écrit-elle[3], me rend si inutile à tout le monde, que je ne puis que prendre part à tout ce qui regarde mes amis... Je m'accommode fort bien des circonstances fâcheuses qui ne regardent que moi, mais j'avoue que j'ai quelque peine à ne me trouver bonne à rien !... » Elle déplore la défiance, l'injuste « éloignement » que lui témoigne Mazarin : « Il devrait bien, s'écrie-t-elle, quitter ses haines pour les gens que sa

---

1. Aff. étr. Fr. 893.
2. Anne Martinozzi, mariée le 22 février 1654, morte en 1672.
3. Aff. étr. Fr. 893 bis. On trouvera à l'Appendice, page 499, cette lettre intéressante, que je crois inédite.

seule haine lui rend inutiles ! Elle[1] est de ce nombre ; car si M. le cardinal l'obligeait à prendre de vraies et sincères liaisons avec lui, comme elle y serait disposée de son côté, des accommodements plus importants que le sien pourraient bien en dépendre... »

L'abbé Foucquet prit soin d'informer Isabelle des ouvertures de madame de Longueville ; il n'en fallut pas davantage pour susciter les inquiétudes de l'ombrageuse duchesse. Vite elle écrit au cardinal pour lui conseiller la réserve à l'égard d'une telle conversion. « Elle (madame de Châtillon) ne me demande autre chose, écrit Mazarin à l'abbé[2], sinon de ne permettre pas que l'accommodement se fît par madame de Longueville. Je lui ai mandé que rien ne s'accomplît par ladite dame. » Mazarin comme l'abbé Foucquet paraissent donc à présent dans une sécurité complète au sujet de « la bonne conduite » de la duchesse de Châtillon. Nul en tout cas n'eût pu s'attendre à la brusque « rechute[3] », qui brise ces illusions et rallume la guerre apaisée.

C'est dans l'humeur même d'Isabelle qu'il faut chercher la cause de cette évolution, dans sa nature remuante, inquiète, impatiente du repos. L'occasion est la passion folle que lui témoigne d'Hocquincourt, l'ascendant absolu qu'elle a pris sur sa volonté. Enfin le but qu'elle se propose est de rendre à Condé un éclatant service, d'imposer, par un coup de maître, silence aux médisants, et

---

[1]. Madame de Longueville, en plusieurs endroits de cette lettre, parle d'elle-même à la troisième personne.

[2]. Lettre du 4 décembre 1654. — Bibl. Nat. Mss. Fr. 22302.

[3]. Journal de Paris. — Bibl. nat. Loc. cit.

de reprendre d'un seul bond le premier rang parmi les conseillers du prince[1].

Quant au complice de l'aventure, Charles de Monchy, marquis d'Hocquincourt et maréchal de France[2], son nom a plus d'une fois figuré dans notre récit. C'était un vaillant homme de guerre, brave jusqu'à la témérité, d'âme impétueuse et de tempérament sanguin, de « grand cœur » et d'esprit borné. Bussy lui reconnaît, à défaut de jugement, une sorte de « défiance » qui lui tenait lieu de finesse, mais qui l'abandonnait chaque fois qu'il était amoureux ; hors il l'était presque toujours. Les portraits de l'époque le représentent d'ailleurs comme un bel homme, avec des yeux noirs et brillants, le nez bien fait, le front « un peu serré », le visage long, les cheveux épais et crépus, la taille dégagée et bien prise. Ambitieux et intéressé, susceptible et rempli d'orgueil, il se croyait grand capitaine et ne pouvait souffrir nulle supériorité.

1. Il est permis de penser qu'à ces considérations politiques se joignait un motif d'un autre ordre. Claire-Clémence de Condé, la femme de M. le Prince, était à cette époque dans un état de santé qui faisait envisager sa fin comme prochaine. Déjà, dans le public, on s'occupait de remarier le héros de Rocroi. La Grande Mademoiselle, de son propre aveu, posait presque ouvertement sa candidature. Plusieurs auteurs contemporains assurent qu'une semblable ambition hantait madame de Châtillon. Sans doute estima-t-elle qu'en donnant à Condé une preuve éclatante de son zèle, elle augmenterait sensiblement ses chances. Le rétablissement de la princesse de Condé fit d'ailleurs tomber toutes ces combinaisons : un an plus tard, le 12 novembre 1656, elle accouchait d'une fille, gage de sa complète guérison.

2. Né en 1599 d'une vieille famille de Picardie, maréchal de France en 1651, mort en 1658.

Chacune des victoires de Turenne le « piquait » à l'égal d'une injure personnelle. Tout hommage qu'on rendait à cet heureux rival l'exaspérait si fort qu'il semblait chaque fois sur le point de se brouiller avec la Cour[1]. Ses propos inconsidérés, rapportés en haut lieu, auraient nui gravement à tout autre. Mais Mazarin, qui l'estimait et connaissait son caractère, lui pardonnait ses incartades et ne lui gardait pas rancune.

Il était gouverneur des places de Ham et de Péronne, et, par là, voisin de Merlou. Son ami Wignacourt le présenta chez Isabelle; dès qu'il la vit, il tomba sous son charme. Il fut en peu de temps « éperdument épris », et non moins jaloux qu'amoureux. L'intimité de la duchesse avec l'abbé Foucquet lui causait « des transports furieux »; son ressentiment s'étendit au protecteur de ce rival; la violence de son langage dépassa bientôt toute mesure[2]. La pensée de tirer profit de ces colères et de ces jalousies germa dès lors, dit un écrit du temps[3], dans l'âme artificieuse de la duchesse de Châtillon. Hocquincourt lui avait écrit une lettre passionnée, où il déclarait à sa belle, « en termes bien intelligibles, qu'il n'y aurait rien qu'il ne fît pour son service et pour celui de ses amis ». La duchesse envoya cette épître à Condé, proposant, si l'on y tenait, de gagner Hocquincourt à la cause de M. le Prince.

---

1. En mai 1652 notamment, à la suite de la surprise d'Étampes, où il avait mal secondé Turenne, quelques réprimandes qu'il reçut le mirent hors de lui, et il fut sur le point d'offrir ses services à l'Espagne. (*Mémoires* de Chavagnac, de madame de Motteville, etc.).
2. *Mémoires* de Navailles.
3. *Journal de Paris pendant la Fronde.* — Bibl. nat. *Loc. cit.*

Condé transmit la lettre à son allié Fuensaldaña, qui la fit lire à son secrétaire; et ce dernier, « pour mériter la pension qu'il recevait de Mazarin », la retourna tout droit au cardinal[1]. Le ministre fut indulgent. Il manda à Paris l'imprudent maréchal, mit sous ses yeux la pièce compromettante, lui adressa doucement « des reproches sans aigreur ». Hocquincourt, confus, s'excusa; Mazarin lui promit l'oubli; la scène devint attendrissante et alla, dit-on, « jusqu'aux larmes ». Après s'être « baisés mille fois », ils se quittèrent réconciliés, et la seule victime de l'histoire fut le secrétaire infidèle : Fuensaldaña furieux « le fit mettre à la question, avec tant de violence qu'il en mourut[2] ». Toutefois, le cardinal, en pardonnant à d'Hocquincourt, n'en resta pas moins soupçonneux. L'abbé Foucquet, par ordre exprès, eut l'œil sur la duchesse et sur le maréchal; une surveillance s'organisa sur leurs fréquentations et leurs correspondances. La précaution n'était pas superflue; on en acquit promptement la preuve.

Quelques mois plus tard, en effet, le 17 octobre 1655, madame de Châtillon écrivait de nouveau secrètement à Condé. Cette lettre nous est conservée[3]; on y lit les phrases que voici : « ... Je vous mandais que j'avais vu M. le maréchal d'Hocquincourt, qui m'avait dit des choses dont on pouvait faire son profit. C'est, en un mot, que vous fassiez en sorte que Fuensaldaña lui envoie un homme de créance pour traiter avec lui... Pour peu

1. *Ibid.*
2. *Ibid.*
3. Bibl. nat. F. Gaignières, n° 2799.

que l'on soit raisonnable, il y a toute sorte d'apparence que l'on fera affaire; car je l'ai fait jurer plus de mille fois... Mon frère (Boutteville) me parle encore de cette affaire, mais je n'en dirai rien de plus pour cette fois, ayant trop d'impatience que vous receviez cette lettre... »
La mystérieuse « affaire » dont parle à mots couverts madame de Châtillon n'était pas de mince importance. Il ne s'agissait plus seulement de recruter pour le parti l'épée d'un maréchal de France, mais bel et bien de livrer à Condé deux places de Picardie, « les meilleures qui fussent sur la Somme », les ville de Ham et de Péronne, dont Hocquincourt était le gouverneur. Le péril était grave et, comme écrit Turenne, la conclusion de ce marché eût été, pour la cause royale, « un étrange contre-temps ». Ham et Péronne aux mains de M. le Prince, avec « l'armée d'Espagne toute prête à le soutenir », c'était pour l'étranger une porte ouverte au cœur même de la France, la guerre portée sous les murs de Paris — sans compter l'effet politique d'un tel acte de trahison, attendu « l'assiette des esprits de presque toutes les personnes de qualité, qui ne demandaient qu'un désordre pour se mettre contre la Cour, ou pour se faire acheter très cher[1] ». Rien donc ne se justifie mieux que l'allégresse de l'archiduc mandant au Roi d'Espagne le projet de traité : « Ce serait pour nous, s'écrie-t-il, une véritable faveur de Dieu[2] ! »

La lettre d'Isabelle fut remise au prince de Condé ; mais, avant d'atteindre Bruxelles, elle fut prise et copiée,

1. *Mémoires* de Turenne.
2. Correspondance de l'archiduc Léopold avec Philippe IV. — Arch. royales de Belgique. Voir Appendice p. 502.

et la copie transmise à Mazarin. Comment, et par quel subterfuge ? Un document que j'ai déjà cité [1] fait peser les soupçons sur madame de Ricous, belle-sœur du malheureux mort sur la roue deux ans plus tôt, attachée au service de la duchesse de Châtillon et possédant toute sa confiance [2]. Soudoyée par l'abbé Foucquet, elle révéla, dit-on, le nœud de cette intrigue, et l'abbé se chargea du reste. Le fait certain est que la pièce vint aux mains du dangereux abbé, dans les papiers duquel elle se trouve encore aujourd'hui [3]. Le cardinal, quand il sut la nouvelle, fit paraître une vive émotion. Il était alors à Compiègne, et manda sur le champ Turenne, afin de conférer sur les mesures à prendre. L'opiniâtreté d'Hocquincourt, sa précipitation aveugle, étaient pour Mazarin la cause des plus grandes inquiétudes : « On a affaire, écrit-il à la Reine, à un fol qui n'a ni rime ni raison, et qui connaît bien que, dans la saison où nous sommes, on ne saurait lui faire grand mal. Pour moi, je suis plus persuadé que jamais qu'il a pris toutes les mesures avec les ennemis [4]. » Il proposait en conséquence — bien qu'on fût près d'entrer dans les quartiers d'hiver — de porter une armée sous les murs de Péronne, en animant les troupes par la présence du Roi, et de « renfermer dans ses places » le maréchal rebelle, sans lui laisser le temps de les livrer aux Espagnols. Turenne montra plus de sang-froid. Il argua du danger de pousser à bout d'Hocquincourt,

1. *Journal de Paris*, — Bibl. nat., *loc. cit.*
2. Son mari était « maître d'hôtel » du prince de Condé.
3. Bibl. nat. F. Gaignières, 2799.
4. Correspondance générale.

quand on pouvait peut-être encore le ramener au devoir, et conseilla d'user plutôt de patience et d'adresse. Mazarin accepta l'avis ; et, « bien qu'il eût fort sur le cœur de voir le Roi traiter avec un de ses sujets » pour une des places de son royaume, il consentit pourtant qu'on tentât de « s'accommoder[1] ».

Pour parer ce coup redoutable, on n'avait pas une heure à perdre, car, dans le camp adverse, les choses étaient menées rondement. Condé, sitôt reçue la lettre d'Isabelle, fit parvenir au maréchal un message affectueux, plein d'enthousiasme et de reconnaissance. Il négligea cependant l'essentiel, et d'Hocquincourt — qui, malgré sa rancune, n'entendait point trahir le Roi sans en tirer profit — répondit sur-le-champ au prince en demandant, avec un soin précis, quels avantages il recevrait en échange de ses places. En attendant qu'on fût d'accord sur tous les points, de part et d'autre « on donna des otages[2] ; » puis Hocquincourt pria qu'on lui envoyât huit cents hommes pour renforcer la garnison en cas d'attaque des troupes royales. Condé fit mieux les choses ; il détacha de son armée trois mille chevaux et deux régiments d'infanterie, qui, pour parer aux événements, furent se poster à mi-chemin, entre Cambrai et Péronne. Il en confia le commandement au marquis de Persan et au comte de Boutteville. En outre, ce dernier, aussitôt les troupes établies, reçut mission de se rendre à Péronne et de conclure avec le maréchal.

[1]. *Mémoires* de Turenne.
[2]. Correspondance de l'archiduc avec Philippe IV. — Arch. royales de Belgique.

Le choix était heureux. Dans la lettre citée plus haut de la duchesse de Châtillon, on a vu que Boutteville était, dès le début, au courant de « l'affaire », et que tous deux, le frère aussi bien que la sœur, collaboraient à cette belle œuvre. Nul n'était donc mieux désigné pour discuter les termes du marché, et déterminer Hocquincourt à « cette dernière folie ». Les conditions dont il était porteur étaient tout à fait magnifiques : « quatre cent mille écus comptant », les fonctions de lieutenant-général dans le corps de Condé, « la moitié des contributions » levées en Picardie, la promesse de garder le gouvernement des deux places. Il semblait bien que d'Hocquincourt ne dût pas résister à de telles perspectives[1] !

Il hésitait pourtant ; et Mazarin, avec sa pénétration ordinaire, démêlait le motif de ce tardif scrupule : « Les Espagnols, écrit-il à la Reine[2], remuent ciel et terre pour gagner Hocquincourt, ce qui serait fort à craindre, s'ils avaient autant de moyens de lui donner des choses effectives comme ils l'ont de lui faire de grandes promesses et l'assurer qu'ils le feront riche et heureux, pendant que ceux qui sont engagés avec eux sont dans la dernière misère ». Cette salutaire « défiance » dont parle Bussy-Rabutin se réveillait, à la minute suprême, dans l'âme du maréchal. Non pas que le remords d'une odieuse trahison semble avoir un instant traversé sa conscience, mais il se demandait s'il était « raisonnable » de sacrifier ses charges lucratives et ses bons biens en France à l'es-

---

1. Mazarin à M. de Castelnau. — Correspondance générale.
2. Aff. étr. Fr. 272.

pérance problématique de « faire fortune avec les Espagnols [1] ».

C'est sur ces entrefaites — et certainement fort à propos — qu'eut lieu l'arrivée à Péronne de l'émissaire de Mazarin, chargé par ce dernier de « détourner l'orage ». Le négociateur fut le duc de Navailles [2], vieil ami d'Hocquincourt et fort avant dans sa confiance. Il présenta son passage à Péronne comme un simple effet du hasard, et l'accueil qu'il reçut fut des plus obligeants : « Il (Hocquincourt) voulut que je logeasse chez lui, écrit Navailles dans ses Mémoires. Nous soupâmes ensemble, et, sur le milieu du repas, il me porta la santé de madame de Châtillon avec beaucoup d'empressement. Je n'étais pas fâché qu'il s'échauffât un peu ; je lui fis raison, et nous demeurâmes une heure et demie à table ». Malgré le vin et la bonne chère, l'entretien qui suivit ne fut point décisif ; et toute l'éloquence de Navailles ne put qu' « ébranler » Hocquincourt, sans dissiper sa haine contre « le Mazarin » et l'abbé Foucquet, son compère.

Ce soir là — comme les jours suivants — Boutteville s'abstint de paraître au souper et refusa de discuter en présence du duc de Navailles. Mais le lendemain matin, dès qu'Hocquincourt fut seul, il revint à la charge ; et ce fut pendant quelque temps un singulier tournoi et le plus honteux marchandage. Chaque jour le maréchal « donne audience » tour à tour à l'envoyé du Roi et à celui du prince, « ne se cachant point à l'un ni à l'autre de ce

[1]. Mazarin à Castelnau, *loc. cit.*
[2]. Philippe de Montaut de Bénac, duc de Navailles, maréchal de France (1619-1684).

que chaque parti lui offrait, comme s'il eût été libre de choisir [1] ». Tantôt il veut douze cent mille livres, tantôt il insinue qu'il se contentera d'un million. En outre, il lui faut pour son fils le gouvernement des deux places, et pour lui-même un emploi important, en Italie ou bien en Catalogne [2]. Les deux ambassadeurs montent successivement leurs enchères, se laissent, à chaque audience, arracher un lambeau; et ce débat cynique se poursuit au grand jour, sans qu'aucune des parties traitantes paraisse en sentir le scandale.

L'intervention d'un nouveau personnage contribue à brouiller l'affaire et retarde la solution. A la première nouvelle de la frasque de son époux, la marquise d'Hocquincourt [3] était accourue à Compiègne. « Elle a fort entretenu M. Le Tellier, écrit Mazarin à la Reine, et les larmes n'ont pas été épargnées! » Elle répondait, si on la laissait faire, de ramener le coupable à de bons sentiments, à condition, bien entendu, qu'elle en touchât la récompense. C'était une femme « adroite et spirituelle », irréprochable épouse et mère passionnée pour son fils, au reste intrigante accomplie et quémandeuse infatigable. Dans les papiers de Mazarin, on rencontre à chaque pas des lettres suppliantes, d'une écriture droite et serrée, sollicitant une grâce, dénonçant un passe-droit, invoquant un titre oublié, rappelant quelque vieille dette soi-disant contractée au service de l'État : c'est madame d'Hocquincourt qui

1. *Mémoires* de Turenne, de Navailles, etc.
2. Navailles à Mazarin. Aff. étr. Fr. 1686. — *Lettres* de Guy Patin à Spon.
3 Elle était née d'Estampes.

implore le ministre, pour son fils, pour elle-même, ou pour le maréchal. Tout lui est prétexte à demande, jusqu'aux méfaits de son mari, jusqu'à sa mort, quelques années plus tard, dans les rangs espagnols. Le succès couronne ses efforts, car, si elle réclame tout, elle obtient bien des choses. Au sortir de Compiègne, elle arrive à Péronne. Son premier soin, en débarquant, est de combattre et de contrecarrer Navailles, et d'inspirer à « Monsieur son mari » des soupçons sur la loyauté de l'envoyé du cardinal. Non qu'elle fasse le jeu de Boutteville, mais par « la passion » dont elle brûle « que toute la négociation passe exclusivement par ses mains », afin d'être la seule à en tirer le bénéfice[1]. Elle ne réussit que trop bien. Tout, grâce à elle, est remis en question ; et Mazarin voit avec impatience les pourparlers s'éterniser.

Il était tard pour recourir à la puissance des armes. Déjà les gouverneurs de certaines places voisines, Corbie, Doullens, Arras, d'autres encore, s'agitaient sourdement et menaçaient de se joindre au « complot[2] ». D'ailleurs la saison s'avançait, et les troupes fatiguées exigeaient du repos : « Notre armée est fort délabrée, observe Guy Patin, et nullement en état d'assiéger Péronne, laquelle est une ville imprenable... Cela fera chercher quelque ruse au Mazarin ». Le Mazarin, comme dit le vieux frondeur, était homme de ressource et le prouva dans l'occurence. Ne pouvant employer la force, la persuasion semblant insuffisante, il s'avisa d'un moyen terme et

1. *Mémoires* de Navailles.
2. *Lettres* de Guy Patin.

frappa d'Hocquincourt au point le plus sensible. « Je crois, écrit-il à la Reine, qu'il faudra s'assurer, au moins pour quelques jours, de la personne qui aurait bien voulu prendre la place qui manque dans votre cabinet[1] ». La « personne » dont il raille les visées ambitieuses est la duchesse de Châtillon. Un billet du jour subséquent précise nettement l'intention du ministre : « On a fait partir Gaumont[2] avec trois cents cavaliers, pour s'en aller à Merlou, et s'assurer de madame de Châtillon et de madame de Ricous ; on le fait suivre par l'abbé Foucquet, afin d'obliger ladite dame à nous découvrir le détail de toutes choses, pour pouvoir convaincre Hocquincourt. La Ricous doit être menée à la Bastille. Pour *la dame* et pour tout ce qu'il y a de particulier en cette affaire, vous en serez informée par l'abbé Foucquet, qui s'en ira demain exprès à Paris pour cet effet ». Une note datée de ce même jour[3] et dictée à l'abbé Foucquet donnait à M. de Gaumont des ordres détaillés : « L'intention de Sa Majesté, y lit-on, est que vous laissiez parler l'abbé Foucquet à madame de Châtillon, et que vous en remettiez le soin au sieur du Fresne, qui en répondra avec les gens qu'il conduira avec lui. — Si vous avez été assez heureux, ajoute cette instruction, de trouver la cassette de madame de Châtillon, Son Éminence veut que vous consigniez le tout, bien cacheté, à M. l'abbé Foucquet, lequel, ayant ordre de venir en diligence ici, prendra le soin de nous l'apporter ».

1. Lettre du 7 novembre 1655. — Correspondance générale.
2. M. de Gaumont, exempt des gardes du corps.
3. Aff. étr. Fr. 894.

Tout se passa comme il était prescrit. Gaumont avec ses cavaliers fut à Merlou vers les neuf heures du soir. Il était temps, car la duchesse — secrètement avertie de ce qui l'attendait — se disposait à s'enfuir cette nuit même [1]. La célérité de Gaumont prévint cette intention : « Jamais, mande-t-il fièrement à Mazarin [2], rien ne fut mieux exécuté, plus à propos et plus au juste... Madame de Châtillon est arrêtée et madame de Ricous ; et j'ose répondre de leurs personnes aussi longtemps que Votre Éminence désirera les laisser en ma garde ». En dépit de ces assurances, madame de Ricous, le lendemain, tandis que de Merlou on la menait à la Bastille, s'échappa des mains des exempts, et jamais elle ne fut reprise — ce qui augmenta le soupçon sur ses « secrètes intelligences [3] ». Chacun pensait que la duchesse allait être internée dans quelque citadelle [4]. Mais, sur l'ordre du cardinal, elle fut seulement remise aux mains de l'abbé Foucquet, chargé de « la garder » et de veiller sur elle. Ce choix inattendu provoqua bien des commentaires : « On dit, écrit madame de Sévigné, que madame de Châtillon est chez l'abbé Foucquet ; cela paraît plaisant à tout le monde ! » On prétendit d'abord cacher cette mesure à la Reine : « J'ai dit à la Reine, confesse l'abbé Foucquet, que présentement elle était à Pontoise, gardée

---

1. L'abbé Foucquet à Mazarin. — Aff. étr. Fr. 894.
2. M. de Gaumont à Mazarin. — Aff. étr. Fr. 894.
3. *Journal de Paris*. — Bibl. nat., *loc. cit.*
4. Lettre de Claire-Clémence de Condé. — Papiers de Lenet. *loc. cit.* — *Lettres adressées à madame de Sablé*, publiées par M. de Barthélemy.

par du Fresne. La vérité pourtant est qu'elle est dans Paris ». Anne d'Autriche, en effet, quand elle apprit la chose, en fut scandalisée, et Mazarin dut calmer ses scrupules : « Vous tomberez d'accord que je n'ai pas eu tort, lui dit-il, quand j'aurai eu l'honneur de vous entretenir là-dessus[1] ».

L'abbé Foucquet, comme il l'écrit, amena la duchesse à Paris, l'enferma prisonnière dans le propre logis « de madame Foucquet la mère[2] », où il la tint « fort observée et ne pouvant écrire une seule lettre sans qu'il en eût connaissance[3] » ; puis, pour achever de remplir son mandat, il s'efforça d'obtenir des aveux. Une aussi bizarre procédure mettait l'abbé Foucquet dans une position délicate. Cet amoureux transis, transformé subitement, vis-à-vis de sa « dame », tour à tour en geôlier et en juge instructeur, éprouve, malgré son impudence, quelque embarras de cette métamorphose. Il ne montre, en cette circonstance, ni sa lucidité ni sa décision ordinaires, et ses rapports au cardinal laissent aisément deviner son malaise. La première entrevue avec sa prisonnière fut d'ailleurs assez orageuse ; justement convaincue que c'était à Foucquet qu'elle devait son arrestation, elle ne se gêna pas pour le lui dire en face ; il eût, dit-il, grand'peine à « la désabuser[4] ». L'interrogatoire qui suivit n'apporta que peu de lumière ; c'est un mélange confus de dénégations et d'aveux, d'excuses, de réticences, de protesta-

1. Correspondance générale.
2. *Relations véritables*. Bibl. de Bruxelles.
3. Foucquet à Mazarin. — Aff. étr. Fr. 894.
4. L'abbé Foucquet à Mazarin. — Aff. étr. Fr. 894.

tions vagues, volontairement contradictoires, et si habilement embrouillées, que l'abbé n'y démêle plus rien et se noie de façon visible [1]. Il semble même que, par moments, il penche à la croire innocente. Des négociations, dit-il, elle n'a point connu le détail. Elle ignore même si les ennemis offrent à d'Hocquincourt un commandement ou de l'argent. Au reste, elle souhaite fort, assure-t-il, de voir le cardinal « en son particulier », et se déclare toute prête « à changer sa conduite ».

Cette belle confiance et ce galimatias impatientèrent le cardinal. Il prit lui-même la plume ; ses instructions, d'un ton sec et précis, n'admettaient pas d'échappatoires. Il a, dit-il, entre les mains — par le moyen sans doute de la fameuse « cassette » — toutes les lettres en chiffres écrites à la duchesse par le prince et le maréchal ; Foucquet doit la mettre en demeure d'en révéler la clé et d'en dire la teneur. Il faut de plus « lui faire écrire deux lettres » : la première au prince de Condé, « en la forme qu'elle est accoutumée de lui écrire », lui mandant, « en termes pressants, qu'elle court grand risque et que son salut dépend de l'accommodement du maréchal d'Hocquincourt ». L'autre lettre sera pour Hocquincourt lui-même, et devra l'effrayer aussi sur le grand danger qui la

[1]. « Ayant appris, écrit-il, que M. d'Hocquincourt se plaignait publiquement et avait été gagné par mesdames de Picquigny et de Montbazon, à ce qu'elle croit, elle crut qu'il était assez à propos de se servir de cette conjoncture pour tâcher de faire l'accommodement de M. le Prince. Elle le pressa, s'il avait à se déclarer, de le faire en faveur de mondit seigneur le prince, plutôt que sous un autre prétexte, et le pria qu'ils pussent être amis... » Les pages succèdent aux pages, également obscures et inintelligibles.

presse. Il sera bon « qu'elle fasse semblant d'avoir eu le moyen, par un très grand bonheur, d'écrire ces deux lettres et de les envoyer » en cachette de l'abbé Foucquet. On choisira pour les porter « quelque personne affidée et adroite. » — « Je crois, ajoute le cardinal, que vous n'aurez pas de peine à faire écrire les deux lettres ; car autrement il faudrait en conclure que madame de Châtillon fût la plus mal intentionnée du monde [1] ! »

Ces ordres péremptoires, ces menaces déguisées, tout en faisant quelque impression, n'amenèrent pas cependant tout le résultat attendu. Madame de Châtillon parut se résigner ; elle écrivit les lettres exigées. Mais il ne semble pas qu'elles aient satisfait Mazarin : « Elles sont conçues, dit-il, en termes qui ne produiront aucun effet. » Quant aux dépêches chiffrées, on n'obtint pas non plus grand'chose : « Je ne vois pas, écrit le cardinal, que ladite dame les ait encore déchiffrées. » Aussi, dans ses lettres à la Reine, se plaint-il d'Isabelle avec quelque amertume : « On trouve fort étrange qu'elle n'ait pas fait les derniers efforts pour réparer sa faute... J'avoue à Votre Majesté que j'ai eu autant de peine du peu d'envie qu'elle avait de réparer l'affaire, que j'en ai eu lorsque j'ai vu les lettres qui ont obligé le Roi de la faire arrêter [2]. »

Le succès, douteux à Paris, fut plus décisif à Péronne. La nouvelle de l'arrestation met d'abord Hocquincourt dans « une colère furieuse [3] ». Il menace de tout rompre

1. Corresp. génér. — Aff. étr. Fr. 1686.
2. Aff. étr. Fr. 1686.
3. M. de Navailles à Mazarin. — Aff. étr. Fr. 1686.

et, pour « venger l'arrêt de ce bel ange », annonce qu'il va, sur l'heure, livrer Ham et Péronne aux mains des Espagnols. L'explosion est si violente, qu'elle trouble un instant Mazarin : « Nous prenons nos mesures, dit-il, pour empêcher les ennemis de profiter des folies de cet amoureux. » Mais cet emportement tombe vite, et fait place à un vif chagrin, à une angoisse sincère au sujet du sort d'Isabelle. De moment en moment, le ton baisse et se radoucit. Il conjure le duc de Navailles d'aller trouver en hâte le cardinal et de « le supplier de la faire élargir », s'engageant en échange « à demeurer dans les termes de l'obéissance qu'il doit au Roi ». Il propose naïvement, pour peu qu'on relâche la duchesse, de « signer de son sang qu'il ne se désunira plus jamais des intérêts » de Mazarin, et demande que, de son côté, celui-ci « l'aime autant qu'il avait fait par le passé[1] ». Bref mille extravagances qui divertissent le cardinal : « J'ai sujet de croire qu'il se moque, écrit-il à Navailles. Je vous déclare pourtant que, s'il veut se résoudre à donner satisfaction au Roi, je lui permettrai fort volontiers de n'être pas de mes amis, et je ne laisserai pas pour cela de contribuer de bon cœur à le servir. »

Dès lors les pourparlers revêtent une face nouvelle. Le coup de main du cardinal, saisissant en otage la propre sœur du mandataire du prince, mettait Boutteville dans une position fausse et lui ôtait sa liberté d'action. Condé, pour le soutenir, lui adjoignit Guitaut, son premier gentilhomme et son plus cher ami. Les Espagnols, de leur

[1]. M. de Navailles à Mazarin. — Aff. étr. Fr. 1686. V. Appendice p. 506.

côté, députèrent à Péronne « le moine Arnolfini », dont Fuensaldaña prisait fort le savoir-faire diplomatique. A ce trio d'ambassadeurs, Mazarin répondit en renforçant Navailles, d'abord par le duc de Noailles, parent de madame d'Hocquincourt, puis par l'abbé Foucquet lui-même, qui poussa secrètement une pointe jusqu'à Péronne[1]; et, quelques jours encore, la négociation reprit en partie double. Mais le parti français gagnait du terrain d'heure en heure. Enfin, le 22 novembre, on s'accorda sur les points essentiels : la mise en liberté de la duchesse de Châtillon, dont d'Hocquincourt ne voulut point démordre, le gouvernement de Péronne transmis au fils du maréchal, et la cession de Ham au Roi, moyennant une indemnité dont le chiffre était à débattre. Après de nouveaux marchandages, Hocquincourt accepta « six cent mille francs d'argent comptant », pour « récompense » de restituer ce qui ne lui appartenait pas. Encore Navailles se réjouit-il d'en être quitte à si bon compte; il proclame candidement l'excellence du marché, et conjure Mazarin de faire honneur à sa parole : « Je supplie Votre Éminence, écrit-il au cardinal, de ne me vouloir engager que dans les choses qu'Elle aura envie d'exécuter. » Recommandation édifiante, et dont l'Éminence au surplus ne se choque en aucune manière.

Le 25 novembre au matin, Hocquincourt, son traité en poche, « licencia les personnes que Fuensaldaña et le prince de Condé tenaient auprès de lui dans Péronne[2] ».

---

1. Lettre de l'abbé Foucquet. — Aff. étr. Fr. 894.
2. Mazarin à la Reine. — Aff. étr. Fr. 272.

Boutteville, peu satisfait, s'empressa de quitter son hôte, reprit le commandement des troupes qu'il avait établies à trois lieues de la ville, et se retira vers la Sambre[1]. L'avortement du projet poursuivi laissait le prince et ses alliés dans une « fâcheuse posture ». La vive déception de l'armée, les six semaines perdues, la saison avancée, suspendaient forcément toute action militaire[2]. Il fallut se déterminer à entrer en quartiers d'hiver, et remettre au printemps toute idée de revanche. Le cardinal, par contre, ne cachait pas sa joie d'être sorti, sans grand dommage, d'une aventure qui, confesse-t-il, « était capable assurément de changer la face des affaires ». Pour affermir, en Picardie, le triomphe de la cause royale, il désira que Louis XIV vînt, en pompeux appareil, prendre possession de Péronne. « Ce voyage, écrit-il, sera de grand éclat, et les plus faibles seront persuadés que le Roi est le maître de la place, puisque Sa Majesté y est entrée[3]. » Le voyage en effet eut lieu dans les premiers jours de décembre, et l'effet en fut excellent. L'abbé Foucquet accompagna le Roi, et fut fait, à cette occasion, gouverneur de la ville de Ham. Pour que rien ne manquât à la victoire de Mazarin, il vit s'humilier à ses pieds son fougueux adversaire. « Je supplie très humblement V. E.,

---

1. *Mémoires* de Turenne. — Correspondance de l'archiduc avec Philippe IV. Arch. royales de Belgique.

2. On avait, avant cette affaire, comme l'écrit l'archiduc au roi Philippe IV, formé le projet d'assiéger les places de Condé et de Saint-Ghislain, tombées récemment au pouvoir des Français. (Arch. royales de Belgique.)

3. Aff. étr. Fr. 272.

lui écrit Hocquincourt[1], de croire que je suis aussi prêt que jamais à sacrifier ma vie pour son service. » Il engage « sa parole » de demeurer fidèle au Roi pour tout le restant de ses jours, non seulement lui, mais ses enfants, ses amis, « tous ses officiers ». Je serais le premier, dit-il, « à les accuser de bassesse et de lâcheté s'ils venaient à y manquer! » Ni ses fils ni ses officiers ne trahirent ce serment; mais lui-même, deux années plus tard, désertait le parti du Roi, pour passer au service de Condé et du roi d'Espagne.

Quant à l'héroïne de l'histoire, elle sortit de ce mauvais pas avec son bonheur habituel. Le jour même où le cardinal sut la conclusion de l'accord, il fit relâcher son otage. « Il faut sans aucun délai, mande-t-il à Anne d'Autriche[2], mettre en liberté madame de Châtillon; et pour cet effet, je vous supplie d'en donner l'ordre à l'abbé Foucquet, lequel obligera ladite dame d'écrire une lettre au maréchal pour lui dire qu'elle est libre[3]. » Il a grand soin d'ailleurs de laisser à l'abbé le bénéfice de cette clémence : « Je ne prétends pas que madame de Châtillon m'ait aucune obligation, écrit-il à son favori, car tout ce que j'ai fait en sa faveur a été pour l'amour de vous. » Il indique même à l'amoureux un sûr moyen de nuire à son rival, en persuadant à la duchesse — con-

1. Aff. étr. Fr. 1686.
2. Lettre du 25 novembre. — Correspondance générale.
3. « La Reine, écrit en réponse l'abbé à Mazarin, vient de m'envoyer quérir pour me commander d'aller trouver madame de Châtillon et lui dire qu'elle était libre. » — Aff. étr. Fr. 894.

trairement à toute vérité[1] — que d'Hocquincourt n'a eu cure de son sort, et n'a rien fait pour sa libération : « Il sera bon de faire connaître à ladite dame que le maréchal n'a pas voulu quitter un sol pour l'amour d'elle[2]. » Mais Isabelle, à dire le vrai, se moque du maréchal et de l'abbé Foucquet ; elle a d'autres soucis en tête : il s'agit de rentrer en grâce et de faire oublier sa fâcheuse incartade. Elle obtient, à peine libre, une longue audience de Mazarin, multiplie les paroles flatteuses et les plus savantes séductions, au point d'inquiéter un moment la jalousie ombrageuse d'Anne d'Autriche[3]. Puis — selon sa coutume après chaque aventure — elle

1. Une autre lettre de Mazarin à l'abbé, écrite deux jours plus tôt, reconnaît d'ailleurs le contraire : « M. d'Hocquincourt demande, outre l'argent, la liberté de madame de Châtillon, ce que je vous mande afin que vous puissiez prendre vos mesures, afin qu'à l'avenir cette dame soit sage... » Lettre du 23 novembre. — Bibl. nat. Mss. Fr. 23302.

2. L'abbé Foucquet entre avec ardeur dans le jeu : « Je lui ai fait savoir, répondit-il, que M. d'Hocquincourt n'avait pas diminué un denier pour l'amour d'elle, et que, si l'on s'arrêtait simplement à ce qu'il demandait, elle pourrait être libre à Châtillon, ou en Basse-Bretagne abandonnée à ses ennemis... « (Aff. étr. Fr. 894.) — Dans cette même lettre, l'abbé exprime sa gratitude envers Mazarin avec une curieuse effusion : « Pour moi, dit-il, je n'ose parler, ne pouvant point témoigner à V. E. ma reconnaissance, et l'envie que j'aurais de mourir pour son service ! »

3. Une lettre de Mazarin à la Reine cherche à la rassurer sur ce point : « J'ai été bien dur, dit-il ironiquement, de ne m'être rendu à l'esclavage de la dame ! Jamais de ma vie je n'entendis si grande extravagance ; et je m'assure que vous me faites la justice de croire que le Roi et la Reine ne courent pas grand risque à cause des beautés qui me pourraient surprendre. » (Lettre du 28 novembre. — Aff. étr. Fr. 896.)

disparaît pendant un temps, fait d'abord « une retraite » à l'abbaye de Maubuisson, de là va s'enterrer au château de Merlou et, quelques mois plus tard seulement, reparaît à la Cour, où « la Reine la reçoit avec sa bonté ordinaire [1] ».

L'échec de l'affaire de Péronne n'a pas ébranlé davantage son crédit auprès de Condé. Vainement quelques amis du prince cherchent-ils à le persuader que c'est elle qui, par trahison, a fait manquer cette entreprise : « C'est une chose assez bizarre, répond froidement Condé [2]; n'y ayant guère apparence qu'une personne qui a commencé une affaire prenne plaisir à la faire manquer. Car c'est madame de Châtillon toute seule qui avait ménagé celle de Péronne depuis le commencement jusqu'à la fin, sans que je m'en fusse presque mêlé. Le malheur a voulu qu'elle n'a pas réussi; et madame de Châtillon en a même été prisonnière. Je ne sais si, après cela, il faut croire qu'elle m'ait trompé! » Il exige donc qu'on continue à la tenir exactement au courant de toutes ses affaires, et fait tous ses efforts pour la réconcilier avec la duchesse de Longueville : « La chose du monde que je souhaite le plus, écrit-il, est qu'elles continuent de bien vivre l'une avec l'autre [3] ». A la consi-

1. *Gazette de France* de 1655.
2. M. le Prince au comte de Fiesque. — Arch. de Chantilly.
3. « Je suis ravie, écrit à ce propos madame de Longueville à son frère, que vous soyez satisfait de la manière dont j'agis avec madame de Châtillon, et que vous voyiez par là qu'il n'y a rien que je ne veuille faire pour votre satisfaction. Car, pour le bien de vos affaires, je ne vous en parle pas, n'étant chose douteuse que je n'eusse envie que l'union de madame de Châtillon et de moi y pût contribuer. » (Note annexée à la publication des *Lettres de Mazarin*.)

dérer de près, la conduite politique de la duchesse de Châtillon est, dans toute cette période, un vrai miracle d'équilibre. On admire involontairement tant de sang-froid, tant de souplesse, une habileté si surprenante à diriger, au fort de la tempête, sa barque au milieu des écueils; et l'on pardonne, au nom de l'art, ce qui fait gémir la morale.

CHAPITRE VIII

Les « quartiers d'hiver » dans les anciennes armées. — Bruxelles, centre de l'émigration condéenne. — Aspect de la capitale des Flandres à cette époque. — La société bruxelloise. — La galanterie. — Mademoiselle de Pons. — Boutteville rival de Condé. — Les fêtes mondaines, les courses de traîneaux. — Les cérémonies religieuses et profanes. — La reine Christine à Bruxelles. — Occupations plus sérieuses de Boutteville, ses études techniques. — Démêlés de Condé et de ses alliés. — Charles IV de Lorraine, ses singularités, sa popularité à Bruxelles, son arrestation, danger qui en résulte pour les quartiers de Boutteville. — Mésintelligence de Condé et de Don Juan d'Autriche. — Lettres dénigrantes du duc d'Enghien. — Symptômes de dislocation prochaine de la coalition.

La guerre moderne, avec l'appareil formidable qu'elle comporte, n'admet guère ni trêve ni relâche. Une génération sous les armes, la vie nationale suspendue, les finances du pays engagées à l'avance pour une longue suite d'années, tout exige une solution prompte, une exécution foudroyante. Bien différentes étaient jadis les conditions des querelles entre peuples. Le chiffre restreint des armées, composées pour la plus grande part de volontaires et de gens de métier, la modicité des dépenses, l'absence presque absolue de haine entre les combattants, laissaient paisible, et presque indifférente, la masse de la nation. La lutte — si longue qu'elle fût — n'était d'ailleurs point continuelle. Des intermittences régulières, imposées par l'usage, mutuellement acceptées par un accord tacite, permettaient aux belligérants de prendre haleine après une série de combats, leur accordaient quelques loisirs pour se refaire et réparer leurs pertes. La fin du mois de novembre donnait généralement le signal de la trêve. Les troupes, à ce moment, se cantonnaient dans les régions où les avait menées la fortune de la guerre, et s'y répartissait en des garnisons provisoires — ce qu'on nommait à l'origine des « quartiers de rafraîchissement », puis plus brièvement « des quartiers ». Dès qu'elles s'y trouvaient installées, les généraux et les principaux officiers quittaient l'armée à tour de rôle, suivant un roulement établi, et s'en allaient dans leurs foyers jouir, pendant quelques mois, des douceurs de la vie familiale ou mondaine.

Cet espoir était interdit au prince rebelle et à ses compagnons : du moins le sol natal ne pouvait-il les accueillir. Pour suppléer à la patrie absente, il fallut se créer un centre artificiel, choisir, aux portes de la France, un lieu de rendez-vous où chacun, déposant le harnais de bataille, passât la saison du repos, retrouvât ses affaires, ses plaisirs, ses amours. Cette patrie d'occasion fut la ville de Bruxelles. Condé, dès le commencement de la guerre, y avait résidé à diverses reprises. En février 1654, il y fixa son quartier général ; la plupart de ses partisans imitèrent son exemple. Bruxelles fut donc, pendant six ans, le séjour assidu de cette espèce d'*émigration* qui, un siècle et demi avant l'autre, présente avec Coblenz de nombreux traits de ressemblance : même misère, supportée avec autant de bonne humeur, même légère insouciance qui, dans l'adversité, devient presque une vertu — même disposition à porter sur une terre étrangère les mœurs, les habitudes et les idées françaises, avec une si parfaite aisance que les voisins eux-mêmes les adoptent à leur insu.

Uni plus que jamais étroitement à son chef, Boutteville, ainsi qu'on pense, accompagne le prince en sa nouvelle demeure. Chaque hiver, il y passe des semaines et des mois; la correspondance de Condé y mentionne constamment son nom[1]; qu'il s'agisse de bals ou de duels, il est de toutes les fêtes et de toutes les parties, trempe dans toutes les affaires, et prend une part active à tous les démêlés qui mettent souvent aux prises Condé, ses alliés et ses hôtes. Esquisser le tableau qu'offrit à cette époque la capitale des Flandres sera retracer du même coup tout un côté de l'existence du héros de ce livre.

Un ancien voyageur français, le colonel Duplessis-l'Écuyer, qui visita Bruxelles en l'an 1650, en fait une description[2] empreinte du plus vif enthousiasme. Il la dépeint comme l'une des villes « les plus belles, les plus grandes et les mieux situées », non seulement du Brabant, mais de l'Europe entière. Les vieux quartiers qui, de nos jours, conservent un aspect si singulièrement pittoresque

1. Archives de Chantilly et d'Époisses.
2. Manuscr. de la Bibl. royale de Bruxelles.

— avec leurs rues escarpées et tortueuses, les beaux hôtels de pierre noircie, sculptés à la mode espagnole, et les magnificences de la place de l'Hôtel-de-Ville — s'encadraient, au XVIIe siècle, d'une enceinte de murailles, percée de huit hautes portes, flanquée de cent vingt-sept tours rondes, qui s'espaçaient à distance presque égale, telles que les fleurons d'une couronne[1]. A « moins d'un quart de lieue », commençait la forêt de Soignes, peuplée de daims, de cerfs et de chevreuils, que l'on chassait à courre sous les remparts même de la ville. Sur la promenade du Cours circulaient sans cesse, en longue file, « cinq ou six cents carrosses », aux livrées éclatantes. Dans les nombreuses églises, la musique était renommée ; le gouverneur des Pays-Bas, l'archiduc Léopold, passionné pour cet art, entretenait à ses frais « quarante ou cinquante voix, les meilleures d'Italie et d'Allemagne[2] ». Sous les fenêtres du palais s'étendait le même parc que l'on admire encore aujourd'hui, « ouvert, dit un auteur du temps, toute l'année aux honnêtes gens et deux fois l'an au peuple », parc rempli d'arbres d'essences rares et des fleurs les plus délicieuses, si artistement disposées et « récréant si fort » les yeux, que le sieur de la Serre s'écriait en quittant ce lieu : « Si j'y avais vu un pommier, je l'aurais pris assurément pour le Paradis terrestre ! »

Jamais mieux qu'en ce temps, Bruxelles ne mérita son renom séculaire de rendez-vous des princes déchus et

---

1. Le bombardement de 1695, ordonné par Villars, anéantit une partie des monuments et modifia notablement la physionomie de la ville.

2. Description de Bruxelles en 1650, *loc. cit.*

d'asile des proscrits. Les enfants exilés de Charles Ier d'Angleterre — son fils aîné, le roi Charles II, et ses deux fils cadets, les ducs d'York et de Glocester — y vivaient « entretenus aux frais du gouvernement du pays [1] ». Charles IV, duc de Lorraine, alors en guerre avec la France, habitait presque toute l'année l'hôtel qu'il possédait dans la vieille rue des Chevaliers. L'archiduc Léopold et le prince de Condé complétaient cette brillante pléiade de souverains et d'altesses royales. Chacun d'eux menait avec soi une suite nombreuse de seigneurs et de généraux. Dans les fêtes du palais, dans les cérémonies publiques, affluaient, confondus dans un pittoresque pêle-mêle, Wallons rubiconds et replets, à la face épanouie, Espagnols au corps sec, à la mine haute et grave, Anglais aux cheveux roux, aux yeux bleus froidement énergiques, Lorrains à la carrure massive, et la troupe turbulente des Français de Condé, divertissant et choquant tout ensemble cette foule cosmopolite par la hardiesse de leurs propos, l'irrévérence de leurs railleries. Bruxelles, comme le dit Désormeaux [2], est véritablement, sous les guerres de la Fronde, l'assemblage et le résumé « de toutes les nations de l'Europe ». La conflagration générale qui met tant de peuples aux prises dévaste les régions voisines sans s'avancer jusqu'à ses murs. Par un bonheur unique, elle demeure indemne et tranquille au cœur de la tourmente ; et Montecuccoli s'extasie, dans une de ses lettres, sur la fortune de cette heureuse cité : « On croirait voir,

1. *Histoire de Bruxelles*, par Henne et Wauters.
2. *Histoire de la maison de Montmorency*.

dit le grand capitaine, une de ces îles privilégiées, qui, au milieu des flots de la mer, jouissent du calme le plus paisible, ou l'une de ces montagnes très hautes qui voient au-dessous de soi les brouillards et les nuages, sans que la sérénité de leur faîte en soit troublée[1] ! »

Dans une réunion si brillante, la galanterie réclame ses droits. On y compte, dit un vieil auteur, « tout ce qu'il y a de beau et de célèbre en femmes, tant flamandes qu'étrangères ». On cite, parmi les plus en vue, la marquise de Caracena, « dont l'hôtel est le rendez-vous de la bonne compagnie »; la comtesse de Bucquoy, jolie et d'esprit sage, ouvrant largement son logis, où l'on trouve en tous temps « bonne chère, belle liberté, et cette manière d'accueil qui gagne tous les cœurs[2] »; et l'exquise comtesse de Grimberghe, dont tout le monde raffole, vive, alerte, d'humeur enjouée, coquette sans méchanceté et juste ce qu'il faut pour plaire. « Elle a, dit Marigny, une grande assiduité à faire des enfants ; elle en est présentement au treizième, et ce petit fardeau ne l'empêche pas de danser toute la journée ! » Inscrivons encore sur cette liste le nom de madame Deshoulières, alors jeune et charmante et point encore célèbre, à qui tous font la cour, et plus que les autres Condé — ce qui, trois ans plus tard, n'empêchera pas le prince, sur un soupçon de trahison, de la faire arrêter et emprisonner à Vilvorde[3], en compagnie de son mari. Dans l'escadron volant des

---

1. Lettre de 1656, citée par M. Ch. de Burenslam, dans son opuscule sur *La Reine Christine de Suède à Bruxelles*.
2. *Lettres de Marigny* au duc d'Orléans.
3. Près la ville de Malines.

« jeunes et fraîches beautés » qui, dans cette société, symbolisent l'innocence, on remarque surtout mesdemoiselles de Grimberghe, d'Aerschot, d'Auray et d'Imersel, autour desquelles s'empresse, écolier de quinze ans, le duc d'Enghien[1], le fils du grand Condé.

En ces assemblées bruxelloises, les « cavaliers » sont, par malheur, en moins grand nombre que les dames. Les travaux de la guerre et les devoirs de garnison creusent fréquemment des vides dans les rangs des jeunes gentilshommes. Saint-Étienne, en viveur blasé, se plaint de la surabondance des « belles » et du surcroît d'occupation qui, par suite, incombe aux « galants » : « Les absents, écrit-il[2], sont beaucoup moins à plaindre que nous autres, que la nécessité force de les voir tous les jours ! » Ainsi pense également un homme d'une humeur opposée, l'austère archiduc Léopold, dont l'incorruptible vertu résiste, au dire de Marigny, aux charmes les plus provocants, et qui voit les plus jolies femmes « du même œil dont il considère les belles peintures de sa galerie ». Mais tout autre, à coup sûr, est le sentiment général. La chronique scandaleuse énumère, à perte de vue, les conquêtes des brillants seigneurs qu'on nomme Lorges, Duras, le marquis de Rochefort, le chevalier de Foix, le comte Gaspard de la Suze — beau-frère de la duchesse de Châtillon — le marquis de Vineuil — « qui prend plaisir à damner les plus sages » — et jusqu'au conseiller Lenet, lequel, assurent les médisants, fait volon-

1. *Lettres de Marigny.*
2. Lettre du marquis de Saint-Étienne à Condé, du 29 sept. 1658. — Arch. de Chantilly.

tiers trêve à ses graves fonctions et « mêle l'humeur coquette avec la politique[1] ». Enfin n'oublions pas Boutteville, le plus infatigable et le plus « fol » de tous, ardent au plaisir comme au feu. On n'en est plus à compter ses succès. Ses « saillies » spirituelles, la « facilité de ses mœurs », sa réputation d'homme de guerre, sa légendaire audace, la faveur marquée de Condé, effacent, aux yeux des femmes, tout « le désagrément d'une figure peu heureuse[2] ». Il rencontre peu de cruelles. Dans les salons, dans les cercles intimes, chacun l'attire et lui fait fête. « Votre Altesse peut penser la joie que tout le monde a eue du retour de M. de Boutteville ! » mande Saint-Étienne à Condé. « Boutteville est à Bruxelles, qui fait merveilles », écrit de son côté M. le Prince à Guitaut[3]. Bref, comme parle un vieil historien, « il n'avait pas plus à se plaindre de Vénus que de Mars ! »

Même, dans une certaine occasion, il ne réussit que trop bien ; car cette passagère aventure amena la seule querelle qu'il eut jamais avec Condé. Le « tendre objet » de ce litige fut mademoiselle de Pons, de la maison de Guyenne, coutumière de pareils méfaits, et dont l'existence agitée pourrait défrayer un roman. Longtemps fille d'honneur d'Anne d'Autriche, belle à ravir, aussi « galante » que belle, elle avait tour à tour accepté les hommages de Schomberg, du duc de Candale, finalement du duc de Joyeuse. Le frère de ce dernier amant, Henri

1. *Lettres de Marigny.*
2. *Histoire de la maison de Montmorency*, par Désormeaux.
3. Archives du château d'Époisses.

de Lorraine, duc de Guise[1], la vit chez son cadet au cours de cette liaison, et s'éprit de ses charmes avec une si grande violence, qu'il résolut de l'épouser en faisant casser son mariage avec la comtesse de Bossut[2]. Le procès s'engage en effet devant la cour de Rome, mais la procédure s'éternise. Guise s'impatiente, et part pour la conquête de Naples, reste trois ans absent — et quand, l'expédition finie, le mariage annulé, il revient, toujours amoureux et prêt à tenir sa promesse, il la trouve « occupée à de nouvelles amours », s'emporte en scènes de violence et chasse bruyamment l'infidèle. C'est sur ces entrefaites que mademoiselle de Pons arrive à la cour de Bruxelles[3], où elle fait « non moins de fracas » qu'elle en avait fait à Paris[4]. Un des plus grands seigneurs d'Espagne, le marquis de Fuenclara, lui offrit d'abord « ses services ». Ensuite ce fut Condé qui se mit sur les rangs ; mais, contre toute attente, le héros se vit rebuté, et « sortit de chez elle plein de colère et de dépit ». Son indignation redoubla lorsqu'il sut, quelques jours plus tard, qu'un autre était mieux accueilli, et que l'heureux rival était son lieutenant, son élève, son compagnon inséparable, le jeune comte de Boutteville.

L'altercation semble avoir été vive entre les deux

1. Né en 1614, mort en 1664. Archevêque de Reims à 15 ans, ensuite relevé de ses vœux, le duc de Guise, aussitôt défroqué, embrassa la carrière des armes, conquit un moment le royaume de Naples, fut pris par les Espagnols, rentra en France, et mourut à cinquante ans grand chambellan de Louis XIV.

2. Née de Berghes.

3. En l'année 1655.

4. Sauval. — *Galanteries des rois de France.*

amis. Condé, si l'on croit Sauval, déclara nettement à Boutteville « qu'il ne lui pardonnerait de sa vie », à moins qu'il ne prît l'engagement « de rompre avec cette fille », offrant, de son côté, de « donner sa parole de ne la voir jamais ». Un traité solennel fut conclu sur ces bases ; Condé, pourtant, rempli d'une sage méfiance, fit, pour plus de sûreté, enjoindre à mademoiselle de Pons de « se retirer de Bruxelles dans un délai de vingt-quatre heures », avec défense expresse d'y rentrer sous aucun prétexte. Dès lors pour les deux amoureux commence une étrange odyssée. Mademoiselle de Pons obéit, quitte ostensiblement la ville ; mais elle s'arrête à quatre lieues et, la nuit même, vient retrouver Boutteville, « dans une chambre qu'il avait louée dans un quartier écarté de Bruxelles ». Quelques semaines durant, ils jouissent de leur bonheur ; quand, par une rare malechance, Fuenclara découvre un beau jour le lieu de leur retraite, et menace de tout divulguer. Pour éviter l'esclandre, elle s'échappe précipitamment et se cache à La Haye, d'où Boutteville, peu après, la fait revenir à Anvers. La brusque arrivée de Condé dérange encore une fois ce plan ; il faut retourner à Bruxelles, y vivre incognito, fuir soigneusement les regards indiscrets. La fatigue de tant de traverses et l'ennui de cette claustration hâtèrent le terme de l'idylle. La belle, quand arriva l'automne, s'en fut aux eaux de Spa, y trouva le Rhingrave, vieux, riche et d'esprit faible, se fit aimer de lui sans peine, et devint sa maîtresse en titre. Ce fut, d'une romanesque histoire, le plat et vulgaire épilogue.

La rancune de Condé fut de courte durée. Le ton de sa

correspondance, aussitôt après l'incident, prouve que son affection n'en fut aucunement altérée. « Vous me manquez furieusement l'un et l'autre! » écrit-il à Guitaut[1], absent avec Boutteville pour quelque mission militaire. Des soucis plus sérieux, au reste, ont vite fait oublier au prince les petits déboires de l'amour. L'argent se fait de jour en jour plus rare ; les biens des « contumaces » sont séquestrés en France, on n'en peut tirer un écu. Les subsides promis par l'Espagne sont irrégulièrement, parfois incomplètement payés. Et toute la colonie française se débat contre la banqueroute. En 1656, Condé, ruiné de fond en comble et à bout d'expédients, licencie sa maison, et, comme il dit, « se met au cabaret ». Il représente d'une plume alerte, en ses lettres intimes, « ses troupes sans recrues ni remonte, ses officiers généraux sans un sol, ses places dégarnies, tous ses amis dans la misère, sa femme, son fils, et lui-même dans une continuelle gueuserie[2]. »

Par un curieux contraste, cette époque de détresse est celle où l'on se divertit le mieux. En ces années de gêne et presque de « famine », les danses, les chasses et les festins se succèdent sans interruption. Les gazettes bruxelloises et les correspondances privées sont remplies des récits des fêtes les plus joyeuses et les plus magnifiques. « Le carnaval de 1657, lit-on dans les *Relations véritables*, s'est passé en bals, comédies et autres divertissements, avec plus de récréation que jamais, comme aussi en somptueux festins parmi les chefs de l'armée. » Le dimanche

1. Arch. du château d'Époisses.
2. Lettre du 15 janvier 1656. (*Histoire des princes de Condé*, par le duc d'Aumale).

gras, c'est un banquet chez madame de Caracena, « suivi d'un bal où il y avait quatre-vingts bassins de confitures ». Le lendemain c'est au tour de la duchesse d'Aerschot. Le mardi gras, c'est le prince de Condé qui traite ses invités « avec la même magnificence [1] ». La comtesse de Grimberghe offre, vers ce même temps, une grande fête à M. le Prince et à ses compagnons. « Le bal y fut admirable, écrit gaiement Condé [2] ; Saint-Étienne dit que nos amies étaient fardées du plus beau suif de cheminée qu'il ait jamais vu ! » L'échéance du carême n'interrompt point cette série de plaisirs ; la forme seule en est changée. Dans la première semaine se tient « la foire aux verres », qui fait courir tout le beau monde. On y voit chaque soir, « aux flambeaux », les plus nobles dames de la Cour, « parées à l'avantage », assises dans de petites boutiques, s'exerçant à des jeux divers, et recevant de leurs galants force cadeaux de prix, dentelles, joyaux, ou pièces d'orfèvrerie [3]. « Ce que je trouve de mieux en cette foire, s'émerveille naïvement Duplessis l'Écuyer, c'est que les dames n'y vont que la nuit, et que néanmoins il ne s'y commet jamais aucun désordre ni larcin. »

Cette même saison est celle des courses en traîneaux, un des divertissements les plus en honneur à Bruxelles. Elles ont lieu à la lueur des torches, après le coucher du soleil. Les femmes y font assaut d'élégance et d'« éclat » ; les hommes y rivalisent d'adresse et de galanterie. Une lettre de Condé adressée au comte de Guitaut décrit l'une de ces

1. *Relations véritables.* — *Gazette de France*, etc.
2. Archives du château d'Époisses.
3. *Description de Bruxelles en 1650*, par Duplessis l'Écuyer, *loc. cit.*

fêtes avec une verve animée : « Avant-hier, dit le prince[1], la course des traîneaux fut admirable. Le prince de Ligne y menait Montenac, Colmenar la duchesse de Frias, le prince de Nassau madame de Grimberghe, Ricous la Lebrun, Porto-Carrero la petite Grimberghe... Et par-dessus tout Saint-Étienne, qui courait à pied par derrière, à grands coups de pelotes de neige ; je ne le vis jamais si furieux! Le président (Viole) s'y est si fort enrhumé qu'il garde le lit... » La course achevée, Condé rentre au logis; mais, comme il va se mettre au lit, il entend à minuit un grand bruit dans sa cour. C'est Ricous et la Vire, « en traîneaux avec des timbales », qui, de la part de madame de Grimberghe, le viennent quérir pour le souper ; et la fête recommence jusqu'à la pointe du jour. « On se prépare ce soir à faire bien d'autres galanteries » : c'est la conclusion du récit.

Ce sont là les plaisirs des grands, réservés à l'élite de la société bruxelloise. Il y faut ajouter, pour que le tableau soit complet, les « récréations » populaires, où prennent part également manants, bourgeois et gentils-hommes. Les plus fréquentes sont les fêtes religieuses, dont la piété flamande fut toujours extrêmement avide : messes en musique organisées par les diverses « confré-ries »; processions solennelles par les rues de la ville; longs défilés de moines, de pénitents et de béguines, allant en pèlerinage à quelque sanctuaire renommé, cortège interminable qu'escorte la garde civique et que suivent, le cierge à la main, sans distinction de rang,

---

1. Lettre de janvier 1657. — Arch. d'Époisses.

riches et pauvres, maîtres et serviteurs, généraux et soldats, femmes du peuple en humbles vêtements, grandes dames en leurs plus beaux atours. Ni Condé ni ses compagnons — pour la plupart passablement sceptiques — ne manquent de se plier à ces traditions séculaires. M. le Prince se laisse nommer « prévôt de la confrérie de Saint-Antoine ». Lorsque viennent les jours saints, « il se retire avec sa Cour au château de Trévüre, afin d'y faire ses dévotions [1] ».

Ces pompes sacrées, tout imposantes qu'elles soient, n'égalent pourtant pas la splendeur des cérémonies plus profanes, qui fêtent les événements heureux ou saluent la venue des visiteurs illustres. Nombreuses sont à Bruxelles, au cours de cette période, les occasions de « réjouissances », où le faste espagnol s'associe heureusement avec la bonhomie et la jovialité wallonnes. Quand les occasions font défaut, on invente des prétextes. Chaque fois qu'au retour d'une campagne Condé revient, pour la saison d'hiver, se fixer dans la capitale, on lui prépare une entrée solennelle ; le « magistrat » lui présente les clés de la ville, la bourgeoisie en armes l'accompagne jusqu'au palais, le canon tonne sur les remparts, des feux de joie et des pièces d'artifices éclairent les quartiers populeux [2]. En 1656, l'archiduc Léopold est relevé, sur sa demande, de ses fonctions de gouverneur. Le 8 mai, il quitte Bruxelles, y laissant de grosses dettes qui restèrent toujours impayées [3]. Son successeur, Don Juan d'Autriche, fils

[1]. *Relations véritables.* — Bibliothèque de Bruxelles.
[2]. *Gazette de France* de 1656.
[3]. *Histoire de Bruxelles*, par Henne et Wauters.

naturel du roi d'Espagne[1], arrive, trois jours après, prendre possession de son poste[2]. Il est l'objet d'une réception splendide et « digne d'une grande capitale ». Condé et son état-major vont chercher l'archiduc aux portes de Louvain, lui offrent dans cette ville « un souper magnifique », et le ramènent en voiture à Bruxelles. A la tête du pompeux cortège marchent « des centaines de carrosses », où paradent, en habits de fête, les grands seigneurs, les dames de qualité; les notables, « flambeaux en mains », se tiennent en haie sur le passage; sept mille bourgeois à cheval, répartis en cinq escadrons, escortent l'équipage du nouveau gouverneur; l'artillerie de la ville, tirant à toute volée, se mêle au bruit assourdissant des acclamations populaires; pendant « dix heures consécutives » des feux brûlent sur les places publiques; devant l'Hôtel de Ville sont disposées « trois étagères », dont chacune est « garnie de cent tonnes de goudron enflammé[3] ».

Mais rien n'est comparable à l'aspect de Bruxelles pendant les dix mois de séjour qu'y fait, presque au lendemain de son abdication, la reine Christine de Suède. Elle s'embarque à Anvers sur « une frégate dorée », en compagnie de l'archiduc accouru pour lui rendre hommage.

1. Sa mère était la célèbre comédienne Calderon. Né en 1629, il fut légitimé peu après, et mourut en 1679.

2. Le voyage de Don Juan fut fort accidenté. Embarqué à Naples pour se rendre de là à Gênes, il n'échappa qu'à grand'peine à des dangers multipliés, tempête effroyable, poursuite de pirates, rencontre de vaisseaux ennemis. Son entrée officielle à Bruxelles eut lieu le 11 mai 1656.

3. *Relations véritables. Loc. cit.*

Tous deux, causant gaiement et « jouant aux échecs », naviguent de compagnie jusqu'au port de Laeken, où l'on met pied à terre aux éclats d'un feu d'artifices; et « cent cinquante carrosses attelés à six chevaux » accompagnent la Reine au magnifique palais préparé pour la recevoir[1]. Dans les premiers moments, l'auguste visiteuse déconcerte et surprend le public bruxellois par l'excentricité de son air et de ses manières. On considère avec quelque effarement son costume semi-masculin, cette « jupe grise en étoffe légère » qui descend à peine aux chevilles, ce « justaucorps », ces « souliers bas », ce chapeau d'homme d'où s'échappe en désordre une chevelure courte, épaisse, frisée, qui flotte sur les épaules[2]. On se conte à l'oreille qu'un de ses plaisirs favoris est de jouer aux boules sur le mail, ou de « battre au billard » le vieux landgrave de Hesse « avec une adresse merveilleuse », ou de « prendre les chiens de M. l'Archiduc » pour chasser à tir dans les bois. Mais l'agrément de son commerce fait oublier ces bizarreries; et chacun s'émerveille de ses promptes réparties, de sa conversation variée, de sa science étendue, de ses façons aisées, faites de noblesse, de charme et de simplicité.

Condé seul se tient à l'écart, non par antipathie, mais faute d'avoir pu obtenir qu'elle le traitât selon le rang auquel il a droit de prétendre[3]. Toutefois, en s'abstenant lui-même, il donne à ses amis toute liberté de faire leur cour. Boutteville, Guitaut, ses intimes et ses familiers,

1. *Gazette de France* de 1655.
2. *Lettre* de l'abbé de Balerne. — Bibliothèque de Bruxelles.
3. Voir l'*Histoire des princes de Condé*, par le duc d'Aumale.

prennent part à toutes les fêtes qui, pendant cette saison, se succèdent presque nuit et jour, bals, festins, « comédies chantées », chasses à courre, illuminations, courses de traîneaux sur la neige. La Reine, de toute sa vie, ne s'est, dit-elle, « aussi bien amusée ». Elle vante, en termes enthousiastes « son bonheur sans second, vraiment digne des Dieux ». — « Mes occupations, ajoute-t-elle, ne sont ici que bien manger, bien dormir, causer, rire, voir les comédies françaises, italiennes, espagnoles, et passer le temps agréablement[1] ». Jamais autant qu'en ce séjour elle n'a goûté toute la sagesse de la décision qu'elle a prise, en résignant le fardeau du diadème pour n'en garder que la parure.

D'après cet aperçu des divertissements de Bruxelles, on pourrait croire que ce fût là, pour les compagnons de Condé, l'unique occupation des longs mois de l'hiver flamand[2]. Il s'y mêlait pourtant — au moins pour quel-

1. *La reine Christine de Suède à Bruxelles*, notice de M. de Burenslam.
2. Entre les émigrés de Bruxelles et leurs parents et amis demeurés en France s'échangeaient une fréquente correspondance. Les nouvelles du monde et de la Cour étaient envoyées aux proscrits avec exactitude. La duchesse de Châtillon paraît s'être chargée un temps de faire parvenir à Condé une sorte de gazette des faits et gestes de la Cour. Un fragment de cette chronique, intercepté par les agents de Mazarin, se trouve aux archives des Affaires étrangères. On y lit, entre autres, les passages ci-après : « La Reine est fort affligée du départ de la Mancini ; c'est elle qui est cause qu'on a éloigné la folle de don Juan, dont la Reine est fort mal satisfaite. On dit qu'elle a eu quelques paroles avec le Roi... Le bruit court que mademoiselle de Mancini a eu l'audace de dire au Roi à quoi Sa Majesté pensait de vouloir épouser l'infante d'Espagne, qui est fort laide et d'un

ques-uns — d'autres soins plus sérieux. A l'exemple de
M. le Prince, qui relisait Tite-Live pendant le siège
d'Arras, Boutteville, affirme Saint-Germain [1], employait
ses loisirs à compléter son instruction générale et tech-
nique, à étudier les sciences, et « celles surtout qui ont
trait à la guerre ». Il « dévorait, au dire de l'aide de
camp, tout ce que les anciens et les modernes ont écrit »
sur la tactique et sur la stratégie. Condé le poussait
dans cette voie, ne négligeait nulle occasion — par ses
causeries, par ses conseils, par les missions variées qu'il
lui confiait — de développer ses aptitudes, de lui ensei-
gner l'art où lui-même était passé maître. Plus il le voit à
l'œuvre, plus il l'associe étroitement à ses affaires et à sa politique. « Je vous prie, écrit-il fréquemment à Guitaut [2], que
personne ne sache ceci que vous, Boutteville et Coligny ».
A chaque pas revient sous sa plume quelque phrase de
ce genre. Les occasions ne manquaient pas. Entre le prince
et ses alliés, tant Lorrains qu'Espagnols, les relations
étaient chaque année plus tendues; de fâcheux incidents,
surgissant par surprise, démontraient la fragilité d'une
coalition criminelle. De ce nombre fut l'aventure de
Charles de Lorraine, cause imprévue d'une grosse alerte
dans les quartiers commandés par Boutteville, et qui, pour
ce motif, doit nous retenir un instant.

esprit fort fier, et que, pour elle, s'il lui voulait faire cet honneur-
là, elle lui rendrait toujours grand respect et obéissance. On dit que
la Reine a eu vent de ce discours, qu'elle s'en est plainte au cardinal, et que cela est cause qu'il l'a éloignée. Madame la Palatine est
presque dévote, car elle est toujours malade... » (Aff. étr. Fr. 907.)

1. Cité par Désormeaux, *passim*.
2. Arch. du château d'Époisses.

Charles IV, duc de Lorraine, était un prince fort excentrique. Ses écarts de langage, ses familiarités brutales, ses bouffonneries impertinentes, lui créaient en tous lieux des inimitiés redoutables. Déjà, quelques années plus tôt, lors de ses séjours à Paris, il avait fait scandale par d'incroyables incartades. En pleine conférence politique, rapporte Mademoiselle, au beau milieu d'une discussion ardue, « quand il ne voulait plus répondre, il chantait et se mettait à danser, en sorte que l'on était contraint de rire ». A Gaston d'Orléans, qui lui parlait affaires devant le cardinal de Retz : « Avec des prêtres, interrompt-il soudain, il faut prier Dieu. Que l'on me donne un chapelet ! » A Mademoiselle elle-même — qui cependant marque un faible pour lui — il écrit à propos de rien une lettre remplie d'insolences[1]. Enfin un jour, dit-on, conversant dans la rue avec le grand Condé, il manœuvre, comme par mégarde, de manière à le faire insensiblement reculer, et le force à marcher dans un grand tas de boue. Bref, grâce à ces procédés, tout Paris, en quelques semaines, est contre les Lorrains « dans un déchaînement si horrible », que nul n'ose, en public, « se dire de cette nation, de peur d'être noyé[2] ».

S'il en usait ainsi vis-à-vis des plus grandes puissances, on imagine comme il traitait les petits princes voisins de ses États. Un manuscrit du temps cite ce trait entre beaucoup d'autres : une fois qu'il visitait un campement de ses troupes, qu'il avait établi sans droit dans l'électo-

1. *Histoire de la réunion de la Lorraine à la France*, par le comte d'Haussonville.
2. *Mémoires* de la Grande Mademoiselle.

rat de Cologne, on lui vint dire que le Prince-évêque, irrité de ce sans façon, parlait d'user de représailles. Charles IV aussitôt propose une entrevue, et va trouver l'évêque « avec une broche en main et un pot de cuisine en tête » afin de témoigner par là que « contre gens d'Église il n'était besoin d'autres armes[1] ». Ces bizarreries, journellement renouvelées, étaient peu faites pour réussir dans la cérémonieuse petite cour de Bruxelles. Le duc s'y montrait fort jaloux des honneurs rendus à Condé, qui ne s'en mettait guère en peine[2]. Il s'était fait haïr du grave archiduc Léopold, qui nourrissait de plus quelques soupçons secrets à l'égard des desseins de cet hôte incommode.

Charles IV en effet, sans gêne avec les princes, flattait le petit peuple et recherchait son amitié. Il se mêlait aux jeux, aux plaisirs de la foule; sa grosse jovialité, sa familiarité triviale, plaisaient aux bonnes gens des faubourgs. Un futile incident, en accentuant cette attitude, redoubla la méfiance des autorités espagnoles. Une vieille coutume flamande était le tir à l'arbalète, et le concours annuel entre les bons tireurs qui se faisait à la fête de « la Kermes ». L'affluence était grande et la réunion solennelle ; le plus adroit tireur était « roi de la Kermes », et recevait l'hommage des assistants[3]. Charles IV, une année, eut la fantaisie de s'y rendre ; il reçut l'arbalète et tira le premier, et, d'un seul coup, abattit le « papegay[4] ».

1. Relation du séjour à Bruxelles du duc Charles de Lorraine. — Manuscrit de la Bibl. de Bruxelles.
2. *Histoire de Bruxelles*, par Henne et Wauters.
3. Relation du séjour, etc., *loc. cit.*
4. Sorte d'oiseau en bois, ayant la forme d'un perroquet.

Dans la foule, ce fut du délire. De toutes parts éclatèrent les cris de « Vive le Roi ! », et le héros du jour fut porté en triomphe et reconduit à son logis, au bruit assourdissant « des tambourins et des trompettes ». Pour ne pas demeurer en reste, il offrit, quelque temps après, une fête somptueuse au peuple de Bruxelles. Des tables furent dressées dans les rues de la ville ; des « fontaines de bière et de vin » coulèrent à profusion pendant la nuit entière. La popularité du duc prit, du jour au lendemain, des proportions extraordinaires.

L'archiduc espagnol qui gouvernait les Pays-Bas ne douta plus, de ce moment, des mauvaises intentions du souverain de Lorraine. Il rapprocha de cette conduite le bruit, sourdement répandu, des négociations que ce dangereux allié n'avait jamais cessé de poursuivre avec Mazarin[1]. Une vive crainte le saisit qu'il passât un beau jour, brusquement et sans crier gare, dans les intérêts de la France. Un ordre venu de Madrid prescrivit d'agir sans délai ; l'arrestation fut résolue. Le 26 juin 1654, Charles fut invité, par le comte de Fuensaldaña, à se rendre à cinq heures du soir au palais de Bruxelles, pour y délibérer sur une affaire urgente. Il y fut sans défiance, avec deux officiers seulement, refusant même de prendre son épée, et disant à son écuyer « qu'il y avait des temps où c'était inutile[2] ». Arrivé au palais, il monta droit à la salle du Conseil. Lorsqu'il fut « dans la première cham-

1. Voir Chéruel. — *Histoire de France pendant le ministère de Mazarin*, tome II, p. 122 et suiv.

2. Relation du séjour à Bruxelles, etc., *loc. cit.* — J'ai suivi, pour toute la suite du récit, la version de ce document inédit.

bre », il remarqua que, contre l'habitude, on fermait la porte sur lui ; même précaution à la deuxième, « ce qui lui fit faire réflexion ». Lorsqu'il vit de nouveau qu'on fermait la troisième, il comprit ce qui l'attendait : « Il n'y a plus de raillerie ! — s'écria-t-il sans avancer plus loin — C'est tout de bon qu'on me veut faire prisonnier ! » Au même instant, le duc d'Aerschot, sortant de la pièce contiguë, lui posa la main sur l'épaule et, de la part du roi d'Espagne, lui déclara qu'il l'arrêtait. Vainement le duc s'exclama-t-il sur « l'indigne procédé de M. de Fuensaldaña », fit-il retentir le palais de « ses plaintes et de ses reproches ». Il fut mis sous bonne garde, enfermé pour la nuit dans une des salles basses du Palais, en attendant que, le lendemain, on le transférât à Anvers[1], où les murs de la citadelle étouffèrent ses cris de fureur.

L'un des deux officiers partagea le sort de son maître ; l'autre, le sieur de Gordes, put s'échapper hors du palais. Il courut avertir la jeune princesse Anne de Lorraine[2]. La princesse, en fille avisée, commença par mettre en lieu sûr la cassette paternelle, où se trouvaient, dit-on, des bijoux et des pierres précieuses « pour deux cent mille pistoles » ; l'hôtel de Berghes en reçut le dépôt. Après quoi, tous deux s'efforcèrent d'ameuter contre l'archiduc les Lorrains présents à Bruxelles et les exhortèrent à forcer le corps de garde du palais. Mais les troupes espagnoles réprimèrent le mouvement sans peine,

---

1. Il fut un peu plus tard transporté à Tolède.
2. Mariée plus tard au comte de Lillebonne, son cousin.

et se payèrent de leur succès en pillant tout ce qui restait « des trésors et des biens » du duc[1]. Le gros des forces de Lorraine était d'ailleurs éloigné de Bruxelles, réparti en quartiers en diverses provinces. Les deux tiers environ occupaient le pays de Liège, près du quartier français que commandait Boutteville. Aussi ce dernier reçut-il, au lendemain de l'arrestation, un billet laconique de la main du prince de Condé, pour l'avertir en toute hâte « de bien se tenir sur ses gardes[2] » ; car les Lorrains, pour venger leur souverain captif, se disposaient, assurait-on, « à faire main basse sur le quartier français. »

Condé était bien informé : la position était critique et le risque réel. Le commandant des troupes lorraines, le comte de Ligneville, venait de se voir remettre, dissimulé dans l'intérieur d'un « pain de munition », un billet de son maître où se trouvaient ces lignes : « Qu'il ne soit pas dit dans le monde que je n'ai eu à mon service que des traîtres et des coquins. Vous avez une belle occasion de faire sentir qui je suis. Demeurez unis ensemble ; ne soyez pas en peine des menaces qu'on vous fera de me faire mourir. Mettez tout à feu et à sang, et vous souvenez avec ardeur et fidélité de Charles de Lorraine. »

1. Lorsque, six mois plus tard, remis en liberté, Charles IV revint à Bruxelles, il trouva son hôtel vide et tous ses meubles disparus. Pour faire honte aux Espagnols, il s'obstina, pendant les premiers temps, à demeurer quand même dans son logement dévasté, sans suppléer à ce qu'on avait pris, et « n'ayant pour tout meuble qu'une vieille chaise, un lit de camp et, au lieu de chenets, deux pierres dans la cheminée ». (Relation manuscrite, etc., *loc. cit.*)

2. Papiers de Lenet, *loc. cit.*

Malgré cet appel violent, Ligneville hésitait. Il savait que le coup n'était dû qu'aux seuls Espagnols, que Condé ni les siens n'en étaient aucunement complices. La fermentation cependant était grande parmi ses soldats, et la moindre étincelle eût mis le feu aux poudres. Le petit corps français, très inférieur en nombre, n'aurait pu résister à une attaque en règle. La seule ressource était de prévenir les hostilités. Lenet, dépêché par Boutteville, alla trouver Fuensaldaña pour le prier d'agir :

— M. de Ligneville est homme d'honneur, répondit froidement ce dernier.

— C'est pour cela même, dit Lenet, qu'il fera son devoir et qu'il vengera son maître [1].

Fuensaldaña ne céda pas sans peine ; et, pour secouer son commode optimisme, il fallut toute l'adresse et toute l'éloquence de Lenet. Enfin l'Espagnol se rendit, et consentit, pour calmer les Lorrains, à se servir d'un moyen efficace : il fit distribuer aux soldats, pauvres et toujours affamés, des sommes d'argent considérables. Cette largesse inaccoutumée les éblouit au point de leur faire oublier leur maître. Le frère de Charles IV, le duc François de Lorraine, débarqua sur ces entrefaites, prit la succession de son frère, et la bonne entente entre alliés se rétablit en apparence. Ajoutons cependant que, deux années plus tard, sollicités par la duchesse Nicole [2], les régiments lorrains, en pleine guerre et à la veille d'un siège, firent défection au roi d'Espagne et passèrent aux

[1]. Relation manuscrite, etc., *loc. cit.*.
[2]. Femme de Charles IV.

Français, entraînant avec eux leurs chefs. « L'armée lorraine, écrit triomphalement Mazarin à la Reine, doit être ce soir à Guise ; le duc François et Ligneville y sont, mais, au lieu d'amener leurs troupes, les troupes les ont amenés[1]. »

Les derniers temps du séjour à Bruxelles furent troublés par les différends entre Français et Espagnols, par l'antipathie personnelle de M. le Prince et de Don Juan d'Autriche. L'archiduc Léopold, avec sa minutie, sa lenteur solennelle, sa gravité imperturbable, l'indécision de son esprit, avait souvent mis à l'épreuve la courte patience de Condé ; mais son successeur se chargea de le faire promptement regretter. Ambitieux, suffisant, plein de morgue et de vanité, le bâtard de la Calderon devient vite la bête noire de nos compatriotes. Indolent à l'excès — bien que vaillant au feu — il joint à la paresse la prétention de tout régler, de tout diriger à lui seul, et ses perpétuels insuccès lui valent, de ses alliés, les plus amères railleries. « Dormir, se baigner, et prendre des villes, écrit le duc d'Enghien[2], sont des choses incompatibles, et il me semble que ceux qui s'adonnent aux unes ne doivent pas songer aux autres. » — Donnez-

---

1. Aff. étr. Fr. 896.

2. Lettre à Guitaut du 15 septembre 1657. (Arch. du château d'Époisses). — Cette lettre du fils du grand Condé, comme toutes celles de la même période, est signée *Henry-Louis* de Bourbon, bien que le jeune prince, dont Mazarin avait été parrain, eût reçu au baptême les prénoms de Henri-Jules. Son père, pendant la Fronde, lui avait fait quitter son nom de Jules, en haine du cardinal.

moi des nouvelles, dit ailleurs le jeune prince, de tous les beaux exploits de *cet homme que vous savez*, de toutes les places qu'il prend, de toutes les batailles qu'il gagne, de toutes les retraites qu'il fait, avec autant de jugement que de courage[1]. » Don Juan, de son côté, dans ses lettres au roi d'Espagne, se plaint à diverses reprises des mauvais procédés dont on use envers lui, de l'extrême « violence » avec laquelle M. le Prince impose ses volontés et « poursuit ses desseins », sans écouter ni conseils ni prières[2]. On en arrive même quelquefois à des altercations si vives que l'alliance semble compromise, à la grande joie de Mazarin. « Il y a eu de grosses paroles entre le prince de Condé et Don Juan, mande le cardinal à la Reine[3], et ils se sont séparés très mal. Si vous voulez vous mêler de les raccommoder, vous le pourrez ; pour moi, je les laisserai faire, n'ayant pas à un si haut point que vous la vertu de la charité. »

Plus les affaires se gâtent, plus les rapports s'aigrissent ; c'est la loi générale, en politique comme dans la vie privée. La dernière année de la guerre, lorsque les victoires de Turenne ont décidé de la partie, Bruxelles semble un moment menacée d'une attaque française. L'effroi s'empare des habitants ; beaucoup « songent à plier bagage » ; le peuple entier, jeunes et vieux, les femmes aussi bien que les hommes, et « même les ecclésiastiques », sont envoyés sur les remparts pour travailler à la défense,

1. Lettre de juillet 1658 — *Ibidem*.
2. Correspondance de Don Juan avec Philippe IV (Arch. royales de Belgique).
3. 28 septembre 1656 — Aff. étr. Fr. 274.

mettre la capitale à l'abri d'un coup de main[1]. Don Juan, à la première nouvelle, s'est jeté dans la place avec les débris de ses troupes. Il semblerait que le pressant danger dût faire oublier les griefs; mais, bien loin de s'unir dans le commun désastre, les alliés malheureux ne songent qu'à se lancer des reproches à la tête. Condé et ses amis prennent l'archiduc pour cible, et le criblent de leurs sarcasmes. « En le voyant entrer dedans la ville, écrit ironiquement le fils du grand Condé[2], vous pouvez penser si je me suis tenu en sûreté, et si je n'ai pas jugé Bruxelles imprenable! » Et le jeune prince — écho fidèle des propos de son entourage — dénonce ouvertement, et contre toute justice, la poltronnerie et la lâcheté du chef de l'armée espagnole. Les bourgeois de Bruxelles, dit-il, « ne voulaient pas qu'il entrât dans la ville, à cause qu'ayant rencontré quatre cents hommes des ennemis avec huit cents hommes de nos troupes, il avait refusé de les charger, si bien que, pour apaiser ce tumulte, il fit sonner à son de trompe par toute la ville qu'il était un fort galant homme, et que, s'il n'avait pas combattu, ce n'était pas de sa faute... » Ces invectives, ces récriminations, ces discussions entre gens du même bord, sont le symptôme et le prélude de la dislocation prochaine. Elles annoncent l'agonie de la lutte détestable, dont il me reste à retracer les derniers épisodes.

1. *Relations véritables*, loc. cit.
2. Lettres à Guitaut (Arch. d'Époisses).

CHAPITRE IX
1656-1658

Derniers efforts de l'armée de Condé. — Campagne de 1656. — Siège de Valenciennes par Turenne. — Le secours de la ville. — Initiative heureuse de Boutteville. — Prise du maréchal de La Ferté. — Campagne de 1657. — Boutteville y remporte le dernier succès de la guerre. — Affaire des bagages de Turenne. — Maladroite présomption de M. de Siron. — Attaque et prise de son convoi par Boutteville. — Générosité de Turenne. — Affaire d'Hesdin. — Défection définitive d'Hocquincourt. — Préparatifs du siège de Dunkerque en 1658. — Suprême tentative d'accommodement. — Boutteville rejoint l'armée de Condé. — Échauffourée d'avant-postes. — Mort du maréchal d'Hocquincourt. — Pressentiments funestes. — Bataille des Dunes. — Défaite de l'aile espagnole. — Résistance du corps de Condé. — La pointe vers Dunkerque. — Écrasement des Condéens. — Danger couru par Condé. — Dévouement de Boutteville. — Fuite de ce dernier. — Il est rejoint et pris. — Bons traitements qu'il reçoit de Mazarin. — Nouvel essai pour le détacher de Condé. — Son refus : rancune de Mazarin. — Échange de Boutteville contre le maréchal d'Aumont.

Le foyer de la rébellion, qui avait un moment paru près d'envahir tout le royaume, après six ans d'efforts est enfin circonscrit, et refoulé dans un espace de jour en jour plus resserré. Seules maintenant, dans la France entière, les provinces limitrophes de la frontière de Flandre voient s'élever de leur sol les dernières flèches de l'incendie. Mais de ce feu mourant jaillissent encore, par intervalles, des flammes d'un éclat redoutable ; le brasier à demi éteint s'anime et se ravive au souffle de Condé. Sans plier sous le poids des revers, le génie du grand capitaine parviendra plus d'une fois, en dépit de toutes les entraves, à ramener la victoire sous son étendard révolté, jusqu'à la veille du coup suprême qui le lui brisera dans la main. En cette défense désespérée — et qu'on dirait glorieuse, n'était l'injustice de la cause — Boutteville fut à coup sûr le plus brillant lieutenant du prince et son plus utile auxiliaire. La part qu'il prit à cette lutte au déclin fera l'objet de ce chapitre, auquel vont bientôt succéder de moins tristes récits et des images plus douces.

M. le Prince avait à cœur, dans la saison de 1656, de réparer les fautes et les déboires de la campagne précédente. Les hostilités cependant tardèrent à s'engager. Don Juan d'Autriche, récemment installé dans son poste, avait tout un apprentissage à faire ; il prétendait en outre étudier par lui-même un nouveau plan d'opérations ; et, pendant ces atermoiements, Turenne, une fois de plus, prévint ses adversaires en entamant, au mois de juin, le siège de Valenciennes[1]. Cette ville était alors comprise dans les Pays-Bas espagnols. La vaste étendue de l'enceinte, divisée en deux par l'Escaut, rendait l'investisse-

---

1. La tranchée fut ouverte le 26 juin 1656.

ment incommode et dangereux ; il fallut, sur chaque rive du fleuve, établir des camps séparés, que Turenne fit relier par des ponts de bateaux. Pour parer à l'inondation que pouvait entraîner le lâchage des écluses, il fit construire une grande digue de fascines, de huit cents pas de long et de huit de largeur[1]. Tous ces préliminaires firent perdre un temps précieux. Si l'armée assiégeante était forte et nombreuse, la garnison de Valenciennes n'était, à proportion, guère moins considérable ; aux quinze cents soldats réguliers qu'y avaient mis les Espagnols, s'ajoutaient dix mille habitants en état de porter les armes, « faisant l'office de troupes réglées ». Le secours de la place ne se fit d'ailleurs pas attendre ; huit jours après l'investissement, l'armée de vingt mille hommes[2] conduite par Don Juan et Condé parut sur les hauteurs de la droite de l'Escaut et s'y retrancha solidement, dominant une partie des quartiers de Turenne. On put croire un moment voir la reproduction de ce qui, deux années plus tôt, s'était passé au siège d'Arras : les assiégeants pris dans leurs lignes et bloqués dans leur propre camp. Mais l'ardeur de Condé précipita les événements.

Une circonstance, heureuse pour les alliés, affaiblissait l'armée française : la division du commandement, partagé — par la négligence ou la méfiance de Mazarin — entre Turenne et La Ferté[3]. Ce dernier maréchal, malade

1. *Gazette de France* de 1656. — *Mémoires* de Bussy-Rabutin, de Puységur, etc.
2. Turenne en avait vingt-quatre mille.
3. Le duc de La Ferté, maréchal de France, (1600-1681).

au début du blocus[1], vint, le 4 juillet, rejoindre son collègue, et prit la direction du quartier établi sur la rive gauche du fleuve. Vaillant soldat, mais sot, brutal et présomptueux, le premier soin de La Ferté fut de faire supprimer l'un des retranchements de son camp, alléguant pour raison « qu'il en avait bien assez d'un devant ses troupes[2] », vantardise ridicule dont il eut à se repentir.

La nuit du 15 au 16 juillet — veille de la fête, chère à la piété espagnole, du Saint-Sacrement-du-Miracle[3] — à une heure du matin, l'armée alliée s'ébranla tout entière. Une fausse attaque, confiée à M. de Marchin, détourna pour quelques instants l'attention de Turenne. Pendant ce temps, le gros des troupes, passant l'Escaut sur onze ponts de bateaux, marcha sans bruit au camp du maréchal de La Ferté. L'infanterie, dirigée par M. le Prince en personne, était en tête, chargée de la première besogne ; la cavalerie, que commandait Boutteville, se tenait en arrière pour suivre le mouvement et couper aux Français la ligne de retraite. On s'avança ainsi, sans être découverts, jusqu'au pied même des retranchements. Nulle précaution de surveillance dans le quartier de La Ferté ; ni grand-gardes ni sentinelles. « Nous fûmes près de leur camp, écrit Coligny-Saligny, sans entendre autre bruit que l'aboiement d'un chien, qui était plus vigilant que les hommes. »

1. Il avait été retenu à Marles par une attaque de goutte. (*Gazette de France.*)
2. *Mémoires* de Puységur.
3. *Relations véritables.* Loc. cit.

Toute la ligne, au signal donné, s'élança sur les retranchements, qui furent forcés en un clin d'œil. « Jamais, dit un témoin, il ne se fit une si pitoyable défense ». Seul le régiment de Piémont fit mine de résister ; mais enveloppé, accablé par le nombre, il dut bientôt céder, et s'enfuit en désordre. Turenne, « dès les premiers coups de mousquet[1] », envoya au secours deux de ses régiments ; quatre autres eurent ordre de les suivre, mais ne purent aller loin, car, juste en cet instant, les grands réservoirs de Bouchain, ouverts par les gens de Condé, s'abattirent sur la digue avec une force irrésistible. Cette trombe emporta les fascines, détruisit les ponts de bateaux ; entre les deux quartiers français, la communication devint impraticable. Ce fut M. de Puységur qui vint avertir La Ferté de ce qui se passait. Le maréchal assemble en hâte quelques escadrons de gendarmes, se met vaillamment à leur tête, se lance à l'aventure, cherchant à travers les ténèbres un ennemi à charger. A peine a-t-il fait quelques pas, qu'il heurte une cavalerie nombreuse ; ce sont les régiments commandés par Boutteville.

Le jeune et ardent général, le combat engagé, s'était, avec ses escadrons, porté vers les lignes françaises. Voyant les postes dégarnis, le chemin libre et dépourvu d'obstacles, sans attendre les ordres il se jette en avant, franchit fossés et palissades, et galope au travers du camp, balayant tout sur son passage. La mauvaise chance de La Ferté fit qu'il se trouva sur sa route. Les gendarmes du

---

[1]. *Histoire de Turenne*, par Ramsay.

maréchal furent culbutés, mis en déroute; beaucoup, en s'enfuyant, tombèrent dans les canaux, où l'eau coulait à pleins bords, et s'y noyèrent, cavaliers et montures[1]. La Ferté, laissé seul avec une poignée de ses gardes, courut grand risque de la vie; au moment d'être massacré, il fut heureusement reconnu par le sieur de Ricous, l'un des officiers de Boutteville, auquel il rendit son épée, sans avoir d'autre mal qu'une contusion légère. Toute cette bagarre dura quelques minutes à peine; Boutteville, sans s'attarder, reprit sa course à toute bride vers le centre de l'action engagée. Précisément Condé, après sa victorieuse attaque, se rabattait vers cet endroit. Voyant au loin, et sur un point dont il se croyait maître, déboucher inopinément un corps de cavalerie, il en conçut quelque inquiétude. Sa surprise et sa joie furent vives de reconnaître en approchant ses propres escadrons et Boutteville à leur tête, et d'apprendre en même temps « la prise du maréchal ». Sans attendre, écrit Désormeaux, les excuses de Boutteville pour avoir devancé ses ordres, le Prince courut à lui et, sur le front des troupes, lui donna l'accolade.

La dernière phase de la bataille ne fut qu'une poursuite éperdue, soldats « sans armes et demi-nus » s'échappant dans l'ombre au hasard, les uns roulant dans l'Escaut débordé, les autres massacrés ou se rendant à discrétion. Les trophées du vainqueur furent, outre La Ferté, deux lieutenants-généraux[2], quatre cents officiers, trois ou quatre mille hommes de troupe, le bagage tout entier et

1. *Mémoires* de Puységur, de Bussy-Rabutin. — *Histoire de la maison de Montmorency*, par Désormeaux, etc., etc.

2. Gadagne et Puységur.

trente pièces d'artillerie[1]. De toute l'armée de La Ferté, deux mille fuyards au plus rejoignirent quelques jours après le gros des forces de Turenne. Ce dernier, dès la pointe du jour, quand il connut tout le désastre, quitta ses lignes et battit en retraite, laissant Don Juan entrer dans Valenciennes. L'épouvante, dit Bussy, était si grande parmi ses troupes que, dans la nuit suivante, un lièvre poursuivi par quelques maraudeurs fut cause d'une « chaude alarme », et qu' « on ne douta point que ce ne fût l'ennemi ». Pour sauver au Roi cette armée, pour arrêter l'élan de Condé triomphant, pour contraindre un tel adversaire à lâcher prise et à retourner sur ses pas, il fallut à Turenne plus d'audace et plus de génie que pour gagner une grande bataille ; et cette action de guerre — dont je n'ai pas ici à donner le détail — fut à bon droit considérée comme une de ses plus belles victoires. Lui seul parut n'y point songer. La lettre par laquelle il mande cette affaire à sa femme peint, de touchante façon, la simplicité de son âme : « Vous apprendrez, lui écrit-il[2], de bien méchantes nouvelles de ces pays-ci. Le quartier de M. le maréchal de La Ferté a été forcé, et il a fallu lever le siège. M. de La Ferté a été blessé légèrement et fait prisonnier. Il faut se soumettre à la volonté de Dieu. La ville se fut rendue dans trois ou quatre jours. »

1. La joie fut vive à Bruxelles en apprenant cette belle victoire. On y fit de grandes réjouissances. Une foule innombrable suivit à Sainte-Gudule, la procession du « Saint-Sacrement du Miracle ». Don Juan se transporta en pompe à l'église Saint-Jean, et « y rebaisa trois fois le doigt de ce saint qui y est conservé ». (*Relations véritables*. Loc. cit.

2. 16 juillet 1656. — *Lettres* publiés par Grimoard.

Toute sa part personnelle, que nous avons vue si glorieuse, tient sous sa plume en ces deux lignes : « L'armée des ennemis est venue tout proche d'ici ; ils y sont restés deux jours, après quoi ils ont marché vers Condé. »

Cette belle sérénité contraste avec l'humeur de La Ferté. Boutteville, le combat terminé, s'occupa de son prisonnier. Il le fit, au matin, conduire à Valenciennes[1], où Puységur, pris comme son chef, ne tarda guère à le rejoindre. « Je montai dans sa chambre, dit ce dernier dans ses Mémoires, et le trouvai tout nu en chemise », fort essoufflé et se plaignant du chaud, car les cavaliers de Boutteville l'avaient mené « un peu rudement ». Il se couche, un instant après, pour recevoir la visite de Condé. M. le Prince l'embrasse avec cordialité, et lui fait force compliments, où perce une discrète ironie : « J'aurais voulu, dit-il, que votre camarade (Turenne) eût été pris plutôt que vous... Tout ce que j'ai à vous dire, puisque vous êtes mon prisonnier, est que vous soyez en liberté le plus tôt possible. Point de rançon de vous ; je ne veux pas de votre argent ; mais je veux bien toucher celui que la Reine donnera pour vous retirer. » La Ferté le remercie fort, demande courtoisement permission de faire porter un message à Nancy, pour avertir « madame sa femme » de l'aventure dont il était victime. Au beau milieu de ces civilités, un vulgaire incident fait reparaître le soudard. Un des laquais de La Ferté entre sur l'entrefaite, tremblant et tout en larmes, contant qu'il s'est laissé voler la bourse de son maître, « où se trouvaient six cents louis

---

1. *Relations véritables. Loc. cit.*

d'or ». Sur quoi le maréchal, pris d'un accès de rage, s'élance d'un bond hors de son lit, prend le valet à bras-le-corps, et le jette dans la cheminée, où flambait un grand feu. On ne l'en tira qu'à grand'peine, suffoquant et « les chausses brûlées[1] ».

La générosité du prince envers son prisonnier n'alla pas jusqu'au point de le rendre pour rien. Il lui permit, pour quelques jours, de pousser une pointe vers Paris, sur sa parole d'honneur qu'il reviendrait ensuite. Quand La Ferté fut de retour, il exigea pour sa rançon la somme de quatre-vingt mille livres, et le tint sous clé, à Rocroi, jusqu'au complet paiement. « L'état de ses affaires, assura M. le Prince, ne lui permettait pas de négliger cette occasion de tirer quelque argent du cardinal de Mazarin[2]. »

Après l'affaire de Valenciennes, on craignit à la cour de France que les alliés ne franchissent la frontière, dans

---

1. *Mémoires* de Puységur.

2. Madame de Châtillon tenta de s'entremettre pour négocier la mise en liberté du maréchal; mais Mazarin paraît s'être méfié de son intervention : « Quand je vous verrai, écrit-il à l'abbé Foucquet, vous pourrez me dire ce que nous voulait proposer pour ses amis *la dame qui est à Paris*. Cependant, à l'égard de M. de la Ferté, vous voulez bien que je vous dise qu'il ne faut pas me faire acheter une chose déjà vendue. Dès le premier jour que ledit sieur maréchal fut prisonnier, M. le prince de Condé lui promit qu'il le laisserait revenir sur sa parole avant la mi-août; et un trompette du Roi, qui revint hier de Mons, m'a apporté une lettre que, si cette dame lui veut rendre quelque office, il lui en aura obligation et audit sieur Prince, qui en a usé généreusement. Mais je ne dois pas mettre sur mon compte une faveur qu'on a accordée à un autre... » (Lettre du 2 août 1656. — Aff. étr. Fr. 901.)

l'espoir d'exciter « quelques soulèvements dans Paris[1] ». Du moins le cardinal, en sa correspondance, attribue-t-il ce projet à Condé : « Cela est confirmé, écrit-il à Turenne, par lettre de Boutteville qui a été vue depuis peu, par laquelle il mande qu'assurément ils entreront en France[2] ». Madame de Châtillon, dans l'esprit du ministre, est également suspecte de pousser secrètement le prince à cette résolution : « Il y a de plus des médisants qui soutiennent qu'une belle dame presse ledit prince d'y faire un voyage, croyant que ce serait une bonne occasion pour se confirmer de vive voix ce qu'ils s'écrivent tous les jours, et donner matière à de beaux romans... Je crois donc que la première pensée du prince de Condé sera d'engager les Espagnols à entrer dans le royaume[3] ». Inquiétude superflue! L'indécision du roi d'Espagne, jointe à l'indolence de Don Juan, paralysait toute entreprise, interdisait tout dessein important. En attendant qu'on fût d'accord, on se remit à faire le siège de forteresses et de bicoques. Turenne mit le temps à profit pour réparer ses pertes et reconstituer son armée; et tout le fruit d'une grosse victoire fut détruit en quelques semaines.

La campagne de 1656, inaugurée par un coup foudroyant, s'acheva donc, pour les Condéens, de façon triste et languissante. Même torpeur et même inertie pendant la campagne suivante. L'histoire se décourage devant ces mille faits dispersés, ces petites actions de

1. *Correspondance* de Mazarin.
2. Lettre du 24 août 1656.
3. *Ibidem.*

détail, ces entreprises incohérentes, sans ensemble, sans lien, sans pensée dirigeante. « M. le Prince, dit un éminent historien, avait beau pénétrer les desseins de Turenne, Don Juan laissait toujours passer le temps d'exécuter les projets de Condé. Rien ne put arracher les généraux espagnols à leur solennité [1] ». En cette atmosphère embrumée luit encore par moment un fugitif éclair, quelque hardi coup de main, vivement exécuté, où se retrouve le faire du prince ou des lieutenants formés à son école. Tel est « le secours de Cambrai [2] », cette pointe de cavalerie que Condé dirige en personne. Avec une vingtaine d'escadrons, sans artillerie, sans équipages, profitant de l'obscurité, il passe, prompt comme la foudre, à travers l'armée de Turenne, galope jusqu'aux murs de Cambrai, s'en fait ouvrir les portes, et contraint les Français à lever le siège de la ville. Boutteville, en cette expédition, conduisait l'avant-garde. Il pénétra le premier dans la place, non sans avoir couru grand risque, s'étant un instant trouvé seul assailli par trois cavaliers : il en tua un d'un coup de pistolet ; son aide de camp, rapidement accouru, le défit du deuxième ; et le dernier tourna bride et s'enfuit [3].

Trois mois plus tard une autre affaire, où cette fois Boutteville eut seul part, jette un suprême rayon de gloire sur cette lente et morne campagne. Ce n'est sans doute qu'une escarmouche, un combat isolé, un épisode

[1]. *Histoire des princes de Condé*, par le duc d'Aumale.
[2]. 30 mai 1657.
[3]. *Mémoires de Saint-Germain*, cités par Désormeaux. *Loc. cit.* — *Mémoires pour servir à l'histoire du maréchal de Luxembourg*.

de guerre, mais vif, leste, de belle allure, amusant d'audace effrontée, bien dans la manière de l'auteur. Ce fut d'ailleurs, comme on l'a dit, « le chant du cygne » avant la catastrophe finale. Il n'est donc pas sans intérêt de s'y arrêter un moment.

Depuis le début de l'année, la guerre de sièges se poursuivait, avec des chances diverses, mais la plupart du temps favorable aux armes françaises. En août 1657, Turenne passa la Sambre et, traversant l'Artois par une course rapide[1], tomba sur Saint-Venant, petite ville située sur la Lys, à peu de distance de Béthune. L'armée alliée suivit sa trace, mais ne put arriver à temps pour s'opposer au siège. Une seule chance demeurait de débloquer la place : c'était d'intercepter le « bagage » de Turenne, les outils et engins de siège, les équipages des officiers, et même le trésor de l'armée, que la hâte de la marche avait contraint de laisser en arrière, en sûreté dans les murs d'Arras. Le baron de Siron, vieux lieutenant général fort estimé de Mazarin, avait eu mission de Turenne de le joindre sous Saint-Venant avec ce précieux complément, dès qu'il verrait le chemin libre. Un premier convoi, de médiocre importance, put être expédié sans encombre. Il défila pourtant à portée du camp espagnol; mais c'était à l'heure de midi; Don Juan, selon sa coutume invariable, « faisait sieste dans son carrosse » ; on n'osa ni le réveiller ni attaquer sans ordre; et le convoi passa tandis qu'on discutait encore[2].

1. Son armée, dit Ramsay, fit vingt-cinq lieues en trois jours.
2. *Mémoires* du duc d'York. — *Histoire de Turenne*, par Ramsay.

Restait le gros bagage que Siron s'était réservé de mener en personne, gardant devers lui comme escorte neuf escadrons et deux mille hommes de pied[1], soit en tout trois mille combattants. Les alliés résolurent de faire un grand effort pour empêcher cette entreprise. Condé, cette fois, prit la chose à son compte; il en chargea Boutteville, et lui confia pour cette besogne un « camp volant » de quinze cents cavaliers, lui donnant d'ailleurs carte blanche. Turenne, par ses espions, sut ces dispositions et le choix de son adversaire; il en conçut de l'inquiétude, et fit tenir un message à Siron, l'informant que Boutteville « rôdait » autour d'Arras, et lui recommandant « la plus extrême prudence[2] ».

Boutteville effectivement tourna deux ou trois jours aux abords de la place, trop loin pour se laisser surprendre, assez près pour donner l'alarme. Après quoi, brusquement, il parut changer de dessein, prit une direction opposée et fut se réfugier dans Aire. Le piège était assez visible; il suffit cependant pour donner le change à Siron. Il manda sur l'heure à Turenne que la route était dégagée, et qu'il partait pour Saint-Venant avec ses hommes et ses « chariots ». Le 20 août, de bon matin, l'immense convoi se mit en marche. Siron était en tête avec quatre ou cinq escadrons; puis venait la file des bagages, couvrant « plus de trois quarts de lieue[3] »; en queue étaient toute l'infanterie et la cavalerie de Lor-

---

1. Lettre de Mazarin à Turenne du 26 août 1657. — *Correspondance générale*.
2. *Mémoires pour servir à l'histoire du maréchal de Luxembourg*.
3. *Mémoires* du marquis de Beauvau.

raine, depuis peu passée aux Français. La journée fut paisible : aucune trace de l'ennemi. Le chef du détachement, entièrement rassuré, fit faire halte « une heure devant soleil couché » et, sans égard aux ordres formels de Turenne, on campa pour la nuit près du bourg de Lillers, à deux lieues des lignes françaises. Le lendemain, de bonne heure, Siron prit avec soi une partie de l'escorte et piqua des deux vers le camp, fier d'annoncer aux assiégeants le succès de l'expédition et l'arrivée de leurs bagages. Il rencontra sur son chemin « cinq cents hommes » que Turenne, inquiet de ne rien voir venir, envoyait à la découverte. Il leur fit tourner bride, égayé de la précaution. Quelques instants après, il atteignait le camp, où il faisait une entrée triomphale, « trompettes sonnantes, enseignes déployées », vantant très haut à tout venant sa « bonne conduite », ses « ruses de guerre » et son habile audace[1]. Il fut tout droit à la tente de Turenne, qui « lui fit mille caresses » et se mit en devoir d'écrire au cardinal pour lui mander l'heureuse nouvelle[2]. Le maréchal achevait de dicter cette épître, quand un cri s'élève dans le camp : « Alarme ! Alarme ! Tout le bagage est pris et perdu ! » Au même instant un officier paraît tout hors d'haleine, disant qu'à moins d'une heure de là, presque en vue des lignes françaises, l'ennemi, ayant défait l'escorte, est en train de piller et d'enlever le convoi[3].

Voici ce qui s'était passé. Boutteville, bien renseigné

1. *Mémoires* de Bussy-Rabutin, de Beauveau, etc.
2. *Lettres de Turenne*, publiées par Grimoard.
3. *Mémoires* de Beauvau, de Bussy, etc.

et toujours aux écoutes, avait en même temps que Siron quitté le lieu de sa retraite. Pendant toute la journée du 20, il avait « côtoyé » la marche de l'ennemi, sans bruit, par chemins détournés, le suivant à la piste sans qu'on soupçonnât sa présence, et s'était caché pour la nuit dans le bourg de la Motte-au-Bois. A l'aube du jour, il part avec son camp-volant et se porte auprès de Lillers, dans une espèce de défilé où « la tête, dit Turenne, ne pouvait secourir la queue ». Il voit, sans souffler mot, passer auprès de lui Siron avec son avant-garde ; puis, dès qu'il le juge à distance, il « saisit l'occasion au poil », fond brusquement sur le convoi, assaillant à la fois les deux extrémités, avec tant de vigueur, une fougue si impétueuse, que, bien que deux fois plus nombreux, les soldats de l'escorte, éperdus d'épouvante, n'offrent qu'une courte résistance. La cavalerie lorraine se débande la première et s'enfuit en désordre ; l'infanterie fait meilleure contenance, mais est promptement « détruite ou prise ». Des quatre régiments qu'avait laissés Siron, il ne reste bientôt plus trace.

La défense ainsi « dissipée », Boutteville, avec sang-froid, procède au pillage des charrettes. Il fait « brûler les poudres », détruire les munitions, le matériel de siège, empiler dans des sacs le plus précieux butin, dirigeant lui-même la besogne avec autant de calme et de méthode que si, sans risque, à l'abri d'une place forte, il eût vaqué à des soins familiers. Il mit ainsi la main sur treize drapeaux, des armes en grand nombre, cinq cents chevaux, des sacoches gonflées de pièces d'or, parmi lesquelles, assurent les *Rela-*

tions[1], certaines étaient « pleines de louis faux, lesquelles on tient avoir été destinées pour payer les Anglais[2] ». Ce qu'on ne put « rafler » devint la proie des flammes.

Ces nouvelles, apportées au camp, y provoquèrent un vif émoi. Siron, dans le premier instant, essaya d'ergoter, de tourner l'histoire en raillerie : une telle attaque, en pleine lumière du jour et si près d'une armée nombreuse, était, prétendit-il, une chose invraisemblable ! Mais « le maréchal le fit taire », ordonna d'assembler en hâte « ce qu'on trouverait de cavalerie », et l'envoya sur le lieu du combat sous la conduite de Bussy-Rabutin. Bussy galopa prestement, fit « deux lieues en une demi-heure » ; mais il ne trouva plus l'ennemi ; on eût dit qu'il se fût « évanoui dans les airs ». Boutteville, sa tâche achevée, avait filé avec ses cavaliers et repassé la Lys ; il était déjà hors d'atteinte. On dut se contenter de prendre « quelques paresseux » restés à piller les décombres. Sur la route de Lillers, le spectacle était lamentable : du grand convoi, il ne demeurait rien ; le sol était jonché de cadavres épars et de débris fumants.

Ce fut, parmi les assiégeants, un « abattement » universel[3]. Point d'outils pour faire les travaux, les officiers « sans linge et sans matelas », et la caisse de l'armée à sec. Le « dégoût » général causé par cette mésaventure, écrit Mazarin à Turenne, « est capable de nous apporter

---

1. *Relations véritables des Pays-Bas. Loc. cit.*

2. Le traité avec l'Angleterre étant conclu depuis cinq mois, trois mille hommes de troupes britanniques servaient dans l'armée française.

3. *Mémoires* de Turenne.

plus de préjudice que si nous avions perdu trois ou quatre mille hommes[1] ». Pour vaincre le découragement et réparer le mal, Turenne dut faire appel à toute sa fermeté. Il donna d'ailleurs, le premier, l'exemple de l'abnégation, fit « découper en petites pièces » toute sa vaisselle d'argent, et « les ayant marquées d'une fleur de lys, paya de cette monnaie ceux qu'il fit travailler au siège[2] ».

Siron expia durement son imprudence et ses fanfaronnades. Les officiers du camp, « digérant mal » leurs pertes, parlaient de représailles contre ce chef infortuné. On dut, les premiers jours, lui conseiller « de ne se point montrer ». Puis, la semaine d'après[3], survint l'ordre du Roi de le mettre en prison et de faire son procès : « J'ai été arrêté aujourd'hui, mande-t-il à Mazarin, sur le sujet de la perte de quelques bagages... Tout était assez calme quand l'ordre de sa Majesté est arrivé, et je revenais de la tranchée assez satisfait de moi-même, quand j'ai reçu cette mortification...[4] » C'est à l'indulgence de Turenne qu'il dut d'être à l'abri d'une punition plus rigoureuse. Interrogé par Mazarin sur le cas de Siron, le maréchal s'exprime sur ce vieux serviteur avec sa modération coutumière : « M. de la Haye, écrit-il[5], dira à votre Éminence comment s'est passée l'affaire des bagages. Il fallait que M. de Siron crût qu'il n'y avait guère de danger, étant, il

1. Lettre du 26 août. — *Correspondance générale.*
2. *Relations véritables, loc. cit.*
3. 28 août 1657.
4. Lettres des 28 et 30 août 1658 — Aff. étr. Fr. 1686. — Voir ces deux lettres à l'appendice, page 509.
5. Lettre du 31 août — Aff. étr. Fr. 1686.

y avait une heure, à mon quartier général quand on attaqua les bagages. On ne peut pas l'excuser de n'avoir pas laissé filer le bagage toute la nuit; mais n'ayant point de nouvelles qu'il y eût de la cavalerie dans Aire, il n'imagina pas qu'il en pût venir si promptement... » Lorsque eut lieu le conseil de guerre, Turenne voulut le présider lui-même. « Il nous déclara tout d'abord, dit Bussy-Rabutin, que Siron n'était pas responsable de ce qui était arrivé en son absence... » On ne voulut pas « le dédire »; Siron fut renvoyé indemne. La reddition de Saint-Venant, survenue pendant l'intervalle, avait détendu les esprits et fait oublier le déboire.

Le fait d'armes qu'on vient de lire fut, pour le parti de Condé, le dernier succès militaire. Nous touchons désormais au dénouement du drame; l'action se précipite, et l'on pressent déjà l'événement décisif qui va, comme écrit pompeusement Servien au cardinal, « mortifier les méchants et fortifier les bons[1] ». Cette année 1658, qui verra le triomphe du Roi, débute cependant pour sa cause par un fâcheux mécompte, dont l'auteur responsable est une de nos vieilles connaissances, le maréchal d'Hocquincourt. Depuis l'affaire de Péronne, le maréchal était « dans une situation fort malheureuse[2] », privé de ses emplois, qu'il avait cédés à son fils, en froid avec le cardinal, et par surcroît, chassé par sa maîtresse; car, — selon la remarque de madame de Motteville — dans le monde

1. Aff. étr. Fr. 905.
2. *Mémoires* de madame de Motteville.

de la Cour, « la disgrâce et la galanterie ne subsistent guère ensemble », et la duchesse de Châtillon n'avait que faire d'un « serviteur » qui n'était plus utile à rien. Ajoutons qu'il venait d'avoir, en quelqu'une de ses terres, des démêlés fort vifs avec « les gens de la gabelle », où il avait crut reconnaître les menées malveillantes de son rival l'abbé Foucquet. Bref, il vint à ce point d' « aigreur », qu'il prit pour de bon le parti de passer à M. le Prince, en coupant les ponts derrière lui.

L'occasion qu'il souhaitait s'offrit au mois de mars. Le gouverneur d'Hesdin, petite citadelle de l'Artois, étant mort dans l'année, le cardinal le remplaça par le comte de Moret[1], l'une de ses créatures. Le major de la place, le sieur Barthélemy de Fargues, ennemi personnel de Moret, monta la garnison contre le nouveau gouverneur, lui ferma au visage les barrières de la ville. « Moret s'est présenté à la porte, et a été refusé », écrit Condé à Guitout[2]. Hocquincourt apprit la nouvelle ; il accourut sur l'heure, « se jeta dans la place », y reçut bon accueil, et envoya au prince pour lui proposer de traiter[3]. C'était la revanche de Péronne, et Condé, comme on pense, ne déclina pas l'ouverture. Cette fois encore, il délégua Boutteville, accompagné du marquis de Persan[4]. « Persan et

1. Frère cadet du marquis de Vardes.
2. Lettre du 9 mars 1658. (Arch. d'Époisses).
3. *Relations véritables. Loc. cit.*
4. Le gouverneur d'Arras eut vent des intentions de Boutteville, et fit partir un détachement pour « l'enlever » sur la route, tandis qu'il se rendait à Hesdin. Boutteville fut assez heureux pour échapper à l'embuscade, « sans autre dommage que la perte de son escorte » (*Gazette de France* de 1658).

Boutteville, mande-t-il trois jours plus tard, ont vu le maréchal d'Hocquincourt. Ils m'assurent que l'affaire est en fort bon train ; j'en attends des nouvelles plus positives demain ou après-demain[1]. » Les pourparlers ne languirent pas. Boutteville, dès la semaine suivante, fit à Hesdin, avec ses troupes, une entrée solennelle, reçut « la soumission » du major de la place, y installa une garnison, et, pour se faire bien voir, « rendit aux bourgeois de la ville leurs armes et leurs privilèges[2] ». Fargues, pour prix de sa traîtrise, reçut pouvoir de gouverner la place pour le compte du prince de Condé. Sa mission terminée, Boutteville s'en revint à Bruxelles[3], emmenant avec lui d'Hocquincourt.

Ouvrier de la dernière heure, le maréchal transfuge fut accueilli en Flandre avec des transports d'allégresse. Condé le vint chercher aux portes de Bruxelles ; « douze carrosses à six chevaux » le conduisirent à son logis, parmi « les bourgeois bien armés, bien équipés, rangés le long des rues[4] ». M. le Prince lui fit présent de « quatre diamants de grand prix ». Il eut des Espagnols des appointements considérables, avec la dignité de « grand bailli de Gand ». C'est qu'on fondait sur lui les plus belles espérances. Non seulement, disait-on, il entraînait dans son nouveau parti un certain nombre de soldats, personnellement attachés à leur chef ; mais les amis dévoués qu'il possédait en Picardie, les intelligences

1. Arch. d'Époisses.
2. Le 30 mars.
3. *Relations véritables.*
4. *Ibidem.*

clandestines qu'il avait conservées dans plusieurs de ses anciennes places, donnaient à supposer qu'il y pourrait soulever un mouvement populaire contre l'autorité du Roi[1]. Le maréchal, du moins, en donnait la ferme assurance, mais il fut bientôt détrompé. Le temps était passé des frondes et des révoltes ; le pays tout entier n'aspirait qu'au repos et se serrait autour du trône. A toutes les sollicitations, les Picards firent la sourde oreille. « S'il y en avait quelques-uns affectionnés à M. le maréchal d'Hocquincourt, c'était en le considérant comme un homme qui pouvait commander les armées du Roi. Mais, prenant l'écharpe rouge ou l'écharpe bleue, personne ne le connaît plus et ne sait qui il est[2]. » C'est le jeune marquis d'Hocquincourt, le propre fils du maréchal, qui s'exprime de la sorte sur le compte de son père. La maréchale elle-même abandonna son époux à son sort. Lorsque le Roi, deux mois plus tard, partit pour la frontière, il « commanda » à la marquise de le suivre dans cette campagne, où son mari portait les couleurs espa-

---

1. Note envoyée à Mazarin par un de ses agents. (Aff. étr. Fr. 275). Lettre du comte de Broglie du 11 avril 1658. (Aff. étr. Fr. 1686). — On lit aussi dans une lettre de M. d'Abancourt au cardinal, datée du 15 mai 1658 : « J'ai fait mettre dans un cul de basse-fosse un drôle de capucin, nommé le Père Constantin, qui a jeté son froc et s'en est allé servir M. le Prince depuis un an, duquel il s'est servi pour m'envoyer offrir cent mille écus de cette place (Saint-Quentin) et m'y laisser gouverneur, M. le maréchal d'Hocquincourt lui ayant dit que j'étais mal traité de la Cour et que j'y avais de très puissants ennemis, et qu'en me faisant une fortune très grande, cela pourrait faire faire une paix générale... » (Aff. étr. Fr. 1686.)

2. Lettre à Mazarin du 5 avril 1658. (Aff. étr. Fr. 1686).

gnoles. Elle s'y décida sans grand'peine ; on n'eut, pour la faire obéir, qu'à lui promettre « de l'argent[1] ».

La lutte suprême s'ouvrit moins tardivement qu'aux saisons précédentes ; au début du printemps, les opérations s'engagèrent. La nouvelle convention conclue entre la France et l'Angleterre[2] stipulait en termes exprès que le siège de Dunkerque serait la première entreprise des deux nations alliées et qu'on entamerait cette affaire « entre le 20 avril et le 10 mai prochain ». En dépit du retard du contingent anglais, les préparatifs commencèrent à peu près au moment fixé. Dès le milieu de mai, le cardinal, la reine et le roi Louis XIV étaient installés à Calais, pour pousser les préliminaires de l'investissement de Dunkerque. Le jeune Roi, se trouvant trop loin, s'établit bientôt à Mardick. Il montrait une ardeur extrême, s'occupant de tout par lui-même, au point de porter, semble-t-il, quelque ombrage au premier ministre. « J'ai tâché de faire connaître au Roi ce matin, écrit Mazarin à la Reine, que son séjour ici, au lieu d'avancer le bien du service, le reculait, que tout le monde était du même avis, et que la Cour consommait ce qui aurait pu utilement servir pour l'armée. Mais vous croirez aisément que la harangue que je lui ai faite n'a produit aucun effet et ne lui a pas plu[3]. » Une autre lettre, écrite trois jours plus tard, constate effectivement l'inanité des remontrances : « Le Roi est toujours à cheval, s'informant de toutes choses et donnant lui-

1. *Mémoires* de madame de Motteville.
2. Le 28 mars 1658.
3. Lettre du 27 mai 1658. — Aff. étr. Fr. 275.

même les ordres pour faire avancer les travaux. »
Chacun autour du Roi suit cet auguste exemple, et
dans tous les rangs de l'armée règne une activité
fiévreuse.

Le spectacle était différent dans le camp espagnol.
L'armée se rassemblait en Flandre, avec mollesse et sans
entrain. « Jamais encore, dit Mazarin, on ne leur avait
vu un si faible corps d'infanterie. » Pas un homme de
renfort n'était venu d'Espagne ; on n'avait pu, « par
manque d'argent », ni former le train d'artillerie, ni
payer à la cavalerie la solde des quartiers d'hiver[1]. Une
sorte de découragement pesait sur l'âme de tous, soldats
et généraux, affaiblissant les volontés, paralysant d'avance
l'effort qui seul aurait pu tout sauver.

Il ne faut donc point s'étonner qu'en ce même mois de
mai — et quelques jours à peine avant les premières canon-
nades — ait eu lieu, pour « s'accommoder », une tentative *in extremis*, dont le prince de Condé semble avoir
pris l'initiative. « Il y avait quelques jours, porte une
note du comte de Guitaut[2], que le cardinal et madame
de Longueville avaient envoyé le sieur d'Auteuil faire
des propositions à M. le Prince, dont il ne s'accommoda
pas. Mais il chargea le sieur d'Auteuil d'en faire d'autres,
dont M. le Prince attendait la réponse avec impatience...
Boutteville et moi, continue-t-il, avec le président Viole,
étions les seuls de cette confidence », car il fallait éviter
à tout prix que le bruit n'en revînt aux oreilles espa-

---

1. Mazarin à Turenne. — Aff. étr. Fr. 277.
2. Note manuscrite datée de mai 1658. (Arch. d'Epoisses).

gnoles. Le Prince ordonna donc à Boutteville et Guitaut de se rendre tous deux au quartier principal de ses troupes, et d'y attendre un billet de sa main, dont la teneur était convenue d'avance. Si la lettre portait « les compliments de la princesse de Barbançon », c'était l'échec des négociations, et les deux généraux devaient, sans perdre temps, mener le corps français « au rendez-vous général de l'armée, concerté avec les Espagnols ». Si l'on y lisait au contraire le nom de « mademoiselle d'Ostrade », l'accommodement était conclu : Boutteville et Guitaut, dans ce cas, ramassant vivement toutes les troupes, marchaient « au lieu nommé Rennoy, entre Rocroi et Charleville »; Condé, dès le lendemain, accourait de Bruxelles, rejoignait son armée; et la paix générale, qui ne pouvait manquer de suivre, arrêtait les épées déjà hors du fourreau.

Pendant près d'une semaine, les confidents du prince attendirent la réponse. Leur anxiété était inexprimable. Enfin, le 17 mai, leur fut remis le message annoncé; il ne contenait que ces seules lignes : « J'ai vu madame la princesse de Barbançon, qui est votre très humble servante [1]. » Le sort était jeté, c'était la continuation de la guerre, et, dans un temps prochain, la défaite à peu près certaine. Boutteville, Guitaut et toute l'armée du prince s'ébranlèrent peu de jours après; et la concentration avec les Espagnols s'opéra dans la ville de Furnes, où Condé, don Juan, Hocquincourt, se réunirent bientôt pour marcher au secours de Dunkerque.

1. Arch. d'Epoisses.

Depuis les premiers jours de juin, la ville se trouvait investie et la tranchée était ouverte. L'armée royale, grossie du contingent anglais, comptait près de vingt-cinq mille hommes. Le cardinal, mieux inspiré, ne lui avait cette fois assigné qu'un seul chef; et, comme ce chef était Turenne, officiers et soldats, français et auxiliaires, étaient pleins d'une égale confiance. Bussy, dans ses Mémoires, en cite un frappant témoignage; le maréchal, la veille de la bataille, donnant un ordre au général anglais Lockart, entrait dans des explications : « Demain soir, interrompit Lockart, il sera bien temps de me dire vos raisons ! » La décision, l'incohérence, régnaient à l'opposé dans l'état-major espagnol. Don Juan et le prince de Condé se haïssaient dans l'âme et se parlaient à peine ; aucun des deux d'ailleurs ne prétendait céder la direction à son rival. Hocquincourt, brouillon, emporté, exprimait son avis sur tout et n'obéissait à personne, donnait avec éclat l'exemple de l'indiscipline. Il en fournit, à la première rencontre, une preuve qu'il paya cher.

Le 12 juin, en effet, dès l'aube, les troupes du roi d'Espagne et le corps de Condé marchèrent vers l'armée assiégeante, s'approchèrent des lignes françaises à « environ deux portées de canon », et se campèrent, sous les yeux de l'ennemi, « sans artillerie ni retranchements », la forfanterie des Espagnols dédaignant ces soins inutiles[1]. Condé, moins rassuré, voulut avoir au moins quelques informations sur les positions de Turenne. Il envoya Boutteville, avec deux escadrons de « Cravates »,

---

1. *Mémoires* du duc d'York, de Coligny-Saligny, etc.

reconnaître le camp français dans la partie qui confinait au dunes. Boutteville partit avec son détachement, s'abrita d'un chemin couvert, enleva sans coup férir — avant qu'il pût donner l'alarme — un petit poste avancé, et, poursuivant sa pointe, tomba sur la « grand'garde », que commandait d'Humières. Il la mit en déroute et la mena battant jusqu'au pied des lignes françaises, qu'il put observer de fort près. Après quoi, sa tâche accomplie, il tourna bride, et revint prestement faire son rapport au prince et remettre ses prisonniers [1]. A mi-chemin, il trouva d'Hocquincourt qui s'avançait à sa rencontre. Le récit de l'expédition enflamma l'âme jalouse du fougueux maréchal. Séance tenante, il propose à Boutteville de retourner ensemble au camp français et de foncer sur la grand'garde, que l'on voyait se reformer au loin [2]. On eût dit, à l'entendre, qu'il s'agissait de faire une simple « partie de plaisir ». Vainement Boutteville allègue l'inanité de l'entreprise, la fatigue de ses escadrons que la course a mis « hors d'haleine »; à toutes ces bonnes raisons, le maréchal répond par un ordre formel, puis, brusquement, il éperonne son cheval et se lance au galop vers les lignes françaises. Force fut de le suivre, et d'imiter cette folle bravade.

Peu s'en fallut que l'équipée n'aboutît à un vrai désastre, car le prince de Condé, que le hasard amenait dans ces parages, voyant à quel péril s'exposait Hocquin-

1. *Mémoires* du duc d'York, de Coligny-Savigny, etc. — *Histoire de Condé*, par Désormeaux.
2. *Relations de guerre*, par le sieur de la Mesnardière. — Paris, 1672.

court, ne put se retenir d'y courir en personne; par émulation de courage, Don Juan prétendit faire de même; le duc d'York se piqua d'honneur et « galopa pour les rejoindre »; et tous ces généraux ensemble se trouvèrent en quelques instants à « plus d'un mille » de leur armée, sans autre protection que deux escadrons de Cravates [1]. Tout alla bien dans le début : Hocquincourt et Boutteville sabrèrent le régiment que commandait d'Humières et le renversèrent en désordre; mais, comme ils le pressaient vivement, on vit, sur la hauteur voisine, surgir « un gros de cavalerie ». C'étaient les Suisses de M. de Soissons [2] qui survenaient à la rescousse, menaçant d'envelopper la troupe légère des assaillants. Ceux-ci s'arrêtent dans leur élan, cherchent des yeux la ligne de retraite. Seul, emporté par la poursuite et — comme dit Mazarin — « forcé par son destin », Hocquincourt, sans rien écouter, persiste à pousser de l'avant. Quelques « mousquetaires suisses » étaient cachés derrière une dune de sable; en le voyant venir, ils firent « un feu de salve », dirigé presque à bout portant. Hocquincourt tomba de cheval, le corps troué de cinq balles de mousquet. Il ne proféra pas un cri, et mourut sur-le-champ [3].

L'instant qui suivit fut critique. La cavalerie française approchait rapidement, et si, dit le duc d'York, elle eût

---

[1]. *Mémoires* du duc d'York. — *Histoire de la maison de Montmorency*, par Désormeaux, etc., etc.

[2]. Maurice de Savoie, comte de Soissons, colonel-général des Suisses, 1633-1673.

[3]. Bussy-Rabutin et le récit de la *Gazette* disent qu'il mourut une heure après. J'ai suivi la version donnée par le duc d'York, lequel était présent à la scène.

chargé avec quelque vigueur, « tous les officiers généraux auraient couru grand risque d'être faits prisonniers ». Condé, dans un premier mouvement, « n'étant pas sûr qu'on pût emporter le cadavre », courut vers Hocquincourt et « ôta les papiers qui étaient dans ses poches ». Puis il donna l'ordre à Boutteville de déployer ses escadrons. Cette audace sauva la partie ; voyant la petite troupe s'arrêter pour faire front et attendre le choc, les Français, suspectant un piège, eurent une minute d'hésitation. On profita de ce répit pour enlever le corps d'Hocquincourt. Trois compagnies des gardes de Don Juan accoururent en même temps pour soutenir la retraite. Avec « beaucoup de peine » on regagna le camp, « sans songer, écrit un témoin, à reconnaître davantage les lignes de l'ennemi, sans même parler de quelle manière on prétendait les attaquer [1]. »

« L'accident survenu à M. d'Hocquincourt » jeta « une grande tristesse » dans l'armée du prince de Condé. Les vieux soldats hochaient la tête, « augurant mal » de ce début pour le succès de l'action imminente. Même quelques-uns des gentilshommes qui avaient suivi d'Hocquincourt vinrent sous main trouver Mazarin, proposant de quitter, avec leurs compagnies, les rangs de l'armée espagnole, pourvu qu'on les admît dans les troupes de Turenne. Ils firent connaître, ajoute le cardinal, que, « si le Roi accordait cette grâce, il y aurait une quantité de cavaliers de l'armée de M. le Prince qui s'en reviendraient [2] ».

1. *Mémoires du duc d'York.*
2. Lettre du 14 juin 1658, citée par Chéruel, *Histoire de France sous le ministère de Mazarin.*

Chez les gens du Roi, au contraire, la nouvelle de cet événement redoubla la confiance, et l'on y vit un coup de la justice divine, châtiant sur l'heure une odieuse trahison. « Il est demeuré mort, s'écrie tragiquement Mazarin, à l'instant qu'il a tiré l'épée contre son Roi[1] ! » Une coïncidence singulière, dont font mention tous les contemporains, achevait de frapper les esprits. La veille de l'escarmouche où il laissa sa vie, le maréchal avait reçu de sa cousine germaine, madame de Ligneville, un billet où elle l'exhortait à changer de conduite, sa fin étant, lui disait-elle, plus proche sans doute qu'il ne pensait; et l'on trouva « dans sa pochette » cette lettre prophétique, en même temps que son testament, « daté du jour même de sa mort[2] ». Il demandait dans cet écrit que son corps fût porté à Notre-Dame-de-Liesse. Ce vœu suprême souffrit quelque difficulté. Servien[3], esprit dur et méfiant, insistait fortement auprès de Mazarin pour « qu'on fît le procès à la mémoire du mort[4] ». Le cardinal se montra plus clément : « Il n'y a point de doute, répliqua-t-il, que le procès serait très juste. Mais la considération de son fils mérite bien qu'on épargne en quelque façon la mémoire du père, qui est assez condamnée d'elle-même[5]. »

1. Lettre du 15 juin. — Aff. étr. Fr. 275.
2. *Relations véritables*. — *Mémoires* de la Grande Mademoiselle, etc.
3. Abel Servien, marquis de Sablé, né en 1593, secrétaire d'État depuis 1649, mort en 1661, surintendant des finances.
4. Servien à Mazarin. Lettre du 22 juin. — Aff. étr. Fr. 905.
5. 26 juin 1658. Aff. étr. Fr. 906. — Une lettre du marquis d'Hocquincourt remercia le cardinal de son indulgence. Elle se

Avertissements, raisonnements, ni présages, rien ne put arracher Don Juan à son optimisme béat, troubler sa commode incurie. Il restait convaincu qu'on allait voir renaître le temps du siège de Valenciennes, que les Français, renfermés dans leurs lignes, laisseraient leurs adversaires choisir, pour les en déloger, le jour et l'heure propices. Son tort était de compter sans Turenne, libre aujourd'hui d'agir et dégagé d'un La Ferté. D'ailleurs Mazarin eut, cette fois, une vue nette et profonde des nécessités militaires. Il ne fait, disons-le, que se rendre justice quand, le lendemain de la victoire, annonçant la nouvelle aux plénipotentiaires, il revendique l'honneur d'avoir conseillé l'offensive : « J'avais, leur écrit-il[1], mandé le 12 au matin à M. de Turenne la force au vrai de l'armée ennemie, et je lui avais marqué qu'il y avait quelque chose de plus à faire que de défendre nos lignes ; et, sans lui commander positivement de la part du Roi de sortir du camp pour surprendre l'ennemi, je lui disais plus qu'il n'en fallait pour l'obliger à cela, lui témoignant même qu'encore que les Français fussent

---

termine par ces lignes : « Quoique M. le maréchal d'Hocquincourt ait péri dans un si malheureux embarquement, Son Éminence n'a pas laissé de perdre un très bon serviteur, qui n'aurait pas tardé de se reconnaître et de la servir avec autant d'affection qu'il ait jamais fait » (Lettre du 23 juillet 1658. — Aff. étr. Fr. 1686). — La maréchale fit retentir la Cour de lamentations sans fin, assurant que « les ennemis de son mari » l'avaient poussé dans cette voie funeste, et réclamant, pour la perte qu'elle avait faite, un dédommagement pécuniaire, qui lui fut d'ailleurs accordé.

1. Lettre aux plénipotentiaires du Roi, du 17 juin 1658. — Aff. étr. Fr. 278.

également vaillants dans toutes leurs actions, j'aimais toujours mieux les voir aller aux ennemis que de les attendre; et je ne doute pas que ce fût aussi sa pensée...»
Ces conseils, dit Bussy, ne firent que « confirmer » l'opinion de Turenne. Un des prisonniers de Boutteville[1], échappé du camp espagnol, acheva de le déterminer, en rapportant que les ennemis « n'avaient pas encore de canon ni toute leur infanterie », et qu'ils attendaient ce renfort pour attaquer eux-mêmes. Les dispositions furent donc prises pour marcher le lendemain. Le 13 au soir, tous les ordres donnés, chacun ayant reçu son poste de combat, Turenne, calme à son ordinaire, « s'enveloppa dans son manteau et dormit sur le sable[2] ».

Don Juan et son état-major ne purent en croire leurs yeux quand, le 14, au point du jour, ils virent l'armée française, en ordre de bataille, s'avancer posément — « au petit pas » dit un témoin — vers le camp espagnol. Ils voulurent un moment encore se leurrer de l'espoir d'une feinte ou d'une reconnaissance[3]; il fallut, pour les persuader, les volées répétées du canon de Turenne, auquel — pour de trop bonnes raisons — ils ne pouvaient répondre. C'est à cet instant que se place le mot célèbre de Condé :

— Avez-vous jamais vu une bataille? demanda-t-il au duc de Glocester.

---

1. C'était un page de M. d'Humières, pris par Boutteville lors de la reconnaissance du 12.

2. *Histoire de Turenne*, par Ramsay. — *Mémoires* de Bussy-Rabutin.

3. *Mémoires* du duc d'York, etc.

— Non, lui répondit le jeune prince.

— Eh bien, dans une demi-heure, vous verrez comme on en perd une !

On se prépara néanmoins à se défendre de son mieux. Les forces, des deux parts, étaient sensiblement égales : de quinze à seize mille hommes dans chacune des armées. Mais, chez les Espagnols, l'infanterie était moindre et la cavalerie plus nombreuse[1], circonstance désavantageuse dans un terrain étroit, pris entre la mer et les dunes, coupé par de larges fossés, qui s'opposaient au déploiement et gênaient l'allure des chevaux. Don Juan eut le commandement de la droite, depuis les dunes jusqu'à la mer. Condé, avec le corps français, le flanquait sur sa gauche, des dunes jusqu'aux prairies qu'arrosait le canal de Furnes. A l'aile droite du corps condéen, la cavalerie fut placée sur deux lignes, derrière la masse des hommes de pied. A l'extrémité opposée, le terrain, plus accidenté, interdit cette disposition : les régiments de cavalerie furent disposés en première ligne, sur un front mince et étendu ; Boutteville en eut le commandement.

En face de lui, dans les rangs de l'armée royale, le marquis de Créqui dirigeait la droite de Turenne. Ainsi, par une curieuse coïncidence, « débutaient, manœuvrant l'un contre l'autre, les deux capitaines, qui formés, celui-ci à l'école de Turenne, celui-là à celle de Condé, pren-

---

1. D'après les évaluations les plus authentiques, les Français avaient 6 000 chevaux et 9 000 fantassins. Les Espagnols, en comprenant le corps de Condé, disposaient de 8 000 chevaux et de 6 000 hommes de pied.

dront la place de leurs maîtres, et soutiendront la fortune de la France [1]. »

La droite de l'armée espagnole, où commandait Don Juan, fut d'abord attaquée ; une dune élevée, garnie d'une grosse masse d'infanterie, fut l'objectif désigné par Turenne pour y concentrer ses efforts. Tout semblait concourir au triomphe des armes du Roi : la marée était haute, et les vaisseaux anglais, rasant de tout près le rivage, « tiraient continuellement », décimaient les troupes espagnoles [2]. Celles-ci, malgré cette grêle de feu, tinrent bon au commencement et firent preuve de vaillance. Don Juan donnait l'exemple, combattant en personne, « à pied et la pique à la main ». Mais l'honneur seul fut sauf : rien ne put résister à l'assaut combiné de l'infanterie de France et d'Angleterre, et de la cavalerie du comte de Castelnau, qui vint charger en flanc les régiments demi-rompus. Ce fut bientôt la débandade, et la panique gagna jusqu'aux corps gardés en réserve. « Des bataillons entiers, dit la Grande Mademoiselle, jetèrent leurs armes et se rendirent sans tirer. » Les Anglais firent un grand carnage ; on ne les contint qu'à grand'peine.

L'aile gauche, dirigée par Condé, présenta plus de résistance. M. le Prince, au début de l'action, laissa le marquis de Créqui, qui s'avançait vers lui avec les escadrons royaux, remporter, pour un court instant, l'apparence d'un succès. Puis, quand il le vit engagé, il le fit charger brusquement par la cavalerie de Boutteville, qui « le

---

[1]. *Histoire des princes de Condé*, par le duc d'Aumale.
[2]. Relation manuscrite tirée des archives de Chantilly.

ramena battant » et mit quelque désordre parmi les premiers rangs. Alors M. le Prince, « qui avait coutume de pousser les avantages plus loin qu'un autre, voulut profiter de celui-là [1] ». Il ramassa en groupe compact sa cavalerie entière, et se mit lui-même à la tête; Boutteville, la Suze, Persan, Coligny-Saligny, tous ses meilleurs lieutenants se rangèrent derrière lui ; et tous ensemble, d'un élan, cherchèrent à se frayer un chemin vers Dunkerque, à travers l'armée de Turenne [2]. On put espérer un moment voir réussir cette manœuvre hardie. Sous l'effort impétueux d'une telle masse de chevaux, deux fois l'aile de Créqui plia, mais sans se rompre et sans se débander. L'acharnement, des deux côtés, était extraordinaire ; les généraux, comme les simples soldats, faisaient le coup de sabre et se heurtaient dans la mêlée.

Turenne, jusqu'à cette heure, s'était tenu au centre de l'armée, dirigeant à distance la marche du combat. Mais voyant alors, sur sa gauche, les troupes de Don Juan en déroute, il rassembla son infanterie, et la mena contre les Condéens, qui se trouvèrent presque enveloppés. Lorsqu'il les tint dans son étreinte, il ordonna sur eux « une décharge générale ». L'effet fut foudroyant : « il n'y eut pas un coup qui ne portât, » affirme l'un des combattants [3]. Par cette trouée sanglante, le maréchal lança la cavalerie fraîche de Bussy, dont le sabre et la pique

1. Ramsay, *Histoire de Turenne.*
2. *Mémoires de Bussy-Rabutin.* — *Relations de guerre*, par le sieur de la Mesnardière, etc.
3. *Mémoires de Bussy-Rabutin.* — *Relations de guerre*, par le sieur de la Mesnardière, etc.

achevèrent l'œuvre du mousquet. Ce fut le coup suprême qui décida de la partie. Condé et ses lieutenants cherchent vainement encore à ramener leurs hommes au combat; leur appel n'est plus entendu; tout fuit et se disperse; à peine se dessine, çà et là, quelque résistance isolée. Sur toute la ligne désormais, la bataille est perdue.

Dans la confusion du désastre, on aperçut tout à coup M. le Prince, au milieu d'une poignée d'amis, assailli, à demi cerné par deux escadrons français, coupé du gros de son armée « sans qu'il vît plus aucune de ses troupes [1] ». Du seul côté qui reste ouvert est une de ces larges fissures que les gens du pays appellent des *watergans*, fossés profonds remplis d'eau et de boue. Le prince et son escorte volent vers ce point, franchissent l'obstacle. Le cheval de Condé, bien que « blessé d'une mousquetade », saute au milieu des autres, mais tombe « raide mort » sur le bord opposé [2]; son cavalier roule à terre « tout meurtri [3] ». Boutteville est le plus près de lui; il se précipite, le relève, le presse d'accepter son cheval et de fuir au plus vite. Condé refuse ce sacrifice [4], mais il prend la monture de M. de Grossoles, l'un de ses « gentilshommes domes-

---

1. Relation manuscrite tirée des archives de Chantilly.

2. *Relations de guerre*, par le sieur de la Mesnardière.

3. Les *Relations véritables des Pays-Bas* ajoutent que Condé fut « foulé aux pieds des chevaux », et que le soir, par précaution, « on voulut le saigner »; mais « il ne vint pas de sang, tant il était étonné ».

4. Mazarin, dans une de ses lettres, fait erreur sur ce point : « M. le Prince s'est sauvé, écrit-il, parce que Boutteville lui a donné son cheval, et s'est sacrifié. » (Lettre du 15 juin. — Correspondance générale.)

tiques », accouru au bruit de la chute. Tandis qu'il se remet en selle, Boutteville, Persan, Coligny-Saligny, les plus dévoués parmi les serviteurs du prince, se jettent au devant de l'ennemi, le contiennent un moment et font un rempart à leur chef. Condé profite de ce répit pour « rendre la main » au cheval, « rase le flanc d'un des escadrons », avec tant de justesse et de rapidité que, contre toute attente, il échappe à ses agresseurs[1]. « C'est une merveille, s'écrie un des acteurs du drame, qu'il ait pu éviter d'être tué ou fait prisonnier ! »

Dès qu'ils virent le prince hors d'affaire, ses lieutenants s'occupèrent du soin de leur propre salut. Boutteville jeta les yeux autour de soi : des officiers de son escorte, un seul restait debout, M. de Saint-Germain, son fidèle aide de camp ; les autres étaient morts ou pris[2]. Tous deux convinrent de fuir ensemble et, d'un commun accord, se portèrent sur la droite, vers les prairies marécageuses, sillonnées de canaux, qui succédaient aux dunes. Ils espéraient que leurs chevaux — plus légers que ceux des Français — pourraient sauter les *watergans*, que les soldats du Roi seraient obligés de tourner ; gagnant du terrain de la sorte, peut-être auraient-ils chance de se tirer de la poursuite. Aux deux

---

1. La Mesnardière, *loc. cit.* — D'après les *Relations véritables*, Condé était « par bonheur, ce jour-là, si médiocrement vêtu », qu'il ne fut pas d'abord reconnu par l'ennemi, et qu'il put de la sorte « gagner un escadron de ses gens, qui le cherchait ».

2. *Mémoires de Saint-Germain*, cités par Désormeaux. — J'ai suivi ce récit pour toute la suite de la scène, ainsi que les *Mémoires pour servir à l'histoire du maréchal de Luxembourg* et les *Relations* du sieur de la Mesnardière.

premiers fossés, tout alla selon leur calcul ; entre eux et les gens à leurs trousses, la distance augmentait à chaque nouvel obstacle. Saint-Germain, mieux monté, galopait en avant ; quand il en fut au troisième *watergan*, plus large que les autres, il le franchit encore d'un bond. Il allait continuer sa route lorsque, en tournant la tête, il vit le cheval de Boutteville, épuisé de fatigue, perdre pied en touchant la berge et rouler dans la fange avec son cavalier. L'aide de camp accourut et, « tenant son cheval d'une main », tendit l'autre à son chef pour l'aider à se tirer de dessous sa monture. Boutteville se dégage en effet par un suprême effort, mais, à ce mouvement violent, le cheval de son aide de camp prend peur, fait un écart, casse sa bride et fuit hors de vue....

Démontés et promptement rejoints, tous les deux n'eurent plus qu'à se rendre. Boutteville, peu d'heures après, fut conduit au camp de Turenne, qui le fit appeler sous sa tente et le traita « fort civilement ». En même temps que lui arrivèrent, pris presque au même moment, « les comtes de Coligny, de Romainville et de Meilles », les plus brillants généraux de Condé. Meilles, grièvement atteint, ne put survivre à ses blessures. Des armées de Don Juan et de M. le Prince il ne restait que des débris, quelques milliers de soldats dispersés, errants dans la campagne, privés de tout courage et de toute espérance.

Turenne, le soir de la bataille, en informa sa femme par le billet suivant : « Les ennemis sont venus à nous. Ils ont été battus, Dieu soit loué ! J'ai un peu fatigué dans la journée ; je vous donne le bonsoir et je vais me coucher[1]. » Une légende, longtemps en faveur[2], veut que le cardinal — loin d'imiter cette modestie — ait prétendu jouer au grand capitaine et s'attribuer la gloire de la victoire des Dunes. Les consciencieuses études de M. A. Chéruel ont déjà fait justice de cette accusation[3], à laquelle les détails suivants opposent un nouveau démenti. Colbert, le 19 juin, se plaint vivement à Mazarin qu'aucun courrier spécial n'ait apporté aux Parisiens le récit d'un si beau succès et qu'on ait dû se contenter des nouvelles arrivées, trois jours après, par « l'ordinaire[4] ». En marge de cette lettre, Mazarin répond de sa main par une note d'un ton digne et simple : « Je ne suis pas un grand donneur de nouvelles, et il me semble que les grandes actions parlent assez d'elles-mêmes, sans les vouloir relever par des discours. Je ne me suis pas vu trop abattu dans les mauvais événements, et il me paraît que, dans la fortune où je suis, je dois accommoder mon esprit à l'égalité dans tous les rencontres[5]... J'espère que ce succès sera bientôt suivi d'autres. Les ennemis ne sont pas trop en état de faire tête aux forces du Roi qui, après une bataille gagnée et une grande place emportée,

1. *Histoire de Turenne*, par Ramsay.
2. Les Mémoires suspects de Langlade ont lancé contre Mazarin cette accusation, dont Voltaire s'est fait ensuite le vulgarisateur. M. Henri Martin l'a reproduite, sans contrôler, semble-t-il, le bien fondé de l'histoire.
3. *Histoire de France sous le ministère de Mazarin*, tome III, pp. 159 et suiv.
4. Lettre du 19 juin 1658. — Aff. étr. Fr. 905.
5. *Rencontre*, au XVIIe siècle, s'emploie au masculin comme au féminin.

sont plus considérables qu'elles n'ont jamais été depuis le commencement de la guerre ».

La modération dont il use à l'égard des vaincus lui fait également grand honneur. Boutteville, Coligny-Saligny, M. de Romainville, les généraux et « prisonniers de marque », furent menés à Mardick « dans un de ses carrosses » — en attendant qu'ils fussent embarqués pour Boulogne [1] — et traités par son ordre, non seulement avec courtoisie, mais avec des égards recherchés [2]. La rudesse de Servien en fut même offusquée ; il s'en plaignit au cardinal d'un ton rogue et presque sévère : « Je suis obligé, écrit-il, comme fidèle serviteur du Roi et de Votre Éminence, de vous faire observer que de faire des civilités et des caresses aux prisonniers français produit un très mauvais effet, même parmi les personnes sages et affectionnées, qui en sont scandalisées » [3]. Mazarin, en lui répondant, feint d'entrer dans ses vues : « Vous avez raison, réplique-t-il, de dire que l'on pourrait bien retrancher les *civilités* et les *caresses* que l'on fait aux Français qui sont faits prisonniers, l'épée à la main contre leur Roi, et je vous assure que je n'ai rien sur le cœur là-dessus, m'étant emporté à un tel point sur ce sujet, que je crois qu'il n'arrivera plus rien de semblable à l'avenir [4]. » Mais, tout en calmant de la sorte l'âme farouche du vieux serviteur, il

1. Coligny seul fut conduit à Calais.
2. Lettres de l'amiral de la Fosse et de l'intendant général Talon. — Aff. étr. Corr. des Pays-Bas, tome 46.
3. Aff. étr. Fr. 905.
4. 26 juin 1658. — Aff. étr. Fr. 906.

donne sous main à ses agents l'avis de continuer aux « personnages de distinction » les traitements les plus doux et les plus gracieux procédés.

L'humanité d'ailleurs était ici d'accord avec la politique. Chacun sentait que la paix était proche ; chacun, au fond du cœur, la jugeait nécessaire. Chaque campagne, même heureuse, épuisait davantage les forces du royaume, et Mazarin, à cette époque — ses lettres intimes en font foi — désirait sincèrement mettre un terme au conflit[1]. Jamais sans doute, pour imposer sa loi, les circonstances n'avaient été plus favorables à la France ; mais il fallait compter avec la fierté de Condé, ménager cette âme indomptable. Rien n'était donc plus à propos que de se concilier les plus intimes amis du prince, de se créer, s'il se pouvait, des alliés au cœur de la place. Une lettre, que Talon, intendant de l'armée, adresse à Mazarin après la capture de Boutteville, semble indiquer que le ministre fit faire auprès du prisonnier quelque démarche mystérieuse : « Si Votre Éminence, lui mande-t-il[2], ne m'avait renvoyé si promptement à l'armée sans me donner le temps d'audience, j'aurais eu l'honneur de lui rendre compte des deux conférences que j'ai eues avec M. de Boutteville... Votre Éminence pourra me croire criminel de lui avoir montré ses lettres, mais Elle m'accordera grâce quand Elle saura que j'ai

---

1. Son vœu le plus ardent, écrit-il à la Reine, serait de « relever la gloire de l'État par des actions qui obligent, à la fin, les ennemis d'avoir recours à la paix, que vous savez avec quelle passion on désire au milieu des prospérités... » (Aff. étr. Fr. 275.)

2. 1ᵉʳ juillet 1658. — Aff. étr. Corr. des Pays-Bas, tome 46.

cru à propos de lui en faire voir un seul article... » La tentative se renouvela, quelques semaines plus tard, par l'intermédiaire, mieux choisi, de la duchesse de Châtillon, à ce moment au service de la Cour. On fit même transférer Boutteville de Boulogne à Soissons, pour le rapprocher de sa sœur et le placer ainsi sous une plus directe influence. Le tout fut en pure perte, et la sœur échoua comme les autres devant l'obstination d'un dévouement irréductible. Mazarin en parut surpris ; ses lettres à la duchesse s'expriment sur le compte de Boutteville avec une sensible amertume. « ...Je pense, écrit-il de Calais[1], que vous aurez été informée de l'ajustement qui a été fait, et je ne doute pas que Monsieur votre frère, se trouvant en liberté de pouvoir retourner en Flandre, n'aime mieux ce chemin-là que celui de Précy ou de Merlou ! Ainsi, madame, je n'aurai pas lieu de m'employer en ce moment pour vous procurer la satisfaction que vous souhaitez, et j'attendrai qu'il s'en présente quelque autre. »

« L'ajustement » dont parle Mazarin n'est autre que l'échange, proposé par Condé, de la délivrance de Boutteville contre la liberté du maréchal d'Aumont, pris par les Espagnols, deux mois auparavant, dans une échauffourée[2]. Feu le maréchal d'Hocquincourt, rapporte la Grande Mademoiselle, s'était, lors de cette aventure,

---

[1]. 26 août 1658. — Aff. étr. Fr. 279.

[2]. Les relations véritables des Pays-Bas de 1658 contiennent un récit curieux et détaillé de « l'entreprise d'Ostende », où le maréchal d'Aumont se laissa prendre, avec une naïveté surprenante, au piège que lui tendirent les agents espagnols.

montré « fort aise » du sort de son collègue, « parce que cela mettait sa tête à couvert s'il était pris lui-même ». L'événement déjoua ce calcul, et ce fut à Boutteville qu'échut le bénéfice de ce précieux otage. Même ce fut le sujet d'un nouveau démêlé entre le prince et ses alliés, Condé voulant, pour aller au plus court, rendre le maréchal contre le seul Boutteville, tandis que Don Juan, moins pressé, prétendait traiter sur les bases d'un échange général des prisonniers de distinction[1]. Les choses ne s'arrangèrent que dans le courant de décembre. Don Juan fit relâcher le maréchal d'Aumont, et Mazarin, par réciprocité, remit en liberté Boutteville, en même temps que « MM. de Coligny et de Sérailhe[2] ».

Dès qu'il vit s'ouvrir sa prison, Boutteville se rendit à Bruxelles, où l'attendait Condé; mais à peine y fut-il qu'il y tomba malade, assez gravement pour inquiéter les siens[3]. Mazarin saisit l'occasion de se venger de son récent mécompte ; à la duchesse de Châtillon qui demandait la grâce d'aller soigner son frère, il répondit par un refus formel : « ...Je crois qu'à présent, lui dit-il, M. de Boutteville n'aura plus besoin de vos soins et que sa santé sera rétablie. Mais, de quelque manière que ce fût, je ne vous conseillerais pas d'entreprendre de l'aller voir, parce que le Roi ne pourrait pas vous le permettre

---

1. Lettre de Don Juan à Condé du 6 octobre 1658. — Arch. de Chantilly.
2. Mazarin au maréchal d'Aumont, 18 janvier 1659. — Aff. étr. Fr. 279.
3. Lettre de M. de Saint-Étienne à Condé. — Arch. de Chantilly.

pour diverses raisons et que, si vous le faisiez sans la permission de sa Majesté, il serait impossible qu'Elle ne le sût et qu'Elle ne fît ensuite quelque démonstration du ressentiment qu'Elle en aurait[1]. »

Cette guerre un peu mesquine prendra fin en même temps que l'autre. La marche prompte des événements emportera toutes ces misères; et le grand souffle d'apaisement qui va dissiper pour longtemps le noir orage des dissensions civiles, balaiera du même coup la fumée plus légère des ressentiments personnels et des petites rancunes.

1. Lettre du 11 janvier 1659. — Aff. étr. Fr. 279.

CHAPITRE X
1659-1661

Négociations engagées en vue de la paix générale. — Lassitude générale des amis de Condé. — Conférence de l'île des Faisans. — Discussions laborieuses sur le traitement réservé aux compagnons du prince. — Solution adoptée. — La question de Chantilly. — Lettre de la duchesse de Châtillon. — Rupture d'Isabelle avec l'abbé Foucquet. — Recrudescence de son ascendant sur Condé. — Elle contribue à le faire accéder au traité. — Départ de Bruxelles. — Boutteville voyage avec Condé. — Arrêt à Châtillon-sur-Loing — Arrivée à la Cour. — Accueil fait à Boutteville. — Retour à Paris. — Désintéressement de Boutteville. — Condé et madame de Châtillon entreprennent de le marier. — La maison de Luxembourg. — Indignité de l'héritier de cette maison. — Ses fâcheuses aventures. — Il abdique ses droits au duché. — Même renonciation de sa sœur, la princesse de Tingry. — Fiançailles de Boutteville avec mademoiselle de Clermont. — Froideur réciproque des futurs. — Le contrat. — Boutteville reçoit en dot le duché de Luxembourg, dont il prend le nom et les armes. — Triste destinée de la nouvelle épouse. — Début du procès de Luxembourg contre les ducs et pairs.

Du jour de la victoire des Dunes, les négociations depuis si longtemps commencées se présentent sous une face nouvelle. Il ne s'agit plus désormais de querelle de personnes, d'accommodement direct entre la Cour et

M. le Prince. Le terrain s'élargit, et la discussion se précise. Ce qui se traite maintenant, c'est l'accord entre deux nations, la réconciliation, après vingt-cinq années de guerre, entre la France et l'Espagne, d'où découlera subsidiairement la réconciliation de Condé et du Roi. Sur ces bases agrandies, des pourparlers s'engagent à la fin de l'automne de 1658; ils prennent une grande activité dans le cours de l'hiver suivant. Toutefois ils sont encore secrets, et s'échangent à Paris entre le cardinal et don Antonio Pimentel, diplomate espagnol, jadis résident à Stockholm, réputé de longue date pour hostile à Condé. Le choix du négociateur, et les bruits qui courent à Bruxelles sur ce qui se prépare, ne sont guère faits pour plaire au prince. Aussi, dans cette première période, se montre-t-il hésitant, circonspect, plein de réserve et de méfiance. La fatigue de la lutte, l'épuisement des ressources, le remords même des coups portés à la patrie, ne peuvent triompher en son âme de sa fierté native, de ce qu'il croit devoir à son honneur et à son rang. « Je veux, écrit-il à l'abbé de Guitaut[1], mettre, à me sortir d'un cas aussi grand que celui-ci, une hauteur comme j'en ai eu jusqu'à présent dans le cours de ma vie. Je ne serais pas bien aise de finir honteusement ma carrière; tant que je serai entre les mains de la Fortune, j'y veux être comme j'ai commencé, et ne dégénérer en rien ! »

Autour de lui pourtant, tout le presse d'en finir. Ses plus dévoués amis, ses plus résolus serviteurs, sont lassés de l'exil, sentent un mortel dégoût à la pensée de reprendre

[1]. Arch. d'Époisses.

les armes. Boutteville lui-même, l'ardent Boutteville, pour la première fois de sa vie, se surprend à souhaiter la paix et soupire après le repos. Quand l'ordre de son chef prétend le renvoyer à son poste de guerre, il ne peut réprimer un mouvement de révolte. « Il s'est passé ici quelque petite chose, écrit, de Bruxelles[1], M. le Prince sur ce que Boutteville voulait éviter d'aller à l'armée. Cela s'est pourtant rajusté... » De même pour madame de Longueville. Celle qui, huit ans auparavant, a contribué plus que personne à la déplorable rupture, élève maintenant la voix du fond de sa retraite pour conjurer son frère de considérer à la fois « sa conscience et son intérêt », le supplie « à jointes mains » de ne « se point perdre de gaîté de cœur », lui-même et « son pauvre enfant[2] ». Malgré toutes ces exhortations, le mutisme du prince fit craindre un moment que l'Espagne, découragée par tant d'obstination, n'abandonnât son allié à son sort et ne fit sa paix séparée. Devant cette perspective, les amis de Condé étaient dans la consternation. Mais c'était mal connaître un peuple chevaleresque; et l'on en eut la preuve quand s'ouvrirent en août, entre le cardinal et don Luis de Haro[3], les conférences qui ont rendu fameuse la minuscule île des Faisans, sur la Bidassoa[4].

1. Lettre du 18 août 1659. (Arch. d'Époisses).
2. Lettre de madame de Longueville du 13 mai 1659. — Pap. de Lenet — *loc. cit.* Voir cette lettre à l'appendice, page 511.
3. Don Luis de Haro, premier ministre de Philippe IV, né en 1599, mort en 1661.
4. L'armistice était proclamé depuis le mois de mai. On trouve dans les archives d'Époisses la circulaire envoyée par Condé, à la

Dans ces pourparlers laborieux, qui occupent vingt-quatre séances et se prolongent pendant trois mois, l'obstacle — « la pierre d'achoppement » — est le règlement des questions qui touchent le prince et ses amis. Le principal effort des négociateurs porte sur ce point délicat, qui menace à chaque entrevue de renverser l'accord et de brouiller les cartes. La forme comme le fond, les mots aussi bien que les choses, tout est matière à discussion. Excité par Lenet — accouru pour veiller au grain — don Luis, un jour, donne aux troupes de Condé le nom « d'alliés » des Espagnols ; et cette seule expression suffit à déchaîner une violente tempête. Le cardinal se fâche tout rouge, fait mine de rompre l'entretien, étale une telle indignation, que don Luis, effrayé, s'empresse de « filer doux [1] ». Mais peu de temps après l'Espagnol revient à la charge. « Il s'étendit, mande Mazarin à Le Tellier [2], sur les exemples de la clémence des rois de France à l'égard de ceux qui s'étaient oubliés de leurs devoirs », insinuant par son langage « qu'il était assez ordinaire aux Français de commettre de semblables crimes, et, non seulement d'en obtenir le pardon, mais

date du 12 mai, aux commandants des divers quartiers de ses troupes : « La suspension d'armes, y lit-on, étant ordonnée pour deux mois à commencer du 8 de celui-ci, et finissant le 8 juillet, je vous fais ce billet pour vous dire de le publier... et de donner ordre à mes troupes qui sont dans lesdits lieux de ne faire pendant ce temps-là aucun acte d'hostilité contre les troupes et les garnisons des places ennemies... »

1. *Histoire de la réunion de la Lorraine à la France*, par le comte d'Haussonville.
2. Lettre du 23 août 1659. — Aff. étr. Fr. 280.

aussi d'en tirer avantage », et s'efforçant ainsi « d'établir cette maxime que la rébellion n'était pas un crime en France, mais plutôt un moyen de faire sa condition meilleure... J'avoue, ajoute le cardinal, que cette dernière clause de son discours me piqua furieusement ; et il ne me fut pas malaisé de remarquer qu'il avait bien étudié la leçon que Lenet lui avait donnée à ce sujet, puisqu'il la répétait mot pour mot ! » La riposte est vive et directe : « Il est vrai, s'écrie-t-il, que les Français s'écartent facilement de leur devoir, mais ils y reviennent aussi avec la même promptitude, tandis qu'en Espagne, ils persévèrent jusqu'à ce qu'ils soient réduits par la force, et, s'ils s'oublient plus rarement, en revanche ils ne reviennent jamais [1]. » Au reste, conclut Mazarin, à aucun prix le roi de France ne pourra supporter que ses sujets rebelles reçoivent une « récompense » pour prix de leur mauvaise conduite. Il faut qu'ils se résolvent à être désormais « tout Français ou tout Espagnols » !

A dire vrai, ces colères, ces menaces, ces déclarations péremptoires sont l'effet d'un plan préconçu. Le cardinal, au fond du cœur, sent l'impérieuse urgence de se montrer accommodant et de fléchir la rigueur des principes. Mais, ces concessions nécessaires, il veut les vendre à ses contradicteurs et s'en faire donner un bon prix.

1. Dans un autre entretien, Mazarin rappelle à don Luis les exemples de sévérité des rois de France envers les grands seigneurs rebelles, la décapitation du maréchal de Montmorency, de MM. de Saint-Marc et de Thou, et le fait enfin ressouvenir « que Louis, prince de Condé, bisaïeul de M. le Prince, aurait eu le col coupé à Orléans, si François II ne fût mort subitement le soir précédent. » (Lettres de Mazarin à Le Tellier. — Aff. étr. Fr. 280.)

Chaque « grâce » accordée à Condé aura pour conséquence un nouvel avantage laissé par l'Espagne à la France. Pour déguiser sa reculade et colorer les apparences, son esprit inventif n'est jamais à court d'expédient. Les Espagnols, propose-t-il enfin à don Luis, abandonneront à M. le Prince, pour le payer de ses services, certaines des villes-frontières qu'ils occupent au nord de la France ; et Condé, à son tour, les remettra au Roi, qui lui fera don en échange du gouvernement de Bourgogne [1]. Grâce à cet ingénieux système, tout sera sauvé du même coup, l'amour-propre des Espagnols, la dignité du roi de France et l'orgueil du prince de Condé. Cette transaction prévaut, après bien des débats, et résout le problème le plus délicat du litige.

L'accord est plus long à se faire sur la situation des compagnons du prince. C'est un point sur lequel don Luis — secrètement soufflé par Lenet — bataille avec acharnement. Envers ceux qui, sans défaillance, ont suivi sa fortune, Condé a contracté une dette qu'il n'entend aucunement renier: « Pour mes amis, s'écrie-t-il, je serais le plus déshonoré homme du monde, si je ne ramenais en France, au même état qu'ils étaient auparavant, ceux qui en sont sortis à ma considération ! » Mazarin consent bien à leur retour en France, accorde l'amnistie, l'annulation des procédures et des condamnations passées, même la restitution des biens confisqués au Trésor ; mais il maintient, sans en vouloir démordre, l'exclusion absolue « des

---

[1]. *Histoire de la réunion de la Lorraine à la France*, par le comte d'Haussonville.

charges, offices et gouvernements qu'ils possédaient avant leur sortie du royaume ». Là-dessus, il est intraitable. Ce qu'on put obtenir, après des semaines de dispute, fut d'ajouter aux « biens » rendus « les honneurs et les dignités [1]. » Quant aux charges et bénéfices, don Luis, au nom du roi d'Espagne, prit l'engagement formel d'en rembourser la valeur intégrale, et de « payer comptant » cette juste indemnité. Condé se réserva d'ajouter plus tard, de son crû, des récompenses plus hautes, et l'on verra qu'il tint parole.

Dans ces multiples arrangements, une clause difficile à régler — et dont la décision demeura en suspens jusqu'à la dernière heure — fut la restitution au prince de son domaine de Chantilly. La chose lui tenait fort à cœur, et la confiscation de sa résidence favorite lui semblait « un affront furieux ». Pour toucher cette corde sensible, se hasarder sur ce terrain brûlant, il faut toute la hardiesse de la duchesse de Châtillon. « Le Roi est encore à Chantilly, lui écrit-elle ironiquement [2]. C'est une petite gorge-chaude à M. et madame de Saint-Simon,

1. Art. 87 du traité conclu le 7 novembre 1659, à l'île des Faisans. — Voici les parties essentielles de cet article : « Quant aux parents, amis, serviteurs, adhérents et domestiques de M. le prince de Condé, qui ont suivi son parti, ils pourront revenir en France avec ledit sieur Prince, et établir leur séjour en tels lieux qu'ils désireront, et seront rétablis en paisible possession et jouissance de leurs biens, honneurs et dignités... à l'exception des charges, offices et gouvernements qu'ils possédaient avant leur sortie du royaume. Sa Majesté déclare nuls, et de nul effet, toutes procédures, arrêts, même celui du Parlement de Paris du 27 mars 1654... » *(Gazette de France de 1659.)*

2. Lettre du 27 juin 1659. — Aff. étr. Fr. 907.

car il dit tous les jours qu'il se le réserve dans le traité, et comme il en est le maître, je n'ai nulle peine à le croire. Mais j'espère en même temps qu'il en usera comme le roi Henri IV, qui l'a toujours trouvé fort à son gré, mais trouvait bon que feu M. le Connétable le lui gardât. Ainsi, j'aurai toujours l'honneur d'être votre voisine [1]. Et si cela n'était point de cette sorte, je vous conseillerais d'obtenir, pour vos services, de traiter avec M. de Saint-Simon de la capitainerie. Le Roi y trouverait son compte et vous aussi. »

Le ton seul de cette lettre suffit à démontrer quel empire *Circé* garde sur son illustre amant, et de quel lien solide elle le sait toujours attaché. Elle a, dans ces dernières années, persisté dans son double jeu, servant tantôt Condé et tantôt Mazarin, et les trahissant l'un et l'autre, suivant son intérêt et sa fantaisie du moment. Tout compte fait néanmoins, en ce perfide manège, le cardinal est dupe plus souvent que le prince ; aussi, instruit par l'expérience, ne se livre-t-il qu'à moitié, et, tout en employant celle qu'il nomme *la personne*, la maintient-il en surveillance [2].

Cette suspicion s'accrut le jour où Mazarin apprit la

---

[1]. Merlou était à trois lieues de Chantilly.

[2]. « J'espère, écrit-il à l'abbé Foucquet, que vous aurez beaucoup de choses à me dire de *la personne*, qui est si en colère contre moi, parce que je ne me laisse pas persuader de tout ce qui lui plaît. » Et un peu plus tard : « Vous ne me donnez aucun avis de *la personne*, et cependant elle avait beau champ de vous informer de mille choses qu'elle aura découvertes dans la maladie du Roi. Cette réserve me fait douter qu'elle n'ait changé de sentiments. » (Aff. étr. Fr. 274 et 279.)

rupture d'Isabelle avec l'abbé Foucquet, qui précéda de peu la cessation de la guerre. Chacun, sans être grand prophète, pouvait prévoir dès lors le prochain retour de Condé ; et la duchese était trop avisée pour ne pas s'affranchir à temps d'une chaîne qui, déjà mal commode, risquait de devenir dangereuse. Elle y procéda lestement, avec son audace habituelle. Un matin que l'abbé était allé à la campagne, elle se rendit à son logis, donna l'ordre aux valets, qui lui obéissaient comme « à la patronne de leur maître », d'ouvrir le cabinet où Foucquet cachait « ses cassettes », reprit ses lettres, ses papiers — dont quelques-uns, dit-on, étaient des écrits de Condé — emporta ce butin chez elle, où le feu détruisit tous ces témoins gênants[1]. Lorsque l'abbé revint et qu'il vit ce pillage, sa « rage » passa toute expression ; il vociféra « mille insultes », cassa, dit Mademoiselle, « des miroirs à coup de pied », menaça la duchesse de faire saisir, par représailles, « ses meubles et ses pierreries », bref fit toutes les sottises que peut faire, en telle occurrence, un homme « fort en colère et fort amoureux ». Le tout fut en pure perte : invectives ni supplications ne purent rétablir ses affaires. Dans les mois qui suivirent, Isabelle le revit à de rares intervalles, puis rompit définitivement, « sous prétexte de dévotion ». Foucquet, dit Bussy-Rabutin, craignit « que le prince de Condé, qui le haïssait d'ailleurs, et Boutteville, qui voudrait venger la honte qu'il avait faite à sa maison, ne le

---

1. *Mémoires* de la Grande Mademoiselle. — *Histoire amoureuse des Gaules*, etc.

fissent tuer, s'il donnait à la duchesse le moindre nouveau sujet de plainte. Il cessa de la voir, et ne cessa pas de l'aimer [1] ».

Cette exécution faite, elle se sent plus à l'aise vis-à-vis du prince de Condé. Elle redouble envers lui de « cajoleries » et de caresses. Elle use à présent, dans ses lettres, d'un ton sentimental, s'exprime avec un accent de tendresse inaccoutumé sous sa plume. La maladresse d'un messager l'ayant un jour frustrée d'un billet de Condé, elle étale un vrai désespoir : « En vérité, s'écrie-t-elle [2], je ne puis me consoler de cette irrégularité, et si je savais qui l'a eue, je pense que je ne lui pardonnerais de ma vie! Je ne croyais pas vous faire cette confidence lorsque j'ai résolu de vous écrire, mais cela me tient si fort au cœur que je n'ai pu m'en empêcher. Après cela, n'attendez

1. Il se consola peu après avec la belle comtesse d'Olonne. — Les *Mémoires* de la Grande Mademoiselle rapportent une scène plaisante, qui se passa, dit-elle, deux ou trois mois après la rupture d'Isabelle et de l'abbé Foucquet : « Madame de Brienne alla avec madame de Châtillon à Miséricorde, qui est un couvent du faubourg Saint-Germain. Comme elles étaient au parloir, madame Foucquet la mère entra avec l'abbé. Madame de Châtillon dit à madame de Brienne : « Ah! » ma bonne, que vois-je? Cet homme devant moi! » Madame de Brienne et la mère de la Miséricorde (la mère Madeleine, supérieure du couvent) lui dirent : « Songez que vous êtes chrétienne, et qu'il » faut tout mettre aux pieds du crucifix ». La mère de la Miséricorde se récriait : « Au nom de Jésus, mon enfant (elle est provençale et fort naïve), regardez-le en pitié ». La bonne femme Foucquet lui disait : « Madame, je vous prie de trouver bon que mon fils l'abbé ait l'honneur de vous hanter ». On dit que c'est une vieille femme fort simple..... Enfin, ce fut une farce admirable! »

2. Lettre interceptée par les agents de Mazarin. — Aff. étr. Fr. 907.

pas que je vous dise nulle nouvelle. Il vous suffira d'apprendre que, tout ingrat que vous êtes, l'on ne saurait s'imaginer que l'on puisse jamais se résoudre de vous haïr autant que vous le méritez. » Des protestations si touchantes ne trouvent pas son ami aussi « ingrat » qu'elle veut bien dire. L'influence qu'elle possède sur son cœur et sur son esprit n'a peut-être jamais été aussi profonde et efficace. Les avis, les conseils de la duchesse de Châtillon ne furent certes pas étrangers à la modération du prince, à la résolution qu'il prit, après les conférences de la Bidassoa, d'accepter le traité conclu et de faire amende honorable. L'heure où se réalise cette réconciliation publique est aussi l'heure du triomphe d'Isabelle. Au lendemain de la paix signée, Mazarin lui écrit une lettre chaleureuse. Condé, de son côté, n'est ni moins empressé ni moins reconnaissant : dès sa rentrée en France, avant même d'aller à la Cour, c'est pour cette maîtresse infidèle que sera sa première visite.

La fin du mois de décembre fut une date mémorable pour les émigrés de Bruxelles. Guitaut, envoyé à la Cour porter « les soumissions » du prince et de ses compagnons, revint à ce moment, avec les passeports nécessaires pour franchir les frontières de France. Le 29 décembre au matin, tout est prêt pour le grand départ. Le bourgmestre de la ville vient faire son compliment d'adieu; M. le Prince lui répond courtoisement « qu'il conservera toujours une bonne affection pour la bénigne volonté que lui ont témoignée le magistrat et les habitants de

Bruxelles[1] ». Le marquis de Caracena, gouverneur provisoire, fait don à Condé du carrosse où il fera tout le voyage, un grand carrosse « avec des vitres », fabriqué à Bruxelles, « le premier de ce genre qu'on ait vu à Paris[2] ». Le prince y monte, à onze heures de la matinée, ainsi que sa femme et son fils. Dans la voiture suivante est Boutteville, son premier lieutenant, avec les gentilshommes du prince, Guitaut et Coligny-Saligny. Le gouverneur, le bourgmestre, les principaux seigneurs, et les « gardes bourgeoises », reconduisent leurs illustres hôtes jusqu'au delà des portes de la ville. Le bruit des cloches sonnant à toutes volées est ponctué des détonations du canon des remparts. La population tout entière, massée sur le trajet, fait retentir les rues de clameurs sympathiques. C'est à Nivelles qu'est la première couchée; on se dirige ensuite vers la Champagne, passant par Avesnes et Vervins, sans que le prince ait voulu recevoir en route honneurs, compliments ni harangues[3]. Le 7 janvier on est à Coulommiers; c'est là que l'on rencontre M. et madame de Longueville, venus au devant de Condé « avec cent gentilshommes et cinq cents mousquetaires[4] ».

Dans le château de Trie, appartenant à madame de Longueville, les voyageurs prirent un temps de repos. La princesse de Condé, qui s'était séparée du reste du cortège, rejoignit le lendemain « avec quarante carrosses[5] ». Trois

1. Registres municipaux de Bruxelles.
2. *Histoire de Bruxelles*, par Henne et Wauters.
3. *Gazette de France* de 1659.
4. *Relations véritables*, loc. cit.
5. *Gazette de France* de 1660.

jours après, le 10 janvier, M. le Prince se remit en chemin, n'emmenant cette fois dans sa voiture que Boutteville, Guitaut et Coligny-Saligny. En si bonne compagnie, les heures ne paraissaient pas longues, et si les propos languissaient, les cartes et les dés faisaient diversion aux causeries. « M. le Prince, écrit Coligny avec quelque amertume, me gagna cinq cents pistoles à un jeu que je ne savais pas [1]. » Le but était la ville d'Aix, en Provence, où résidait alors la Cour ; mais Condé ne put se résoudre à s'engager si loin sans avoir revu en passant « la personne — comme dit Mazarin — qu'il aimait le plus au monde ». Il se détourna de sa route pour se rendre au château de Châtillon-sur-Loing, et fut l'hôte d'Isabelle du 12 au 14 janvier. « La maîtresse du logis n'a pas mal employé ces deux jours, écrit à Mazarin un ami d'Isabelle [2], puisqu'elle croit avoir dissipé tous les mauvais offices que l'on s'était étudié de lui rendre depuis fort longtemps ; et, bien que dans le séjour de Coulommiers on ait pris tous les soins de lui nuire, elle ne s'en est pas aperçue. Elle parle fort modestement sur cette visite, mais, au travers de cette modestie, je vois une satisfaction qui me fait juger qu'une flamme mal éteinte est aisée à rallumer. » Parmi ces entretiens intimes et ces effusions amoureuses, la position des compagnons du

1. Il est juste d'observer que Jean de Coligny-Saligny, longtemps intime avec Condé, se brouilla avec lui peu après sa rentrée en France, et qu'il s'applique dans ses *Mémoires* à dénigrer son ancien maître : « Je ne reprends jamais la plume, confesse-t-il, sans que ma première pensée ne soit de dire pis que pendre de M. le Prince. »

2. Lettre du marquis de Vardes. — Aff. étr. Fr. 910.

prince ne laissait pas d'être un peu délicate. « M. le Prince, écrit l'un d'eux, y passa son temps mieux que nous[1] ! »

Sur les sentiments de Condé, ses craintes, ses espérances et ses perplexités au cours de son voyage, quelques détails nous sont transmis par un informateur précieux. Un ami de l'abbé Foucquet — gagné à Mazarin par cet intermédiaire — François-René du Bec, marquis de Vardes, « l'un des seigneurs, a-t-on dit justement, les plus brillants et les plus corrompus de l'époque[2] », s'était chargé, pendant la route, de surveiller subrepticement, par lui-même ou par ses agents, les faits et gestes de Condé; ses lettres au cardinal, conservées aux archives des Affaires étrangères, attestent à la fois son zèle et sa sagacité. A Coulommiers, à Châtillon, à chaque étape du retour de l'exil, il entretient, sans qu'on s'en doute, une « personne affidée », qui interroge, écoute aux portes, et s'acquitte en conscience de son honorable métier. Cette enquête ne révèle d'ailleurs, de la part de M. le Prince, aucun projet perfide, aucune arrière-pensée dont ait sujet de s'alarmer la méfiance du premier ministre. Ce qui occupe surtout Condé, à la veille de paraître, après bientôt dix ans, dans une Cour qu'il ne connaît plus, c'est la question de forme et d'étiquette, le souci de tenir son rang, de sauvegarder sa dignité. Mazarin, comme prince de l'Église, prétend avoir le pas sur lui; cette prétention, dit Vardes[3], jette l'esprit de Condé dans « des irrésolutions

[1]. *Mémoires de Coligny-Saligny*.
[2]. Chéruel, *Mémoires sur Foucquet*.
[3]. Aff. étr. Fr. 910.

et des incertitudes extrêmes sur la conduite qu'il doit tenir... Il voit bien la nécessité qu'il y a de bien vivre avec Votre Éminence, et même il le désire ; mais il ne peut digérer la préséance, sur laquelle il dit que toute l'Europe a les yeux. Il se flatte de l'espérance que Votre Éminence y apportera quelque tempérament. Il aurait bien souhaité de pouvoir trouver le biais de n'être point présenté à Leurs Majestés, car cet endroit ne lui est pas moins sensible que l'autre. Mais il connaît que cela ne se peut autrement, bien qu'il dise que M. le duc d'Orléans, en pareille rencontre, alla droit chez le Roi... » Sur tous ces points, ajoute l'informateur, « il ne paraît à personne qu'il ait encore pris décision » ; mais il cheminera « fort lentement », afin d'avoir le temps de réfléchir ou de recevoir une réponse. Au reste, il est « fort gai » ; la joie de se trouver en France, d'être sorti d'une voie funeste et douloureuse, le disposera sans doute à toutes les concessions compatibles avec l'honneur.

La façon simple et familière dont se passa la première entrevue dissipa toutes les inquiétudes. C'est le 27 janvier que débarquèrent à Aix les quatre voyageurs. Le prince, au débotté, se rendit chez le cardinal. De cette visite en tête à tête rien ne transpira au dehors ; on jugea seulement par les suites que l'entente avait été prompte. De là, Condé fut chez la Reine, qui le reçut sans témoins « dans sa chambre » ; sur ses pas arriva le Roi, dont l'accueil fut rempli de grâce ; et la causerie qui s'engagea fut libre, cordiale, animée, enjouée même au bout d'un moment. On eût pu se croire entre gens qui s'étaient quittés de la veille. Toute la Cour, aux

écoutes, applaudissait de loin à ce raccommodement avec
« une joie extraordinaire[1] ». Mazarin, le soir même,
emmena Condé dans son propre logis, où il lui fit donner
un appartement magnifique, « avec sa table, son carrosse,
six pages et douze valets de pied[2] ». Les trois amis de M. le
Prince furent non moins bien traités ; le cardinal voulut
de même leur procurer le vivre et le logement. Dès le
lendemain de l'arrivée, Boutteville fut présenté au Roi et
à la Reine, qui lui firent « bon visage », ainsi qu'à ses
deux compagnons. « Je pense que ces messieurs sont bien
aises d'être ici, leur dit la Reine d'un ton aimable. Pour
vous, monsieur, ajouta-t-elle en se tournant du côté de
Condé, je vous assure que je vous ai voulu bien du mal,
et vous me ferez la justice d'avouer que j'avais raison ».
Le prince, si l'on croit Coligny[3], ne répondit pas un
seul mot, « ce dont, dit-il, nous fûmes surpris ». Le
cardinal ensuite les reçut « en particulier », causa lon-
guement avec chacun ; et « l'on ne peut jamais au monde
faire plus de caresses qu'il n'en fit », renouvelant l'assurance qu'il ne gardait aucune rancune et que « tout était
oublié[4] ».

Les journées qui suivirent ne firent que confirmer et
sceller cet accord. Des deux parts la joie était vive, la

---

1. *Mémoires* de la Grande Mademoiselle. — *Gazette de France* de
1660, etc. — Monglat est seul, dans ses *Mémoires*, à prétendre que
cette première entrevue fut empreinte de froideur. Tous les autres
témoignages s'accordent à affirmer le contraire.

2. *Relations véritables des Pays-Bas.* — Bibl. de Bruxelles.

3. *Mémoires.*

4. *Mémoires* de Coligny. — *Histoire de la maison de Montmorency*,
par Désormeaux.

bonne volonté sincère ; et cette rentrée d'émigration eut l'air d'un retour au bercail. « Tant que nous fûmes à la Cour, écrit un compagnon de Boutteville, toutes les portes de chez le Roi et la Reine nous furent toujours ouvertes. » Tous assistèrent, deux jours plus tard, au bal et à la comédie donnés pour célébrer la réconciliation. Louis XIV y parut et demeura jusqu'au bout de la fête, gagnant les cœurs les plus rebelles par sa courtoisie pleine de tact, sa précoce dignité, sa grâce vraiment royale. Ce sont là des mérites qu'il lui faut reconnaître. Il n'est rien d'excessif dans l'élogieux portrait qu'en trace, à cette époque, la plume de Mazarin[1] : « Il porte si bien la perruque, il est si bien habillé et si galant, que je ne doute pas, qu'étant d'ailleurs l'homme le mieux fait du royaume, les dames ne le courent à force !... Mais j'approuve tout, conclut-il avec indulgence, pourvu qu'elles ne le fassent pas trop veiller. » Ni Condé, ni ses serviteurs n'échappèrent à cette séduction. Pendant toute la soirée, M. le Prince se tint auprès du jeune souverain, tous deux causant ensemble sur un ton d'amitié[2]. « Le Roi, dit la Grande Mademoiselle, était familier avec lui, l'entretenant de toutes les choses anciennes qu'il avait faites tant en France qu'en Flandre, avec autant d'agrément que si elles s'étaient toutes passées pour son service. » Mademoiselle, un moment, se mêle à l'entretien, qui tourne alors au badinage : « On parla de la guerre, et nous raillâmes fort de toutes les sottises que nous avions faites ;

1. Lettre à la Reine. — Aff. étr. Fr. 279.
2. « Le Roi l'entretint fort longtemps et le força même à danser », disent les *Relations véritables*.

et le Roi entra le mieux du monde dans ces plaisanteries. » Plaisanteries qui, sans doute, eussent gagné en gaieté, si ces « sottises » avouées n'avaient coûté à la patrie tant de misère et tant de sang !

Après huit jours de « liesse », la compagnie se dispersa. Le Roi se rendit à Toulon ; Condé prit la route de Paris, et Boutteville y fut avec lui[1]. Ils trouvèrent à leur arrivée toute la population en fête : la nouvelle de la paix excitait chez les Parisiens une universelle allégresse. Ils assistèrent tous deux au *Te Deum*, qui fut chanté à Notre-Dame en l'honneur de l'accommodement. « Il s'y est fait, dit un récit du temps[2], tant de cris de *Vive le Roi!* que, le bruit ayant retenti au-dessus des voix des musiciens, cela leur a fait interrompre cinq ou six fois leur chant.... Il n'y a jamais eu un si grand concours de peuple dans cette église, ni dans les rues de Paris. » Vers le même temps eut lieu au parlement la séance solennelle où les « lettres d'abolition » du prince et de ses adhérents furent « vérifiées » toutes chambres assemblées[3]. Des procédures et des condamnations d'antan, il ne subsista aucune trace[4]. Philippe IV, de son côté, tint

---

1. Boutteville s'établit dans l'hôtel que sa mère habitait alors à Paris, « rue des Augustins, paroisse Saint-André-des-Arts ». (Papiers de famille. Arch. du château de Châtillon-sur-Loing.)

2. Note envoyée à Mazarin. — Aff. étr. Fr. 910.

3. *Relations véritables*, loc. cit.

4. Il y eut le mois suivant, entre Condé et le duc de Lorraine, un démêlé assez vif à propos de discours malsonnants tenus par ce dernier. Une note adressée à Mazarin fait allusion à ce différend et mentionne l'intervention de Boutteville, député par Condé pour éclaircir l'affaire. De ce petit débat, je ne citerai qu'une pièce, la

à honneur d'accomplir ses promesses. Le « roi très catholique » proposa à Boutteville, en récompense de ses services, une somme de soixante mille écus. L'offre fut d'ailleurs repoussée : « Je n'ai pas entendu, répondit simplement Boutteville, être au service du roi d'Espagne, et ne puis recevoir de bienfait que de la main du roi de France [1]. »

Qu'un tel refus se soit trouvé plus tard être une habileté profitable, je n'aurai garde de le nier. Ce désintéressement toutefois — dont « peu de gens du même parti » donnèrent alors l'exemple — n'en reste pas moins méritoire. L'oubli des fautes passées, la rentrée à la Cour, laissaient Boutteville, à son retour en France, sans charge, sans emploi et presque sans fortune. Le crédit de M. le Prince, quelle que fût l'indulgence du Roi, était encore singulièrement précaire ; ceux qui s'étaient le plus distingués pour sa cause étaient justement ceux

lettre où Mazarin prêche à Condé la modération et le dédain des médisances : « Vous croirez aisément, lui dit-il, que vous seul fournissez présentement la matière des entretiens de Paris et qu'ainsi les lettres qu'on reçoit ne contiennent autre chose. Les uns donnent des louanges à la manière dont vous vous conduisez et aux civilités que vous départez à tout le monde ; les autres l'interprètent suivant leurs passions. Mais je ne doute pas que vous soyez supérieur à tout cela et que vous ne voyiez qu'il est impossible d'avoir la puissance que Dieu vous a donnée et les grands mérites que vous vous êtes acquis, et d'empêcher qu'on ne discoure fort sur ce que vous faites. Votre satisfaction doit être que vous avez ici un serviteur qui, à moins que vous ne l'obligiez absolument au contraire, vous donnera toujours de véritables marques de son affection. » (Lettre du 12 mars 1660. — Aff. étr. Fr. 284.)

1. *Mémoires pour servir à l'histoire du maréchal de Luxembourg.* — *Histoire de la maison de Montmorency*, par Désormeaux.

dont il pouvait le moins faire valoir les services. On le vit bien, l'année suivante, quand le Roi mit, avec bonne grâce, un « cordon bleu » à la disposition du prince. Ce fut, chez les serviteurs de Condé, l'objet de compétitions vives. « Il y avait là, dit Cousin, un homme qui était bien au-dessus des autres, le comte de Boutteville ; mais il est vraisemblable que la Cour n'aurait pas vu ce choix d'un bon œil » ; et le collier fut pour Guitaut[1]. Condé se réserva de faire avoir à son cousin un dédommagement plus solide, sous la forme d'un bon mariage. Il s'adjoignit pour cette recherche un précieux auxiliaire, madame de Châtillon. C'est Isabelle qui, comme dit Saint-Simon, « dénichera » l'héritière, dont l'alliance pourvoira son frère d'une grosse fortune et d'un titre ducal. C'est Condé qui se chargera de faire aboutir le projet, d'emporter de haute lutte cette place de bon rapport et d'accès difficile.

La conception était hardie. Faire passer les grands biens, les titres, les honneurs de la maison de Luxembourg — l'une des plus illustres d'Europe[2] — dans l'apa-

[1]. *Madame de Sablé*, par Cousin. — *Mémoires* du comte de Rochefort.

[2]. On trouve dans les manuscrits du cabinet d'Hozier une note du XVIIe siècle sur les origines de la maison de Luxembourg. « La fable, y lit-on, la fait descendre de Clodion le Chevelu ; mais la vérité nous apprend que Sigefroy, frère puîné de Godfroy, comte de Verdun, en est le fondateur, et qu'ayant acquis le château de Luxembourg, en échange de plusieurs terres, de Viker, abbé de Saint-Maximin de Trèves, le 17 avril 963, il en prit la qualité de comte, et mourut en 997, laissant de la comtesse Hedwige, sa femme, une grande et illustre famille... » (Bib. nat., cah. d'Hoz. 219.)

nage d'une fille qui, par elle-même, n'y avait aucun droit et qui, une fois nantie, apporterait cette riche provende à l'homme désigné à son choix : tel fut le problème compliqué qui germa un beau jour dans l'esprit d'Isabelle et qu'elle entreprit de résoudre. Pour débrouiller l'écheveau de cette intrigue, il sera nécessaire — sans remonter aux origines — de rappeler quelles vicissitudes avaient subies depuis un demi-siècle le nom et l'héritage des ducs de Luxembourg.

Le « dernier mâle » de cette maison, Henry, duc de Piney-Luxembourg [1], s'était éteint à l'âge de vingt-quatre ans, le 23 mai 1616. Son unique héritière fut sa fille, Marguerite-Charlotte [2], à qui il légua tous ses biens, y compris la duché-pairie — laquelle était *femelle*, c'est-à-dire transmissible par les filles à défaut de fils. Marguerite-Charlotte, à douze ans, en juillet 1620, s'unit au frère du connétable de Luynes, Léon d'Albert de Brantes, qui prit du fait de cette alliance le nom de duc de Luxembourg, et qui mourut dix ans après, laissant deux enfants à sa veuve. De ces enfants, l'aîné était une fille, venue au monde au mois d'avril 1629, et qui fut appelée Marie-Louise. Le second fut un fils, Henri-Léon d'Albert, né le 5 août 1630, seul et légitime héritier de la

[1]. Né le 11 octobre 1593, marié à l'âge de quatre ans, en juin 1597, à Madeleine de Montmorency.

[2]. Il avait bien une autre fille nommée Marie-Liesse, qui épousa le duc de Ventadour. Mais ils n'eurent pas d'enfants et se séparèrent au bout de quelques années de mariage, la femme pour se faire carmélite, le mari pour devenir prêtre et chanoine de Notre-Dame. L'entrée en religion de Marie-Liesse de Luxembourg la fit déchoir de tous ses droits successoraux.

duché-pairie de Luxembourg. Nous allons prochainement les retrouver tous deux, victimes, plus ou moins résignées, de la plus flagrante spoliation.

Leur mère ne languit pas longtemps dans la solitude du veuvage. Un an après son deuil, en juin 1631, elle se hâta de convoler avec Charles-Henri de Clermont, frère cadet du comte de Tonnerre, aimable homme, de quelque mérite, de grande naissance, et court d'argent. « L'amour apparemment lui fit faire ce second mariage[1] », qui entraîna pour elle « la chute du rang, du nom, des honneurs de duchesse[2] ». De sa splendeur passée, elle ne garda que la fortune. Bien qu'à la mort de son premier époux, sa maison eût perdu, dit-on, « pour seize cent mille livres de charges[3] », elle conservait encore, entre elle et ses enfants, un patrimoine considérable. Tous allèrent s'établir ensemble dans « la magnifique terre de Ligny[4] », située auprès de Bar-le-Duc, où ils menaient un train fastueux, ne sortant de cette résidence qu'à de rares

1. Saint-Simon, *Mémoires*.
2. M. et madame de Clermont essayèrent bien, pendant un temps, de s'affubler du titre de duc et duchesse de Luxembourg, mais sans droit aucun et sans succès.
3. Manifeste pour le duc de Luxembourg. — Bib. nat, Fm. 21,108 *bis*.
4. La terre de Ligny avait été apportée dans la maison de Luxembourg par une héritière des comtes de Mouzon, et fut érigée en comté en l'an 1397. Les héritiers du maréchal de Luxembourg la vendirent en 1719, pour deux millions et demi, au duc Léopold, qui la réunit au Barrois. Le château féodal fut démoli en 1746 ; il n'en subsiste aujourd'hui qu'une tour ronde et le parc, transformé en promenade publique. (Note des *Mémoires de Saint-Simon*, éd. Boislisle.)

intervalles. Quatre ans après son remariage, madame de Clermont eut une fille, Madeleine-Charlotte-Bonne-Thérèse de Clermont, laquelle, née en 1635[1], atteignait vingt-six ans quand il fut question de l'unir au dernier des Montmorency.

Dans ce projet matrimonial, aucune trace de roman. La fille était un vrai laideron; Saint-Simon la dépeint d'une plume impitoyable : « Elle était, écrit-il, laide affreusement et de taille et de visage », et ressemblait « à ces grosses vilaines harengères, qui sont dans un tonneau, avec une chaufferette sous elles ». Les qualités morales ne compensaient guère cette disgrâce. Insignifiante et terne, étrangère aux manières du monde, Bonne-Thérèse de Clermont était sans agrément d'esprit comme sans force de volonté. La dot même paraissait devoir être médiocre, la fortune du père étant nulle, celle de la mère divisée en trois parts, dont la plus grosse allait au fils, à l'aîné de sa race. De cette créature effacée, Isabelle et M. le Prince entreprirent de faire l'héritière de la maison de Luxembourg, en passant par-dessus la tête des deux enfants du premier lit, et de s'en servir « comme chausse-pied » pour procurer à François de Boutteville un riche établissement et la duché-pairie — entreprise irréalisable, même pour deux joûteurs de cette force, si d'exceptionnelles circonstances n'en eussent procuré les moyens.

Le meilleur atout de leur jeu était l'indignité de celui qui tenait le rang de duc de Luxembourg, Henri-Léon,

---

1. Le 14 août.

le fils de Marguerite-Charlotte. L'existence tout entière de cet héritier d'un grand nom n'est qu'un long tissu d'aventures, comiques parfois, plus souvent pitoyables. De faible intelligence, le cerveau mal équilibré, la taille à demi contrefaite, la mine à la fois basse et niaise, bref, comme écrit Loret, « l'antipode du dieu d'Amour[1] », il ne recueille, dès son enfance, que l'indifférence de sa mère et l'aversion, mal déguisée, de son beau-père, le comte de Clermont. A peine hors des lisières, on l'envoie au collège, « avec le même équipage que le fils d'un simple bourgeois »; il n'en rapporte, après dix ans, suivant son propre témoignage[2], qu' « une teinture de latin et la haine des livres ». Il ne passe à Ligny que le temps des vacances; et ses parents, de ce moment, semblent avoir conçu l'espoir de le voir entrer dans les Ordres. C'est pendant un de ces séjours, raconte en effet son beau-père[3], qu'il « entre en dévotion », met son divertissement à réciter matines et à chanter la messe, donne enfin des « signes certains » d'une vocation précoce, que les siens accueillent avec joie. En dépit des encouragements, ces pieuses velléités sont singulièrement éphémères. A peine est-il majeur, qu'il s'installe à Paris, et tombe sous la domination d'une femme

---

1. *Muse poétique.* — Loret, d'ordinaire si respectueux des grands, n'a pas assez de sarcasmes à l'égard du jeune duc de Luxembourg. C'est une preuve manifeste du degré de déconsidération où était tombé ce malheureux.

2. Manifeste pour le duc de Luxembourg. — Bibliothèque nat., Fm. 21108 bis.

3. Réponse du comte de Clermont. — Bibliothèque nat,, Fm. 10194.

nommée Françoise Quisy, drôlesse de bas étage, qui s'empare entièrement de lui, le ruine en peu de temps « de biens, d'honneur et de réputation ». Une première fois, ses parents paient ses dettes, sous condition expresse qu'il renverra « son impudique ». Il feint de se soumettre, la congédie avec éclat; mais il la reprend la nuit même, l'enferme « dans un cabinet », et l'y tient prisonnière « pendant trois mois sans en sortir ». Lorsqu'elle s'échappe enfin, furieuse de cette séquestration, Françoise Quisy, pour se venger, le met « entre les mains d'un pendard de sa séquelle », qui en fait aisément sa dupe, et l'aide à dévorer le reste de son patrimoine[1].

Alors, pour le jeune duc, commence une vie lamentable. Criblé de dettes, traqué par les créanciers à ses trousses, il s'enfuit de chez soi, se cache dans un taudis — « un grenier à trois sols par jour » — où il végète dans la plus noire misère. Il laisse dans son hôtel ses gens « mourir de faim »; ses chevaux n'ont pour nourriture que « les bâtons de leurs râteliers ». Le scandale devient tel, que le Roi s'interpose et le fait mettre à la Bastille, où il reste enfermé dix mois. Il en sort confus, repentant, désireux de se corriger et de refaire son existence. Il en est temps encore, car il n'a que vingt et un ans. Une idée nouvelle le poursuit : réparer ses folies en concluant un riche mariage; et, pour ce faire, il jette son dévolu sur une certaine dame de Bressieux, veuve

[1]. *Factum* relatif à l'interdiction du duc de Luxembourg, adressé au Roi par ses parents. — Bibl. nat. 868-19976.

passablement « surannée », ayant le double de son âge et dix fois plus de bien que lui[1]. Fier de cette découverte, il part sur-le-champ pour Ligny, afin de demander l'agrément de sa mère. Mais là, quel n'est pas son mécompte! Sitôt sous le toit maternel, il se voit saisi, mis sous clé, rigoureusement gardé à vue, et — si l'on croit son témoignage — réduit pour nourriture à « un peu de pain et de lard ».

A sa libération on pose une condition formelle, qu'il est permis de trouver surprenante : c'est que ce pauvre fou recevra la prêtrise, pour délivrer les siens de l'inquiétude d'une mésalliance. Pressé de se tirer d'affaire, il engage sa parole, exigeant en retour la promesse « qu'on le fera faire cardinal » et cette fois il tient son serment. A peine en liberté, il « court à Troyes », prend la tonsure et reçoit coup sur coup, de la main de l'évêque, « les quatre ordres mineurs et le sous-diaconat[2] ». L'année

1. *Muse poétique* de Loret. — Manifeste pour le duc de Luxembourg, *Loc. cit.*
2. En mars 1652. — Loret s'exprime ainsi sur cet événement dans sa gazette rimée :

> Le jeune duc de Luxembourg,
> Quoique de maint village et bourg
> Il soit seigneur, patron et maître,
> A dessein de se faire prêtre ;
> Même l'on tient pour assuré
> Qu'il voudrait bien être curé.
> Cette nouvelle m'extasie,
> D'où lui vient cette fantaisie ?
> Pourquoi veut-il jusqu'aux talons
> Porter de tristes habits longs,
> Et changer en noire soutane
> Ses beaux habits d'or et de panne ?...

suivante, il est fait diacre, obtient « une dispense de treize mois pour être ordonné prêtre avant l'âge canonique ». D'ailleurs, craignant quelque nouvelle folie, ses parents, par sage précaution, devancent encore cette échéance, et font rendre un arrêt formel[1] « portant défense au duc de se marier, et à tout prêtre de célébrer son mariage ». La barrière est solide; le danger semble conjuré; M. et madame de Clermont peuvent enfin respirer à l'aise.

Ce répit, hélas! dura peu; il fallut promptement déchanter. Henri-Léon, l'an d'après, est à Rome, où il implore du Pape la dispense de ses vœux, l'annulation du diaconat, alléguant, non sans apparence, qu'on a contraint sa volonté. Il échoue cependant, revient à Paris « sans un sol », rencontre son ancienne maîtresse, Françoise Quisy, qui le happe au passage, retombe sous son joug de plus belle, et finit — l'on ne sait comment — par l'épouser en grand mystère, dans quelque paroisse éloignée. Une fille, Françoise-Éléonore, naquit de cette étrange union et fut baptisée à Paris, en l'église de Saint-Côme, le 3 janvier 1659. Ce baptême découvrit l'histoire; le scandale fut énorme, et la famille se réunit pour prendre un parti décisif. On fit le procès du jeune duc, l'interdiction fut prononcée, et on le mit à Saint-Lazare, maison alors de grand renom, située au faubourg Saint-Denis, où saint Vincent de Paul avait fondé, trente ans auparavant, une sorte de congrégation. C'était pour les gens pieux un lieu de retraite à la mode; on y gardait

---

1. Arrêt de la Cour de Paris du 13 juillet 1654.

aussi, sur la demande de leurs parents, les aliénés de bonne famille et les jeunes gentilshommes dont l'inconduite était notoire[1]. En ce discret refuge, moitié couvent, moitié prison, Henri-Léon de Luxembourg se morfondait depuis bientôt deux ans, quand il vit luire soudain l'aube de la délivrance.

La comédie qui suit fut concertée entre M. le Prince et le comte de Clermont. Ce dernier était fort des amis de Condé[2]; son désir d'obliger un puissant protecteur étant ici d'accord avec l'intérêt de sa fille, il fut aisé de le convaincre. Il s'agissait de faire lever, par simple mesure provisoire, l'interdiction de son beau-fils, Henri-Léon de Luxembourg, et d'obtenir de ce dernier qu'il délaissât à sa sœur utérine — « en considération de son mariage » avec Boutteville et moyennant une somme fictive — les titres, les honneurs, les biens qu'il tenait de son père, tous ses droits de chef de famille[3]. Il serait temps ensuite, une fois l'affaire conclue, de remettre en lieu sûr ce maniaque « imbécile ». Le tour, bien combiné, fut joué de main de maître. Fasciné par l'espoir de sa libération prochaine, Henri-Léon signa les yeux fermés et consomma sa ruine, ne se réservant rien que dix mille

1. Note des *Mémoires de Saint-Simon*, éd. Boislisle.

2. On trouve dans les archives de Chantilly plusieurs lettres de lui au prince, conçues dans les termes de la plus chaude affection. Sa femme, la comtesse de Clermont, par son aïeule Madeleine de Montmorency, était proche parente à la fois de Condé et Boutteville.

3. Papiers de famille. (Arch. de Châtillon-sur-Loing). — *Mémoires* de Saint-Simon, etc.

livres de pension, à lui servir sa vie durant[1]. Puis il écrivit à Condé pour faire valoir sa soumission et protester de sa reconnaissance : « Monseigneur, dit-il humblement, j'ai fait les choses que vous m'avez commandées, et je supplie Votre Altesse de croire que je serai toujours dans les sentiments de vous obéir et de n'avoir point d'autre maître que vous. Le porteur vous dira comment les choses se sont passées, et moi j'assure Votre Altesse que je suis, avec tous les respects imaginables[2]... »

Cette victoire obtenue, restait un autre obstacle, la sœur d'Henri-Léon, issue comme lui du premier lit et son héritière naturelle. Mieux douée sous tous rapports que son malheureux frère, Marie-Louise néanmoins jouissait, elle aussi, du renom d'une personne assez excentrique. C'était une jolie blonde, « belle et claire comme une étoile », écrit poétiquement Loret, passablement intelligente, mais dépourvue de sens commun, fantasque, mobile, emportée ; aussi, dit Saint-Simon[3], « était-on sur le pied de la tourmenter, pour se divertir à la mettre en colère, qui suppléait à l'agrément de sa conversation ». Dès sa douzième année, elle avait pris le voile, par dévotion sincère, assuraient les bonnes âmes, sous la pression de sa famille, disaient tout bas les médisants. Le fait est qu'elle vécut vingt ans bénédictine à l'Abbaye-au-Bois[4], où elle remplissait les fonctions de maîtresse des

1. L'arrêt qui lève l'interdiction est du 15 février 1661.
2. Lettre du 16 mars 1661. — Arch. de Chantilly.
3. *Additions* au journal de Dangeau.
4. Ci-devant du diocèse de Noyon, récemment transférée au faubourg Saint-Germain-des-Prés.

novices, tantôt en religieuse zélée, tantôt pestant contre ses vœux et protestant très haut que c'était « malgré elle ».

La duché-pairie de Luxembourg étant, comme on l'a vu plus haut, légalement transmissible aux femmes, c'était à Marie-Louise que revenaient de droit les avantages répudiés par son frère. Il fallut donc mettre le siège devant cette seconde citadelle. M. le Prince lui-même alla « la trouver à sa grille [1] » ;. les propositions qu'il lui fit étaient fort alléchantes. Une dispense spéciale du Saint-Père — qu'il se faisait fort d'obtenir — la relèverait, lui promit-il, de ses vœux perpétuels ; puis, une fois « défroquée », on lui donnerait la place de dame du palais de la Reine, les titre et rang de princesse de Tingry[2], et la faveur enviée d'un tabouret à la Cour. Pour la préserver cependant de toute tentation de mariage, on la ferait faire chanoinesse du chapitre de Poussay[3], mais sans la contrainte d'aucune règle ni sujétion de résidence. En échange de tant de bienfaits, elle renoncerait à tous ses droits, qu'elle céderait à sa sœur cadette, ne gardant, comme Henri-Léon, qu'une simple pension viagère. Comment une nonne, médiocrement fervente, eût-elle pu résister à de si flatteuses perspectives? Elle ne fit aucune résistance, et consentit à « tout ce qu'on voulut ».

Les choses ainsi réglées, les deux familles d'accord, il ne restait qu'à s'assurer des dispositions des futurs. Rien n'indique qu'on ait pris la peine de consulter Bonne-

1. *Mémoires* de Saint-Simon.
2. Principauté entrée en 1587 dans la maison de Luxembourg.
3. En Lorraine, près Mirecourt.

Thérèse de Clermont sur l'inclination de son cœur. On lui désigna cet époux; elle le prit docilement, sans en demander davantage. Boutteville, semblablement, n'envisagea dans cette union que le côté pratique, montrant pour le surplus la plus extrême froideur. La veille du jour où il fut, à Ligny, faire aux parents la demande officielle, il se rendit à Chantilly, pour remercier Condé et réclamer de lui quelques lettres d'introduction. Entre les deux cousins, les heures coulèrent en causeries amicales, sans qu'il fût question du mariage; Boutteville ne se souvint qu'en route de l'objet principal de sa visite au prince, et la lettre suivante — qu'il fit porter à Chantilly quelques heures après son départ — fait foi de cet étrange oubli : « Ventrebleu, Monseigneur, écrit-il à Condé[1], j'oubliai hier tout ce que j'avais à vous dire ! Je crois que c'est le déplaisir que j'avais de voir qu'il me fallait vous quitter qui m'ôtait la mémoire. Ce n'est pas que j'en sois revenu ce matin; mais, en songeant à mes affaires, j'ai vu que, de nécessité, il me fallait une lettre de Votre Altesse pour M. de Luxembourg, avec un petit mot pour la religieuse, et une lettre pour M. de Tonnerre[2], par laquelle vous lui manderez de se souvenir de ce qu'il vous a dit à ce sujet, et une autre lettre pour le comte de Clermont. Faites faire tout cela, je vous supplie, et me l'envoyez dès aujourd'hui par un isabelle[3] botté, qui me rattrapera bientôt — car je vais en carrosse jusqu'à Meaux, parce que je ne trouverai que là des

1. Arch. de Chantilly.
2. Frère du comte de Clermont et oncle de Bonne-Thérèse.
3. Un page à la livrée de Condé, qui était de la couleur isabelle.

chevaux de poste. Je vous assure, Monseigneur, que, pour vous venir retrouver, je ferais bien plus de diligence ! — FRANÇOIS DE MONTMORENCY. »

Si les futurs époux sont tièdes, les parents nagent dans l'allégresse. Le comte de Clermont, au lendemain des fiançailles, lorsqu'il annonce la nouvelle à Condé, s'exprime avec chaleur sur le compte de son gendre : « Les commandements que vous m'avez faits, écrit-il [1], pour le mariage de M. de Boutteville, ont été exécutés selon vos ordres. Ils m'ont été si agréables, et, par la joie que j'ai de vous obéir, et par le mérite de celui pour qui vous me les avez faits, que je n'ai point de parole pour en rendre grâce à Votre Altesse... Je crois qu'Elle agréera qu'il prenne le nom et les armes de Luxembourg, aussi bien que la dignité de duc que vous m'avez commandé de lui céder... J'espère que V. A. me permettra de la remercier avec humilité des bontés qu'elle a eues pour ma maison, de me donner un fils si honnête homme et qui a tant de mérite. Je n'en pouvais pas avoir d'autre, venant de la main du plus grand prince du monde, à qui je suis [2]... »

Le contrat fut signé le 28 mars 1661, en présence du Roi, d'Anne d'Autriche, de M. le prince de Condé et d'une infinité d'autres grands personnages [3]. Il stipulait expres-

1. Lettre du 23 mars, de Ligny. — Arch. de Chantilly.
2. Une lettre du duc de Luynes, oncle d'Henri-Léon de Luxembourg, ratifie avec le même empressement la transmission à Boutteville de la duché-pairie, et envoie une procuration à ce sujet. (Arch. de Chantilly.)
3. Aux termes du contrat, la future recevait en dot les terres et domaines de Piney, de Ligny, d'Aigremont, rapportant ensemble

sément la donation au profit de Boutteville de la duché-pairie de Luxembourg, dont il prit le nom et les armes, mettant « l'écu de Luxembourg sur celui de Montmorency ».

Une clause spéciale, annexée au contrat, atteste l'adhésion et « l'intervention volontaire de messire Henri-Léon d'Albert de Luxembourg », lequel, lit-on dans l'acte, « en considération de ce qu'il a plu à Dieu lui inspirer une vocation particulière pour l'état ecclésiastique, à l'imitation de quelques princes de son nom, s'est fait promouvoir aux ordres sacrés et est diacre, et, pour témoigner la satisfaction qu'il a de ce mariage, abandonne à sa sœur les biens et droits qui lui viennent de son père, le duc de Luxembourg[1]... » Pour prix de sa docilité, Henri-Léon eut la licence d'assister au mariage, qui fut, à quelques jours de là, « solennisé » en grande pompe à Ligny. Puis, aussitôt après la noce, l'interdiction reprit son cours. On le « recoffra » de plus belle en son couvent de Saint-Lazare[2], d'où il ne sortit un moment que pour être mis à Clairvaux. Entre ces deux maisons, il traîna dans l'obscurité le reste de sa vie, qui fut d'ailleurs longue et paisible. Par une tolérance singulière, il avait reçu la prêtrise, mais sans avoir la faculté d'en exercer le ministère : « Comme sa vie n'est pas trop bien réglée,

---

80 000 livres de revenu, plus diverses rentes et pensions. Boutteville apportait pour sa part les châteaux et seigneuries de Précy-sur-Oise, de Gaillardbois et de Lusse en Navarre, plus quelques autres terres de minime importance. — Voir le résumé du contrat, à l'appendice page 513.

1. Papiers de famille. Arch. de Châtillon-sur-Loing.
2. Saint-Simon. — *Additions*.

écrit le secrétaire d'État au supérieur du monastère, il ne faut pas que vous lui permettiez de dire la messe, en cas qu'il en eût envie[1]. » Il mourut trente-six ans plus tard, le 19 février 1697.

Sa sœur, la religieuse, eut un meilleur traitement. Condé tint les promesses dont il s'était montré prodigue : sur ses prières instantes, « le Pape, dit Saint-Simon, accorda la dispense de bonne grâce, et le Roi le tabouret ». Elle prit le nom de princesse de Tingry, et « passa sa vie à la Cour[2] », assez satisfaite de son sort, bien qu'éprouvant parfois « des scrupules sur ses vœux, et d'avoir changé son voile contre un tabouret[3] ». Elle n'en mena pas pour cela une existence plus édifiante ; nous la retrouverons par la suite compromise, avec son beau-frère, dans une assez triste aventure.

Somme toute, en cette affaire, le moins bon lot échut à l'épousée. Elle fit tous les frais du marché, et ne reçut rien en échange. De son mari, ni, semble-t-il, plus tard de ses nombreux enfants, elle n'eut jamais affection ni égards, pas même en apparence. On se contenta « d'en tirer honneurs, grands biens et dignités[4] » ; puis elle fut reléguée en sa terre de Ligny où, pendant quarante ans, elle végéta sans bruit, dans une inaction monotone, importune aux siens, méprisée du monde, presque constamment solitaire, n'entendant que rarement, comme un

1. Note des *Mémoires de Saint-Simon*, éd. Boislisle.
2. Elle mourut à Versailles, le 16 juillet 1706, à l'âge de soixante-dix-sept ans (*Gazette de France*).
3. Saint-Simon. *Add.*
4. Saint-Simon. *Mémoires.*

écho lointain, le bruit des destinées glorieuses de l'homme qui lui devait jusqu'au nom même qu'il illustra. Il faudra bien, tout en plaignant son sort, imiter cette ingratitude ; et la duchesse de Luxembourg ne figurera que pour mémoire dans toute la suite de ce récit.

Au lendemain du mariage, des « lettres patentes » du Roi — dont la suscription porte : « à M. de Montmorency-Boutteville, duc de Luxembourg [1] » — accordèrent la confirmation « du transfert de nom, titre et armoiries » spécifié au contrat. « L'enregistrement » eut lieu l'année suivante [2] ; le nouveau duc et pair prit séance au parlement le 22 mai 1662, « avec grand applaudissement », en présence de Condé et de son fils, le duc d'Enghien [3]. Cette séance où il fut « reçu » fut la seule où il assista. A dater de ce jour, il s'abstint de siéger, étant de ce moment en désaccord avec ses pairs sur le rang qu'il devait prétendre. Son humeur ne le portait guère à

1. Mss. de l'Arsenal. — N° 673.
2. La lettre ci-après, datée du 4 septembre 1661, a trait à la conclusion de cette affaire, qui souleva quelque opposition de la part de certains parents des Luxembourg. Le nouveau duc de Luxembourg s'adresse à M. Poncet, conseiller du Roi : « De Paris. — Monsieur, un de mes premiers soins, en revenant de l'autre monde, par une grande maladie que j'ai eue à Fontainebleau, est de vous dire le succès qu'a eu mon affaire, par les bons avis que vous avez eu la bonté de me donner. Elle a été rapportée devant le Roi, qui a ordonné que, nonobstant l'opposition de M. du Massez, l'on procédât à ma réception. Je suis venu ici pour profiter du reste du Parlement. Ma mère fait mes sollicitations, car le peu de temps qu'il y a que je n'ai plus de fièvre me laisse encore trop de faiblesse pour cela, aussi bien que pour vous assurer de ma main que je suis... » — Bibl. nat. Mss. fr.
3. *Muse historique* de Loret.

s'arrêter à moitié route : en politique, en affaires, en amour, il avait pour méthode, comme sur le champ de bataille, de pousser à fond l'avantage. Non content de l'honneur de la duché-pairie, il voulut, du dix-huitième rang que lui assignait « l'ancienneté », se porter d'emblée au second, immédiatement après le duc d'Uzès, dont la priorité ne pouvait faire un doute. Son raisonnement était que les lettres du Roi n'avaient point fait en sa faveur une « érection nouvelle », mais le substituaient simplement au lieu et place de ses prédécesseurs, dont la pairie datait de l'an 1581.

Tel est, réduit aux lignes principales, le grand « procès de préséance » qu'il soutint toute sa vie contre dix-sept ducs et pairs du royaume, ce procès qui, dans Saint-Simon, tient à lui seul la moitié d'un volume, qui, pendant cinquante ans, fit couler assez de flots d'encre pour que *mémoires, factums, requêtes, observations, remarques*, emplissent aisément les rayons d'une vaste bibliothèque, et dont l'objet parut assez considérable pour que Racine y apportât le glorieux secours de sa plume.

Toutefois le « demandeur » se borna sagement, au début, à réserver ses droits par une protestation tacite. Il attendit, pour engager la lutte, que sa faveur solide, l'éclat de ses victoires, l'universel « applaudissement du monde[1] », l'eussent rendu assez fort pour affronter lui seul tant de colères et tant de haines. Nous retrouverons donc par la suite ce procès extraordinaire, dont il suffit pour le moment d'avoir sommairement indiqué l'essence et l'ori-

1. Saint-Simon, *Mémoires*.

gine. Un spectacle tout différent réclame maintenant notre attention. Nous allons voir le duc de Luxembourg — donnons-lui désormais ce nom qu'a consacré l'Histoire — gravir lentement, dans un pays nouveau où ses pas trébucheront parfois, les pentes glissantes de la Fortune, s'essayer dans le rôle, inaccoutumé jusqu'alors, de familier du palais de Versailles, de courtisan du Roi-Soleil.

CHAPITRE XI

1661-1667

Prostration générale du pays après les guerres de la Fronde. — Grandeur croissante du Roi. — Transformation rapide de la noblesse. — Luxembourg suit le mouvement général et se fixe à la Cour. — Ses efforts pour racheter le passé et vaincre les préventions de Louis XIV. — Malveillance qu'il rencontre dans l'entourage du Roi. — Son existence pendant cette période. — Manière dont il occupe ses loisirs. — Son goût dangereux de l'intrigue. — Madame de Châtillon cherche à se remarier. — Ses hautes prétentions. — Le duc de Mecklembourg. — Singularité du personnage. — Isabelle entreprend et réussit cette conquête. — Luxembourg entre dans son jeu. — Mariage clandestin, publié peu après. — Isabelle princesse souveraine. — Elle se compromet en de nouvelles aventures. — Liaison de Madame et du comte de Guiche. — La duchesse de Mecklembourg et le marquis de Vardes lient partie pour brouiller les cartes. — La cassette du comte de Guiche. — Luxembourg se mêle de l'affaire. — Lutte souterraine entre le frère et la sœur. — Les lettres de madame de Mecklembourg. — Publication de l'*Histoire amoureuse des Gaules*. — Irritation du Roi. — Disgrâce de Luxembourg.

Il en est des nations comme des individus : aux crises aiguës, aux vives effervescences, succèdent la prostration, l'affaissement moral et physique. Jamais ce phénomène ne fut plus apparent qu'au lendemain des guerres de la

Fronde. Épuisé par dix ans de luttes, le pays tout entier n'a plus qu'une passion, le repos ; et, « par fatigue d'une licence anarchique, l'obéissance naturelle, nécessaire d'une nation à son chef devient l'obéissance passive et la servilité[1] ». Dans cet abaissement général des esprits et des caractères, seule s'élève la personne du Roi ; sa taille semble grandir de la diminution de tout ce qui l'entoure. Avec un sûr instinct, Louis XIV a promptement saisi l'état d'âme de son peuple. Sa volonté persévérante profite de ces dispositions pour affermir sur des fondements solides l'autorité souveraine dont il tient le dépôt ; ce qu'on pouvait prendre, au début, pour une politique temporaire et un régime de circonstance devient, grâce à cette direction suivie, un système permanent, une forme de gouvernement. Louis se montre d'ailleurs — il faut lui rendre cet hommage — digne de sa puissance par l'art royal dont il fait preuve, par la haute idée qu'il se crée des devoirs qu'il assume, par cette majesté naturelle et ce charme de séduction auxquels, au temps de sa jeunesse, nul n'échappe de ceux qui l'approchent, fussent ses plus constants adversaires. Toute la France, peut-on dire, est, à cette aurore du grand règne, amoureuse de son maître. « Je me sens pour lui — écrira Guy Patin, vieux frondeur endurci, sceptique incorrigible — je me sens pour lui une inclination violente, au delà de ce que les Français ont d'ordinaire pour leurs princes. »

Sur toutes les classes sociales, dans toute l'étendue du

1. Feillet, *La misère sous la Fronde.*

royaume, s'exerce cette action du pouvoir absolu ; mais c'est surtout dans la noblesse que la transformation se fait le plus profondément et le plus rapidement sentir. Les allures révoltées d'antan, les velléités féodales, disparaissent comme par enchantement. « Les courtisans, dit Hamilton, n'approchent qu'avec vénération du seul objet de leur respect et du seul arbitre de leurs fortunes. Ceux qui naguère étaient de petits tyrans dans leurs provinces ou dans les places frontières n'en sont plus que les gouverneurs. Les grâces, selon le bon plaisir du maître, s'accordent tantôt au mérite, tantôt aux services. Il n'est plus question d'importuner ou de menacer la Cour pour en obtenir[1]. » La période pacifique qui suit l'année 1660, par une conséquence naturelle, voit peu à peu se ternir le prestige, hier encore sans égal, des généraux et des grands hommes de guerre. « A peine s'il paraissent à la Cour, où ils sont confondus dans la foule des courtisans... Ils figurent dans des ballets mythologiques, dans des tournois de parade[2]. » Au brillant carrousel donné le 5 juin 1662, Condé, paré d'un costume de théâtre, défile dans les rues de Paris à la tête d'un « quadrille de Turcs », quadrille burlesque, aux couleurs bariolées, où Luxembourg, également déguisé, remplit l'office de « maréchal de camp[3] ». Tous deux vont, en cet équipage, jouter et parader sous les yeux des belles dames postées aux balcons des Tuileries.

1. *Mémoires du chevalier de Gramont.*
2. Comte d'Haussonville, *Histoire de la réunion de la Lorraine à la France.*
3. *Muse historique* de Loret.

Quatre ans plus tôt — et presque jour pour jour — ce même grand capitaine avec ce même premier lieutenant chargeaient avec fureur, dans les dunes de Dunkerque, les escadrons de ce même Roi dont ils quêtent maintenant un sourire...

Luxembourg, comme on voit, n'a pas résisté au mouvement qui entraîne ses compagnons d'armes. Vers le début de son mariage, il essaie pourtant quelques mois de vivre dans ses terres, tantôt au château de Ligny et tantôt à Précy-sur-Oise. Il cherche à prendre goût à la « vie de province », laquelle, au dire de Chavagnac[1], consiste, pour un gentilhomme, à « jouer, troquer des chevaux, aller à la chasse, et prendre quelques amusements avec les femmes ». Mais il ne s'accommode pas longtemps de cette monotone existence ; son esprit actif, bouillonnant, ne s'intéresse, du fond de sa retraite champêtre, qu'aux bruits lointains du monde et de la politique. « Étant ici homme de campagne, mande-t-il de Ligny à Condé[2], je suis au moins bien aise d'avoir quelques relations de ce qui se passe à la Cour » ; et il entretient, dans ce but, un fréquent commerce de lettres avec ceux qu'il croit propres à le tenir au courant des affaires. Dès que vient la saison d'hiver, il dit adieu sans regret à « ses champs », accourt se fixer à Paris, et ne bouge plus guère de la Cour. Faute de pouvoir encore jouer le rôle auquel il aspire, au moins suit-il de près les intrigues de tout genre, ourdies par l'ambition ou par la galanterie, dont

1. *Mémoires*.
2. Lettre du 8 septembre 1661. — Arch. de Chantilly.

grands seigneurs et nobles dames amusent à présent leurs loisirs. La distraction puissante qu'il trouve à ce spectacle l'aide à prendre patience, en attendant l'heure de rentrer en scène.

Son principal souci, pendant toute cette saison, est d'abolir les souvenirs du passé, de démontrer aux yeux de tous qu'il a dépouillé le vieil homme, et que le duc de Luxembourg, homme raisonnable et courtisan zélé, n'a plus rien de commun avec le feu comte de Boutteville, mal édifiant dans sa conduite et sujet rebelle à son Roi. Tout rappel de cette folle jeunesse, toute allusion aux erreurs d'autrefois, lui causent un violent malaise, le jettent en des perplexités cruelles. Certains propos en l'air colportés par Vineuil sur son compte et celui de son ami de Guiche [1] — le récit d'une « partie gaillarde » faite en commun dans la ville de Nancy — excitent une colère surprenante, provoquent des démentis et des protestations sans fin. « Je répondis comme un Caton, écrit Luxembourg à Condé, à mille sottises, qu'il fallait une sagesse comme la mienne pour endurer aussi bien que je fis ! » Rien au reste, ajoute-t-il, « ne me tient plus à cœur que d'acquérir dans ma province une bonne réputation »; et il invoque ses « cheveux gris » comme une preuve sans réplique de l'irréprochable conduite, de la moralité austère, dont il entend donner dorénavant l'exemple [2]. Guiche n'étale pas une indignation moindre, et ses résolutions sont également vertueuses : « A mon gré, s'écrie-

---

[1]. Le comte de Guiche, fils aîné du maréchal de Gramont, alors gouverneur de Nancy et ainsi voisin de Ligny.

[2]. Luxembourg à Condé. — Arch. de Chantilly.

t-il d'un accent pénétré, il ne peut y avoir de ridicule plus considérable que d'être fol où il faut être sage ; et, n'ayant pas envie de planter mes choux pendant toute ma vie, je tâcherai qu'on soit satisfait de moi et, si je puis, qu'on me donne de l'estime[1]. »

Ce franc aveu nous donne le mot de ces belles conversions : tout plutôt que « planter ses choux ! » Comme Guiche et comme Condé lui-même, Luxembourg frémit à l'idée d'une si désolante perspective ; mais il est bien trop avisé pour dévoiler ses ambitions et publier ses impatiences. Sa finesse clairvoyante prévoit quelle longue méfiance il lui faudra détruire, avant qu'il puisse prétendre à une charge importante. Pour dissiper les préventions du Roi, il s'applique au contraire à se montrer modeste, affiche à tout propos des sentiments de repentir. Il refusera même au besoin les menues faveurs qu'on lui offre, et, comme il dit, « les grâces de petite conséquence[2] », en se faisant de ce refus un titre, pour l'avenir, à de plus sérieux avantages. Le gouvernement de Bourg s'étant trouvé vacant, deux ans après la paix, sa mère, la comtesse de Boutteville, adresse une requête à Colbert pour qu'il fasse attribuer cet emploi à son fils, alors éloigné de Paris[3]. La prétention n'a rien d'exorbitant, ledit gouvernement « ayant toujours été dans la maison de Luxembourg, à qui appartient le château dans

---

1. Le comte Guiche à Condé. — Arch. de Chantilly.

2. Lettres de Luxembourg à Colbert. Bibl. nat. *Mélanges* Colbert, vol. 112.

3. Il se trouvait à Ligny.

lequel la garnison est logée ». Il faut voir pourtant de quel ton, lorsqu'il a vent de cette démarche, Luxembourg écrit au ministre pour désavouer sa mère et protester contre son zèle. « Je sais bien, écrit-il, qu'un homme qui revient des Flandres ne doit pas prétendre au gouvernement de la moindre bicoque, et je ne trouve même pas qu'il soit de la bienséance, qu'ayant si peu mérité de recevoir des grâces, après celles que le Roi m'a faites, j'en demande tous les jours de nouvelles. C'est pourquoi, Monsieur, si la chose avait été jusqu'à Sa Majesté, je vous supplie d'avoir la bonté de lui faire connaître que, si l'on a fait quelque demande un peu trop précipitée, ç'a été à mon insu et sans ma participation[1]... » Rien n'égale, à l'en croire, son désintéressement : « Si je pouvais, dit-il un peu plus loin, avoir en les demandant les principaux gouvernements de France, c'est une chose que je n'oserais pas et ne croirais devoir jamais faire, ne me jugeant digne de rien, que par la passion que j'ai de rendre au Roi des services à l'avenir, qui réparent par leur fidélité toutes mes fautes passées. »

Par contre, il est un point qui lui tient fort au cœur, une faveur pour laquelle « il sacrifierait toutes choses » et qu'il souhaite plus vivement qu'il ne peut l'exprimer, c'est de se voir, dit-il, étroitement attaché à la personne du Roi par quelque charge honorifique, « comme il l'est déjà par devoir et par inclination ». Tels sont d'ailleurs, dès cet instant du règne, le but avoué et le vœu unanime

---

1. Lettre de Luxembourg à Colbert du 8 octobre 1662. — Bibl. nat. *Mélanges* Colbert, vol. 112.

des plus fiers gentilshommes et des plus grands seigneurs. Le précepte du vieux poète :

Être estimé du Prince et le voir rarement,

est oublié, passé de mode. Non que « l'estime » du Roi soit jugée superflue, mais ce qu'on met à plus haut prix est le rare privilège de vivre en son intimité, de l'approcher familièrement à tout instant du jour, et, selon l'expression du temps, d'être « son domestique ». C'est, écrit encore Luxembourg[1], « le seul dessein que j'aie ; et, pour y réussir, quand j'y emploierais le double de ce que ferait un autre[2], je me croirais toujours très heureux ! » Le calcul, au fond, n'est point sot. Lorsqu'il aura pied dans la place, il s'en fie à son habileté, à la souplesse de son esprit, à son art merveilleux de flatterie sans bassesse, pour conquérir le cœur du maître et parvenir aux grands emplois que rêve son ambition et que justifie son mérite. Mais cette faveur tant désirée sera précisément celle qu'il devra le plus attendre. La froideur obstinée de Louis et sa secrète rancune le tiendront longtemps à l'écart de toute charge qui touche à la personne royale. Il lui faudra, pour l'obtenir, dix années de patience, des services éclatants, plusieurs glorieuses victoires.

Les sentiments du Roi sont, il faut en convenir, assez généralement partagés à la Cour. Luxembourg n'y est guère aimé. Sans méconnaître sa valeur, on l'admire

1. Lettre à Colbert, loc. cit.
2. Ces charges s'achetaient à beaux deniers comptants, avec l'approbation du Roi.

plus qu'on ne le goûte, on le craint plus qu'on ne l'estime. On se méfie d'instinct de ce nouveau venu, dont le regard subtil lit jusqu'au fond des âmes. Il est sans rival, il est vrai, pour flairer une intrigue, découvrir le dessous des cartes. En cet art, il est passé maître; rien n'échappe à ses yeux pénétrants et moqueurs. Quand la Grande Mademoiselle se détermine à épouser Lauzun, avant que la nouvelle s'en répande à la Cour, Luxembourg, le premier, pressent l'étonnante aventure. Même il en plaisante l'héroïne avec une audace ironique; arpentant avec elle l'orangerie de Versailles, il l'attaque par un compliment sur ses beaux souliers neufs : « On pourrait dire de vous, dit-il à la princesse[1], que vous êtes une demoiselle bien chaussée, sans vous offenser, qui serait toute propre à faire la fortune d'un cadet de bonne maison! » Mademoiselle ne bronche pas sous l'allusion directe :

— Ne paraissez pas en rire, s'écrie-t-elle, si je la faisais un de ces jours, vous en seriez bien étonné.

— Point du tout, réplique-t-il, j'aime la noblesse française, moi qui suis le premier baron chrétien de la nation[2]!

Et tous les deux s'égaient de compagnie. Ses railleries, par malheur, ne sont pas toutes aussi bien prises. On lui reproche de dénigrer les gens et d'exercer sur tout et sur chacun sa verve impitoyable. Il a, dit-on communément, « l'esprit et la méchanceté des bossus[3] ».

1. *Mémoires* de la Grande Mademoiselle.
2. Les Montmorency, comme on sait, s'intitulaient les premiers barons de la chrétienté.
3. *Histoire des princes de Condé,* par le duc d'Aumale.

Dans cette demi-disgrâce, parmi la malveillance des uns, la jalousie des autres, les années s'écoulent lentes, monotones, énervantes. Son inutilité lui pèse. La vie de Cour, les visites qu'il fait dans ses terres, les voyages où il suit le Roi, à Fontainebleau, à Compiègne, en Alsace[1], les longs séjours à Chantilly, dans l'intimité de Condé, les galanteries, les fêtes, les distractions mondaines, ne suffisent pas à tromper son ennui. Tout ce mouvement factice ne saurait assouvir la soif d'action qui le dévore. Quelques lignes de Saint-Simon nous retracent sa vie journalière, pendant cette période d'oisiveté : « Peu de promenades sans grande nécessité, du jeu, de la conversation avec ses familiers, et tous les soirs souper avec un très petit nombre, presque toujours le même..... et l'on avait soin que le sexe y fût agréablement représenté. La Cour et le grand monde occupaient ses journées, et les soirs ses plaisirs ». Les « familiers » dont parle Saint-Simon se nomment, à cette époque, les deux d'Harcourt, le comte de Guiche, Magalotti, le comte de Chavagnac. Nous verrons s'y joindre plus tard quelques illustres hommes de lettres, notamment Racine et Boileau, avec lesquels il entretint un commerce suivi. Un moment il eut le caprice de se livrer à l'alchimie. Avec Chavagnac et d'Harcourt, il fit faire « un laboratoire au faubourg Saint-Antoine » ; mais il connut, après bien des épreuves, qu'à rechercher la pierre philosophale il n'atteignait qu'un résultat certain, qui était « de manger son bien[2] ». Aussi

1. Lettres de Luxembourg à Condé. — Arch. de Chantilly.
2. *Mémoires* de Chavagnac.

renonça-t-il sagement à pousser plus loin « le Grand œuvre. »

Plus périlleux, plus funestes encore sont certains autres passe-temps dont il divertit ses loisirs. Grand homme parmi les camps et sur le terrain de bataille, il se jette trop souvent, à ses heures de désœuvrement, « dans les tracasseries et les intrigues de femmes, les rapports, les contes et les amourettes », en un mot dans « mille minuties » indignes de son caractère[1]. Cette propension fâcheuse lui jouera plus d'un mauvais tour, l'entraînera même un jour sur le bord d'un abîme où sera sur le point de sombrer sa carrière. Les conséquences, pour l'instant, sont moins graves; nous l'allons voir pourtant se mêler fort mal à propos dans l'affaire ténébreuse de Madame et du comte de Guiche, et ne s'en tirer qu'à grand'peine. Il est vrai qu'en cette occasion, il eut la mauvaise chance d'avoir pour adversaire sa propre sœur, la dangereuse Isabelle, dont ni l'âge ni les événements n'ont apaisé l'humeur aventureuse, et qui, dans une Cour transformée et sous un nom nouveau, reste aussi « malfaisante » qu'au plus beau temps de sa jeunesse.

Suivant l'exemple de son frère — et par des moyens analogues — madame de Châtillon, dans ces dernières années, a vu se modifier et croître sa fortune. Au reste, le dessein de s'élever par un grand mariage aux plus

[1]. Note de Gaignières dans le Chansonnier, — Bibliothèque nat., Mss. Fr. 12691.

illustres destinées n'est pas, chez elle, improvisé; il date, pour ainsi dire, du jour de son veuvage. Elle varie fréquemment dans l'objet de son choix, mais sur un point elle est inébranlable : souverain régnant ou prince du sang, elle ne saurait se contenter à moins. Dans un moment où la santé de Claire-Clémence, la femme du grand Condé, donnait aux siens les plus graves inquiétudes, elle avait conçu l'espérance de succéder à Madame la Princesse, de monter, du rang de maîtresse, à celui d'épouse légitime. L'aigreur de la Grande Mademoiselle — qui poursuivait ce même gibier — trahit l'appréhension qu'elle eut de voir ce projet aboutir. La malade soudain rétablie et ce beau coup ainsi manqué, la duchesse jette son dévolu sur Charles II, futur roi d'Angleterre[1], qui jadis, en sa prime jeunesse, avait subi déjà le pouvoir de ses charmes. Grâce au concours de lord Digby, dans la saison de 1654 elle l'attire à Merlou, l'engage à nouveau « dans ses fers », et lui tourne si bien la tête, qu'il lui offre sa main et le trône d'Angleterre. Lord Clarendon, témoin des faits, a raconté par le menu les circonstances de cette intrigue[2]. On put croire un instant au succès de l'affaire. « Que vous serez une belle reine! » lui répétait, en la coiffant, madame de Ricous, sa femme de chambre[3]. Si l'événement trompa ce pro-

---

1. Né en 1630, rétabli sur le trône en 1660, mort en 1685. Il épousa en 1662 Catherine, infante de Portugal. On sait que, pendant la dictature de Cromwell, il habita successivement la France et les Pays-Bas.
2. *History of the rebellion.*
3. *Mémoires* de la Grande Mademoiselle.

nostic, Clarendon, historien candide, en fait honneur — au moins pour une grande part — à la « vertueuse sagesse » de la duchesse de Châtillon. Après mûre réflexions, elle engagea, dit-il, le Roi « à réserver ses sentiments pour une personne de condition plus égale à la sienne, et plus capable de lui rendre service ». Il est sans doute plus sûr de s'en rapporter sur ce point au témoignage de Mademoiselle, quand elle allègue l'opposition de la reine mère d'Angleterre, son refus formel d'accorder — fût-ce même à une Montmorency — la gloire de porter à son front la couronne britannique. D'ailleurs, quelles qu'en soient les raisons, ces échecs successifs n'ont pas découragé l'ambition d'Isabelle. Aujourd'hui comme alors, en paix ainsi qu'en guerre, elle cherche obstinément « un prince », et son heureuse étoile le lui procure à point nommé.

« J'ai découvert depuis deux jours — écrit, le 29 février 1664, le duc d'Enghien à la reine de Pologne[1] — un mariage qui est extrêmement secret, et dont je supplie Votre Majesté de ne parler à personne : c'est de madame de Châtillon et de M. de Meckelbourg[2]. Je crois que le Roi, qui est bien aise de gagner à soi tous ces Allemands, et particulièrement ceux qui ont des États et quelque considération, n'a pas été fâché de ce mariage, parce qu'il croit qu'il l'engagera à être toujours dans les intérêts de la France, toutes les fois que le Roi aura besoin de lui. Ce mariage-là s'est fait sans témoins;

1. Arch. de Chantilly.
2. C'est ainsi qu'au xviie siècle s'écrit et se prononce le nom de Mecklembourg.

et, quoique M. de Meckelbourg soit déjà marié à une autre femme — avec qui il est en procès, prétendant que le mariage ne soit pas bien fait — madame de Châtillon s'est trouvée d'humeur à en vouloir bien courir le risque. » Dans le fond, comme dans les détails, la nouvelle est exacte et l'information authentique. Même l'événement a plusieurs mois de date, car le mariage s'est fait en novembre 1663[1], bien qu'il n'ait été publié qu'au mois de mars de l'année suivante. L'époux choisi par Isabelle a pour nom Christian-Louis, prince des Vandales et duc de Mecklembourg-Schwerin, souverain régnant du duché de ce nom[2]. Récemment allié à la France par un traité en forme[3], fixé depuis lors à Paris, il ne bougeait guère de la Cour. Le Roi, dont il se proclamait le plus fervent admirateur, le voyait d'un bon œil, le traitait avec distinction, lui accordait à l'occasion « les honneurs d'un souverain[4] ».

1. Cabinet des titres de la Bibl. nat. P. O. 1911.
2. Christian-Louis, né le 1er décembre 1623, était l'aîné des dix-neuf enfants d'Adolphe-Frédéric, duc de Mecklembourg, auquel il succéda le 27 février 1658. Sa mère était Anne-Marie, fille d'Ennar II, comte d'Oostfrisse. (Cab. des tit. P. O. 1911.)
3. Ce traité fut passé à Paris en décembre 1663. Le Roi y prend le duc sous sa protection spéciale, et promet « d'avoir soin de ses intérêts à la Diète et dans toute autre rencontre ». Le duc, de son côté, s'engage à « entrer dans la ligue du Rhin, si le Roi peut l'y faire recevoir, à favoriser les intérêts de S. M. dans les diètes, à donner passage, retraite et exercice de la religion catholique aux troupes de S. M. dans ses États, et à permettre qu'Elle y fît des levées et y achetât des armes et les choses nécessaires pour la construction des vaisseaux ». (Mss. de l'arsenal, 6105.)
4. Le 8 janvier 1664, comme il vient faire visite au Louvre,

Ce n'en était pas moins un fort singulier personnage, distrait, négligent, inégal, et dont les bizarreries faisaient la joie de la cour de Versailles. Saint-Simon, dans une brève notice[1], le dépeint comme un homme grotesque et « d'un esprit extraordinairement borné ». La Princesse Palatine a tracé son portrait d'un pinceau moins sévère et plus proche de la vérité. « Il était, dit-elle, bien élevé, il appréciait bien les affaires et raisonnait avec justesse ; mais, dans tout ce qu'il faisait, il était plus simple qu'un enfant de six ans. Une fois qu'il me faisait des plaintes, je ne lui répondais mot. Il me demanda pourquoi je me taisais, je lui dis tout crûment : « Que voulez-vous que je dise » à Votre Dilection ? Vous parlez le mieux du monde, mais » vos actions ne répondent point à vos discours ; et toute » votre conduite est si pitoyable, qu'elle vous fait moquer » de toute la France. » Il prit de l'humeur et s'en alla[2]. »

Plein d'orgueil et de morgue[3], Christian-Louis mettait de la pompe en ses moindres propos ; quand il était plongé dans ses distractions habituelles et qu'on lui demandait l'objet de cette méditation profonde : « Je

---

Louis XIV le fait couvrir en sa présence, le renvoie chez lui dans un de ses carrosses, lui décerne en un mot tous les honneurs royaux. (*Gazette de France* de 1664. — *Gazette* de Loret, etc.)

1. Remarques sur l'Ordre du Saint-Esprit, par Saint-Simon. Aff. étr. Fr. 189. — Voir à l'appendice, page 519.

2. *Correspondance* de madame la duchessse d'Orléans, princesse palatine, belle-sœur de Louis XIV.

3. Après son abjuration, lorsqu'il rendit le pain bénit en la chapelle Saint-Michel, il le fit porter par des pages à ses livrées et par trente valets d'escorte, six trompettes et autant de tambours. — *Muse historique* de Loret.)

donne audience à mes pensées », répondait-il avec emphase. Louis XIV, tout le premier, s'amusait de ses incartades et lui passait ses excentricités. M. de Mecklembourg, rapporte encore la Palatine, demande un jour au Roi de lui accorder une audience ; Louis XIV, croyant qu'il s'agit d'une affaire, l'admet seul dans son cabinet : « Sire, s'écrie le duc en entrant, je vous trouve grandi, depuis que je n'ai eu le plaisir de vous voir. — Je ne crois pas être en âge de grandir, objecte, un peu surpris, le Roi qui avait alors trente-cinq ans. — Eh ! Sire, réplique gravement le duc, vous avez belle mine. Tout le monde trouve que je vous ressemble, mais que j'ai encore meilleure mine que vous. — Cela peut bien être », répond le Roi en riant. Là-dessus, l'autre s'en alla. Ne fut-ce pas une belle audience[1] ? »

La grande passion de cet original était la curiosité. « Il ne bougeait pas des spectacles », dit la notice de Saint-Simon ; et il faut entendre par là tout ce qui peut occuper ou distraire la « badauderie » d'un citadin oisif : comédie, bal, sermon, carrousel, feu d'artifice, funérailles, parade militaire, exécution en place de Grève. La Bruyère, assure-t-on, l'a pris pour type d'un de ses *Caractères*[2] : « Il a vieilli sous le harnais en *voyant* ; il est spectateur de profession. Il ne fait rien de ce qu'un homme doit faire : il ne sait rien de ce qu'il doit savoir ; mais il a *vu*, dit-il, tout ce qu'on peut voir, et il n'aura point de regret de mourir... » L'appétit de goûter à tant

1. *Correspondance de Madame.*
2. D'après une clé de l'année 1697. Il s'agit du portrait du chevalier de la Ville.

de choses diverses ne va pas sans quelque inconstance ; en religion, comme en amour, il en donna des preuves certaines. Il avait épousé, en l'an 1650, Christine-Marguerite de Mecklembourg-Güstrow, sa cousine germaine [1], dont il avait d'abord été fort amoureux, mais dont il se dégoûta bientôt. Après douze années de mariage, il la répudia sans motifs et « de sa propre autorité [2] » ; puis, il « planta là » ses États, fixa son séjour à Paris, et, de luthérien qu'il était, publia l'intention de passer au catholicisme. L'abjuration eut lieu [3] dans la chapelle du Palais de Versailles, entre les mains du cardinal Antoine ; Louis XIV fut le parrain ; à l'ancien nom de Christian, il ajouta son propre nom de Louis. Le Pape fit don au néophyte d'un « beau chapelet d'agates », et d'un « bref d'indulgences, temporelles et plénières [4] ». Enfin, le roi de France, pour marquer sa « satisfaction » par un éclatant témoignage, le créa « chevalier de l'Ordre [5] »

---

1. Elle était fille d'Albert, frère cadet du père de Christian-Louis, et veuve du duc Albert de Saxe-Lauenbourg. (Saint-Simon, notice sur l'Ordre du Saint-Esprit. *Loc. cit.*)

2. Saint-Simon. — Notice, *loc. cit.*

3. Au mois d'octobre 1663.

4. *Muse historique* de Loret.

5 « Le 4 novembre, lit-on dans la *Gazette* de 1663, le Roi, pour témoigner l'estime qu'il fait du mérite du duc de Meckelbourg, et de son affection à son service et à la conservation de la paix d'Allemagne, par des marques d'honneur convenables à sa haute naissance, qu'il tire des anciens rois vandales... lui conféra l'Ordre du Saint-Esprit, avec toute la cérémonie convenable à une promotion si célèbre et si extraordinaire... » La *Gazette* donne ensuite le récit détaillé de cette cérémonie.

et célébra « par un festin » la remise du collier à ce prince étranger.

C'est à l'heure de cette apogée que Christian-Louis de Mecklembourg s'éprit violemment de la duchesse de Châtillon, et la demanda en mariage. Prince régnant, riche immensément, en grande faveur auprès du maître, c'était assurément un parti fort sortable. Au physique, il était bel homme, bien tourné, de haute taille, de manières élégantes[1]. La seule objection grave est qu'il était « un peu marié », sa première femme étant encore vivante, et la répudiation n'ayant jamais reçu de sanction régulière. Mais la duchesse de Châtillon ne se troublait pas pour si peu, et, comme écrit le duc d'Enghien, elle ne balança pas à « en courir le risque ». Une promesse de mariage, suivie d'un projet de contrat, fut signée à Paris dans le plus grand secret[2]. L'unique témoin fut Luxembourg, comme aussi le seul confident; ainsi rendit-il à sa sœur, autant qu'il lui était possible, l'assistance et l'appui qu'il avait naguère reçus d'elle, en des circonstances analogues. Les conditions stipulées dans cet acte sont à coup sûr, pour la future épouse, exceptionnellement favorables. La communauté absolue de tous biens meubles et immeubles, sans nulle autre réserve que « les artilleries et munitions des villes du seigneur duc de Mecklembourg »; la reconnaissance d'Isabelle comme « princesse et duchesse souveraine des États dudit seigneur duc », avec droit de régence si l'occasion s'en présentait; enfin — clause

1. *Muse historique* de Loret.
2. Documents communiqués par M. Frédéric Masson.

qu'elle juge essentielle — la permission pour la duchesse de résider en France autant qu'il lui plaira[1] : tels sont les sérieux avantages qu'elle tint à s'assurer avant de tenter l'aventure.

Le mariage, célébré quelques semaines après, se fit « sans aucune pompe » et dans le même mystère. Il fut rendu public au début de l'année suivante ; et la nouvelle se répandit que, « la première femme de M. de Mecklembourg étant morte », tout obstacle légal avait disparu du même coup. « Madame de Châtillon en a une très grande joie — ajoute le duc d'Enghien[2], de qui nous tenons ces détails — mais j'ai un soupçon que c'est elle qui fait courir ce bruit-là. » Le « soupçon » est fondé ; la première femme n'était pas morte, et succomba deux ans plus tard, le 16 août 1666. Ce fut alors seulement qu'eut lieu, à Saint-Germain-en-Laye, en présence du Roi et de la Cour, la signature officielle du contrat[3].

Quand cette union boiteuse fut ainsi régularisée, le ménage — disons-le — était déjà plus qu'à demi brouillé. Trois mois après la noce, la duchesse refusait d'accompagner son époux en Allemagne, au grand regret de ses nouveaux sujets, au vif dépit du duc de Mecklembourg[4]. En novembre suivant, elle plaidait contre lui en séparation de biens, se faisait allouer par sentence une grosse « pension alimentaire[5] ». Par contre, l'an d'après, c'est le duc

1. Documents communiqués par M. Frédéric Masson.
2. Lettre du 28 novembre 1664. — Arch. de Chantilly.
3. Voir à l'appendice, page 518.
4. *Muse historique* de Loret.
5. Cela n'empêcha d'ailleurs pas le duc, trois ans plus tard, de

qui songe sérieusement à faire casser son second mariage, « parce qu'il soutient qu'il ne vaut rien, et qu'il ne l'a pas épousée, puisqu'il est marié à une autre femme[1] ». Il faut, pour les raccommoder, l'influence du prince de Condé. M. le Prince intervient en personne dans ces dissensions conjugales, prêche la patience et la modération, rétablit pour un temps un semblant d'harmonie. C'est que, malgré tant de vicissitudes, son attachement pour Isabelle n'a rien perdu de sa solidité. A défaut de « l'empire des sens », elle a gardé « celui de l'habitude[2] ». Personne ne sait comme elle l'art de manier cet orgueil ombrageux, de donner aux flatteries adroites la saveur piquante d'une raillerie, et d'amuser par son audace celui devant qui chacun tremble. « Quand il s'agit de faire voir ma bonne conduite, lui écrit-elle le 18 mars 1665, je ne tiens pas ma morgue avec vous ; et je suis bien aise de vous faire voir que, malgré toutes vos injustices, personne au monde n'a plus d'égards que moi dans les choses où vous témoignez prendre quelque intérêt... On évitera autant que possible de rien faire qui vous déplaise. Ce n'est pas que vous ayez semé pour cela ; mais c'est que les princesses du Nord ont l'âme bien plus belle que les princes du sang de France !... »

faire un testament où il déclare « léguer à son épouse tous les acquêts et conquêts dont il pourra disposer, tous les meubles, etc., n'ayant pas sujet de se louer ni de beaucoup gratifier ses héritiers, auxquels cependant il laisse tout ce qui est de leur légitime... » (Documents communiqués par M. Frédéric Masson.)

1. Lettre du duc d'Enghien de février 1665. — Arch. de Chantilly.
2. *Histoire des princes de Condé*, par le duc d'Aumale.

Cette « princesse du Nord », comme elle dit, conserve une séduction, une fraîcheur de visage, sur lesquelles l'âge qui vient ne paraît avoir aucune prise. A quarante ans, dans un bal costumé, madame de Mecklembourg éclipse les plus admirées :

> La Boutteville, jeune et belle,
> Ni madame de Châtillon,
> Dans leur printanière saison,
> N'étaient pas plus charmantes qu'elle !

s'écrie le poète gazetier. Six ans plus tard, mademoiselle de Scudéry, écrivant à Bussy-Rabutin, la proclamera encore « plus charmante, en vérité, que tout ce qu'il y a de jeune à la Cour ». Son mariage lui a procuré cette richesse dont elle est avide ; elle peut satisfaire à loisir ses goûts de luxe et de dépense, accumuler dans ses coffrets joyaux, perles, pierreries, s'entourer, comme il lui plaît tant, de beaux tableaux, de meubles rares, de mille objets précieux, dont la persévérante recherche la fait classer, dans un recueil du temps[1], parmi les grandes collectionneuses, les « dames curieuses », ainsi qu'on les nommait. Son orgueil et son ambition ont également trouvé leur compte ; sa dignité de princesse étrangère lui donne le pas sur les simples duchesses[2]. Ces dernières, il est vrai, n'acceptent pas ce privilège : « aucune, dit Saint-Simon, ne lui cédait nulle part. » Mais elle se tire de cette difficulté, dans les réceptions officielles, en arri-

1. *Le livre commode*, par Abraham du Pradel.

2. La duchesse de Mecklembourg prit, pour la première fois, « son rang de princesse », que le Roi lui avait reconnu depuis deux jours,

vant « de bonne heure » à la Cour, en s'installant avant les autres au rang qu'elle se croit dû, et dont aucune rivale ne tentera de la déloger¹.

Tout tourne à son profit, tout réussit au gré de ses désirs. Dans un procès fort compliqué qu'elle soutient, à cette même époque, contre la comtesse de la Suze² et le maréchal d'Albret³, condamnée en première instance, elle trouve moyen, par un détour habile, de faire évoquer son affaire devant le parlement de Paris. Le prince de Condé en personne va visiter les juges⁴, les sollicite en sa faveur, et fait si bien qu'elle gagne enfin sa cause, sinon contre tout droit, au moins contre toute espérance. « La part que Votre Altesse prenait à son procès — écrit au prince un de ses hommes d'affaires — était une de ses meilleures pièces... et en effet, Monseigneur, vos ser-

au bal donné chez Madame, le 23 janvier 1667. Loret rend compte de l'incident :

> On m'a dit, si j'en ai mémoire,
> Que le cercle était au déclin
> Et beaucoup plus vide que plein,
> Quand elle alla prendre sa chaise,
> N'étant plus fière ni plus aise
> De cet honneur qu'on lui rendoit
> Que d'une chose qu'on lui doit...

1. Saint-Simon, *Additions*.
2. Henriette de Coligny, comtesse de la Suze, 1618-1671, sœur du premier mari de la duchesse de Châtillon, célèbre par sa beauté, ses nombreuses aventures, son talent de poète.
3. César-Phœbus de Miossens, maréchal d'Albret, 1614-1676. Voir à l'appendice, page 520, les lettres relatives à ce procès.
4. Lettre de M. de Guyonnet à Condé, du 6 août 1666. — Arch. de Chantilly.

viteurs l'ont emporté, et elle a gagné ce matin [1]. » Ce litige avait fait grand bruit ; tous les rimeurs et beaux esprits s'étaient intéressés, à titre de confrères, pour madame de la Suze, qui y perdit « son dernier sol » et dont les meubles furent saisis. Ménage s'en expliqua vivement avec le prince de Conti : « La raison, lui dit celui-ci, l'a emporté sur la poésie. — Cependant, répliqua Ménage, l'arrêt n'a ni rime ni raison ». De son côté, le maréchal d'Albret ne put digérer sa défaite ; il exhale son indignation avec une plaisante véhémence : « Je vous annonce, mande-t-il à la marquise d'Huxelles [2], que j'ai tant de hâte de quitter Paris et de m'aller délasser dans les bras de la maréchale — dure extrémité toutefois ! — des fatigues que la Meckelbourg m'a données au parlement, que je sors d'ici avec plus de joie que je n'en ai jamais eue à y entrer. J'ai perdu tous les procès que n'ai pu empêcher de juger ; et je vous assure que le parlement de Meckelbourg ne saurait être plus dévoué ni

---

[1]. Condé avait tout fait pour amener d'abord une transaction dont il avait même préparé les bases. (Lettres à Guitaut, de mars 1665. — Arch. d'Époisses.) Mais après avoir signé le projet proposé par le prince, le maréchal d'Albret rompit l'accord. Madame de Mecklembourg en informa Condé par le billet suivant : « J'ai voulu, dit-elle, combler M. le maréchal d'Albret, en lui payant son principal avec les intérêts, et les intérêts des intérêts, droits seigneuriaux et les dîmes d'intérêts, sans compter une quantité d'assignations qu'il avait faites pour son plaisir, dont je me chargeais encore, quoique à regret, aussi bien que des dommages qu'il avait soufferts par les saisies ; et, comme ce n'est que *des bagatelles*, cela ne se monte ainsi qu'à plus de cent mille livres ! Jugez, après tout cela, si je me dois désespérer de ce qu'il vient de rompre... » (Arch. de Chantilly.)

[2]. *La marquise d'Huxelles*, par M. de Barthélemy.

plus complaisant à son souverain, que celui de Paris a été à cette digne princesse [1] ! »

Un bonheur si constant, tant de victoires inespérées, auraient dû verser, semble-t-il, dans l'âme inquiète de la duchesse, l'apaisement, la sérénité. Il n'en est rien pourtant. Son humeur agitée, perverse, ne lui permet point le repos ; il faut qu'elle cherche encore de nouvelles aventures, qu'elle se mêle à toutes les intrigues, jamais plus nombreuses qu'en ce temps, notamment à la plus fameuse, la plus redoutable de toutes, celle qui met en question l'honneur même de Madame, la propre belle-sœur du grand Roi.

Cet épisode, qu'a illustré la plume de la comtesse de La Fayette [2], est entre tous obscur et compliqué, par le nombre des personnages, la multiplicité des intérêts en jeu, l'incroyable enchevêtrement des incidents qui s'y rattachent. Sans entreprendre ici de le narrer par le menu et d'en débrouiller tous les fils, il me sera permis d'en rappeler la trame essentielle, et d'évoquer les premiers rôles. Quoi de plus séduisant d'ailleurs que les deux héros de l'idylle, Henriette d'Angleterre, duchesse d'Orléans, et Armand de Gramont, comte de Guiche ? Leurs noms, après les siècles écoulés, gardent comme un parfum de grâce et

---

[1]. Madame de Mecklembourg, malgré son succès, se plaint également de tous les ennuis qu'elle a, dit-elle, endurés : « Vous avez, madame, essuyé tous les maux de la vie — écrit-elle à la duchesse d'Orléans — hors un, qui est des plus violents, qui est d'avoir un procès et d'être obligée à plaider. » *(Correspondance de Madame.)*

[2]. *Histoire d'Henriette d'Angleterre*, écrite par madame de La Fayette à la prière de celle-là même qui en est l'héroïne.

de mélancolie. Du jour où elle entra, par son mariage avec Monsieur, dans la famille de Louis XIV, la fille de Charles I[er][1] eut pour admirateurs tous les sujets du roi de France. Aimée de tous les hommes, adorée de toutes femmes[2], il sembla désormais que, dans la Cour entière, « il ne fût plus question que de lui plaire[3] ». Elle avait, dit Choisy, les yeux « pleins de ce feu contagieux que les hommes ne sauraient fixement observer sans en ressentir l'effet... Jamais princesse ne fut si touchante, et n'eut autant qu'elle l'air de vouloir bien que l'on fût charmé du plaisir de la voir. Toute sa personne était ornée de charme, et on l'aimait sans penser que l'on pût faire autrement ». De son côté, l'homme qui, plus que tout autre, subit ce prestige invincible, le comte de Guiche[4], fils aîné du maréchal de Gramont, passait pour « le plus beau et le mieux fait de son temps, galant, hardi, brave, rempli de grandeur et d'élévation ». Les cheveux blonds, les yeux d'un bleu profond, la bouche fine, un peu dédaigneuse, « il est à la Cour, écrit madame de Sévigné, tout seul de son air et de ses manières, un héros de roman qui ne ressemble point au reste des hommes ».

Favori de Monsieur, le comte de Guiche voyait, par suite, la jeune princesse dans une intimité dont l'issue

---

1. Henriette-Anne, fille de Charles Ier, roi d'Angleterre, et d'Henriette de France, née le 16 juin 1644, mariée le 31 mars 1661 au duc d'Orléans, frère du Roi, morte le 29 juin 1670.
2. Madame de La Fayette. — *Histoire d'Henriette d'Angleterre.*
3. *Mémoires* de l'abbé de Choisy.
4. 1638-1673.

n'était guère douteuse. Le hasard qui les rapprocha fut le premier et le plus grand coupable des sentiments qui s'établirent entre eux. Aux coquetteries et aux propos galants succédèrent insensiblement des familiarités plus vives, une correspondance clandestine — quelquefois « trois lettres par jour » — des entrevues secrètes, où Guiche s'enhardissait jusqu'à venir trouver la princesse en plein jour, « déguisé en femme qui dit la bonne aventure ». Un commerce si téméraire ne pouvait échapper longtemps aux curiosités de la Cour, et l'on ne tarda guère à chuchoter dans l'ombre. Mais, selon la règle ordinaire, le malheur des deux amoureux vint de leur propre indiscrétion, et de celle des amis auxquels ils se confièrent. Ces confidents, au reste, étaient singulièrement choisis. Pour Guiche, c'est ce marquis de Vardes, que nous avons montré, au précédent chapitre, à la solde de Mazarin, épiant, pour gagner son salaire, les pas, les propos de Condé, son parent et son bienfaiteur — l'âme la plus fausse qui fût, sous les plus élégants dehors. Madame, de son côté, n'a guère eu la main plus heureuse, car sa meilleure amie n'est autre, à cette époque, que la duchesse de Mecklembourg, amitié si étroite, que la duchesse de Montespan en conçoit de la jalousie, remue ciel et terre pour la rompre, arrache même de Monsieur la défense péremptoire de recevoir une femme « d'une si méchante réputation [1] ». Mais l'exclusion est de courte durée ; madame de Mecklembourg reprend en peu de temps et sa faveur et « ses petites entrées ». Dans la liaison, plus

---

1. *Histoire d'Henriette d'Angleterre*, par madame de La Fayette.

ou moins innocente, de Madame et du comte de Guiche, c'est elle le plus souvent qui sert d'intermédiaire ; le nœud essentiel de l'intrigue est dans ses mains artificieuses.

Entre Isabelle et Vardes, est-il besoin de dire qu'il y eut bientôt partie liée? Rarement, d'ailleurs, vit-on deux êtres mieux faits pour s'entendre: même ambition sans frein, même absence de scrupules, même passion d'aventures, même extérieur charmant cachant un esprit corrompu. Jadis « fort bien » ensemble, brouillés ensuite pour des raisons obscures, ils « se raccommodèrent » dès qu'ils se virent tous deux maîtres du même secret. Le résultat de cette alliance ne se fit pas longtemps attendre. Ce sont d'abord, entre les deux amants, des soupçons habilement semés sur leur fidélité mutuelle ; des paroles travesties, des billets supposés, amènent des scènes de jalousie, de passagères ruptures. Les choses, quelques semaines après, prennent une tournure plus grave. La liaison s'ébruite, les détails se précisent ; les entrevues en tête à tête, les correspondances clandestines, sont l'entretien de toute la Cour ; le maréchal de Gramont adresse des reproches à son fils ; la médisance monte aux oreilles du Roi ; Monsieur lui-même enfin — sans que l'on sache comment — a vent des rumeurs qui circulent. Un scandale est près d'éclater ; Louis XIV, pour le prévenir, ordonne au comte de Guiche de se rendre en Lorraine, de là, l'expédie en mission au fond de la Pologne, où il demeure deux ans sans avoir permission de revenir en France. Les amoureux désespérés ne peuvent que plier sous l'orage, ignorant qui l'a déchaîné.

Même leur confiance est restée telle, que Guiche, en s'éloignant, remet à Vardes la cassette où sont ses propres lettres et celles de la princesse.

On s'explique facilement la trahison de Vardes : amoureux lui-même de Madame, et mainte fois éconduit, il croit l'occasion bonne pour éloigner l'homme qu'elle préfère et, la place une fois nette, se substituer à son heureux rival. Les mobiles d'Isabelle pour entrer dans ce jeu sont moins aisés à découvrir. Est-ce l'espoir de tirer profit de la faveur de son complice? Ou rancune personnelle contre le comte de Guiche, dont elle « haïssait la famille »? Ou le simple plaisir pervers qu'elle éprouve à brouiller les cartes, à se mouvoir, — comme on l'a dit — dans un « labyrinthe de tromperies »? Peut-être une seule de ces raisons, plus probablement toutes ensemble. L'événement, en tout cas, déjoua les plus savants calculs. Vardes eut beau déclarer sa flamme, il ne put se faire écouter. Sans doute Madame, avoue madame de La Fayette, « ne le rebuta pas entièrement », car « il est difficile de maltraiter un confident aimable quand l'amant est absent ». Mais là s'arrête son indulgence; Vardes n'en obtient jamais plus. Quand Guiche, après son long exil, reparaît enfin à la Cour, rien n'a changé ni dans son cœur ni dans celui de sa maîtresse: ils se retrouvent tous deux tels qu'ils se sont quittés.

A la joie du retour se mêle pourtant une pénible surprise. Le dépôt confié en partant a disparu de chez celui qui l'avait pris en garde ; Vardes, par une étrange négligence, s'est laissé « voler ses cassettes » ; et les lettres des amoureux ont circulé de mains en mains.

commentées, travesties, livrées à la malignité publique. Vive est l'irritation de Guiche; il exige des explications; l'embarras du coupable achève de lui ouvrir les yeux. Acculé dans ses retranchements, accusé nettement de traîtrise, Vardes paraît avoir perdu la tête. Il prend madame de Mecklembourg à témoin de son innocence, propose à son ami de la désigner pour arbitre; puis il court chez Madame, la conjure « à genoux » d'accepter ce jugement suspect, « lui offrant de cacher, si elle voulait être de concert avec lui, tout le commerce qui avait été entre eux [1] ». On devine quel accueil Madame réserve à cette proposition étrange. Elle est lasse, aussi bien de comédies et de mensonges. Pour couper court à tant d'intrigues, elle s'avise du meilleur parti; elle va trouver le Roi, lui confesse franchement toute l'histoire, remet entre ses mains le soin de son honneur.

Cette confiance ne fut point trompée. Le Roi reçut l'aveu avec la plus parfaite bonté. « Il lui promit, écrit madame de La Fayette, de l'aider à démêler les fourberies de Vardes, qui se trouvèrent si excessives qu'il serait impossible de les définir. Madame se tira de ce labyrinthe en disant toujours la vérité, et sa sincérité la maintint auprès du Roi. »

C'est à ce point de l'aventure que Luxembourg, étranger jusqu'alors à cette méchante affaire, eut l'idée malheureuse d'y vouloir jouer un rôle. Intime ami du comte de Guiche, ennemi juré du marquis de Vardes,

1. *Histoire d'Henriette d'Angleterre,* par madame de La Fayette.

il crut l'instant propice pour consommer la « ruine » de ce dernier et le faire chasser de la Cour. Faute plus grave et moins pardonnable, il s'associa, dans cette partie, un homme auquel la faveur de Monsieur donnait alors une mystérieuse puissance, Philippe d'Elbeuf, chevalier de Lorraine. On le savait hostile à Vardes, dont il était jaloux; c'était d'ailleurs, par ses mœurs, par sa fourberie, par sa perversité cauteleuse — qui ne reculait pas, dit-on, devant le crime — le personnage le plus dangereux, le plus décrié de la Cour. Le chevalier pour auxiliaire, Vardes et madame de Mecklembourg comme ennemis à combattre, avec un tel allié et de tels adversaires, la campagne entreprise n'avait guère de chances d'être heureuse; on n'en pouvait sortir sans y laisser quelque chose de sa « gloire ». Les Mémoires de l'époque, les confidences épistolaires que Condé et le duc d'Enghien adressaient presque journellement à la reine de Pologne[1], s'accordent en effet sur la fâcheuse tournure de cette lutte sourde et acharnée, sur les tristes moyens mis en œuvre de part et d'autre : insinuations murmurées à l'oreille, faux avis, lettres supposées, pièges souterrains, trappes invisibles, toutes les armes empoisonnées, tout l'arsenal de ces guerres ténébreuses qui se poursuivent sans bruit, sous le décor brillant du monde et de la Cour, parmi les fêtes où l'on s'aborde la main tendue et le sourire aux lèvres.

En cet assaut de perfidies, la palme revient sans conteste à Vardes et à madame de Mecklembourg. La

1. Archives de Chantilly.

duchesse notamment, outrée de voir son frère se déclarer contre elle, ne garde aucune mesure, oublie les liens du sang et les souvenirs d'enfance. On reconnaît sa main savante, son ingéniosité, son audace romanesque, en certains stratagèmes machinés au cours de la lutte. Le duc d'Enghien, dans sa correspondance[1], en cite à mots couverts quelques traits singuliers. Luxembourg, raconte-t-il, reçoit un jour un billet anonyme, lui proposant, pour peu qu'il y consente, un « moyen sûr » de perdre dans l'esprit du Roi le marquis de Vardes et sa séquelle. Qu'il se rende le lendemain dans la chapelle des Pères de l'Oratoire ; un homme qui s'y trouvera « lui fera signe d'un mouchoir » ; il répondra de même, pour indiquer ainsi qu'il est prêt à marcher ; alors seulement on lui dira ce qu'il est nécessaire de faire. Luxembourg va au rendez-vous ; il y voit l'homme et son signal ; mais, au lieu d'y répondre, il fait « enlever par ses laquais » le mystérieux personnage, l'amène de force en son logis, et le « tourmente » si bien qu'il lui fait avouer « toute l'intrigue ». Le duc d'Enghien — et c'est dommage — n'a pu savoir plus de détails ; nul doute toutefois, à son avis, que cette invite ne cachât quelque piège, où un joueur plus novice se fût naïvement laissé prendre.

Quelques semaines après, dans un bal de la Cour, on trouve une lettre « aux pieds de la comtesse de Guiche[2] » ; on la ramasse, on l'ouvre, on se la passe

1. Lettres de 1665. — Arch. de Chantilly.
2. Marguerite-Louise de Béthune-Sully, comtesse de Guiche.

de main en main. Elle ne contient que ces seuls mots : « Je ne peux plus souffrir ce bossu de Luxembourg. C'est un fripon et un importun qui me fait mal au cœur. Je vous prie de m'en délivrer ». Chacun y reconnaît l'écriture de madame de Guiche, dont Luxembourg, dit la chronique galante, se montre alors vivement épris; du moins, écrit le duc d'Enghien, « en fait-il assez les façons ». Le billet, comme on pense, n'est pas écrit par la comtesse; c'est une imitation adroite, destinée à brouiller ensemble Luxembourg et le comte de Guiche. Ce dernier, sagement inspiré, ne voulut pas en tenir compte, et dédaigna ce lâche avertissement. L'histoire n'en fit pas moins « furieusement de bruit dans le public », provoqua quelque temps, aux dépens des amis, des railleries malicieuses, de méchants commentaires.

Cette guerre sournoise et silencieuse aboutit à un coup d'éclat. Dans la cassette de Vardes était une liasse de lettres qui, l'on ne sait par quelle indiscrétion, se trouvèrent soudain divulguées. C'étaient les notes secrètes et les papiers intimes de la duchesse de Mecklembourg, toute une correspondance terrible, où son humeur caustique, sa verve impitoyable, se donnent carrière et n'épargnent personne. Elle y dit « pis que pendre », écrit le grand Condé, de l'archevêque de Sens, du maréchal de Gramont, de mesdames de Saint-Chaumont et de Feuquières, de Luxembourg, son frère, et de Madame elle-même, bref « des seules personnes de la Cour avec qui elle fût en considération. Tout cela lui fera un fort grand tort ! » On dit encore, ajoute le duc d'Enghien, « qu'il y a une lettre où elle mande que M. le chevalier de Gramont et sa femme gouvernent Monsieur, que madame de Saint-Chaumont[1] gouverne Madame avec M. de Luxembourg, qu'il faut perdre absolument son frère… Enfin cette lettre est pleine de sottises, d'impertinences extrêmement ridicules[2] ».

L'effet produit est désastreux pour l'auteur de ces médisances. Madame lui tourne le dos et refuse de la recevoir. Luxembourg se rend chez sa sœur, et réclame des « éclaircissements ». La scène entre eux fut « fort plaisante », au dire du duc d'Enghien ; elle se termina par une brouille qui, pendant un temps, fut complète. Bref ce fut, à la cour de Versailles, un *tolle* général contre madame de Mecklembourg. Comme une disgrâce en appelle d'autres, c'est à cette heure de crise que se répandit dans Paris, imprimé secrètement à Liège, le pamphlet sanglant de Bussy-Rabutin, l'*Histoire amoureuse des Gaules*. La première moitié du volume est remplie par « *l'Histoire de la duchesse de Châtillon* », tissu ingénieux et perfide de roman et de vérité, dont l'héroïne demeure entachée et flétrie, pour ses contemporains comme devant la postérité. M. le Prince, à dire le vrai, n'est épargné guère plus que sa maîtresse ; aussi sa colère est-elle vive contre l'insolent écrivain. « C'est un fripon, écrit le duc d'Enghien, qui a même encore d'autres crimes. Il a fait de la fausse monnaie ; il a enlevé une femme ; il a assassiné son cocher ; il a contrefait des

---

1. Sœur du comte de Guiche.
2. Lettre du 3 avril 1665. — Arch. de Chantilly.

ordres du Roi. Il n'y a personne qu'il n'ait sur le dos, parce qu'il a offensé tout le monde… Le Roi est fort aigri contre lui, et je crois qu'il en fera justice[1]. »

La prévision se justifie; elle est même promptement dépassée. Le Roi, las de toutes ces « pratiques », se décide enfin à sévir contre tous ceux qui, dès longtemps, troublent le repos de sa Cour; et son mécontentement enveloppe sans distinction les factions opposées qui se déchirent entre elles. Des ordres rigoureux se succèdent coup sur coup. Bussy est mis à la Bastille, y reste treize mois enfermé, puis se voit banni dans ses terres. Vardes est de même emprisonné, avant d'être exilé dans son gouvernement d'Aigues-Mortes. L'intercession du grand Condé ne peut sauver le comte de Guiche; envoyé hors de France, il prend du service en Hollande, où il guerroie pendant trois ans. Ni le temps ni l'absence n'affaiblissent sa passion; rien ne peut guérir sa blessure. A la mort de Madame il est inconsolable, cherche vainement à se faire tuer au feu, et termine ses jours à Kreuznach, à l'âge de trente-cinq ans, « de maladie et de langueur », écrit madame de Sévigné[2].

En bonne justice, madame de Mecklembourg aurait à redouter aussi quelque éclat des foudres royales. Sa position est fausse et plus que délicate. « Présentement, dit le duc d'Enghien[3], elle est mal avec le Roi, avec les

1. Lettre du 24 avril 1665. — Arch. de Chantilly.
2. Le comte de Guiche mourut le 29 novembre 1673, « après treize jours de fièvre », dit la *Gazette de France*.
3. Correspondance avec la reine de Pologne. — Arch. de Chantilly.

Princes, avec Monsieur et Madame, avec toute sa famille de France et d'Allemagne... Si elle sort bien de toutes ces intrigues, je ne la tiendrai pas malhabile ! » Elle en sortit si bien que, deux années après, elle obtenait du Roi, malgré l'opposition générale de la Cour, le rang envié de « princesse étrangère ». Madame, bien loin de lui garder rancune, l'admet plus que jamais en son intimité ; et lorsque, à quelque temps de là, Henriette d'Angleterre est en proie à cette crise subite et mortelle dont, de nos jours seulement, vient d'être éclairci le mystère[1], c'est la duchesse de Mecklembourg que, la première, elle appelle à son aide, c'est entre ses bras qu'elle expire, plongeant dans le deuil toute la France.

Luxembourg, cent fois moins coupable, est plus mal traité qu'Isabelle. Le Roi boude et lui « fait la mine ». Il n'ose pendant longtemps se montrer à la Cour, se dit malade et « ne sort point du lit », pour éviter les commentaires[2]. Il reparaît toutefois un peu plus tard au Louvre et à Versailles ; mais il est tenu à l'écart, il n'a crédit ni influence, à peine lui parle-t-on ; l'accueil des courtisans se sent de la froideur du maître. Il demeurera dans cette « langueur » jusqu'au jour où Condé, rappelé lui-même au service de l'État, prendra par la main son frère d'armes, et, l'arrachant de ce milieu funeste, l'aidera généreusement à se remettre en selle.

[1]. Voir dans le Drame des poisons, de M. Funck-Brentano, le curieux chapitre sur la mort de Madame.

[2]. Correspondance du duc d'Enghien avec la reine de Pologne, loc. cit.

CHAPITRE XII
1667-1668

Dispositions belliqueuses de Louis XIV. — Le droit de *dévolution*. — Campagne de Flandre, où Luxembourg sert comme volontaire. — Sa maladie. — Son découragement. — Préparatifs d'une nouvelle campagne. — Condé généralissime. — Luxembourg rentre au service. — Sa faveur auprès de Louvois. — Intimité de ces deux hommes. — Invasion de la Franche-Comté. — Prise de Salins. — Les « médiateurs » imposent la paix. — Chagrin qu'en ressent Luxembourg. — Triste mission qui lui échoit. — Le pillage méthodique du Limbourg. — Dureté de Luxembourg. — Ingénieux stratagème pour retarder les effets de la paix. — Maigre récompense de tant de zèle. — Il s'en console par l'espoir d'une prochaine revanche. — L'opinion est unanime à lui assigner dans l'avenir un grand rôle.

Les sept années qui suivent la paix des Pyrénées ne sont pour Louis XIV que des années d'apprentissage. Avec une patience consciencieuse, il se forme et s'exerce à son métier de roi. Mazarin mort[1], Foucquet brisé, il prétend désormais rester hors de tutelle. Plus de surintendant ni de premier ministre : le Roi tout au sommet ; sous lui de simples secrétaires d'État, commis intelli-

1. Le 9 mars 1661.

gents, compétents, laborieux, ne relevant que de lui seul et lui rendant directement des comptes. Que ces derniers s'appellent Le Tellier, Colbert ou Louvois, chacun s'enferme dans sa sphère, se restreint à sa tâche spéciale; rien ne se fait qu'au nom et par la volonté du Roi; aucun détail, si mince qu'il soit, n'échappe à son contrôle et à sa signature. Son incontestable mérite est le bon choix qu'il fait de ces serviteurs de l'État, la fermeté qu'il montre à les conserver dans leur poste, sans souci des critiques, des criailleries et des cabales. Par là, par ce discernement, par cette application suivie, par son souci constant de la dignité monarchique — qui se confond dans son esprit avec l'honneur même de la France — Louis XIV, quoi qu'on puisse dire, mérite vraiment son titre de Grand Roi. Cette longue période de recueillement a d'ailleurs profité largement au royaume; les finances sont prospères, l'industrie florissante, l'armée refaite, et plus nombreuse qu'elle n'a jamais été[1]. Pour achever d'illustrer le règne il ne manque que la gloire des armes, consécration cruelle, qu'un prince jeune et dominateur se flatte à présent d'acquérir[2]. L'occasion désirée sembla s'offrir d'elle-

1. L'armée en 1666 comptait environ 72 000 hommes, instruits, exercés, bien armés.

2. En dehors de cette considération personnelle, Louis XIV, en donnant à l'activité de la nation le dérivatif de la guerre, ne faisait qu'appliquer un des principes fondamentaux de la politique française depuis nombre d'années. « Les maximes du gouvernement de la France — écrit en cette année 1667 un clairvoyant diplomate étranger, le baron de Lisola — sont les suivantes : premièrement, d'entretenir toujours la guerre au dehors et d'exercer la jeune

même en l'année 1667, par l'exercice légal de ce que la langue de l'époque nomme le « droit de dévolution ».

Dès qu'il apprit la mort de son beau-père, le roi d'Espagne, Philippe IV, la première pensée de Louis XIV fut de revendiquer une part de l'héritage. Sa femme, la reine Marie-Thérèse, avait sans doute, en se mariant, signé une renonciation à la succession paternelle, mais la validité de l'acte était subordonnée au paiement de la dot, qui montait à cinq cent mille livres. Cette somme ne fut jamais versée; la Reine rentrait donc dans ses droits, et son époux en conséquence ne réclamait rien moins, à titre de dédommagement, que le Brabant, le marquisat d'Anvers, l'Artois, le Cambrésis, le Hainaut et leurs dépendances, soit la totalité de la Flandre espagnole. Sage toutefois autant qu'ambitieux, Louis XIV, au début, se borne à réserver ses droits par des formules diplomatiques. Il attend pour agir le moment favorable. Cette heure sonne au printemps de 1667. La Hollande, affaiblie par la guerre maritime qu'elle soutient contre l'Angleterre, est hors d'état d'intervenir. L'Angleterre, bien que victorieuse, est elle-même peu soucieuse d'entreprendre une nouvelle affaire: quelques concessions aux Antilles assureront sa neutralité. Notre armement est au complet; les magasins regorgent de vivres et de muni-

---

noblesse aux dépens de leurs voisins...... En effet, il est constant que le génie de la nation ne peut pas souffrir de subsister longtemps dans l'oisiveté de la paix. Il faut de l'aliment à ce feu; et, si on ne lui en donnait au dehors, il s'en formerait de lui-même des matières au dedans... » (Bouclier d'État et de Justice, etc., par le baron de Lisola, cité par M. C. Rousset dans son *Histoire de Louvois*.)

tions; les généraux sont à leurs postes, les troupes massées sur la frontière.

Quand tout est prêt pour l'offensive, Louis XIV, le 8 mai, lance brusquement le manifeste où il fait valoir ses motifs et précise ses réclamations. Deux jours après, il entre en Flandre. Turenne commande en chef; le Roi l'accompagne en personne; au quartier général arriveront peu après la Reine et mademoiselle de la Vallière, avec leurs maisons et leur suite, « trente mille chevaux d'équipages », tout le train fastueux de la Cour [1]. Funestes en toute autre occasion, cette pompe, ce déploiement sont ici sans danger, car cette guerre est surtout une promenade militaire. Charleroy se rend le 2 juin, puis coup sur coup Tournai, Douai, Courtrai, les plus belles places fortes, sans combat, sans travaux d'approche, et dès la première sommation.

Condé n'assiste pas à ce brillant spectacle; il est à Chantilly, retenu par la goutte, et se contente d'y envoyer son fils. Par contre, Luxembourg est là. Au premier jour de la campagne, il a rejoint l'armée; Turenne l'a recueilli dans son état-major. Mais il n'obtient ni commandement ni emploi d'aucun genre; il prend part aux opérations en simple « volontaire [2] », inutile et rongeant son frein, heureux pourtant encore de se mêler de près au tumulte des camps, de humer l'odeur de la poudre. Le 6 août, il est au siège de Lille, la seule place espagnole qui offre quelque résistance. Les remparts

---

1. *Mémoires* de Coligny-Saligny.
2. *Mémoires pour servir à l'histoire du maréchal de Luxembourg.*

sont solides, la garnison de cinq mille hommes ; le gouverneur, le comte de Brouay, fait son devoir avec conscience. Il faut donc cette fois se résoudre à une attaque selon les règles, investissement, tranchées, travaux de mine et canonnade. Entre assiégeants et assiégés, les relations n'en sont pas moins courtoises ; les *Mémoires* de Choisy en citent quelques traits surprenants. Le comte de Brouay, chaque matin, fait apporter de la ville investie une provision de glace pour la table royale; comme Louis XIV, un jour, prie l'envoyé de redoubler la dose : « Sire, lui répond ce gentilhomme, M. de Brouay craint que le siège ne soit trop long et qu'elle ne vienne à lui manquer ». Sur quoi, il « fait sa révérence »; mais le vieux marquis de Charost, placé derrière le Roi, lui crie tandis qu'il se retire : « Dites à M. de Brouay qu'il n'aille pas faire comme le gouverneur de Douai, qui s'est rendu comme un coquin. — Charost, êtes-vous fou ? dit le Roi en se retournant. — Eh! sire, réplique Charost, le comte de Brouay est mon cousin ! » Et tout le monde se met à rire. Parmi ces gentillesses et ces civilités, les ouvrages avancés sont emportés d'assaut; le peuple se soulève et réclame « la chamade »; après vingt jours d'investissement, la place de Lille ouvre ses portes, et Louis XIV y fait une entrée triomphale.

La prise de Lille est, de toute cette campagne, le seul fait d'armes à retenir. La Cour en manifeste une joie exubérante, et l'adulation va son train. Luxembourg, par malheur, n'a pu marcher au feu et prendre sa part du succès. Au milieu des opérations, il est tombé gravement malade; il a fallu quitter le siège, aller se soigner à Précy. On imagine quels sont, à cette mésaventure, le chagrin du soldat et le dépit du courtisan, il n'a pas assez d'invectives pour maudire « sa mauvaise santé », et l'impatience qu'il en ressent augmente encore sa maladie. Les médecins tardant trop à le mettre sur pied, il fait appel aux empiriques : « Je vais, écrit-il à Colbert [1], me mettre entre les mains d'un homme qui me promet la fin de mon mal dans trois semaines; et — quoique je hasarde un peu, parce que c'est un *chimiste* — deux raisons me font prendre ce parti : le déplaisir que j'ai, dans un temps comme celui-ci, de n'être point à l'armée, et la crainte de ne pouvoir plus supporter mon mal... » Mais la « chimie » du charlatan ne réussit guère mieux que les drogues de la Faculté; la campagne s'achève avant qu'il se trouve en état de rejoindre Turenne en Flandre. L'occasion est manquée de signaler son zèle, et de gagner, par quelque action d'éclat, la grâce tant désirée de rentrer au service.

« La Fortune, étant femme, écrit un vieil auteur, se plaît volontiers à désespérer ceux qu'elle aime, à l'instant même qu'elle se dispose à leur accorder ses faveurs. » Tel fut le cas pour Luxembourg. La compensation qu'il obtint, à l'heure où le découragement se glissait dans son âme, fut plus complète qu'il n'eût osé rêver, et la joie qu'il en éprouva se redoubla de sa surprise.

Les premiers jours du mois de septembre avaient mar-

---

1. Mss. Bibl. nat. Mélanges Colbert, vol. 144.

qué la fin des opérations militaires. L'armée, à ce moment, entre en quartier d'hiver, et l'on s'occupe déjà de négocier la paix. Les conditions de Louis XIV se sentent de sa facile victoire. Il offre à la Régente d'Espagne ce qu'il appelle « l'alternative » : soit l'abandon définitif de toutes les places qu'elle a perdues en Flandre, soit, comme équivalent, la cession à la France du Luxembourg ou de la Franche-Comté. Il n'a d'ailleurs guère d'illusions sur l'accueil réservé à ces propositions; et, tandis qu'on discute avec les formes consacrées et les lenteurs diplomatiques, il prépare activement sous main l'exécution des « beaux desseins », qu'il a, dit-il, « tout formés dans la tête[1] ». Ces projets mystérieux, c'est à Turenne que Louis XIV en fait la première confidence ; ce n'est pourtant pas lui qu'il chargera de les réaliser. L'illustre maréchal, dans la récente campagne, a seul tout fait et tout conduit, à la fois administrateur et général en chef. C'est plus assurément que n'en peut supporter l'esprit jaloux de Le Tellier, secrétaire d'État pour la guerre. D'accord avec Louvois, son fils et son coadjuteur, il mène en sourdine toute l'intrigue qui va substituer à Turenne le seul rival qu'on lui puisse opposer. « En insinuant au Roi, écrit M. Camille Rousset[2], que, pour l'exécution de ses vastes projets, Louis XIV avait besoin de plus d'un lieutenant, en lui proposant d'employer les talents militaires du prince de Condé, Le Tellier parut agir comme un bon serviteur qui n'a d'autre intérêt que

1. Lettres des 13 et 20 novembre 1667. Œuvres de Louis XIV.
2. Histoire de Louvois.

l'intérêt de son maître, d'autre passion que sa gloire. Louis XIV se laissa persuader ; il crut faire un acte magnanime en donnant à l'ancien chef de la Fronde l'occasion de réparer ses fautes. »

Une décision datée du 30 septembre déclara M. le Prince « généralissime de l'armée d'Allemagne ». Cette nouvelle soudain publiée fut un vrai coup de théâtre ; elle produisit dans toute la France une sensation extraordinaire, et gonfla bien des cœurs de joie et d'espérance. Les conférences presque amicales qui, les semaines suivantes, eurent lieu à Saint-Germain entre Louis XIV et Condé achevèrent de consacrer l'accord et d'affirmer la réconciliation complète. Une des conditions acceptées fut que le prince, pour l'aider dans sa tâche, aurait le droit de faire appel à quelques-uns de ses anciens lieutenants, tenus jusqu'alors à l'écart. Que Condé, dans ces circonstances, ait proposé avant tout autre le duc de Luxembourg, c'est ce qui n'étonna personne ; mais ce qu'on ne pouvait attendre, fut l'approbation empressée que ce choix rencontra dans les hautes régions du pouvoir. Il en faut faire honneur à la loyauté de Turenne ; consulté par le Roi, « ce grand homme, assure Saint-Germain [1], fit le récit fidèle des actions qui avaient rendu le nom de Boutteville illustre dans la dernière guerre », vanta chaleureusement les vertus militaires de celui que, pendant six ans, il avait vu en face de lui sur tant de champs de bataille.

A ce haut témoignage vint s'ajouter un autre appui,

---

[1]. Mémoires cités par Désormeaux, *loc. cit.*

moins éclatant sans doute, mais non moins efficace. La précédente campagne, où son rôle avait été mince, avait valu pourtant à Luxembourg d'être remarqué par Louvois. De ce moment, il s'établit entre eux une liaison fort intime, qui, au premier abord, peut sembler surprenante. Nul rapport en effet ni d'âge ni de naissance; l'un est Montmorency, l'autre fils de bourgeois[1]; quand Luxembourg a quarante ans, Louvois en compte vingt-sept à peine. Les traits de ressemblance entre leurs deux caractères — même avide ambition, même dureté égoïste, même cynisme railleur, même indomptable orgueil — sont moins propres, en apparence, à les unir qu'à les mettre en conflit. Mais l'intérêt, pour des hommes de cette trempe, est un lien autrement puissant que la plus étroite sympathie. Ils ont, à cette époque, également besoin l'un de l'autre, « Luxembourg pour regagner le temps perdu dans la disgrâce, Louvois pour fortifier sa position contre l'inimitié de Turenne[2] ». Louvois dispose de la confiance du Roi, Luxembourg du crédit renaissant de Condé. Leur commerce assidu n'exclut d'ailleurs, de part et d'autre, ni la rivalité, ni la moquerie amère, ni le secret dédain, qui parfois confine à la haine; car cette apparente amitié n'est en réalité qu'une association, où chacun apporte sa part, et ne rend un service que dans l'espérance d'un profit. C'est ce qu'on lit entre les lignes dans la correspondance qui s'inaugure dès lors entre eux, cette correspondance gigantesque qui durera plus de vingt

1. Michel Le Tellier, père de Louvois, avait débuté par être simple procureur au Châtelet.
2. *Histoire de Louvois*, par C. Rousset.

années[1] — interrompue un temps par une rupture tragique — mélange extraordinaire de confidences privées et d'informations militaires, de familières causeries et de rapports techniques, de compliments outrés et de railleries mordantes, de suppliques à peine déguisées et de sourdes menaces, sorte de longue scène dialoguée, tour à tour sérieuse et plaisante, où reparaît à chaque instant, sous le masque officiel du ministre et du général, l'homme réel et vivant, avec ses défauts et ses vices, ses faiblesses et ses défaillances, ses grands mérites aussi et ses hautes qualités.

Cette camaraderie aujourd'hui n'en est encore qu'à son début. C'est la phase de la lune de miel, de l'échange réciproque des congratulations et des bons procédés. Aussitôt que Condé, dans ses propositions au Roi, met en avant le nom de Luxembourg, Louvois s'empresse d'y accéder, enchérit même sur les désirs du prince. Non seulement Luxembourg se verra préféré, pour servir dans « l'armée d'Allemagne », aux lieutenants généraux les plus anciens et les plus éprouvés, mais il aura, dans le Jura, la conduite d'un « corps séparé » ; on lui laissera l'initiative d'une action personnelle, dans la grave entreprise qui se prépare en grand mystère.

C'est sur la Franche-Comté que portera cette fois tout l'effort des armes françaises. Ce territoire n'est pas

[1]. Cette correspondance est presque entièrement conservée au ministère de la Guerre, où elle est dispersée en plusieurs centaines de volumes. Elle constituera une source d'informations précieuse pour la seconde partie de cette étude.

compris dans ceux que les puissances protectrices de l'Espagne couvrent de leur médiation[1]. L'ennemi, de ce côté, ne redoute aucune tentative ; sa tranquillité est complète. Conquérir cette province en pleine saison d'hiver et par une subite offensive, tel est le plan dont le succès dépend du secret observé. Dès le mois de décembre, Condé est à Dijon, sous couleur de vaquer aux soins de son gouvernement. Il y tient en effet les États de Bourgogne, mais il travaille surtout à organiser l'invasion, rassemble troupes et munitions avec une activité silencieuse. Luxembourg l'y rejoint bientôt pour le seconder dans sa tâche. Même ce dernier pousse jusqu'à la frontière, reconnaît les abords de la ville de Salins, envoie à Louvois un mémoire sur l'urgence d'attaquer cette place « en même temps que celle de Besançon[2] ». Puis il regagne Saint-Germain-en-Laye, où se trouvent le Roi et la Cour. A la fin de janvier, tous les préparatifs sont faits pour l'entrée en campagne, sans qu'un doute ait troublé la quiétude des Espagnols.

Pour entretenir l'ennemi dans cette précieuse confiance, on ne recule devant aucun moyen. A la veille du départ du Roi, Louvois, afin de cacher l'événement, s'avise d'un hardi stratagème. « J'ai envoyé dire au maître des bureaux de poste de Paris — avait-il tout d'abord écrit à M. le Prince[3] — de me venir trouver, et je tâcherai

[1]. Traité de la *Triple-Alliance*, signé à La Haye, le 23 janvier 1668, entre l'Angleterre, la Hollande et la Suède.

[2]. Louvois à Condé. Lettre du 31 janvier 1668. — Arch. de Chantilly.

[3]. Lettre du 25 janvier — Arch. de Chantilly.

de faire en sorte que les ordinaires qui devront partir jeudi et samedi prochains de Paris ne partent point. » Mais il craint, à la réflexion, que l'interdiction des courriers ne fasse suspecter quelque chose, et il trouve un autre expédient : « Je verrai, reprend-il, si on ne pourrait pas les faire voler à quatre ou cinq lieues de Paris, et envoyer à la place de la malle un procès-verbal du vol. Je crois que je prendrai cet expédient pour l'ordinaire de jeudi... » Il fait comme il le dit : « L'ordinaire de Dijon, mande-t-il deux jours plus tard, a été volé par mon ordre auprès de Villeneuve-Saint-Georges. » La ruse obtient un plein succès : Bourguignons ni Comtois n'ont nul soupçon du tour qui leur est joué par la police. Luxembourg, par le même principe, lorsqu'il quitte Saint-Germain pour aller à l'armée, feint d'abord de se rendre en sa terre de Ligny. Il y débarque un soir, en repart la nuit même, en poste et brûlant les étapes. Il arrive le 2 février auprès de M. le Prince, et prend le commandement du corps qui lui est assigné. Le lendemain, il passe la frontière, marche sur la ville de Salins, tandis que, le même jour, Condé s'avance sur Besançon.

Ce coup bien combiné, cette précision dans le détail, cette célérité foudroyante, amenèrent les résultats qu'on en devait attendre. Les Espagnols et les Comtois, stupéfaits, terrifiés, frappés en pleine sécurité, tentèrent à peine un semblant de défense. La province fut — on l'a dit justement — « conquise avant d'être attaquée » ; et, comme l'année d'avant la campagne de Flandre, la campagne de Franche-Comté ne fut qu'une pièce à grand spectacle, et moins un drame qu'une comédie. Cette facilité même, dont se réjouissent les politiques, est pour les militaires un sujet de regret. Quel plaisir de battre des gens qui ne font point de résistance ? Cette déception perce clairement dans les lettres de Luxembourg ; elle gâte un peu sa joie, après dix années d'inaction, de se voir pourvu d'une armée, et de sentir, ainsi qu'il dit, « qu'on le trouve bon encore à quelque chose ». Trop avisé d'ailleurs pour se laisser aller à quelque coup de tête, il contient son ardeur et celle de ses soldats avec une sagesse méritoire. C'est le 5 février qu'il est sous les murs de Salins ; les châteaux qui se trouvent autour — Belin, Bracon et Saint-André — dont on croyait avoir à faire le siège, capitulent tous trois le jour même. Salins est investi le lendemain dans la matinée. Les troupes — écrit Luxembourg à Louvois [1] — ne respiraient que la bataille ; s'il les eût écoutés, aussitôt en vue de la place il aurait fait « casser la tête à quelques pauvres diables de mousquetaires du Roi, qui voulaient la prendre d'insulte ». Mais — quoiqu'il eût été lui-même « bien aise de pouvoir faire quelque action un peu vigoureuse » — il se résigne, « pour plus de sûreté, à attendre d'avoir tout son monde sous la main » ; et, dès la première sommation, Salins ouvre humblement ses portes. Il n'a eu, dans toute cette affaire, « qu'un soldat tué et deux blessés ».

A peine d'ailleurs a-t-il pénétré dans la ville, qu'il brûle déjà d'en repartir. « J'ai dans la tête, dit-il [2], que

1. Lettre du 7 février, du camp de Salins. — Arch. de la Guerre, tome 222.
2. Lettre de février. — *Ibid.*

l'on pourrait maintenant s'en aller manger devant Dôle », la seule citadelle du pays qui semble disposée à soutenir les épreuves d'un siège. Louvois l'y appelle en effet[1] ; il y retrouve le Roi et le prince de Condé. Vauban, mandé de même, règle l'investissement et dirige les travaux d'approche. On songe à ouvrir la tranchée, on prépare des colonnes d'assaut; sans doute va-t-on voir quelque chose qui ressemble enfin à la guerre. Mais, au bout de deux jours — et contre toute attente — le Roi est maître de la place. La verve et l'éloquence du chevalier de Gramont ont décidé les habitants à capituler de bonne grâce; le spirituel Gascon, comme il l'avait prédit, a « pris Dôle avec des mots ». Besançon, Gray, le fort de Joux, sont d'aussi bonne composition. Le 19 février, la Franche-Comté tout entière est soumise. Le Roi retourne à Saint-Germain ; les généraux demeurent avec Louvois pour administrer la conquête, organiser l'occupation.

Louis XIV, en partant, avait laissé à M. le Prince la haute main sur la Franche-Comté; mais le séjour de Besançon ne retint pas longtemps Condé. On avait à Paris besoin de ses conseils pour établir le plan de la prochaine campagne. Plan formidable pour l'époque : trois armées en même temps envahissant les Pays-Bas, trois armées comprenant ensemble un effectif de cent

---

[1]. Louvois, dans une lettre à Condé, exprime la satisfaction du Roi pour la prise rapide de Salins, et annonce que Luxembourg a reçu l'ordre « de laisser à Salins les troupes qu'il jugera absolument nécessaires, et de marcher vers Dôle le plus vite qu'il pourra ». — Arch. de Chantilly.

mille hommes, commandées par Turenne, Monsieur et le prince de Condé. Celui-ci, comme premier lieutenant, désigne Luxembourg, qui déjà, par son ordre, est chargé de masser les troupes entre la Sambre et la Moselle ; car il doit, en avril, donner le signal de l'attaque en assiégeant la ville dont il porte le nom[1]. En attendant que les hostilités reprennent, il suppléera Condé dans le commandement de l'armée[2]. Rempli d'ardeur et d'espérance, il s'employait à reconnaître les frontières de la Gueldre et du Limbourg, quand une nouvelle survint qui refroidit son enthousiasme. La paix semblait prête à se faire ; l'Angleterre et la Hollande, effrayées à la vue des préparatifs de la France, intervenaient dans la querelle à titre de « médiatrices », acceptaient pour leur compte les conditions de Louis XIV, s'engageaient à peser sur la volonté de l'Espagne pour obtenir la conclusion d'un traité pacifique. Un armistice était déjà signé jusqu'à la fin du mois de mai.

Louvois voulut lui-même mander à Luxembourg « l'agréable nouvelle », par ce billet familièrement railleur : « Vous avez su, dit-il[3], par la lettre du Roi que M. Le Tellier vous a adressée, que Sa Majesté a promis de ne rien entreprendre sur les places fortes des ennemis pendant le mois prochain et que, quelque indigne que vous en soyez, le Roi a trouvé bon de vous confier le soin

1. *Histoire de la maison de Montmorency*, par Désormeaux. — *Histoire des princes de Condé*, par le duc d'Aumale.
2. Lettre du Roi à Luxembourg du 30 mars 1668. — Arch. de la Guerre.
3. 18 avril 1668. — Arch. de la Guerre, t. 222.

de faire vivre les troupes aux dépens des ennemis. Comme, soit que la paix se fasse ou non, il est bon d'obliger ces messieurs de Limbourg et de Gueldre, s'il y a moyen, de payer leurs dettes, je vous supplie d'employer toute votre industrie pour faire qu'ils en demeurent quittes, et de me donner part de temps en temps de ce que vous avancerez dans un emploi qui ne vous laisserait aucune excuse si vous n'y réussissiez pas, par la grande pratique que vous avez de choses semblables ! »

Luxembourg, ce jour-là, ne releva pas l'ironie. Il tombait de son haut, et se sentait de fort méchante humeur. A la veille d'une grande guerre, voir une paix imprévue casser les ailes aux plus belles espérances ; du rang de général d'armée, déchoir au bas métier de collecteur d'impôts, contraint de pressurer des populations misérables : le coup, pour une âme ambitieuse, était étrangement rude. Ses lettres, dans les premiers temps, avouent sa déception cruelle : « Nous eûmes hier au soir, écrit-il à Condé[1], l'agréable nouvelle qui nous apprit l'heureux retour de l'équipage de Votre Altesse à Chantilly... Comme vous savez bien dorer la pilule, ainsi que le grand Jupiter, vous nous mandez que ce n'en est qu'une partie, pour ne pas nous entièrement affliger, et cependant M. de Vialar dit qu'il a ordre de le ramener tout entier, et cela ne nous laisse aucune espérance ! » Comme il faut bien pourtant « bâtir des châteaux en Espagne », il rêve encore parfois de « quelques petites chicanes » qui, au dernier moment, feraient échouer la ratification ; mais il sait bien,

---

1. 30 avril 1660. — Arch. de Chantilly.

au fond de l'âme, que « cette malheureuse paix n'est que trop bien bâtie, sur des fondements plus solides que tous ses raisonnements », et sa douleur en est extrême[1]. Il s'exprime plus franchement encore quand il s'adresse à son ami Louvois. Il lui reproche, d'un ton plein d'amertume, de le laisser au loin, « dans un pays du diable, perdu au fond des bois », occupé à des choses « qui ne sont point de son gibier ». — « Quand j'y songe, s'écrie-t-il, il me prend l'envie de déserter ! » Il s'excuse par avance de son peu d'expérience « pour s'acquitter de la seule chose qu'il y ait à faire dans le temps où nous sommes, qui est de tirer de l'argent », énumère les ennuis, les difficultés de sa tâche. « J'ai peur, lui écrit-il encore, que vous ne vous moquiez bien à Versailles de ce que nous faisons ici. Mais, si cela vous arrive, vous savez le proverbe : *rira bien qui rira le dernier*. Vous trouverez la paix si ennuyeuse, que j'espère que vous n'en serez pas moins fâché que nous[2]. »

Cette paix malencontreuse est d'ailleurs, à l'entendre, une source intarissable de maux et d'abus de tout genre. Depuis que la nouvelle a couru dans l'armée, on ne peut tenir les soldats; l'indiscipline et la maraude ont fait, dit-il, des progrès surprenants. « Nous avons fait passer des gens par les armes, demain nous en ferons pendre, et tout cela ne peut remédier au plus grand libertinage

1. « Je ne sais, conclut-il, quand il faudra revenir, pour prendre le chemin où nous conduira la paix, mais je sais bien que ce qui m'en consolera le plus, ce sera quand je me trouverai à Chantilly auprès du duc d'Enghien et de vous. »

2. Lettres des 3 et 7 mai 1668. — Arch. de la Guerre, t. 222.

que j'aie jamais vu [1]... » Même déplorable esprit dans le corps d'officiers ; sauf de rares exceptions, comme le comte de Caylus — « l'un des jolis hommes que je connaisse », écrit-il — « la plupart se sont relâchés, au point qu'il n'y en a guère qui servent comme ils le devraient. C'est une négligence dans tous les corps, qui est presque générale ». Et toujours, au bout de chaque plainte, revient l'invariable refrain : « C'est cette maudite paix qui a fait tout cela ! » La première cause de ce désordre — il en convient plus loin — est le bruit répandu d'une « grande réforme d'officiers », qui devra, d'après les on-dit, succéder à l'état de guerre. Lieutenants et capitaines s'attendent — d'ailleurs à tort — à se voir licenciés en masse; cette perspective leur ôte tout courage pour bien faire. « M. le duc de Luxembourg, mande l'intendant Carlier, a fait de son mieux pour redresser les officiers; mais il a trouvé en eux si peu de dispositions à suivre ses ordres et tant de nonchalance pour le service, qu'il n'aura point de chagrin des réformés, ni de plaisir du bonheur des prédestinés [2]. »

Les premiers jours de mai virent se produire l'événement attendu. Les plénipotentiaires assemblés à Aix-la-Chapelle signèrent, le 2 du mois, le célèbre traité qui réunissait à la France toute la partie des Pays-Bas conquise en 1667. Pour que la paix devînt définitive, une seule formalité manquait : l'échange des ratifications entre les

1. Luxembourg à Louvois, 28 mai 1668.— Archives de la Guerre, t. 222.
2. Lettre à Louvois du 29 juin. — Arch. de la Guerre, t. 227.

parties contractantes. Les lenteurs de la cour d'Espagne faisaient prévoir quelques semaines d'attente, et Louvois résolut de mettre ce temps à profit. Économe des deniers royaux, il était âpre au gain en territoire ennemi, ne perdait aucune occasion d'enfler le trésor de la Guerre par les contributions levées sur les populations vaincues. C'est encore Luxembourg qui reçoit la mission d'emplir les caisses publiques; et la correspondance qui s'établit entre les deux compères est curieuse autant qu'édifiante[1]. S'avancer au cœur du Limbourg — malgré la paix déjà conclue et « à la barbe des médiateurs » — se saisir de tous les châteaux, de tous les postes fortifiés, et soutirer par force tout l'argent disponible de cette infortunée province : c'est le programme que Luxembourg propose avec une singulière audace, et que Louvois approuve avec le plus vif enthousiasme. Le ministre annonce même, pour faciliter la besogne, des renforts importants en canons et en cavalerie : « Jamais, lui écrit-il, il n'y a eu tant de préparatifs faits pour une armée que pour la vôtre. » Quant aux « médiateurs de la paix, auxquels il est si obligé », s'ils se permettent de faire des représentations, Luxembourg s'en tirera avec des réponses évasives, et continuera nonobstant à « piller » à son aise. La seule chose qui importe est de faire diligence : « Le courrier qui doit apporter la ratification de la paix — ajoute Louvois le 14 mai — ne peut être de retour ici[2] que depuis le 25 jusqu'au 30 de ce mois; et, comme les postes sont mal

---

[1]. Lettres de Luxembourg et de Louvois des 10, 14, 28, 31 mai, etc., etc.— Arch. de la Guerre.

[2]. A Versailles.

réglées pour vous aller trouver, vous pouvez compter que vous ne recevrez ordre de vous retirer que dans le huitième du mois prochain au plus tôt. Faites *des merveilles* entre-ci et ce temps-là, et souvenez-vous que vous seriez mal reçu, si vous ne reveniez pas chargé d'argent comptant. »

Ces bons conseils sont suivis à la lettre; le plan s'exécute point par point. Visiblement d'ailleurs, avec sa souplesse habituelle, Luxembourg se façonne à son nouveau métier, l'exerce peu à peu avec une certaine allégresse. Il met un vif entrain — et presque de la coquetterie — à « nettoyer tout le pays » proprement et de fond en comble. Des misères qu'il provoque, des rigueurs qu'il déploie, il n'éprouve, semble-t-il, ni pitié ni remords. Le seul regret qu'il manifeste est d'opérer dans une province si pauvre : « On tirerait moins du Limbourg tout entier que d'un seul bourg de Flandre ! » s'écrie-t-il d'un ton indigné. Les paysans, au reste, n'y apportent nulle complaisance; ils fuient à son approche, se cachent, ainsi que leurs bestiaux, « dans des bois du diable » où l'on ne peut les atteindre, et « ne se soucient guère que l'on brûle leurs maisons, qui ne valent rien ». Il prie donc qu'on l'excuse s'il ne peut, dans ces circonstances, « faire aussi bien qu'il le voudrait ». Il réussit mieux, en revanche, avec les « députés des États du Limbourg », qui sont venus négocier avec lui. La conférence, dit-il, « lui a coûté deux jours de débauche », où il se vante d'avoir fait preuve « d'un certain savoir-faire ». Aussi lui a-t-on accordé une somme ronde de 200 000 livres, qu'il a « fait monter de 30 000 par de petites chicanes » — sans compter « quelques pots-de-vin qu'on lui offrait pour le séduire », et qu'il est, écrit-il, « moins aise de friponner que de joindre à la masse ». Car il convient de reconnaître que tout ce zèle impitoyable ne profite qu'aux caisses de l'État. « Je dois ce témoignage à la vérité — mande confidentiellement l'intendant Carlier à Louvois[1] — que M. de Luxembourg s'est acquitté de sa tâche avec un entier désintéressement, et que tout le fruit de ses labeurs a été au profit de Sa Majesté, sans qu'un seul denier en ait été diverti. »

Malgré la hâte de Luxembourg et ses sévérités, la ratification arrive avant qu'il ait achevé son œuvre, et « nettoyé » la région tout entière. Le 27 mai, la paix est officiellement proclamée ; Louvois, non sans regret, envoie au commandant du corps d'occupation l'ordre d'évacuer le Limbourg et de se porter sur Thionville ; mais, au moment de clore sa lettre, soudain il se ravise, et y ajoute ce *post-scriptum :* « Comme il se pourrait être qu'il ne vous faudrait plus qu'un jour ou deux pour conclure quelque affaire considérable dans le pays, je ne dois pas manquer de vous faire observer qu'en ce cas vous ne devez pas publier que vous avez l'ordre dont ce porteur est chargé, et ne vous en déclarer que lorsque vous aurez fini, pourvu qu'il ne s'agisse que d'un jour ou deux au plus[2]. » L'insinuation est claire autant que malhonnête : il s'agit de frustrer du bienfait de la paix des populations innocentes, et d'user du délai pour

1. Lettre du 15 juin. — Arch. de la Guerre, t. 227.
2. Louvois à Luxembourg, 27 mai 1668. — Archives de la Guerre, t. 222.

retourner leurs poches. Luxembourg, au surplus, ne s'y trompe pas une seule minute ; il entre dans le jeu sans hésitation ni scrupule. « Votre courrier est arrivé, répond-il sur-le-champ [1], qui m'a porté les ordres pour faire une honnête retraite ; c'est à quoi nous allons travailler » ; mais, avant d'en arriver là, il promet à Louvois, pour « achever les affaires » en cours, d'imaginer cent subterfuges : retard dans la publication de la nouvelle reçue [2], « chicanes » relatives au mauvais état des chemins, réclamation d'otages pour garantir le paiement des lettres de change. Bref, en accumulant « toutes les iniquités », il espère arriver, dit-il, à tirer du pays tout ce qu'il pourra rendre.

Cinq cent mille livres de supplément, ce fut le résultat de cette « rafle » illégale. L'occupation, grâce à ces faux-fuyants, se prolongea dix jours après la notification de la paix. Le 12 juin seulement, Luxembourg battit en retraite, emmenant avec lui ses otages : « Il m'en coûte assez cher, dit-il, car j'ai à dîner et à souper quatre barons, qui demeureront avec nous jusqu'à ce que les lettres de change soient acceptées, et cela me fait essuyer une très méchante compagnie ! » Quant au bon peuple du Limbourg, terrorisé, rançonné à merci, il n'a pas osé réclamer contre ce surcroît de misère : « Ils sont si aises

1. 1er juin 1668. — Arch. de la Guerre, t. 227.
2. « Monsieur Colbert, écrit ouvertement à Louvois l'intendant Carlier, a mandé hier au soir à M. de Luxembourg que la ratification était arrivée et la paix publiée à Paris lundi dernier. Nous dissimulerons cette nouvelle le plus que nous pourrons, afin de gagner du temps pour achever nos affaires. » (Lettre du 1er juin. — Arch. de la Guerre, 227.)

que l'armée s'éloigne d'eux, écrit gaiement à Louvois son complice [1], que le passé ne leur paraîtra rien quand nous ne serons plus dans leur voisinage ! »

Cette expédition terminée, Luxembourg, en quartiers à Metz, attend, pour se consoler de la paix, la récompense de ses services. Fidèle d'ailleurs à sa tactique, il l'espère sans la demander; il étale même, à l'occasion, le plus beau détachement du monde : « Quand la paix sera arrivée, mandait-il naguère à Louvois [2], comme nous n'aurons plus rien à faire, je vous la laisserai après que vous me l'aurez donnée, et, me servant des paroles de l'Écriture, je vous dirai une fois pour toutes : *Pacem relinquo vobis*. Je m'en irai dans un ermitage où vous n'entendrez plus parler de moi, et j'y prierai Dieu pour mon Roi, puisque je n'aurai plus de service à lui rendre. » Sous cette apparente modestie, se cache la plus âpre ambition. Au lendemain de la guerre, le bruit court qu'on va faire une promotion de maréchaux; Luxembourg se démène, intrigue sous main, met en jeu mille ressorts pour que son nom soit inscrit sur la liste. S'il n'y peut réussir, au moins compte-t-il avoir une grande charge de Cour, but obstiné de ses désirs. « Capitaine des Gardes du corps », à défaut du bâton, il se contenterait de cette place. « Une chose qui me retirerait de mon ermitage et me ferait attendre plus patiemment une autre guerre, ce serait, écrit-il, si je me voyais domestique de mon Roi. Je me ruinerais de bon

---

1. Luxembourg à Louvois, 11 juin 1668. — Archives de la Guerre, 227.

2. Lettre du 3 mai 1668. — Arch. de la Guerre, 222.

cœur pour l'être, et j'y vendrais, comme le baron de la Crasse ¹, mon dernier arpent de terre ».

Le 8 juillet, une décision du Roi crée en effet trois maréchaux de France : ce sont MM. d'Humières, de Bellefonds et de Créqui. Luxembourg n'en est pas ; son zèle récent, son éclatant mérite, n'ont pas encore suffisamment détruit les cuisants souvenirs du passé. Même échec au sujet de l'emploi qu'il recherche auprès de la personne du Roi. Louvois, qu'il tâte à ce sujet, se dérobe, et refuse de se charger de la requête : « La proposition que vous faites, répond-il, pour devenir domestique du Roi, est bonne à faire vous-même ; et j'aimerais mieux la faire de bouche que par écrit ». La récompense qu'on lui destine, Louvois bientôt la lui fera connaître. C'est l'objet du billet suivant, dont l'ironie semble un peu lourde : « Quoique le Roi, lui écrit-il, soit fort persuadé que vous l'avez bien volé dans le pays d'où vous revenez, Sa Majesté a été si satisfaite de ce que vous lui avez laissé, qu'elle a trouvé bon de vous donner deux mille écus... N'affectez point cette somme au paiement d'aucuns de vos créanciers, car je connais quatre ou cinq personnes qui prétendent la manger, cet hiver, dans de certains petits plats que vous avez ². »

Une maigre gratification, quelques milliers de livres, tel est le prix de six mois de campagne, le salaire d'une aride et rebutante besogne. Luxembourg, si déçu qu'il soit, l'accepte pourtant sans murmure. Il connaît bien,

1. Personnage d'une comédie de Poisson.
2. 7 juillet 1668. — Arch. de la Guerre, 216.

au fond, qu'il tient à présent l'essentiel, que le reste est affaire de temps et de patience. Il est rentré dans le service; on l'a revu à l'œuvre; par le peu qu'il a fait, on sait, dans les conseils du Roi, ce qu'on doit attendre de lui quand sonnera l'heure de la grande guerre, cette heure que chacun sent prochaine, inévitable. La convention, bâclée en hâte par le congrès d'Aix-la-Chapelle, n'a satisfait aucune des parties contractantes; ce n'est, dans l'opinion de tous, qu'une sorte d'armistice, une trêve avant la véritable lutte. L'Espagne, vaincue sans combat, n'aspire qu'à recouvrer ce qu'elle s'est laissé prendre. Louis XIV, arrêté à la veille d'une action puissante, brûle de terminer l'œuvre et d'achever la conquête, en tirant vengeance du même coup de ceux qui ont osé l'entraver dans sa marche. On se recueille dans les deux camps; on rassemble ses forces en vue de l'effort décisif.

Dès que s'engagera cette partie, Luxembourg — nul n'en doute — est désigné pour y jouer un grand rôle. Il ne trompera point cette attente; l'avenir réalisera les promesses du passé. Le lieutenant de Condé, le Boutteville des guerres de la Fronde, retrouvera, au jour du destin, les hautes qualités d'autrefois, l'entrain, l'activité, l'audace, le mépris du danger, l'inspiration soudaine qui saisit le point juste et le moment précis, la foudre de l'exécution après l'éclair de la pensée. Aux dons heureux de sa jeunesse, s'ajoutera l'apport des années, l'expérience, la mesure, la sagesse prévoyante, l'autorité du commandement, la juste confiance en sa force que donne l'habitude du succès. Le développement de ce génie, l'essor de cette carrière, coupée d'une chute profonde que suit un relèvement plus éclatant encore, ce sera, dans un temps prochain, le sujet d'une nouvelle étude — pourvu toutefois que le lecteur fasse à l'auteur la grâce de l'y encourager, et soit en humeur de le suivre.

APPENDICE

I

CONTRAT DE MARIAGE
DE FRANÇOIS DE MONTMORENCY--BOUTTEVILLE[1]

19 mars 1617.

La future épouse : Elisabeth de Vienne, fille mineure de feu son père, Jehan de Vienne, vivant chevalier, seigneur de Mesnillon, conseiller du Roi en ses Conseils d'État et privé, intendant et contrôleur de ses finances, et président en sa Chambre des Comptes à Paris, et de dame Elisabeth Dolu.

Sa grand'mère maternelle : Dame Catherine Le Picart, veuve de feu Messire Christophe de Sève, vivant chevalier, seigneur de Sorel et Biermont, conseiller du Roi en ses Conseils d'État et privé, et premier président en sa Cour des aydes à Paris, et auparavant veuve de feu Messire François Dolu, vivant conseiller du Roi en ses Conseils d'État et privé et président en sa Chambre des comptes à Paris.

---

1. Documents communiqués par M. Frédéric Masson.

Son oncle, Jean-Jacques Dolu, conseiller secrétaire du Roi et de ses finances, grand audiencier de France.

Son beau-père, Messire Charles Buret, chevalier, seigneur de Chevry, conseiller du Roi en ses Conseils d'État et privé, intendant de ses finances et président en la Chambre des Comptes à Paris, second mari d'Élisabeth Dolu.

Son oncle maternel, Messire Jacques Vallée, seigneur des Barreaux, conseiller du Roi et maître des requêtes ordinaire en son Hôtel, mari de Barbe Dolu.

Son grand-oncle maternel : Noble homme, Messire Jacques Hallé, conseiller du Roi et maître ordinaire en sa Chambre des Comptes, à Paris, mari d'Anne le Picart.

Cousins maternels

Messire Jean-Jacques de Mesmes, seigneur des Arches, conseiller du Roi en ses Conseils d'État et privé, et président en sa Chambre des Comptes.

Messire Jacques Olier, seigneur de Verneuil, conseiller du Roi en ses Conseils d'État et privé.

Messire Claude de Faucon, seigneur de Messy, maître d'hôtel ordinaire du Roi.

Noble homme Messire Guillaume Courtin, seigneur de la Grange, conseiller du Roi et trésorier général de la France à Bourges.

Fanys, conseiller du Roi et maître des requêtes ordinaire en son hôtel.

La future épouse n'ayant pas douze ans, le mariage se fera le plus tôt que bonnement et commodément faire se pourra, sera advisé et délibéré entre eux, leurs dicts parents et amis, après que ladite Damoiselle future épouse aura atteint l'âge de 12 ans accomplis, si Dieu et notre dicte mère Sainte Église s'y consentent et accordent.

Le futur époux : Messire François de Montmorency de Lusse, chevalier seigneur et comte de Lusse, baron de Précy-sur-Oise, Hallot et Gaillarboys, bailli et gouverneur pour le Roi de la ville de Senlis, fils de défunt haut et puissant seigneur messire Louis de Montmorency, vivant chevalier seigneur de Boutteville, Précy et de Hallot, bailli et gouverneur pour le Roi de la ville de Senlis et vice-amiral de France, et de Dame Charlotte-Catherine de Lusse, jadis sa femme, demeurant ordinairement audit Précy, près ledit Senlis.

Cousins : Illustrissime et Révérendissime prince Louis de Valois, évêque d'Ardres, second fils de Monseigneur le comte d'Auvergne.

Haut et puissant seigneur, Messire de Lévy, duc de Ventadour et pair de France, chevalier des ordres du Roi, conseiller en ses Conseils d'État et privé, capitaine de cent hommes d'armes des ordonnances et lieutenant pour S. M. au gouvernement du haut et bas Languedoc.

Messire de Lévy, fils aîné dudit seigneur de Ventadour, comte de la Voulée.

Messire Louis Potier, chevalier, seigneur de Gesvres, conseiller du Roi en ses conseils d'État et privé, et secrétaire de ses commandements, cousin à cause de madame son épouse.

Rév. Dame Luce de Lusse, abbesse de Saint-Aujouy d'Angoulême.

Dame Marguerite de Montmorency.

La demoiselle apporte tous les biens et droits successifs, tant paternels que maternels.

60 000 L. tournois entreront en communauté.

Le futur époux promet avoir 15 000 livres de revenu, desquels 15 000 la terre de Précy et la souveraineté de Lusse feront partie, francs et quittes de toutes dettes. — Messire de Boutteville en fait don à son fils, mais avec *retention d'usufruit* et reprise en cas de décès.

Hallot et Gallarboys de 6 000, dont Messire de Boutteville ne paiera que 3 000 jusqu'à ce que son fils ait atteint l'âge de 22 ans et le logera, nourrira avec ses domestiques et chevaux pour les autres 3 000.

Douaire : L. 4 000 — s'il y a enfants
L. 6 000 — s'il n'y en a pas.

Habitation de Hallot et de Précy après la mort de messire de Boutteville.

20 000 pour ses meubles ou meubles.

Au mari, 30 000 pour frais de noces.

II

LETTRE DE RICHELIEU AU MARÉCHAL DE MONTMORENCY

24 juin 1627. — L'accident qui est arrivé à M. de Boutteville me fait prendre la plume pour vous témoigner qu'il n'y a aucun qui compatisse davantage que moi au déplaisir que vous aurez de la perte d'une personne qui vous était si proche. Le Roi a été plus fâché que je ne puis vous dire d'en venir à cette extrémité en son endroit, mais les rechutes si fréquentes auxquelles il s'était porté volontairement, en une chose qui combattait directement son autorité, ont fait que, pour couper la racine d'un mal si invétéré en son royaume, il a cru être obligé en conscience et devant Dieu et devant les hommes de laisser le cours libre en cette occasion à la justice. En tout autre où il n'ira point de l'intérêt de son État, vous recevrez sans doute des preuves de sa bonne volonté. Pour moi, monsieur, je vous conjure de croire que toutes celles que vous désirerez de mon affection vous feront voir plus clairement que mes paroles que je suis autant qu'on peut l'être, monsieur, etc.

RICHELIEU AU DUC D'ANGOULÊME

24 juin 1627. — Monsieur, la part que je prends à la douleur que vous avez de l'accident qui est arrivé à M. de

Boutteville est telle que, si ce moyen était capable d'y apporter de la diminution, vous en recevriez sans doute une notable. Le désir que le Roi a eu d'abolir cette malheureuse coutume des duels, depuis si longtemps introduite dans son royaume, a fait qu'il n'a pu lui faire sentir un effet de la bonté dont il eût très volontiers usé à son endroit. J'écris sur ce sujet à M. de Montmorency, pour qui en tout autre il n'y a rien que je ne voulusse faire pour son contentement. Je vous prie assurer madame de Boutteville que je ferai en toutes occasions tout ce que je pourrai pour la servir. Je compatis à son mal plus que je ne puis vous dire,

En votre particulier, etc.

III

LETTRE DE MADEMOISELLE DE BOURBON ET DE MESDEMOISELLES DE RAMBOUILLET, DE BOUTTEVILE ET DE BRIENNE, ENVOYÉE DE LIANCOURT A MESDEMOISELLES DU VIGEAN, A PARIS.

> Quatre nymphes, plus vagabondes
> Que celles des bois ni des ondes,
> A deux, qui d'un cœur attristé
> Maudissent leur captivité.
>
> Nous, de qui tant de beaux esprits
> Ont conté cent mille merveilles,
> Que nos beautés n'ont point de prix,
> Que nos vertus sont sans pareilles ;
>
> Nous, qui pensions de toutes parts
> Acquérir en terre un empire
> Plus grand que celuy des Césars,
> Quoy que l'histoire en puisse dire ;

Nous, qui prétendions en tous lieux
Estre incessamment admirées,
Et que pour un trait de nos yeux
Nous serions partout adorées,

Nous ne trouvons pas un seul lieu
Pour retraite en toute la terre.
Chacun cherche à nous dire à Dieu.
Tout nous chasse et nous fait la guerre [1].

Tout notre empire est disparu ;
Tout nous fuit ou nous fait la mine.
A peine étions-nous à Méru,
Qu'il fallut fuir à la Versine.

On chassa le cerf et le loup ;
Enfin on nous chassa nous-mêmes.
Il fallut aller à Merlou,
Où nos craintes furent extrêmes.

Là, cette peste des beautés,
Là, cette mort des plus doux charmes
Pour rabattre nos vanités
Nous donna de rudes alarmes.

Au bruit de ce mal dangereux
Chacun fuit et trousse bagage.
Car à Dieu tous nos amoureux,
Si nos beautés faisayent naufrage.

Pour sauver les traits de l'Amour
En lieu digne de son empire,
Nous arrivons à Liancour
Où règne Flore avec Zéphire,

1. Une épidémie de petite vérole avait forcé les quatre amies à quitter Paris pour se réfugier à Liancourt.

Où cent promenoirs étendus,
Cent fontaines et cent cascades,
Cent prés, cent canaux épandus,
Sont les doux plaisirs des nayades.

Nous pensions, dans un si beau lieu
Faire une assez longue demeure ;
Mais voici venir Richelieu !
Il en faut partir tout à l'heure.

Voilà celles que les mourans
Nommaient les astres de la France ;
Mais ce sont des astres errans
Et qui n'ont guères de puissance !

Vers faits à Liancourt, par mademoiselle de Bourbon et mesdemoiselles de Rambouillet, de Boutteville et de Brienne, et envoyés à Merlou, à madame la princesse de Condé, le jour de la Toussaint.

LA VIE ET LES MIRACLES DE SAINTE MARGUERITE-CHARLOTTE DE MONTMORENCY, PRINCESSE DE CONDÉ, MIS EN VERS A LIANCOURT.

Après avoir prié toute la sainte bande
  Déduite en la légende,
Tous les hôtes nouveaux de l'heureux paradis
  Et ceux du temps jadis,
Il nous reste à prier une sainte vivante,
  Une sainte charmante,
Dont la beauté paraît, dans un lustre immortel,
  Un miracle éternel.
Mais il nous faut parler, en dépit de l'envie,
  De tous ceux de sa vie.

Si tôt qu'elle naquit, ses beaux yeux sans pareils
          Parurent deux soleils ;
Son teint fut fait de lys, et sur ses lèvres closes
          On vit naître des roses ;
Puis elle les ouvrit et fit voir en riant
          Des perles d'Orient.
Depuis on vit paraître une étrange aventure
          Qui troubla la nature :
Par l'éclat de ses yeux et celuy de son teint
          Le soleil fut éteint.
Elle faisait mourir, par un regard aymable
          Autant que redoutable ;
Puis d'un autre soudain que la sainte jettait
          Elle ressuscitait.
Elle trompa l'effort d'un prince trop sensible
          Et devint invisible.
Chacun la regretta jusqu'à ce qu'il mourut ;
          Et puis elle parut
Plus belle que jamais et plus resplendissante,
          Et comme triomphante,
Pour avoir veu mourir sous ses sévères loix
          Le plus grand de nos Rois.
En dépit des prisons, en dépit des obstacles,
          Elle fit trois miracles :
Trois enfants merveilleux en courage, en beauté,
          En grâce, en majesté.
Puis sauva par ses vœux et par ses saintes larmes
          Un prince honneur des armes ;
Et chassa de Merlou, dans nos adversités,
          La peste des beautés.
Donc, nous vous réclamons, ô sainte glorieuse,
          Toujours miraculeuse.
Pour consoler nos cœurs, bientôt dedans ces lieux
          Faites voir vos beaux yeux.
          (*Manuscrits de Conrart. — Biblioth de l'Arsenal.*)

IV

PORTRAIT DE MADAME LA DUCHESSE DE CHATILLON PAR ELLE-MÊME[1].

Le peu de justice et de fidélité que je trouve dans le monde, fait que je ne puis me remettre à personne pour faire mon portrait ; de sorte que je veux moi-même vous le donner le plus au naturel qu'il me sera possible, et dans la plus grande naïveté qui fut jamais. C'est pourquoi je puis dire que j'ai la taille des plus belles et des mieux faites qu'on puisse voir. Il n'y a rien de si régulier, de si libre, ni de si aisé. Ma démarche est tout à fait agréable et, en toutes mes actions, j'ai un air infiniment spirituel. Mon visage est un ovale des plus parfaits, selon toutes les règles, mon front est un peu élevé, ce qui sert à la régularité de l'ovale. Mes yeux sont bruns, fort brillants et bien fendus, le regard en est fort doux et plein de feu et d'esprit. J'ai le nez assez bien fait, et, pour la bouche, je puis dire que je l'ai non seulement belle et bien colorée, mais infiniment agréable par mille petites façons naturelles qu'on ne peut voir en nulle autre bouche. J'ai les dents fort belles et bien rangées. J'ai un fort joli petit menton. Je n'ai pas le teint fort blanc. Mes cheveux sont d'un châtain clair et tout à fait lustrés. Ma gorge est plus belle que laide. Pour les bras et les mains, je ne m'en pique point, mais pour la peau, je l'ai fort douce et fort déliée. On ne peut pas avoir la jambe ni la cuisse mieux faite que je l'ai, ni le pied mieux tourné. J'ai l'humeur naturellement fort enjouée et un peu railleuse, mais je néglige cette inclination par la crainte de déplaire. J'ai beaucoup d'esprit et j'entre agréablement dans les conversations. J'ai le ton

1. *Divers portraits.* — *Galerie de Mademoiselle.*

de la voix tout à fait agréable et l'air fort modeste. Je suis fort sincère et n'ai pas manqué à mes amis. Je n'ai pas un esprit de bagatelle, ni de mille petites malices contre le prochain. J'aime la gloire et les belles actions. J'ai du cœur et de l'ambition. Je suis fort sensible au bien et au mal ; je ne me suis pourtant jamais vengée de celui qu'on m'a fait, quoique ce soit assez mon inclination, mais je ne me suis retenue que pour l'amour de moi-même. J'ai l'humeur fort douce et prends plaisir à servir mes amis, et ne crains rien tant que les petits démêlés des ruelles, qui d'ordinaire ne vont qu'à des choses à rien. C'est à peu près de cette sorte que je me trouve faite en ma personne et en mon humeur, et je suis tellement satisfaite et de l'un et de l'autre que je ne porte envie à qui que ce soit ; ce qui fait que je laisse à mes amis ou à mes ennemis le soin de chercher mes défauts.

V

BALLADE DE SARASIN SUR L'ENLÈVEMENT DE MADEMOISELLE DE BOUTTEVILLE PAR COLIGNY.

Ce joli gentil jeu d'amours,
Chacun le pratique à sa guise.
Qui, par rondeaux et beaux discours,
Chapeaux de fleurs, gente cointise,
Tournoi, bal, festin ou devise,
Pense les belles captiver.
Mais je pense, quoi qu'on en dise,
Qu'il n'est rien tel que d'enlever.

C'est bien des merveilleux tours,
Le passeroute et la maîtrise
Au mal d'aimer, c'est bien toujours
Une prompte et souève crise.

C'est, au gâteau de friandise,
De Vénus la fève trouver.
L'amant est fol, qui ne s'avise
Qu'il n'est rien tel que d'enlever.

Je sais bien que les premiers jours
Que bécasse est bridée et prise,
Elle invoque Dieu au secours
Et les parents à barbe grise.
Mais, si l'amant qui l'a conquise
Sait bien la rose cultiver,
Elle chante en face d'église
Qu'il n'est rien tel que d'enlever.

ENVOI

Prince, use toujours de main mise
Et te souviens, pouvant trouver
Quelque jeune fille en chemise,
Qu'il n'est rien tel que d'enlever.

VI

LETTRE DE LA PRINCESSE DOUAIRIÈRE DE CONDÉ
A LE TELLIER.

20 juin 1650 (de Châtillon-sur-Loing).

Monsieur, depuis le malheur de mes enfants, vous avez eu tant de soin pour adoucir leur prison et pour nous obliger en toutes rencontres, que je souhaite de tout mon cœur que Dieu leur donne le moyen, et à moi aussi, d'être en état, par la bonté de la Reine, de vous pouvoir témoigner notre reconnaissance et l'estime que nous faisons de votre amitié. Je vous en demande la continuation, et vous conjure de m'en donner une preuve, dans l'affliction où je suis de la maladie de mon fils, le prince de Condé. Je viens d'apprendre le pitoyable état où il est par les médecins, qui assurent qu'il ne peut vivre deux mois s'il ne va prendre les eaux de Bourbon. Je crois que, quand l'affection que vous avez pour nous ne vous obligerait pas à faire tous vos efforts pour lui obtenir une permission absolument nécessaire pour la conservation de sa vie, vous avez la conscience si bonne, que le seul intérêt de Dieu et la charité suffiraient pour vous faire agir dans une rencontre où il s'agit de donner la vie à un prince du sang, qui pourra quelque jour s'employer utilement pour le service du Roi et de la Reine. J'espère que vous vous emploierez pour le faire connaître à Sa Majesté, et pour obtenir aussi pour mon fils aîné la permission de prendre l'air sur la tour, pour empêcher qu'il vienne au même état que son frère. Je vous fais aussi la même prière pour M. de Longueville. Je vous en serai infiniment obligée et tâcherai de vous faire connaître que je suis, Monsieur...

CH. DE MONTMORENCY.
(Arch. de la Guerre, t. 118.)

VII

TESTAMENT DE LA PRINCESSE DOUAIRIÈRE DE CONDÉ

Octobre 1650.

Ce jourd'hui lundi, dernier jour d'octobre 1650, deux heures après minuit, par devant moi, Philippe Vellaut, notaire en la ville de Châtillon, sus-signé, fut présente en personne très honorable, très illustre et très puissante princesse Charlotte-Marguerite de Montmorency, princesse douairière de Condé, duchesse de Montmorency et de Chasteau-Roux, dame de Chantilly et de Merlou et autres terres et seigneuries, laquelle étant de présent au château de Châtillon, malade quant au corps, toutefois saine d'esprit et d'entendement, et dans les considérations qu'il n'y a rien de plus certain que la mort ni rien de plus incertain que l'heure d'icelle, a déclaré que ci-devant elle a fait son testament, et ordonnance de dernière volonté, écrit et signé de sa main, lequel testament elle a approuvé par ces présentes, déclarant qu'elle veut et entend qu'il sorte son plein et entier effet en toutes ces circonstances, et en augmentant icelui testament, a déclaré par ces présentes qu'elle a donné et donne à très haute et puissante dame Elisabeth-Angélique de Montmorency, veuve de feu haut et puissant seigneur Gaspard, comte de Coligny, vivant duc de Chastillon, sa cousine, le château, terres et seigneuries de Merlou, proche de Chantilly, revenu d'icelles, ses appartenances et dépendances, sans en faire aucune réserve, avec tous et chacun ses meubles, de quelque nature, qualité et valeur qu'ils soient, qui sont à présent dans ledit château de Merlou et métairies et autres bâtiments dépendants de ladite terre et seigneurie de Merlou; pour du tout jouir ladite dame duchesse de Chastillon, en tous fruits, profits et émolumens quelconques sa vie durant, seulement à la charge qu'après sa mort, ledit château, terres et seigneuries retourneront aux héritiers de madite Dame, princesse douairière de Condé, ensemble tous lesdits meubles en l'état qu'ils se trouveront tous, sans que ladite dame duchesse de Châtillon soit tenue d'en faire aucune estimation, ni payer le prix d'iceux, ni les héritiers, à condition de payer par elle, pendant ladite jouissance, les charges d'icelle terre et seigneurie et entretenir les bâtiments tant dudit château qu'autres en dépendants.

Plus a aussi déclaré qu'elle a encore donné à ladite dame duchesse de Chastillon son gros tour de perles, sa grosse chaîne de perles et sa grosse boëte de diamants, pour icelles perles et diamants lui être propres ; et en cas que lesdits perles et diamants se trouvent encore en nature et en la possession de ladite dame duchesse de Chastillon ou de ses héritiers après son décès, veut et entend madite dame princesse qu'icelles perles et diamants soient donnés à M. le duc de Chastillon, fils de ladite dame duchesse, auquel elle en a fait don, à condition toutefois qu'il restera toujours catholique et romain. Et si, lors du décès de ladite dame de Chastillon, il se trouvait qu'il eût changé de religion, madite dame entend que lesdites perles et diamants appartiennent à M. le comte de Boutteville, son cousin, frère de madite dame duchesse de Chastillon, auquel audit cas elle en fait don, le tout en reconnaissance de l'amour que ladite dame duchesse a toujours eu pour elle et de l'assistance qu'elle lui a rendue, et rend encore à présent dans ses malheurs et afflictions ; et au cas qu'il se trouve que madite dame eût disposé par sondit testament, au profit d'une ou plusieurs personnes, desdites terres ou seigneuries de Merlou, et desdites perles et diamants ci-dessus, madite dame princesse a déclaré qu'elle révoque le don qu'elle en pourrait avoir fait ; ainsi veut et entend, comme dit est, qu'ils soient baillés et délivrés après son décès à ladite dame duchesse de Châtillon, aux clauses et conditions ci-dessus, déclarant au surplus qu'elle approuve son dit testament comme dit est.

VIII

LETTRE DE MADAME DE LONGUEVILLE A LENET

De Montreuil-Bellay, 25 octobre 1652

Je n'ay reseu aucune de vos lettres, depuis nostre desplorable séparation, que celle du 12° de ce mois qu'on me vient de rendre ; j'accepte avec joie l'offre que vous me faites par elle de m'informer des nouvelles de vos quartiers, qui sont toujours les seules qui me touchent le cœur, n'ayant nul véritable attachement que celuy que j'ay pour M. mon frère; je seray trop heureuse s'il en est persuadé, ce que j'espère de sa justice. Je pense qu'il a esté informé du commencement de ma conduite despuis mon départ de Bourdeaux, et qu'il sait que je n'ay point envoié à la Cour pour demander l'amnistie; aussy ne me l'a-t-elle pas donnée jusqu'icy, quoy que M. Longueville ait peu faire. Néantmoins ce dernier m'a envoié depuis huit jours une letre dont vous trouverés la copie avec celle-cy, que M. Le Tellier escrivait à la Croisette pour responce à une que ledit la Croisette luy avoit escrite pour mon amnistie. M. de Longueville en me l'envoiant me mande qu'il est nécessaire pour ses intérests que j'envoie et que j'escrive à la Cour, c'est-à-dire au Roy, à la Reine et au cardinal; mais, comme je veux faire mon devoir jusqu'au bout et conserver mesme le bonheur que j'ai eu de n'estre pas soubçonnée par mes propres ennemis d'y avoir manqué, j'ay écrit à M. de Longueville. Mandez-moi promptement quand vous aurez receu cette lettre, car j'en seray en peine.

(Mss. Bibl. nat. F. fr. 6711.)

IX

MADAME DE LONGUEVILLE A BARTET

Ce 1ᵉʳ avril 1654, de Moulins. — J'ai été tout à fait en peine de votre maladie, et je vous fais de grands reproches de ce que je ne l'ai sue que par la voie publique et point par vous. Je vois bien que vous n'êtes pas encore bien persuadé de mon amitié, et que vous ne la croyez pas propre à me faire entrer dans ceux des intérêts de mes amis où je n'en ai que pour leur considération et point pour la mienne. Cependant il est le plus vrai du monde que je ne suis point faite comme cela, et que je méprise furieusement ceux qui ont cette qualité; et ainsi je trouve que mes amis me manquent quand ils ne m'empêchent pas de leur manquer; je veux dire quand ils ne m'avertissent pas de leurs biens ou de leurs maux, afin que je les sente tout au moins.

Je ne suis en état que de cela; car ma fortune présente me rend si inutile à tout le monde, que je ne puis que prendre part à tout ce qui arrive à mes amis. Je vous assure que c'est peut-être là (quoique l'on en croie) l'endroit qui est le plus sensible de mon malheur; au moins c'est celui auquel je ne me suis encore pas accoutumée; car enfin je m'accommode fort bien des circonstances fâcheuses qui ne regardent que moi; mais j'avoue que j'ai quelque peine à ne me trouver bonne à rien. Cela est fort contre mon humeur; et cela y est d'autant plus, que je ne l'ai nullement combattue en cela, parce que, Dieu m'ayant fait naître du sang dont je suis, je trouvais qu'il n'était pas contre son ordre ni contre la raison de me conserver en un poste où je pusse faire du bien à mes amis. C'est par là que je trouve la grandeur agréable; car, pour ce qui ne réfléchit que sur soi-même, je trouve qu'on y peut être assez indifférente. Car si ça n'est que pour posséder de l'honneur et de la considération et pour vivre dans l'abondance et dans toute sa suite, qu'on est peu touché de ces choses-là! On les possède sans grands délices; et, quand on est privé, on compte cela au nombre des déréglements de ce monde; cela sert à en détacher, et on regarde sa mauvaise fortune avec mépris; on croit qu'elle s'est trompée, qu'elle est venue chez vous pensant aller chez un autre; et ainsi on se met l'esprit au-dessus de ce qu'elle sait faire et on s'en accommode passablement, hors dans le point que je vous ai dit.

Voilà l'assiette de mon esprit, qui ne m'empêche pourtant pas de souhaiter beaucoup l'accommodement de madame de

Longueville avec le Cardinal, puisque c'est la porte du retour de cette première personne auprès de M. de Longueville, qui est le seul intérêt qu'elle ait au monde présentement. Mais je crois M. le Cardinal peu disposé à le souffrir, car il ne connaît pas bien madame de Longueville ; les peintures qu'on lui en a faites sont peu ressemblantes ; car je veux croire que, si elles l'étaient, il saurait et croirait que cette personne sait tenir ce qu'elle promet ; et ainsi il ne négligerait pas son amitié comme il a fait jusqu'ici. Mais il paraît en avoir un si grand éloignement — qu'il a témoigné souvent même d'une manière si contraire et à la naissance et à l'humeur de madame de Longueville — que je pense que cette personne n'a pas grand'chose à espérer. J'avoue que cela m'étonne ; car, comme M. le Cardinal est trop habile pour être en proie aux passions et pour se conduire par elles, il me semble que la politique voudrait qu'il ne haït point simplement pour haïr ; et qu'ainsi il devrait quitter ses haines pour les gens que sa seule haine pour eux lui rend inutiles.

Elle [1] est de ce nombre, car si M. le Cardinal l'obligeait à prendre de vraies et sincères liaisons avec lui, comme elle y serait disposée de son côté, des accommodements plus importants que le sien pourraient bien néanmoins en dépendre ; car, comme elle n'a jamais été que fort droitement dans les intérêts des gens avec qui elle a été embarquée, comme il y paraît à sa posture présente, je suis assurée que ces mêmes gens se fieraient plus à elle qu'à personne pour le démêlement de leurs affaires. Mais M. le Cardinal ne considère point tout cela ; et quand on a été son ennemi (quoiqu'on le dût être), il ne veut point se concilier les gens. Et je dirai là-dessus que je trouve qu'il mérite bien d'être trompé, puisque, pouvant choisir ses amis, il ne choisit pas ceux

---

1. Madame de Longueville, dans ses lettres, parle assez souvent d'elle-même à la troisième personne.

qui mourraient plutôt que de tromper personne. Vraiment, il l'a bien vu en moi ; et la même fermeté qu'*elle* a eue contre lui quand son engagement l'a voulu, est ce qui le devrait obliger à s'en faire une amie. Cependant il tourne tout cela en venin, et ne songe pas qu'il serait plus heureux de s'être acquis des gens, que toute sa puissance n'a pu obliger à trahir leur parti, que d'autres qui l'abandonneront bien quand il leur sera expédient, puisqu'ils en ont abandonné qui leur devaient être plus considérables que lui. Voilà les petites réflexions de ma solitude, dont je vous fais part en confiance. Ne vous en moquez pas, si vous les trouvez ridicules, et pardonnez à une hermite si elle ne parle point pertinemment le langage des hommes.

(Affaires étrangères, France 893 *bis*.)

X

TRADUCTION DE LA FIN D'UNE LETTRE EN ESPAGNOL ADRESSÉE PAR L'ARCHIDUC LÉOPOLD, GOUVERNEUR GÉNÉRAL DES PAYS-BAS, A PHILIPPE IV, ROI D'ESPAGNE.

(*Par voie secrète.*)

Bruxelles, 20 novembre 1655. — En maintes occasions, le maréchal de Oquincourt (*sic*), gouverneur de Péronne et de Ham, s'est montré mécontent du cardinal de Mazarin, mais jamais autant qu'aujourd'hui. Il a fait demander au comte de Fuensaldaña de lui envoyer une personne de confiance avec qui il pourrait traiter. Le comte se rendit à son désir et Oquincourt renvoya l'émissaire avec une note sur les points à fixer. Le comte de Fuensaldaña me l'ayant communiquée, j'en acceptai, sur son avis, toutes les conditions. Ensuite Oquincourt, en voyant le Roi de France et le

Cardinal marcher sur Péronne, nous envoya demander ici un secours de huit cents hommes. Le prince de Condé l'a fait immédiatement par notre ordre. Quant à Oquincourt, il a placé quatre cents de ses hommes dans Péronne et autant dans les faubourgs de Ham. De part et d'autre, on a donné des otages. Le Prince de Condé a avisé qu'il comptait pouvoir m'envoyer au premier jour le traité signé. Le cas échéant, ce sera une véritable faveur de Dieu pour sauvegarder l'intégrité des États de Votre Majesté! Il importe d'autant plus d'assurer l'envoi prompt et régulier des provisions d'argent pour mener à bonne fin les négociations ; sinon, il est à craindre qu'elles se dérangent, et l'on risquerait de perdre tout le fruit qu'on est en droit d'en espérer. L'armée se dirige présentement vers la frontière pour donner un commencement d'exécution à l'entreprise projetée (sur Péronne.) Ce mouvement nous oblige de renoncer pour le moment à la reprise de Condé. Celle-ci dépend de l'issue des opérations dont Péronne est le premier objet. Quant à moi, je rejoindrai l'armée dans un à deux jours, et je rendrai compte à Votre Majesté de ce qui se passera.

L'archiduc Léopold à Philippe IV

Brenlecourt (Braine-le-Comte), 3 décembre 1655.
(*Par la voie secrète...*)

Voyant l'affaire de Péronne avancée (avec Hocquincourt) au point qu'il nous avait déjà demandé des troupes pour occuper la place, j'avais jugé convenable, en vue de pousser l'opération, de me rendre à Mons, afin de me diriger de là sur la frontière avec l'armée. Mais, en route, je rencontrai un courrier porteur d'une lettre du comte de Fuensaldaña, m'avisant que le maréchal de Oquincourt *(sic)* s'était entendu avec la Cour. On avait remis en liberté madame de Châtillon, dont l'arrestation avait motivé les propositions que nous avait faites Ocquincourt. On avait donné à celui-ci le commandement des armées en Catalogne, et à son fils le gouvernement de Péronne, plus douze mille écus pour remettre aux mains du Roi le gouvernement de Ham. Aussi, étant donné l'échec des négociations de Péronne et l'éventualité de l'opération à tenter sur Condé, j'ai trouvé bon de rester à Mons, où j'ai eu une conférence avec les généraux pour examiner la question de savoir si nous serions en mesure de recouvrer cette dernière place (Condé), avant que l'armée prît ses quartiers d'hiver. On a considéré les incidents survenus et qu'on avait toujours appréhendés, comme par exemple le passage en France du duc François (de Lorraine) avec ses troupes, l'affaire d'Angleterre, les difficultés mises par les États de Flandre (des Pays-Bas), à fournir le contingent demandé. Bien qu'on ait réglé ce dernier point, l'on a jugé tellement important le départ des troupes de Lorraine qui devaient occuper un quartier, qu'il a paru impossible d'entreprendre la marche sur Condé avec un corps de troupes en moins. Cet avis a été déterminé aussi par le rapport d'Allonzo de Cardenas, sur les préparatifs faits en Angleterre par le Protecteur pour envahir ces États (ce pays). On a trouvé également qu'au lieu de retirer des places maritimes les troupes à en détacher pour l'opération de Condé, il fallait plutôt renforcer les garnisons de ces places, tant en cavalerie qu'en infanterie. Aussi, tous les chefs qui prirent part à la conférence déclarèrent-ils de commun accord qu'il était impossible de poursuivre la reprise de Condé pour les raisons indiquées ci-dessus, la saison étant, au reste, trop avancée. Mais, puisque l'on ne pouvait plus songer à Condé, l'on se demande si l'on ne ferait pas bien d'attaquer Saint-Ghislain.

(La suite de cette lettre, qu'il suffit d'analyser, nous apprend que le projet d'attaque sur Saint-Ghislain fut abandonné à son tour pour les difficultés matérielles qu'il présentait et à cause du peu de troupes dont l'archiduc disposait en l'absence des Lorrains).

(Correspondance de l'archiduc Léopold avec Philippe IV. — Arch. d'Etat de Bruxelles.)

XI

LE DUC DE NAVAILLES A MAZARIN

9 novembre 1655 (de Péronne).

Monseigneur, passant à Péronne, M. le maréchal d'Hocquincourt m'a entretenu de l'état de ses affaires, et je lui ai fait comprendre, autant qu'il m'a été possible, sa mauvaise conduite, de quoi il est demeuré d'accord. Mais, comme il n'agit pas assurément de lui-même, je n'ai rien vu de positif à tous les discours qu'il m'a faits ; car, pour la vente de ses gouvernements, je ne crois pas qu'il en puisse prendre la résolution. Il m'a dit qu'on lui en offrait 300 mille écus, mais qu'il en voulait quatre cents, et je crois que, quand on le prendra au mot, il aura de la peine à s'y résoudre. Il a su ce matin que madame de Châtillon était arrêtée, ce qui le met dans une colère furieuse. Il désirait que j'allasse trouver V. Em. pour la supplier de la faire élargir, et que, moyennant cela, il conviendrait de demeurer dans les termes de l'obéissance qu'il doit au Roi, et qu'il serait votre serviteur avec la même chaleur qu'il a été par le passé ; et comme je lui ai dit qu'il fallait une sûreté à ses paroles, et que Votre Eminence n'en pourrait plus prendre, puisqu'il rompait avec lui si légèrement, il m'a dit qu'il signerait de son sang qu'il ne se désunira jamais des intérêts du Roi et de V. Eminence ; prétendant que, de votre côté, vous l'aimiez comme vous avez fait par le passé, et que, si vous lui vouliez donner une marque de votre estime et continuation de votre amitié, qu'il vous demandait l'emploi d'Italie ou de Catalogne, et, qu'étant éloigné de ses places, il ne serait plus si sollicité qu'il est de s'embarrasser dans de méchantes affaires, et qu'il prendrait une conduite si réglée, que le Roi et V. Em. auraient la dernière satisfaction de lui. Je vous envoie ce gentilhomme, lequel n'est peut-être ici que demain mercredi. Faites-moi l'honneur de me faire savoir au long les choses que vous désirez que je fasse avec lui ; car, comme il prétend nous donner toutes les paroles et écrits que V. Em souhaitera, il demande aussi ses sûretés. Je supplie très humblement V. Em. de ne me vouloir engager que dans les choses qu'il aura envie d'exécuter, car le M. le maréchal d'Hocquincourt témoigne se vouloir confier aux paroles que je lui donnerai, et je les attendrai de V. Em. ; croyant bien que vous aurez assez de considération pour moi pour ne m'en faire point agencer que celles que vous voudrez tenir ; et je supplie très humblement V. Em. de ne pas trouver mauvais que je lui demande cette grâce. Il me semble qu'il est à propos que V. Em. m'écrive deux lettres, l'une pour que je la lui puisse faire voir et l'autre plus particulière qui me servira de règle.

LE DUC DE NAVAILLES.

Le maréchal d'Hocquincourt à Mazarin

De Péronne, le 28 novembre 1655.

Monseigneur, je ne saurais assez dignement remercier Votre Éminence des bonnes volontés que M. de Plainville m'a témoignées de votre part. Je supplie très humblement Votre Éminence de croire que je suis aussi prêt que jamais de sacrifier ma vie pour son service ; et, pour ce qui est de mes sûretés, en attendant que mon abolition soit scellée, je ne demande autre chose à Votre Éminence que sa parole par écrit, pour faire ensuite toutes les choses que le Roi et Votre Éminence m'ordonnent, prenant une entière confiance en elle. Cependant je supplie très humblement Votre Éminence de croire, etc., etc.

M. de Noailles à Mazarin

29 novembre.

Monseigneur, M. le marquis de Montcavrel porte la démission de Péronne à Votre Éminence. C'est une personne de qualité que M. le maréchal d'Hocquincourt considère autant que ses enfants. Il m'a prié de le témoigner à Votre Éminence. M. du Fresne, qui est à la Cour depuis trois jours, a la démission de Ham; et moi, Monseigneur, je n'ai plus rien à faire que d'attendre vos ordres. M. de Navailles m'ayant écrit que Votre Éminence me commandait de rester jusqu'à l'arrivée du Roi, je n'en partirai point que par ses ordres.

Le maréchal d'Hocquincourt à Mazarin

De Péronne, 29 novembre.

Monseigneur, j'envoie M. le marquis de Montcavrel, mon neveu, pour présenter à Votre Éminence ma démission du gouvernement de Péronne en faveur de mon fils, et vous confirme le même discours que j'ai prié M. de Plainville de lui faire de ma part, qui est de vous engager ma parole que, si j'étais assez malheureux de tomber dans les disgrâces du Roi et de Son Éminence, que je détache, en ce cas, mon fils, maréchal de camp, lieutenant du Roi, ensemble tous les officiers de la garnison, de mes intérêts, vous assurant que je serai le premier à les accuser de bassesses et de lâcheté, s'ils venaient à y manquer. Je supplie Votre Éminence de garder celle-ci pour assurance de la parole que je lui en donne.

(Affaires étrangères. France 1686.)

L'abbé Foucquet à Mazarin

Novembre 1655.

La Reine me vient d'envoyer quérir pour me commander d'aller trouver madame de Châtillon, et lui dire qu'elle était libre. Hier, en arrivant, après avoir donné la lettre de la Reine et vu accommoder les pendants d'oreilles pour madame la princesse de Conti, qu'elle accommoda elle-même, disant qu'elle le ferait mieux qu'aucun orfèvre, j'allai la trouver (madame de Châtillon) pour lui dire tout ce que Votre Éminence m'avait recommandé, et lui faire savoir que M. d'Hocquincourt n'avait pas diminué un denier pour l'amour d'elle, que, si on s'arrêtait simplement à ce qu'il demandait, elle pourrait être libre à Châtillon, ou en Basse-Bretagne abandonnée à ses ennemis, qui n'auraient point manqué, croyant faire leur cour et se venger, d'en parler publiquement au .... [1]; que Votre Éminence pourrait rendre public ce qui était dans ses lettres, et qu'elle m'avait donné parole de ne rien dire; enfin je lui ai dit tout ce que Votre Éminence m'avait recommandé. On ne peut point être plus obligée qu'elle n'est, ni donner des paroles plus précises et plus positives. Elle me les va donner par écrit, s'est chargée de faire éloigner madame de Ricous, de répondre qu'elle ne sortira point du lieu où on lui a prescrit de demeurer, et, pour les prisonniers, elle juge bien que l'on peut avoir des raisons pour ne pas les remettre présentement, et ne laisse pas d'écrire à M. d'Hocquincourt. Elle ne se montrera point jusqu'au retour de Votre

---

1. Mot illisible.

Éminence, qu'elle souhaite fort pouvoir voir et remercier....
Pour moi, je n'ose parler, ne pouvant point témoigner à
Votre Éminence ma reconnaissance et l'envie que j'aurais de
mourir pour son service, la suppliant fort humblement de
vouloir bien me pardonner ce qui pourrait lui avoir déplu
dans toute cette affaire, et l'assurant, etc., etc.

(Affaires étrangères. Fr. 894.)

XII

AFFAIRES DES BAGAGES DE TURENNE

M. de Siron à Mazarin

28 août 1657.

Monseigneur, j'ai été arrêté aujourd'hui par un ordre de Sa
Majesté sur le sujet de la perte de quelques bagages. Je reçois
avec le respect et la soumission que je dois cette mortification,
et Votre Éminence me doit abandonner plutôt que tout
autre si j'ai fait quelque lâcheté ou pas de clerc. J'ai rendu
compte à Votre Éminence des journées que j'ai faites. Je
garde les ordres qui m'ont fait partir d'Arras; je les ai suivis;
je me suis attaché à mener les munitions du Roi et les outils
dans le camp, ayant l'armée des ennemis devant moi, à un
quart d'heure de celle du Roi; et, s'ils ont détaché un corps
pour venir à moi, il me semble que je ne dois point répondre
du succès qui en est arrivé, puisqu'en partant le matin à la
pointe du jour du lieu où j'étais campé, il n'y avait rien dans
Aire ni dans Saint-Omer qui me dût faire craindre les der-
rières; et ainsi je marchai devant, où l'ennemi était et où il
devait être. Je la supplie très humblement de vouloir considérer mon innocence....; et quand je me devrais sacrifier, je
la supplie très humblement de me conserver mon honneur.

On n'a jamais répondu devant les intendants de justice (même) pour de plus grandes fautes que celle que l'on m'impute de la Cour. Je lui demande en grâce que des personnes du métier le fassent, et que l'on ne me tienne point prisonnier comme un criminel. Je me rendrai où Votre Éminence me commandera, avec le respect et l'obéissance que je conserverai toute ma vie, etc., etc.

M. de Siron à Mazarin

30 août 1657.

Monseigneur, je prie M. de la Haye de faire un voyage à la Cour pour informer Votre Éminence de l'état de l'affaire que l'on m'a faite. J'ai bien prévu que plusieurs personnes pourraient prendre prétexte sur ce sujet pour l'importuner; et, si j'avais été assez malheureux pour m'attirer sa haine par quelque mauvaise action, je ne voudrais plus vivre et n'attendrais point que l'on cherchât les moyens de l'éclaircir. Mais je dois aussi supplier très humblement Votre Éminence, n'ayant jamais eu d'autre maître qu'Elle et m'étant conservé cette sincérité de n'avoir jamais pensé à lui manquer de fidélité, de ne point donner créance, sans m'avoir ouï, à plusieurs personnes que les bontés et l'affection que Votre Éminence m'a témoignées ont rendues envieuses dans des conjonctures comme celle qui est arrivée. Je suis assuré que l'on a fait voir à Votre Éminence la perte plus grande dix fois qu'elle n'a été. Le moindre échec qui arrive dans un fourrage, l'on y perd plus de chevaux que l'on a fait dans cette rencontre. La guerre produit souvent de pareils accidents, et personne ne se pourrait charger d'une action, si l'on devait être garant de l'événement quand l'on a bien disposé les choses. J'ai écrit la vérité à Votre Éminence, par la première dépêche que je me suis donné l'honneur de lui écrire, lorsque je fus informé depuis que les troupes de l'arrière-garde, et celles que j'avais destinées pour aller à la tête en cas qu'il y eût occasion, n'ont rien fait de ce que l'on devait attendre de gens de cœur et de jugement. Quand j'ai pris la tête, les ennemis étaient devant moi, et je n'avais rien dans mon derrière. Si je donnais à Votre Éminence le nombre et le nom de ceux qui se sont venus offrir pour m'assister et pour aller à la Cour, Votre Éminence trouverait que mon malheur a donné de la générosité à bien du monde. J'assure de me régler selon ses intentions ; après le retour de M. de la Haye, je rendrai compte à M. d'Ormesson, ou à qui Votre Éminence désirera, de point en point de ma conduite. Tout était assez calme quand l'ordre de Sa Majesté est arrivé, et je revenais de la tranchée assez satisfait de moi-même, quand j'ai reçu cette mortification. J'espère qu'elle produira près de Votre Éminence un meilleur effet que mes ennemis n'ont attendu, puisque je n'aurai jamais rien plus dans mon esprit que le respect et l'humilité naturelle de votre très humble et obéissant serviteur.

SEYRON[1].

XIII

LETTRES DE MADAME DE LONGUEVILLE A CONDÉ

13 mai 1659.

Comme on se manqueroit à soy-même en vous manquant à vous, sy dans la conjoncture présente on ne vous disoit les choses qu'on vous croit utiles, permettes-moy de ne pas obmetre ce soing, sans qu'il vous soit désagréable, puisqu'il ne part, je vous en assure, que de la passion désintéressée qu'on a pour votre service et pour vos intérêts. Soufrez la donc sans

1. Aff. étrangères. Fr. 1886.

vous impatienter ; elle ne me permet pas de garder le silence dans une conjoncture ausy importante que celle-cy, ny de manquer à vous dire qu'enfin les ordres de la cessation de tous actes d'hostilité sont non-seulement expédiés, mais envoiés aux gouverneurs des places frontières. Cette scituation d'affaires ne laisse plus personne en se pays en doutte de la paix, et cependant on ne voit rien de vostre costé qui nous puisse donner le moindre subject de croire que vous avés atention à ce qui se passe, ny que vous vouliés qu'on vous rende quelques services, qui pourtant sont bien plus que de raison présentement. J'ayme sy peu à m'empresser ny à desplaire aux gents, surtout par les marques de mon amitié qui ne sont pas faites, ce me semble, pour faire cet effet, que je ne m'aviserois pas de vous prêcher sur une chose où vostre silence me donne subject de croire que vous ne trouvés pas bon qu'on entre, sy il n'y alloit de tout pour vous, et par conséquent pour moy, par ma tendresse pour vostre personne et pour celle de mon nepveu. Je ne puis donc m'empêscher par ces raisons de vous demander à jointes mains que vous ne vous laissiez pas perdre de gaieté de cœur, et que vous nous marquiés de quelle manière on vous peut servir. Sy on le pouvoit faire sans vous, on ne vous donneroit pas la fatigue de vous faire parler, quand cette inclination invincible que vous avés à vous taire vous porte à n'ouvrir pas la bouche quand il n'y aura que les muets qui ne parlent point. On iroit au devant des choses ; on feroit non seulement celles qui vous seroient utiles, mais mesme on prendroit les voies qui vous seroient les plus agréables, enfin on agiroit à vostre mode, mais cela n'est pas praticable en cette occasion ; on vous peut bien encore obéir sans doute, quoique les choses soient en pire état que vous ne pensés peut-être ; mais sans doute aussy on ne le peut faire sans vous. Il faut donc que vous nous en donniés les moiens, en nous disant ce qu'il vous plaist qu'on face, en faisant quelque signe de vie, et enfin en nous ouvrant les voies par lesquelles vous voulés qu'on marche ; car comment peut-on faire sy vous n'en usés pas ainsy? Et d'un autre costé, peut-on demeurer en repos, sy au moins on ne vous resveille en cette occasion en vous disant qu'on est prest à tout ce qu'il vous plaira d'ordonner, mais qu'on ne se peut résoudre à vous voir périr, ny vostre pauvre enfant, sans se disculper en vous suppliant encore cette fois de nous donner le moien de vous servir? Sy vous voiez le desplaisir où l'on est de voir que vous nous l'ostez, vous comprandriez aysément la joie qu'on auroit sy vous nous le donniez! Je prie Dieu qu'il vous inspire en cette occasion sy importante, et qu'il vous destourne des résolutions que l'on craint de vous, et que l'on ne présume pas pourtant que vous puissiés prendre, sy une fois par jour vous voulez voulés considérer les devoirs de vostre conscience et de vostre intérêt et regarder à l'enfant qui vous est sy cher et qui l'est tant à toutte vostre famille. Comme cette nature d'affaires isy ne comporte pas qu'on se puisse bien expliquer par lettre, nous ne pouvons nous empêcher de vous demander sy vous ne voudriez point qu'on vous allât trouver; car, si vous le vouliés, on fera tout pour en venir à bout; ce cy est en cas que vous n'ayés point pris ces résolutions que l'on craint et qu'on ne peut pourtant croire. Nostre correspondant vous dira bien d'autres choses que je ne puis vous dire et sur lesquelles je me remets à lui[1].

XIV

CONTRAT DE MARIAGE DE FRANÇOIS DE BOUTTEVILLE AVEC MADEMOISELLE DE LUXEMBOURG[2].

28 mars 1661.

Contrat de mariage de Haut et puissant Seigneur, messire François-Henry de Montmorency, chevalier, comte de Bout-

1. Bibl. nat. Mss Fr. 6723.
2. Archives de Châtillon-sur-Loing. (Résumé de la pièce).

teville, souverain de Lus, baron de Tarde en Basse-Navarre, seigneur de Précy-sur-Oise, Blancourt, Bongueval, Châtillon, Moulincourt, Crèvecœur, Gaillardbois et autres lieux, fils de défunt haut et puissant seigneur, messire François de Montmorency, vivant chevalier, comte de Boutteville, et seigneur desdites terres et seigneuries, et de haute et puissante dame Elisabeth-Angélique de Vienne, comtesse de Boutteville, ses père et mère ; M. le comte de Boutteville et ladite dame Elisabeth-Angélique de Vienne, comtesse de Boutteville, demeurant ensemble à Paris en leur hôtel, rue des Augustins, paroisse Saint-André.

Haut et puissant seigneur, messire Charles-Henry de Clermont, duc de Luxembourg et de Piney, comte de Ligny, souverain d'Aigremont, capitaine de cent hommes d'armes des ordonnances de S. M., et Haute et puissante princesse Madame Marguerite-Charlotte, duchesse de Luxembourg et de Piney, comtesse de Ligny, tant en leur nom que comme donataires de haute et puissante dame Marie-Lusse de Luxembourg, princesse de Tingry, duchesse de Ventadour, leur sœur décédée religieuse professe au couvent des Carmélites, par elle fondé à Chambéry, en Savoie ; Haut et puissant seigneur, messire Henry-Léon d'Albert de Luxembourg, seigneur de Bourg-Lansac et Saint-Savin, diacre du diocèse de Troyes, fils aîné du premier lit de madame la duchesse de Luxembourg et de Léon d'Albert, duc de Luxembourg et de Piney, pair de France.

Et Madame Marie-Charlotte-Louise-Claire-Antoinette d'Albert de Luxembourg, religieuse professe de l'Abbaye-aux-Bois, diocèse de Noyon, tranférée à présent au faubourg Saint-Germain-des-Prez-lès-Paris, sœur interne ;

De Magdeleine-Charlotte-Bonne-Thérèse de Clermont-Luxembourg, future épouse.

En présence :
    Du Roi :
De la Reine-Mère Anne d'Autriche ;

De Louis de Bourbon, prince de Condé, premier prince du sang ;

De Madame Claire-Clémence de Maillé-Brézé, son épouse ;

De Louis-Jules de Bourbon, duc d'Enghien ;

De Henri d'Orléans, duc de Longueville ;

De Madame Anne de Bourbon, sa femme ;

De M. de Vendôme ;

De Mgr François de Vendôme, duc de Beaufort ;

De Ch.-L. d'Albert, duc de Luynes ;

De Ch. d'Ailly, duc de Chaulnes ;

De Jeanne d'Ailly, duchesse de Picquigny, veuve de M. le duc de Chaulnes ;

De H. de Livry-Ventadour, comte de la Voulte, chanoine en l'église de Paris ;

De Christophe de Lévy, duc d'Anville ;

De Illustrissime et Révérendissime Père en Dieu, Anne de Lévy de Ventadour, archevêque de Bourges ;

De François, marquis de Créquy ;

De Dominique d'Estampes, marquis de Valançay ;

De Marguerite de Montmorency, son épouse ;

D'Elisabeth de Montmorency, duchesse de Châtillon ;

De Roger de Clermont, marquis de Croisil ;

De F. de Montmorency, premier baron chrétien de France ;

De M. Violle ;

De M. Favier, conseiller du Roi en ses conseils, maître des requêtes ordinaires de son hôtel ;

M. Poncet (ou Poutet), id.

Communs en meubles et conquets immeubles ; pas tenus de dettes.

Mademoiselle de Luxembourg se constitue en dot tous ses droits provenant :

1° De la donation de sa tante, duchesse de Ventadour ;

2° De la profession religieuse de sa sœur utérine ;

3° Ses père et mère lui font donation du fonds et de la

propriété du duché et pairie de Piney, domaines et héritages, rentes et bois, étangs, justice, droits utiles et honorables, etc.

La seigneurie et baronnie de Rameru.

Ils délaissent auxdits seigneur et demoiselle futurs époux le titre de duc de Piney et pair de France, sous le bon plaisir de Sa Majesté, à condition de prendre le nom et armes de Luxembourg avec le nom et armes de Montmorency.

Ils font donation du fonds et de la propriété du comte de Ligny-en-Barrois,

De la terre et souveraineté d'Aigremont, de quelque titre qu'elle soit ou puisse être, située au pays des Vosges, avec toutes ses appartenances et dépendances, même sous leurs droits et actions en dommages-intérêts ou autres à eux compétents et appartenans contre tous ceux qui ont démoli ou fait démolir et raser directement ou indirectement leur ville et château dudit Aigremont, sans ordre du Roi, les fermes, colombiers, fours et autres bâtiments ou dépendances, qui ont par ce moyen anéanti le revenu de ladite terre, auparavant de plus de 4 000 francs pour chacun an.

19 500 francs de rentes.

Son frère utérin lui donne :

1° Tous les biens et droits à lui appartenant, tant en qualité de légataire universel de feue Madame la duchesse de Bouillon de la Marche, sa tante paternelle, qu'au moyen de la donation faite à son profit par dame Marie-Lusse de Luxembourg, sa tante maternelle, qu'à cause de la profession de Madame de Luxembourg, sa sœur, au couvent de l'Abbaye-aux-Bois.

2° Tous les biens, rentes, etc., à lui acquis et appartenant comme héritier bénéficiaire de Léon d'Albert, duc de Luxembourg, son père; nommément la terre et seigneurie de Bourg-Lansac et Saint-Savin, près de Bordeaux, et le droit qu'il a au gouvernement de ladite ville et citadelle de Bourg (sous réserve d'usufruit).

Les biens situés à Mornas, près d'Avignon, sous réserve d'usufruit.

Le tout, sauf réserve d'une pension viagère de 10 000 frs. — Cent mille livres entrent en communauté. — Les futurs époux paieront toutes les dettes légitimes auxquelles lesdits biens peuvent être affectés et hypothéqués.

Substitution du duché et paierie de Piney au fils aîné et aux fils aînés à venir dudit ménage et aux filles, à la charge de contracter mariage par celle qui recueillera ladite substitution et que celui qui l'épousera et ses enfants ou descendants mâles indéfiniment porteront le nom et les armes de Luxembourg et Montmorency. En cas de prédécès sans enfants de l'épouse, l'époux aura le comté de Ligny, la seigneurie d'Aigremont et les rentes sur l'hôtel de ville (en toute propriété), en usufruit du duché paierie de Piney. Après sa mort, le duché retournera à Léon Potier, marquis de Gesvres, cousin issu de germain de ladite future épouse.

Le futur époux apporte :

Le château, terre et seigneurie de Précy-sur-Oise, Blancourt, Bougueval, fief de Châtillon-Molincourt au bailliage de Senlis.

La terre et seigneurie de Gaillarbois, près Gisors. La souveraineté et le comté de Lusse en Basse-Navarre, avec les seigneuries baronnies d'Ostabal, Lautabas et autres.

La baronnie de Tardet, vendue au sieur de Collommiez, moyennant 100 000 frs tournois, laquelle somme doit demeurer entre les mains de l'acquéreur en payant l'intérêt jusqu'à l'actuel remplacement d'icelle terre en une autre, conformément à la coutume du pays de Soule qui défend aliénation de propres anciens ou avitains qu'en les remplaçant effectivement en d'autres fonds qui tiennent lieu de pareille nature que lesdits biens ainsi vendus.

Sa mère fait donation de toutes ses reprises, plus droits et hypothèques sur la terre seigneurie de Crèvecœur montant à 150 000 frs.

Douaire 10 000 frs par an.

Meubles jusqu'à 30 000 au survivant.

M. de Montmorency sera tenu, en raison de la donation qui lui est faite, d'acheter une terre et seigneurie où il y ait une habitation sortable pour lesdits seigneurs et dame de Luxembourg, père et mère, en Champagne ou en Bourgogne, de la somme de 3 ou 4 000 frs de revenu par chacun an, dont ils auront l'usufruit absolu.

Plus M. et madame de Luxembourg se réservent une rente viagère de 8 000 frs. Si elle n'était pas payée, ils rentreraient en possession du comté de Ligny jusqu'à ladite somme.

Passé à Vincennes pour Leurs Majestés le 1er mars 1661 ; à l'hôtel de Beaufort, rue et proche la porte Richelieu, le 2 mars 1661, pour le futur et divers.

Au château de Ligny-en-Barrois, pour les Luxembourg, le 15 mars.

Pour les seigneurs et dames à Paris en leurs hôtels, le 28 mars.

XV

MARIAGE DE LA DUCHESSE DE CHATILLON AVEC LE DUC DE MECLKEMBOURG

Signature du contrat[1] (après le mariage qui doit être du 4 mars) par le Roi à Saint-Germain-en-Laye, le 24 novembre 1666 ; présent M. de Lionne, secrétaire d'État.

« Et encore savoir faisons que le 24e jour de novembre 1666 sont comparus par devant lesdits Vain et Levasseur, notaires gardes-nottes du Roy audit Châtelet, mondit seigneur Christian-Louis, par la grâce de Dieu duc de Mecklembourg, et

---

1. Papiers communiqués par M. Frédéric Masson.

madite dame Isabelle-Angélique de Montmorency son épouse, de lui autorisée pour l'effet des présentes, lesquels en la présence du Roi notre père qu'ils ont très humblement prié d'avoir leur mariage agréable, ce que Sa Majesté leur a accordé, et après que lecture leur a été faite par un des notaires de leur contrat devant écrit, ont du consentement de Sa Majesté qui a eu ledit mariage pour agréable et en tant que besoin ratifié, confirmé et approuvé ledit contrat et tout ce qui a été fait en conséquence, etc.

« Ce fait et passé au château de Saint-Germain-en-Laye; les jours et an susdits, présent M. de Lionne, secrétaire d'Etat; et ont Sa Majesté, ledit seigneur de Mecklembourg, signé la minute des présentes, etc. »

Remarques de Saint-Simon sur l'ordre du Saint-Esprit[1].

Notice sur le duc de Mecklembourg.

« Le duc de Mecklembourg s'appelait Christian-Louis. Il était fils aîné d'Adolphe-Frédéric, chef de la branche aînée de Schwerin, duc de Mecklembourg par la mort de son père ; il épousa en 1650, sa cousine germaine, fille d'Albert, frère cadet de son père, et veuve du duc Albert de Saxe-Lauenbourg. Il la répudia de sa propre autorité, se fit catholique, et vint à Paris ; c'était un homme d'un esprit extraordinairement borné, et dont on crut tirer des services en Allemagne, qu'il ne se trouva pas en état d'y rendre... Dans cette espérance, on le fit chevalier de l'Ordre... et on lui fit épouser en février 1664, sans cérémonie, la duchesse de Châtillon, veuve sans enfants... que M. le Prince et beaucoup d'autres avaient fort aimée, et qui en aima beaucoup depuis. Il la mena dans ses États ; ils se brouillèrent, revinrent à

1. Aff. étr. Fr. 189.

Paris et se séparèrent pour toujours. M. de Mecklembourg fit encore un autre court voyage dans ses États, et revint à Paris, où il ne voyait personne et ne bougeait des spectacles. Le Roi n'ayant pas été content de sa conduite par rapport à l'Allemagne lors de la guerre de 1688, le fit mettre à la Bastille, d'où il sortit au bout de quelques mois, et peu après il alla faire un voyage en Hollande... Il mourut à La Haye, en juin 1692, à 69 ans, et sa femme à Paris, le 24 février 1695. Elle prétendait tant qu'elle pouvait, sans avoir jamais rien obtenu, et allait à la Cour sans qu'aucune duchesse ni princesse lui aient jamais cédé nulle part. »

XVI

PROCÈS DE LA DUCHESSE DE CHATILLON AVEC LE MARÉCHAL D'ALBRET ET LA COMTESSE DE LA SUZE.

Lettre du duc d'Enghien à la reine de Pologne.

Février 1665.

Grand procès entre madame de Châtillon et madame de La Suze [1] pour quelque partage. M. le maréchal d'Albret est intervenu dans ce procès-là en faveur de madame de La Suze, et quoi que l'on ait pu faire, on ne les a jamais accommodés. M. de La Suze a esté toujours en Flandre avec M. mon

---

1. Henriette de Coligny, comtesse de la Suze, belle-sœur de la duchesse de Châtillon (1618-1671). Elle épousa en 1643 Thomas Hamilton, comte d'Adington ; veuve assez jeune, elle se remaria au comte de la Suze, calviniste. En 1653, elle se fait catholique, « afin, dit la reine Christine, de ne voir son second mari ni dans ce monde ni dans l'autre », demande la rupture de son mariage, qu'elle obtient à Rome en 1661, et redevient ainsi comtesse d'Adington. C'est à ces transformations successives que fait allusion la lettre du duc d'Enghien.

père et est présentement encor fort de ses amis. Pendant son absence, madame de La Suse a eu une conduite qui ne doit pas luy avoir esté extrêmement agréable, et je croy que V. M. en aura pu ouïr parler, car ce sont des choses qui ont fait assez de bruit, et c'est elle qui faict tant de jolis vers, dont il n'est pas possible que V. M. n'ait ouï dire quelque chose. M. de La Suze, à son retour en Flandre, étant fort mal contant de sa femme, fit tout ce qu'il put, de concert avec elle, pour se démarier, mais il n'y put pas réussir au parlement, et son mariage fut confirmé par un arrest. Il ne quitta point pour cela sa pensée, et ne pouvant point estre démarié au parlement, il alla trouver l'official et le pria de le démarier, sous prétexte que sa fame et luy avaient toujours eu tant d'aversion l'un pour l'autre, qu'ils avaient esté toute leur vie comme s'ils n'avaient point esté mariés. Il y réussit et fut démarié par une sentence de l'official. Depuis cela, il a espousé une autre femme ; et celle qu'il a quittée ne s'apelle plus madame de La Suze, et s'apelle madame d'Atinton ; elle est veufve d'un monsieur d'Atinton qu'elle avait épousé en premières nopces. Il y a deux jours que l'avocat de madame de Châtillon, plaidant pour elle, voulut faire cesser quelque acte que Madame d'Atinton avait fait, et pour cela dit qu'il estoit nul, que madame d'Atinton n'estoit pas bien démariée, qu'elle est encore sous le pouvoir du mary, qu'elle n'avoit pas pu, sans son consentement, faire cet acte, et fit assigner madame de La Suze pour répondre au parlement touchant son démariage et rendre conte de son mariage nouveau. Monsieur de La Suze, le lendemain, fit assigner madame de Châtillon, pour rendre compte au parlement de son mariage avec M. de Mecklebourg, parce qu'il soutient qu'il ne vaut rien, et qu'il ne l'a pas épousé parce qu'il estoit marié à une autre femme. Hyer, l'avocat de M. le maréchal d'Albret, en plaidant, dit toutes les raisons que l'on peut dire pour le premier mariage de M. de Mecklebourg, et il n'apela jamais madame de Mecklebourg que madame de

Châtillon. Cette affaire-là réjouit assez le public et embarrasse fort tous ceux qui y sont meslés ; je croy qu'ils voudroient bien les uns et les autres n'avoir point connu cette noise. Quand je sauray la vérité de l'affaire de Gigery, je ne manqueray point de la mander à V. M. Je la suplie très humblement d'estre persuadée que j'ay pour elle tout le respect et toute la passion dont je suis capable.

(Arch. de Chantilly.)

Le maréchal d'Albret au Prince de Condé.

17 mars 1665.

Et par le profond respect que je dois et que je veux rendre à V. A. et par la confiance entière que j'ay en elle, je seray toujours prest d'obéir aveuglément à tout ce qu'il luy plaira de m'ordonner. Ainsy, Monseigneur, il ne tient qu'à M. de Guitaut que je ne signe présentement l'escrit dont V. A. l'a chargé. M. de Brioit luy dira les inconvénients où je puis tomber icy entre ce jour et jeudy prochain. Madame de Mecklembourg, par impuissance ou par chicane, n'a pas exécuté les conditions dont je suis convenu en présence de MM. de Comartin, de Sainte-Croix et de Laune. V. A. y fera les considérations qu'elle jugera à propos ; et pour moy, Monseigneur, j'exécuterai ponctuellement les commandements dès qu'il vous aura plu de m'en honorer, car je mettray avec autant de joye que de confiance mon bien, mon honneur et ma vie entre les mains de V. A.

P.-S. — V. A. considérera, s'il luy plaît, que sy je perdais l'audiance de vendredy prochain, je serois remis jusques après les festes, ce qui seroit de la dernière conséquence.

Le maréchal d'Albret au prince de Condé.

18 mars 1665.

Je viens de signer l'escrit dont il est question, et j'asseure V. A. sans aucun scrupule, car je n'en aurois jamais de me mettre en vos mains. Après cela, je diray à V. A. que, selon que je l'avois prévenu, madame de Meklembourg s'est trouvée sans un sol et sans crédit, de sorte que mes créanciers ne m'ont jamais voulu décharger et la recevoir en mon lieu et place ; cela et d'autres choses qui ne me plaisoient pas en son procédé, m'ont obligé depuis deux heures de rompre mon traitté avec elle en la présence des mesmes MM. de Comartin, de Sainte-Croix et de Laune, devant lesquels nous nous estions engagés l'un à l'autre. Cependant, Monseigneur, nous ne plaiderons qu'après Pâques. Ainsy, V. A. aura tout loisir de prendre ses mesures en faveur de M. le comte de La Suze. J'attendrai son retour de Chantilly et l'honneur de ses commandements, et luy témoigneray par toutes les actions de ma vie que je ne suis pas moins par mon inclination que par le respect que je luy dois, etc., etc.

(Arch. de Chantilly).

FIN

TABLE

INTRODUCTION. 1

CHAPITRE PREMIER
(1627)

Les origines du héros de ce livre. — Son père, François de Montmorency-Boutteville, connu sous le nom de Boutteville-le-duelliste. — La folie des combats singuliers sous Louis XIII. — Portrait de Boutteville. — Ses premiers exploits. — Ses duels avec Pontgibault, Torigny et La Frète. — Arrêt de prise de corps décerné contre lui. — Il se réfugie à Bruxelles. — Son cousin, le comte Des Chapelles. — Querelle avec Beuvron. — Combat avec ce dernier sur la place Royale — Mort de Bussy d'Amboise — Fuite et arrestation de Boutteville et de Des Chapelles. — On les enferme à la Bastille. — Leur procès au Parlement. — Vaines tentatives auprès du Roi et du Cardinal. — Richelieu et le comte de Boutteville. — Interrogatoire des coupables et leur condamnation. — Lettres des deux condamnés. — Leur conversion religieuse. — Suprême démarche de madame de Boutteville. — L'exécution en place de Grève. — Résultat obtenu par ce châtiment exemplaire. 1

CHAPITRE II

Naissance de François de Montmorency-Boutteville. — Le château de Précy-sur-Oise. — La succession du maréchal de Montmorency. — Enfance et première éducation de François et de ses sœurs. — L'intimité avec les Condé. — La société de Madame la Princesse. — Les « belles amies » du duc d'Enghien. — Influence de ce milieu sur François de Boutteville. — Sa précocité d'esprit. — Mariage de ses deux sœurs. — Marie-Louise, marquise de Valençay. — Isabelle de Boutteville. — Son intimité constante avec son frère. — Sa beauté. — Ses premières coquetteries. — Passion qu'elle inspire à Gaspard de Coligny. — Opposition des deux familles. — L'enlèvement. — Fureur du maréchal de Châtillon. — Intervention de Mazarin. — Réconciliation générale 51

CHAPITRE III
(1647-1649)

La première jeunesse de Boutteville. — Son goût pour les plaisirs. — Ses bonnes fortunes : la marquise de Gouville, la présidente Lescalopier. — Condé l'enlève de Paris et le prend comme aide de camp. — Premières armes de Boutteville : la campagne de Catalogne, la campagne de Flandre. Action d'éclat à la bataille de Lens (1648). — Le retour de Boutteville à Paris. — Brillante fortune de sa sœur, la duchesse de Châtillon. — Débuts de la Fronde. — Caractère général de ce mouvement politique. — Première guerre civile : le siège de Paris. — Bataille de Charenton (1649). — Rôle qu'y joue Boutteville. — Mort du duc de Châtillon. — Paix de Rueil. — Hostilité persistante entre les chefs des deux partis. — Les meneurs de la Fronde : Gondi, le duc de Beaufort. — Les *Petits-Maîtres* : Jarzé, le duc de Candale, Boutteville. — Expédition à Paris de Boutteville et de ses amis. — La bagarre du jardin Renard. — Démonstrations belliqueuses et dénouement pacifique. — Lettre de Boutteville à Condé. — Conséquences politiques de l'affaire du jardin Renard 91

CHAPITRE IV
(1650)

Condé ramène le Roi à Paris. — Sa toute-puissance à cette époque. — Imprudences qu'il commet bientôt : l'affaire Jarzé, la guerre des tabourets. — La Reine et Mazarin décident l'arrestation du Prince. — Tentatives de Boutteville pour délivrer Condé : l'émeute dans les rues, le projet d'enlèvement des nièces de Mazarin. — Echec de ces entreprises. — Boutteville part pour Précy. — Ses visites secrètes à Chantilly. — Tableau de cette résidence pendant cette période. — Rôle qu'y joue la duchesse de Châtillon. — Organisation de la rébellion. — Boutteville lève publiquement des gens de guerre. — Dispersion de la réunion de Chantilly. — La Princesse douairière et madame de Châtillon au Parlement. — Leur exil à Châtillon-sur-Loing. — Le château et ses hôtes. — Influence croissante d'Isabelle. — Ses efforts en faveur de la paix. — Boutteville rejoint Turenne à Stenay. — Alliance avec les Espagnols. — Débuts de la campagne. — Défaite d'Hocquincourt. — Pointe de Boutteville sur la Ferté-Milon. — Panique qui en résulte à Paris. — Translation des Princes à Marcoussis. — Boutteville rejoint Turenne à Fismes. — Son duel avec un capitaine. — Bataille de Rethel. — Boutteville blessé et pris. — Il est mis à Vincennes. — Vaines tentatives pour le détacher de Condé. — Conséquences imprévues de la défaite de Réthel. . . . 138

CHAPITRE V
(1651-1653)

Mort de la princesse douairière. — Son legs à Madame de Châtillon. — Libération de Condé. — Son retour triomphal. — Boutteville sort de Vincennes. — Sa précoce réputation. — Son intimité croissante avec Condé. — La fuite à Saint-Maur. — Nouvelle rupture du prince et de la Cour. — Boutteville est nommé gouverneur de Bellegarde. — La guerre civile imminente. — Madame de Châtillon est seule à désirer la paix. — Sa liaison avec Condé. — Influence qu'elle possède sur lui. — Sa rivalité avec madame de Longueville. — Intrigues d'Isabelle pour amener « l'accommodement » — Sa popularité à Paris. — Son ambassade à Saint-Germain. — Elle est la dupe de Mazarin. — Rupture définitive des négociations. — Exil à Merlou de madame de Châtillon. — Son commerce galant avec l'abbé Foucquet. — Portrait de ce dernier. — Affaire de Ricous et Bertaut. Rôle ambigu qu'y joue madame de Châtillon. — Elle échappe à la justice. — Sa disparition mystérieuse. 191

CHAPITRE VI
(1653)

Boutteville gouverneur de Bellegarde. — État de la Bourgogne au début de la guerre civile. — Puissance qu'y conserve Condé. — Les *Frondeurs* et les *Albions*. — Situation difficile du duc d'Épernon, gouverneur de la province. — Siège du château de Dijon. — Diversion tentée par Boutteville. — Moyens énergiques qu'il emploie pour réduire Bellegarde à l'obéissance et augmenter ses forces. — Courses de la garnison. — Désolation de la province de Bourgogne. — Longue impuissance du duc d'Épernon à s'opposer aux entreprises de Boutteville. — Appui que le duc reçoit de Millotet. — Lutte personnelle entre Millotet et Boutteville. — Le siège de Bellegarde est résolu. — Difficulté de la défense. — Investissement et premières attaques. — Résistance vigoureuse de Boutteville. — Révolte de la garnison, vivement réprimée par lui. — Impossibilité du secours de la place. — Épuisement des munitions. — Capitulation de Bellegarde. — Entrevue de Boutteville et de Millotet — Boutteville et ses troupes rejoignent l'armée de Condé. — Allégresse générale en Bourgogne causée par la chute de Bellegarde. 237

CHAPITRE VII
(1654-1655)

Impression produite par la défense de Bellegarde. — Réputation croissante de Boutteville. — Caractère violent de la lutte entre Condé et la Cour. — Bons rapports subsistant quand même entre les généraux adverses. — Préparatifs de la campagne de 1654. — Boutteville au pays de Liège. — Siège d'Arras. — Heureuse expédition de Boutteville pour ravitailler les assiégeants. — Levée du siège. — Campagne stérile de 1655. — Boutteville en mission auprès de Cromwell. — Autre affaire politique où il est engagé avec madame de Châtillon. — Faveur de cette dernière à la Cour de France. — Amitié que lui témoigne Mazarin. — Surprise du cardinal quand éclate l'affaire de Péronne. — Le maréchal d'Hocquincourt. — Lettre de madame de Châtillon à Condé. — Boutteville négocie à Péronne. — Arrivée du duc de Navailles. — La ville de Péronne aux enchères. — Intervention de la maréchale d'Hocquincourt. — Arrestation de madame de Châtillon. — L'abbé Foucquet, geôlier d'Isabelle. — Fureur du maréchal d'Hocquincourt. — Il se résigne à rendre Péronne au Roi, et congédie Boutteville. — Mise en liberté de madame de Châtillon. — Elle se réconcilie avec la Cour sans se brouiller avec Condé. 274

CHAPITRE VIII

Les « quartiers d'hiver » dans les anciennes armées. — Bruxelles, centre de l'émigration condéenne. — Aspect de la capitale des Flandres à cette époque. — La société bruxelloise. — La galanterie. — Mademoiselle de Pons. — Boutteville rival de Condé. — Les fêtes mondaines, les courses de traîneaux. — Les cérémonies religieuses et profanes. — La reine Christine à Bruxelles. — Occupations plus sérieuses de Boutteville, ses études techniques. — Démêlés de Condé et de ses alliés. — Charles IV de Lorraine, ses singularités, sa popularité à Bruxelles, son arrestation, danger qui en résulte pour les quartiers de Boutteville. — Mésintelligence de Condé et de Don Juan d'Autriche. — Lettres dénigrantes du duc d'Enghien. — Symptômes de dislocation prochaine de la coalition 316

CHAPITRE IX
(1656-1658)

Derniers efforts de l'armée de Condé. — Campagne de 1656. — Siège de Valenciennes par Turenne. — Le secours de la ville. — Initiative heureuse de Boutteville. — Prise du maréchal de La Ferté. — Campagne de 1657. — Boutteville y remporte le dernier succès de la guerre. — Affaire des bagages de Turenne. — Maladroite présomption de M. de Siron. — Attaque et prise de son convoi par Boutteville. — Générosité de Turenne. — Affaire d'Hesdin. — Défection définitive d'Hocquincourt. — Préparatifs du siège de Dunkerque en 1658. — Suprême tentative d'accommodement. — Boutteville rejoint l'armée de Condé. — Échauffourée d'avant-postes. — Mort du maréchal d'Hocquincourt. — Pressentiments funestes. — Bataille des Dunes. — Défaite de l'aile espagnole. — Résistance du corps de Condé. — La pointe vers Dunkerque. — Écrasement des Condéens. — Danger couru par Condé. — Dévouement de Boutteville. — Fuite de ce dernier. — Il est rejoint et pris. — Bons traitements qu'il reçoit de Mazarin. — Nouvel essai pour le détacher de Condé. — Son refus : rancune de Mazarin. — Échange de Boutteville contre le maréchal d'Aumont. . . 343

CHAPITRE X
(1659-1661)

Négociations engagées en vue de la paix générale. — Lassitude générale des amis de Condé. — Conférence de l'île des Faisans. Discussions laborieuses sur le traitement réservé aux compagnons du prince. — Solution adoptée. — La question de Chantilly. — Lettre de la duchesse de Châtillon. — Rupture d'Isabelle avec l'abbé Foucquet. — Recrudescence de son ascendant sur Condé. — Elle contribue à le faire accéder au traité. — Départ de Bruxelles. — Boutteville voyage avec Condé. — Arrêt à Châtillon-sur-Loing. — Arrivée à la Cour. — Accueil fait à Boutteville. — Retour à Paris. — Désintéressement de Boutteville. — Condé et madame de Châtillon entreprennent de le marier. — La maison de Luxembourg. — Indignité de l'héritier de cette maison. — Ses fâcheuses aventures. — Il abdique ses droits au duché. Même renonciation de sa sœur, la princesse de Tingry. — Fiançailles de Boutteville avec mademoiselle de Clermont. — Froideur réciproque des futurs. — Le contrat. — Boutteville reçoit en dot le duché de Luxembourg, dont il prend le nom et les armes. — Triste destinée de la nouvelle épouse. — Début du procès de Luxembourg contre les ducs et pairs. 386

CHAPITRE XI
(1661-1667)

Prostration générale du pays après les guerres de la Fronde. — Grandeur croissante du Roi. — Transformation rapide de la noblesse. — Luxembourg suit le mouvement général et se fixe à la Cour. — Ses efforts pour racheter le passé et vaincre les préventions de Louis XIV. — Malveillance qu'il rencontre dans l'entourage du Roi. — Son existence pendant cette période. — Manière dont il occupe ses loisirs. — Son goût dangereux de l'intrigue. — Madame de Châtillon cherche à se remarier. — Ses hautes prétentions. — Le duc de Mecklembourg. — Singularité du personnage. — Isabelle entreprend et réussit cette conquête. — Luxembourg entre dans son jeu. — Mariage clandestin, publié peu après. — Isabelle princesse souveraine. — Elle se compromet en de nouvelles aventures. — Liaison de Madame et du comte de Guiche. — La duchesse de Mecklembourg et le marquis de Vardes lient partie pour brouiller les cartes. — La cassette du comte de Guiche. — Luxembourg se mêle de l'affaire. — Lutte souterraine entre le frère et la sœur. — Les lettres de madame de Mecklembourg. — Publication de l'*Histoire amoureuse des Gaules*. — Irritation du Roi. — Disgrâce de Luxembourg 423

CHAPITRE XII
(1667-1668)

Dispositions belliqueuses de Louis XIV. — Le droit de *dévolution*. — Campagne de Flandre, où Luxembourg sert comme volontaire. — Sa maladie. — Son découragement. — Préparatifs d'une nouvelle campagne. — Condé généralissime. — Luxembourg rentre au service. — Sa faveur auprès de Louvois. — Intimité de ces deux hommes. — Invasion de la Franche-Comté. — Prise de Salins. — Les « médiateurs » imposent la paix. — Chagrin qu'en ressent Luxembourg. — Triste mission qui lui échoit. — Le pillage méthodique du Limbourg. — Dureté de Luxembourg. — Ingénieux stratagème pour retarder les effets de la paix. — Maigre récompense de tant de zèle. — Il s'en console par l'espoir d'une prochaine revanche. — L'opinion est unanime à lui assigner dans l'avenir un grand rôle. 458

APPENDICE. 485

CALMANN LÉVY, ÉDITEUR

DERNIÈRES PUBLICATIONS

— Format in-8 —

DUC D'AUMALE
Histoire des princes de Condé,
7 volumes.................... 52 50
1 volume index............... 3 50

H. DE BALZAC
Lettres à l'Étrangère, 1 vol. 7 50

C. DE BARANTE
Souvenirs du baron de Barante, 7 volumes............ 52 50

A. BARDOUX
La Duchesse de Duras, 1 vol. 7 50

DUC DE BROGLIE
L'Alliance autrichienne, 1 vol. 7 50

RAOUL DE CISTERNES
La Campagne de Minorque,
1 volume................... 7 50

JAMES DARMESTETER
Les Prophètes d'Israël, 1 volume..................... 7 50

MARÉCHAL DAVOUT
1806-1807, 1 volume......... 7 50

MADAME OCTAVE FEUILLET
Souvenirs et correspondances
1 volume................... 7 50

COMTE D'HAUSSONVILLE
La Duchesse de Bourgogne,
1 volume................... 7 50

VICTOR HUGO
Correspondance, tomes I et II 15 »

PIERRE LOTI
Œuvres complètes, t. I à VII 52 50

COMTE DE MONTALIVET
Fragments et Souvenirs, 1 vol. 7 50

PRINCE HENRI D'ORLÉANS
Autour du Tonkin, 1 volume. 7 50

LUCIEN PEREY
Une Princesse romaine au
XVIIe siècle : Marie Mancini Colonna, 1 volume.... 7 50

COMTE CH. POZZO DI BORGO
Correspondance diplomatique,
2 volumes.................. 15 »

VICOMTE DE REISET
Souvenirs, 1 volume......... 7 50

ERNEST RENAN
Histoire du peuple d'Israël,
5 volumes.................. 37 50
Lettres intimes de Renan et
de Henriette Renan, 1 vol. 7 50

E. RENAN et M. BERTHELOT
Correspondance, 1 volume.. 7 50

LÉON SAY
Les Finances de la France
sous la Troisième République, 2 volumes.......... 15 »

PIERRE DE SÉGUR
La Dernière des Condé, 1 vol. 7 50

PRINCE DE TALLEYRAND
Mémoires, avec une préface du
duc de Broglie, 5 volumes. 37 50

MAURICE TOURNEUX
Diderot et Catherine II, 1 vol. 7 50

www.ingramcontent.com/pod-product-compliance
Lightning Source LLC
Chambersburg PA
CBHW070827230426
43667CB00011B/1709